Análisis de datos con Python 3

Jorge Nolasco, Javier Gamboa,
Luz Nolasco y Jymmy Stuwart Dextre

Acceda a www.marcombo.info
para descargar gratis
el contenido adicional
complemento imprescindible de este libro

Código: INFORMATICA5

Análisis de datos con Python 3

© Jorge Santiago Nolasco Valenzuela, Javier Arturo Gamboa Cruzado, Luz Elena Nolasco Valenzuela y Jymmy Stuwart Dextre Alarcón

Derechos reservados © Empresa Editora Macro EIRL, Lima – Perú
Primera edición: Empresa Editora Macro EIRL, Lima – Perú, julio de 2023

Primera edición: MARCOMBO, S.L. 2024

© 2024 MARCOMBO, S.L.
www.marcombo.com

ISBN: 978-84-267-3770-0
D.L.: B 462-2024

Impreso en Servicepoint
Printed in Spain

JORGE NOLASCO VALENZUELA

Doctorando en Administración de Empresas con mención en Dirección Estratégica por la Universidad San Ignacio de Loyola. Cuenta con grado de magíster en Gestión de Tecnología de Información y es ingeniero de Sistemas y Computación por la Universidad Inca Garcilaso de la Vega. Además, posee conocimientos y dominio de las TIC y de las herramientas Open Source. Es autor de los siguientes libros: *Desarrollo de aplicaciones móviles con Android*, *Python Aplicaciones prácticas*, *Java y Android Studio* y *Android y J2ME*.

En la actualidad, ejerce la docencia en diversas universidades. Entre sus principales ámbitos de investigación se encuentran la informática y las nuevas tecnologías. Colabora frecuentemente en proyectos empresariales en organizaciones relacionadas con el mercado de valores, mineras y constructoras.

JAVIER ARTURO GAMBOA CRUZADO

Profesor Investigador RENACYT-Nivel I. Es doctor en Administración de Empresas por la Universidad Nacional Mayor de San Marcos, doctor en Ingeniería de Sistemas por la Universidad Nacional Federico Villarreal, magíster en Gestión de la Información y del Conocimiento por la Universidad Montpellier III Francia-Universidad Nacional Mayor de San Marcos, magíster en Ingeniería de Sistemas por la Universidad Nacional de Ingeniería (UNI) e ingeniero de sistemas. Además, tiene un diplomado en Business Analytics (Certificación Green Belt-Six Sigma por la North Carolina State University). Es especialista en Ciencia de Datos.

Cuenta con experiencia en la cátedra universitaria a nivel de pregrado y posgrado en distintas universidades de Lima y provincias. Ha realizado publicaciones de artículos científicos en revistas indexadas de gran prestigio.

A nivel profesional, ha desempeñado diversos cargos empresariales y realiza múltiples consultorías a empresas públicas y privadas de distintos sectores empresariales. Actualmente es docente en la Universidad Nacional Mayor de San Marcos y consultor asociado en Heedcom del Perú, Business Analytics Consultant en Business and Technology Services VIP, LLC (EE. UU.) desde el año 2012 en los ámbitos de Data Science (Business Intelligence, Business Analytics, Web Mining, Text Analytics y Big Data), así como en lo referente a la mejora de procesos (BPM y Six Sigma).

LUZ ELENA NOLASCO VALENZUELA

Docente universitaria y magíster en Derecho otorgado por York University, Osgoode Hall Law School en Toronto (Canadá). Actualmente, cursa estudios de maestría en Educación con mención en Informática y Tecnología Educativa. Graduada con honores como licenciada en Humanidades en las especialidades de Criminología, Derecho y Sociedad otorgada por York University. Además, es licenciada en Educación y Ciencias Humanas, Educación Secundaria con especialidades en Matemática y Física por la Universidad Nacional Federico Villarreal. Actualmente, es candidata en la segunda maestría en Derecho Civil y Comercial por la Universidad Nacional Federico Villarreal.

Cuenta con más de diez años de experiencia en la docencia a nivel superior y secundario en diversas instituciones educativas tanto nacionales como internacionales. Tiene un dominio nativo del idioma inglés y español, y conocimientos del idioma italiano.

Sus áreas de investigación están focalizadas en la educación y en el derecho. En el ámbito educativo, está interesada en los temas de planeamiento estratégico de tecnologías de información, en cómo aplicar las tecnologías en diversos contextos, así como en la intersección entre las matemáticas y las tecnologías y la aplicación de las tecnologías en el aprendizaje de las matemáticas. En el ámbito jurídico, se interesa por temas como el arbitraje internacional, el derecho internacional privado, la minería a nivel global, el derecho laboral, el derecho empresarial y la cultura y la sociedad.

JYMMY STUWART DEXTRE ALARCÓN

Consultor en Tecnologías de Información. Especialista en herramientas tecnológicas para el uso de ventas y marketing digital. Docente universitario en gestión de proyectos, tecnologías y servicios de sistemas. Docente investigador universitario en la línea de desarrollo de software y servicios. Especialista en innovación y métodos ágiles. Experiencia en el sector privado y el Estado.

*Dedicado a quienes no cesan en
su afán de superación y cambio.
El cambio, lo único constante.*

Índice

6 Inteligencia artificial Data Science

Introducción

Python es un lenguaje de programación muy popular de propósito general creado en los 90 por Guido van Rossum, quien trabajó en Google y Dropbox.

El creador de Python nombró así a este lenguaje en honor al cómic y programa de televisión Monty Python.

Este lenguaje de programación posee una amplia comunidad de desarrolladores que buscan aportar, compartir y construir software escalable en comunidad. Además, tiene un ecosistema muy amplio que atrae a programadores, investigadores y profesionales de otras áreas que buscan mejorar su rendimiento laboral haciendo uso de código.

Asimismo, cuenta con una sintaxis muy limpia y legible. Posee tipado dinámico, es decir, que una variable puede poseer datos de varios tipos. Además, por su naturaleza interpretada, este lenguaje es fácil de aprender. Python es un lenguaje interpretado; por lo tanto, no se necesita compilar el código fuente para poder ejecutarlo. Esto ofrece ventajas como la rapidez de desarrollo.

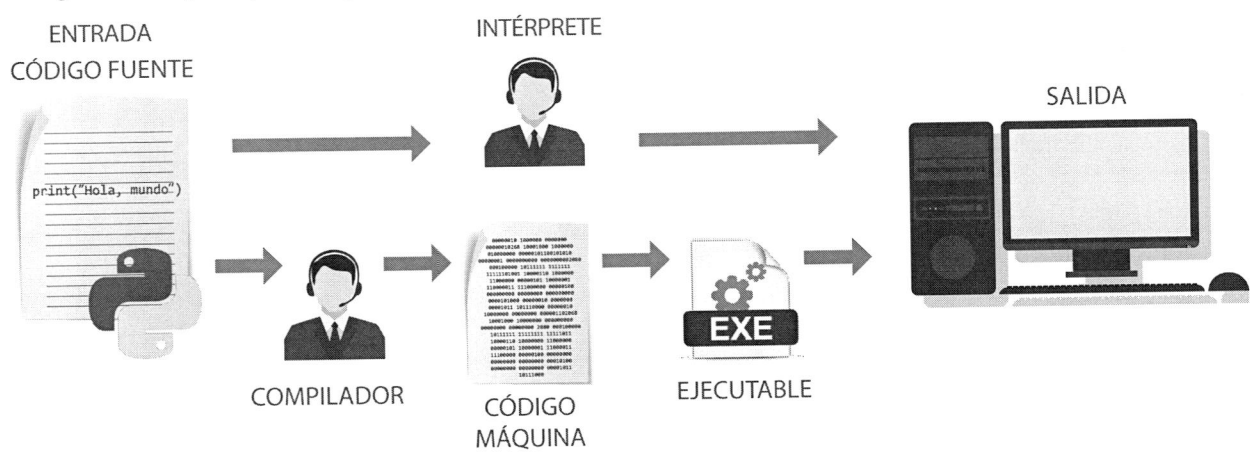

18

ANÁLISIS DE DATOS CON **PYTHON 3**

MAG. JORGE SANTIAGO NOLASCO VALENZUELA | DR. JAVIER ARTURO GAMBOA CRUZADO | MAG. LUZ ELENA NOLASCO VALENZUELA | MAG. JYMMY STUWART DEXTRE ALARCÓN

Python está escrito en el lenguaje C. Por ello, se puede extender a través de su API en C o C++ y escribir nuevos tipos de datos, funciones, etc.

En la actualidad hay dos vertientes: las versiones 2.x y 3.x. Es muy probable que en algún momento ambas se integren. Es recomendable utilizar la última versión estable: 3.x.

El soporte a la versión 2.7 del lenguaje de programación Python concluyó de forma oficial el 1 de enero de 2020. La Python Software Foundation, liderada por el creador del lenguaje, Guido van Rossum, informó de que en el futuro dejaría de recibir actualizaciones de seguridad y correcciones de errores.

Antes de examinar el asunto, podría no parecer algo demasiado grave, ya que el lanzamiento de su sucesor, Python 3, tuvo lugar en 2006. De hecho, el soporte para Python 2.7 tendría que haber concluido en 2015. No obstante, la enorme popularidad de esta versión (continúa siendo la versión de Python por defecto en muchas distribuciones de Linux, por ejemplo) convenció a la fundación de la necesidad de apoyar ambas ramas de desarrollo y de posponer la fecha de la "muerte" de Python 2.7.

Una de las características más importantes de Python es que es multiparadigma: programación estructurada, orientada a objetos y funcional.

En el desarrollo web de Python, se pueden utilizar los framework Django y Flask. Entre las empresas más conocidas que utilizan Python se encuentran la NASA, Dropbox e Instagram.

Existen otros proyectos realizados con Python:

- Pinterest
- Battlefield 2
- BitTorrent
- Ubuntu Software Center
- Pandas 3
- Google App Engine

Se encuentra información más detallada de otros proyectos con Python en el siguiente sitio web: https://unipython.com/13-grandes-proyectos-que-se-implementaron-utilizando-python/.

En data science y machine learning se cuenta con Pandas, scikit-learn y TensorFlow. Además, Python es multiplataforma: Linux, Windows, Mac OS, Solaris, etc.

Con Python se puede crear desde un sitio web hasta un programa o aplicación para realizar alguna tarea científica como calcular valores estadísticos o resolver matemática compleja. Asimismo, se puede desarrollar lo siguiente:

- Juegos
- Web
- Gráficos y diseño
- Aplicaciones financieras
- Ciencia
- Automatización de diseño electrónico
- Software
- Software dedicado a negocios

Además, Python permite ser implementado en diferentes lenguajes:

- **CPython:** Python tradicional escrito en C
- **Jython:** Python para la JVM
- **IronPython:** Python para .NET
- **PyPy:** Python más rápido con compilador JIT
- **Stackless Python:** Branch de CPython con soporte para microthreads

Actualmente Python es uno de los lenguajes de programación más populares y extendidos, así lo demuestra el índice TIOBE.

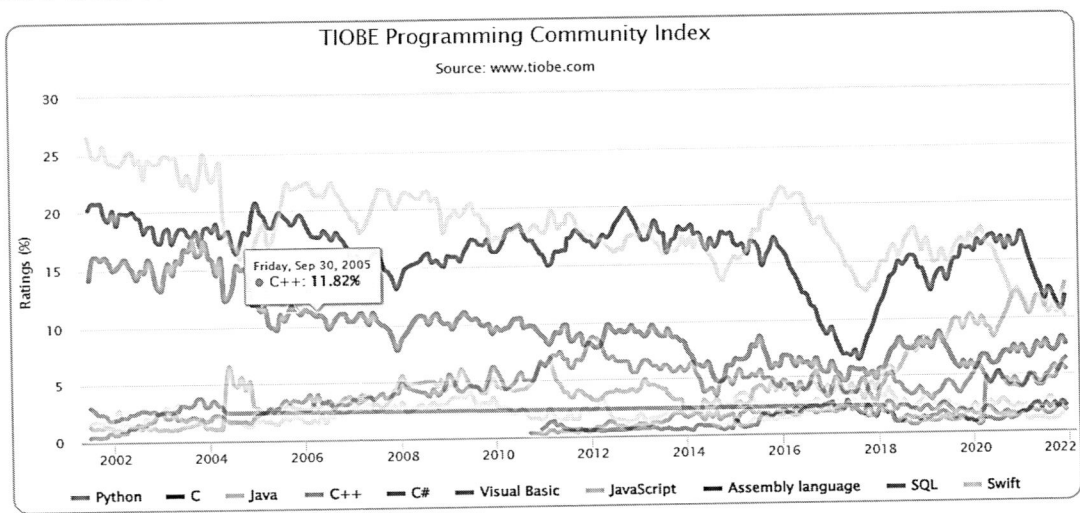

Dec 2021	Dec 2020	Change		Programming Language	Ratings	Change
1	3	^		Python	12.90%	+0.69%
2	1	v		C	11.80%	-4.69%
3	2	v		Java	10.12%	-2.41%
4	4			C++	7.73%	+0.82%
5	5			C#	6.40%	+2.21%
6	6			Visual Basic	5.40%	+1.48%
7	7			JavaScript	2.30%	-0.05%
8	12	≪		Assembly language	2.25%	+0.91%
9	10	^		SQL	1.79%	+0.25%
10	13	^		Swift	1.76%	+0.54%

Fuente: https://www.tiobe.com/tiobe-index/

20

ANÁLISIS DE DATOS CON **PYTHON 3**

MAG. JORGE SANTIAGO NOLASCO VALENZUELA | DR. JAVIER ARTURO GAMBOA CRUZADO | MAG. LUZ ELENA NOLASCO VALENZUELA | MAG. JYMMY STUWART DEXTRE ALARCÓN

Por otro lado, el índice PYPL (PopularitY of Programming Language) considera también a Python como el lenguaje más popular y el que ha experimentado un mayor crecimiento en estos últimos años.

Rank	Change	Language	Share	Trend
1		Python	30.21 %	-0.5 %
2		Java	17.82 %	+1.3 %
3		JavaScript	9.16 %	+0.6 %
4		C#	7.53 %	+1.0 %
5		C/C++	6.82 %	+0.6 %
6		PHP	5.84 %	-0.2 %
7		R	3.81 %	-0.0 %
8	↑	Swift	2.03 %	-0.2 %
9	↓	Objective-C	2.02 %	-1.6 %
10	↑	Matlab	1.73 %	-0.1 %

Worldwide, Dec 2021 compared to a year ago:

Fuente: http://pypl.github.io/PYPL.html

A continuación, estas son las fortalezas de Python:

- Fácil de aprender
- Fácil de enseñar
- Fácil de usar
- Fácil de entender
- Fácil de obtener, instalar e implementar

Este libro lo introduce de manera fácil en los conceptos y las características básicas del lenguaje de programación Python. De ahí que sea bueno tener un intérprete de Python a mano para experimentar.

Actualmente, la popularidad de Python se ha expandido fuera del círculo inicial de desarrolladores. Algunos predicen que pronto se convertirá en el lenguaje de programación más popular del mundo, ya que continúa agregando nuevos usuarios más rápido que cualquier otro lenguaje. Millones de personas usan Python cada día, con un crecimiento exponencial en los usuarios que muestra pocas señales de disminuir.

Python es utilizado para tareas grandes y pequeñas por desarrolladores profesionales y aficionados; y es particularmente popular entre desarrolladores web, científicos de datos y administradores de sistemas. Fue Python el que ayudó a unir las primeras imágenes de un agujero negro a unos 500 000 000 000 000 000 000 km de distancia (**https://www.youtube.com/watch?v=BIvezCVcsYs**). Python es el que impulsa innumerables scripts pirateados en ordenadores de escritorio en todo el mundo.

Además, desempeña un papel fundamental en algunas de las organizaciones más conocidas del globo. Por ejemplo, ayuda a Netflix a transmitir vídeos a más de 100 000 000 de hogares en todo el mundo, potencia el fenómeno de compartir fotos en Instagram y ayuda a la NASA en la exploración espacial.

Anaconda, la edición individual (distribución) de código abierto con más de 25 000 000 de usuarios en todo el mundo, es la forma más fácil de realizar ciencia de datos Python/R y aprendizaje automático. Es el conjunto de herramientas que lo equipa para trabajar con miles de paquetes y bibliotecas de código abierto.

1 Big data

"El problema fundamental de la comunicación es el de la reproducción exacta o aproximada en un determinado punto de un mensaje elegido en otro punto. Con frecuencia los mensajes tienen significados".

Claude Shannon (1948)

1.1 Información

Según Idalberto Chiavenato,

"La información es un conjunto de datos con un significado, que reduce la incertidumbre o que aumenta el conocimiento de algo. En verdad, la información es un mensaje con significado en un determinado contexto, disponible para uso inmediato y que proporciona orientación a las acciones por el hecho de reducir el margen de incertidumbre con respecto a nuestras decisiones".

Para Ferrell y Hirt,

"La información comprende los datos y conocimientos que se usan en la toma de decisiones".

Según Czinkota y Kotabe,

"La información consiste en datos seleccionados y ordenados con un propósito específico".

Alvin y Heidi Toffler, en su libro *La revolución de la riqueza*, quienes nos brindan la diferencia (muy entendible) entre lo que son los datos y lo que es información, nos dicen lo siguiente:

"Los datos suelen ser descritos como elementos discretos, huérfanos de contexto: por ejemplo, '300 acciones'. Cuando los datos son contextualizados, se convierten en información: por ejemplo, 'tenemos 300 acciones de la empresa farmacéutica X'".

Según Wikipedia,

"La información es un conjunto organizado de datos procesados que constituyen un mensaje sobre un determinado ente o fenómeno".

Según Irma Wassall (1943),

"Por todo el continente negro suenan los tambores que nunca callan: base de toda música, foco de toda danza; tambores parlantes, radiotelégrafo de la jungla inexplorada".

24

ANÁLISIS DE DATOS CON **PYTHON 3**

MAG. JORGE SANTIAGO NOLASCO VALENZUELA | DR. JAVIER ARTURO GAMBOA CRUZADO | MAG. LUZ ELENA NOLASCO VALENZUELA | MAG. JYMMY STUWART DEXTRE ALARCÓN

Desde hace más de quinientos años, los pobladores del África subsahariana contaban con una tecnología de información que sería la envidia de cualquier gobernante europeo. Eran los tambores. Sus rítmicas melodías constituían en realidad un código tonal capaz de transmitir información detallada sobre distintos aspectos de una manera amplia, rápida y eficiente.

1.2 Qué es big data

En esta infografía, se indica que en la actualidad solo se aprovechan los datos estructurados, que representan solo el 20 %, respecto al 80 % de los datos no estructurados.

- Big data es un campo del conocimiento dedicado al análisis, procesamiento y almacenamiento de grandes colecciones de datos que con frecuencia se originan en fuentes dispares.

- El término big data proviene originalmente del ámbito de las ciencias de la computación y ha sido típicamente empleado para referirse a sets de datos cuyo tamaño excede al que pueden manejar el software y hardware estándares disponibles para capturarlos, almacenarlos y analizarlos.

- Big data es el conjunto de tecnologías, técnicas y herramientas que posibilitan la recogida, el procesamiento y el análisis de volúmenes masivos de datos, y también la visualización de los resultados. El propósito es convertir la información hallada en esos grandes conjuntos de datos en algo útil, como estadísticas, patrones de comportamiento, análisis de rendimiento, etc.

- Big data es información de alto volumen, alta velocidad y/o alta variedad de activos que demandan formas innovadoras y rentables de procesamiento de información que permitan una mejor comprensión, toma de decisiones y automatización de procesos.

- Herramientas y técnicas de información de alto volumen, alta velocidad y/o alta variedad de activos, que permitirán capturar datos, almacenar, analizar, y obtener estadísticas, patrones de comportamiento y análisis de rendimiento, que permitirán una mejor comprensión, toma de decisiones y automatización de procesos.

1.3 Otros conceptos de big data

- "Big data es un término general para colecciones de datos tan grandes y complejas que son difíciles de procesar con el uso de herramientas de procesamiento de datos tradicionales" (Wikipedia, 2009).

- "Big data es un término cada vez más utilizado para describir el proceso de aplicación de alta potencia de cómputo, machine learning y de inteligencia artificial a información masiva y a menudo de gran complejidad" (Microsoft, 2012).

- "Big data se refiere a nuestra capacidad creciente de hacer cálculos a vastas colecciones de información, analizarla instantáneamente y sacar conclusiones profundas de ellas" (Mayer-Schönberger y Cukier, 2013).

- "Big data está siendo generado por todo lo que nos rodea en cada momento. Cada proceso digital e intercambio de medios sociales lo produce. Sistemas, sensores y dispositivos móviles lo transmiten. Big data está llegando desde múltiples fuentes a una velocidad, volumen y variedad" (IBM, 2014).

1.4 Generación de datos en Internet en tiempo real

En esta infografía, se indica qué está ocurriendo en Internet en tiempo real. Mientras el lector se encuentre leyendo esta infografía, en la red están aconteciendo multitud de cosas. Internet ha revolucionado la información y el acceso a la tecnología, y ha interconectado a todos.

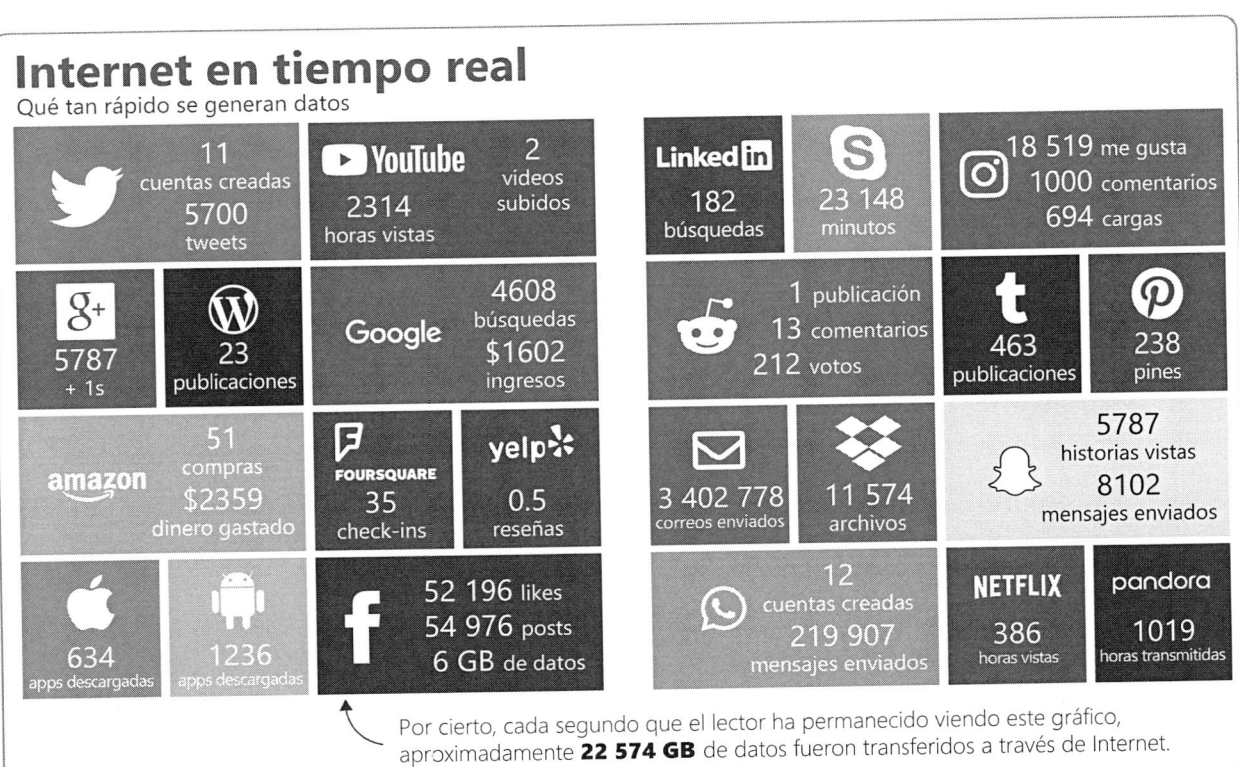

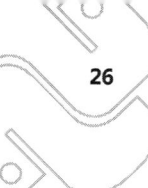

26

ANÁLISIS DE DATOS CON **PYTHON 3**

MAG. JORGE SANTIAGO NOLASCO VALENZUELA | DR. JAVIER ARTURO GAMBOA CRUZADO | MAG. LUZ ELENA NOLASCO VALENZUELA | MAG. JYMMY STUWART DEXTRE ALARCÓN

1.5 Tipos de datos

Es frecuente indicar la siguiente clasificación de los tipos de datos: estructurados (datos tradicionales) y no estructurados (datos big data). Sin embargo, las nuevas herramientas de manipulación de big data han originado nuevas categorías dentro de los tipos de datos no estructurados: datos semiestructurados y datos no estructurados propiamente dichos, que a continuación definimos.

- **Datos estructurados (structured data):** Datos que tienen bien definidos su longitud y su formato, como las fechas, los números o las cadenas de caracteres. Se almacenan en tablas. Un ejemplo son las bases de datos relacionales y las hojas de cálculo.

- **Datos no estructurados (unstructured data):** Datos en el formato tal y como fueron recolectados; carecen de un formato específico. No se pueden almacenar dentro de una tabla, ya que su información no se puede desgranar a tipos básicos de datos. Algunos ejemplos son los PDF, documentos multimedia, e-mails o documentos de texto.

- **Datos semiestructurados (semistructured data):** Datos que no se limitan a campos determinados y que contienen marcadores para separar los diferentes elementos.

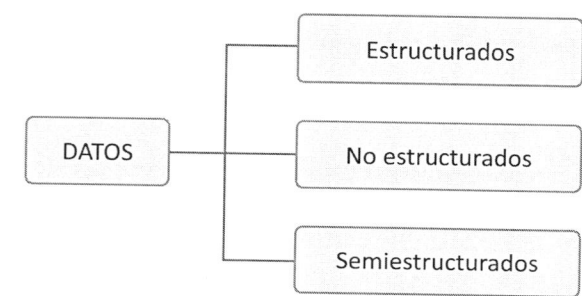

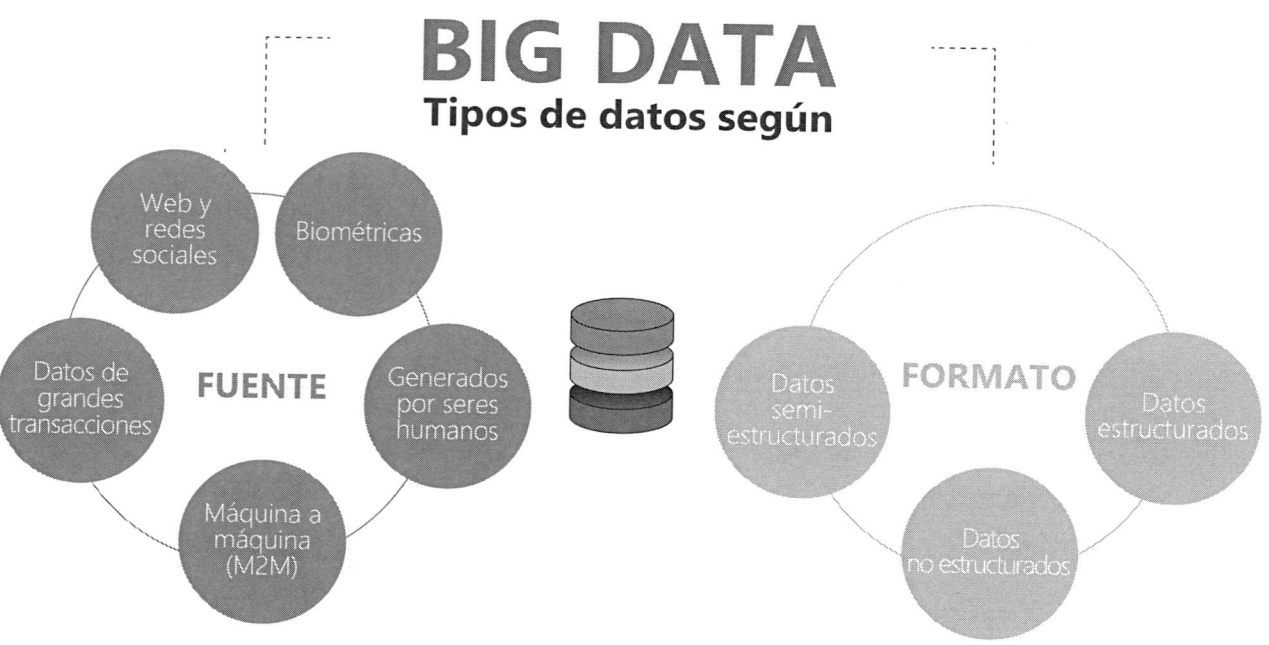

1.6 Fuentes del big data

Hay una enorme cantidad de datos de los que queremos procesar y extraer información, los cuales, según la imagen, no se vienen aprovechando.

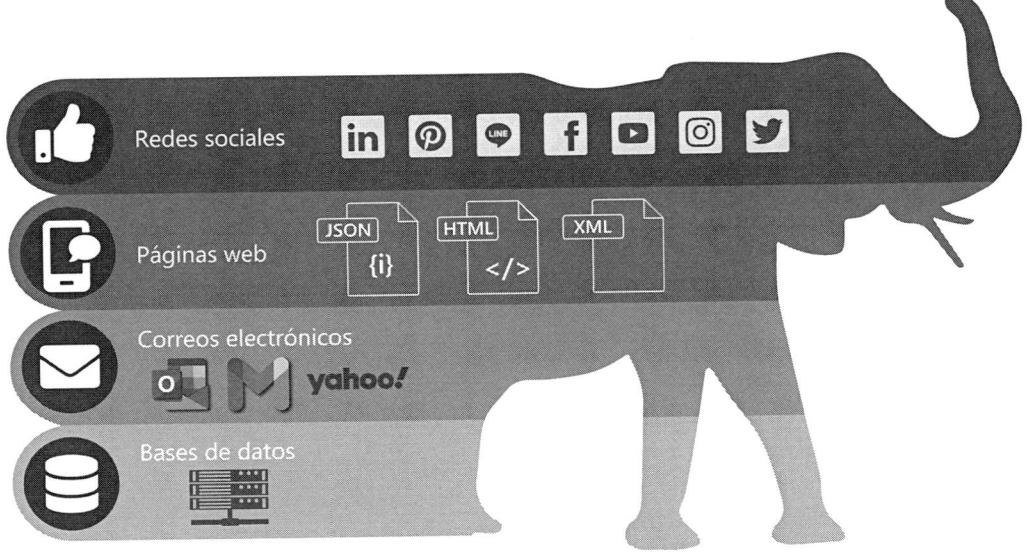

1.7 Las V en big data

Las características más importantes del big data perfectamente se pueden clasificar en muchas magnitudes conocidas como las V del big data. Estas se muestran a continuación y más adelante se detallarán sus características.

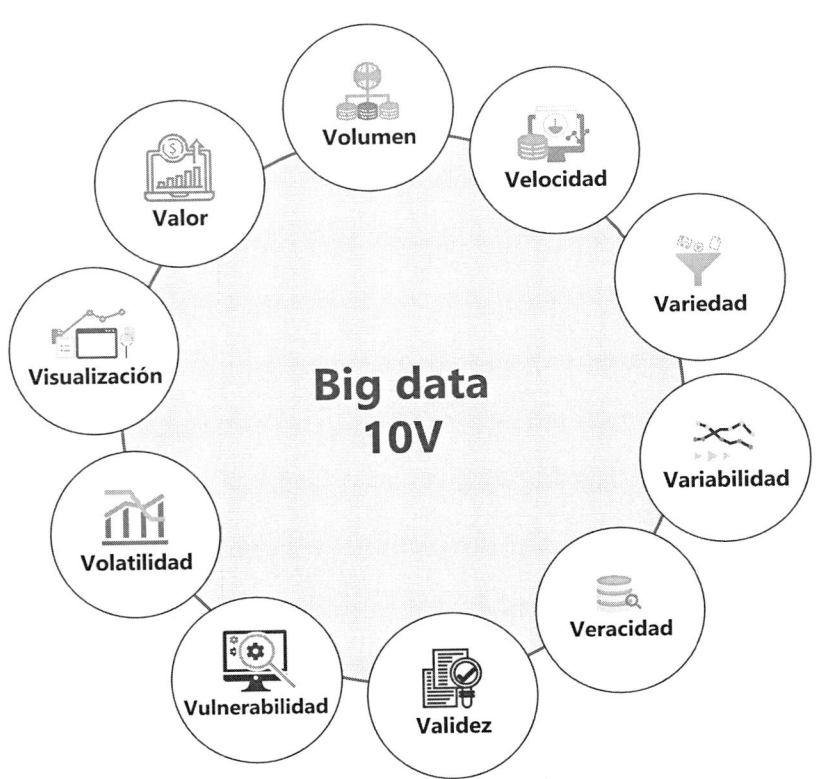

28

ANÁLISIS DE DATOS CON **PYTHON 3**

MAG. JORGE SANTIAGO NOLASCO VALENZUELA | DR. JAVIER ARTURO GAMBOA CRUZADO | MAG. LUZ ELENA NOLASCO VALENZUELA | MAG. JYMMY STUWART DEXTRE ALARCÓN

Big data 10V

Volumen
- Se refiere a la cantidad masiva de datos que se genera cada segundo, minuto, hora o cualquier otra cifra de tiempo estimada. Tienen que ser grandes cifras de datos para considerarse big data.
- Por ejemplo, YouTube almacena 18 000 segundos de vídeo por minuto de sus usuarios.

Velocidad
- Se refiere a la velocidad a la que se generan o actualizan los datos.
- Por ejemplo, Google procesa unas 40 000 consultas de búsquedas por segundo, lo que se traduce aproximadamente en más de 3 500 000 000 de búsquedas por día.

Variedad
- Se refiere a manejar datos estructurados y semiestructurados, pero principalmente no estructurados, como archivos de audio, imagen, vídeo, actualizaciones de redes sociales, archivos de registro, datos de clics, etc.

Variabilidad
- Se refiere al número de inconsistencias en los datos y a la multitud de dimensiones de datos.
- También se refiere a la velocidad inconsistente a la que se cargan grandes datos en las bases de datos.

Veracidad
- Se refiere a la procedencia o confiabilidad de la fuente de datos, su contexto y cuán significativo es para el análisis basado en ella.
- Cuando aumentan las propiedades, la veracidad disminuye.

Validez
- Se refiere a la limpieza que tienen los datos, a cuán precisos y correctos son para su uso.
- Se deben adoptar buenas prácticas de gobernanza de datos para garantizar una calidad de datos coherente, definiciones comunes y metadatos.

Vulnerabilidad
- Se refiere a la preocupación de seguridad con respecto a los datos.
- Han ocurrido muchos casos de hackeo y violación de la big data para actividades ilegales.

Volatilidad
- Se refiere al tiempo que deben conservarse los datos. Los datos antiguos generarían problemas de rendimiento en la base de datos.
- Se requiere de reglas para la disponibilidad, la vigencia de datos y la recuperación rápida de información.

Visualización
- Se refiere a solucionar la complejidad de visualizar la analítica del big data.
- Dentro de las diferentes formas de representarlos, se tiene la agrupación o el uso de mapas, las coordenadas, los diagramas, etc.

Valor
- Se refiere a solucionar la valoración de los datos y descartar los datos desfasados y no útiles.
- Se identifica el valor del dato si puede comprender mejor a los clientes, optimizar los procesos, mejorar el rendimiento, etc.

1.8 Las V a lo largo del tiempo

A continuación se muestra la evolución histórica del big data respecto a las V (magnitudes).

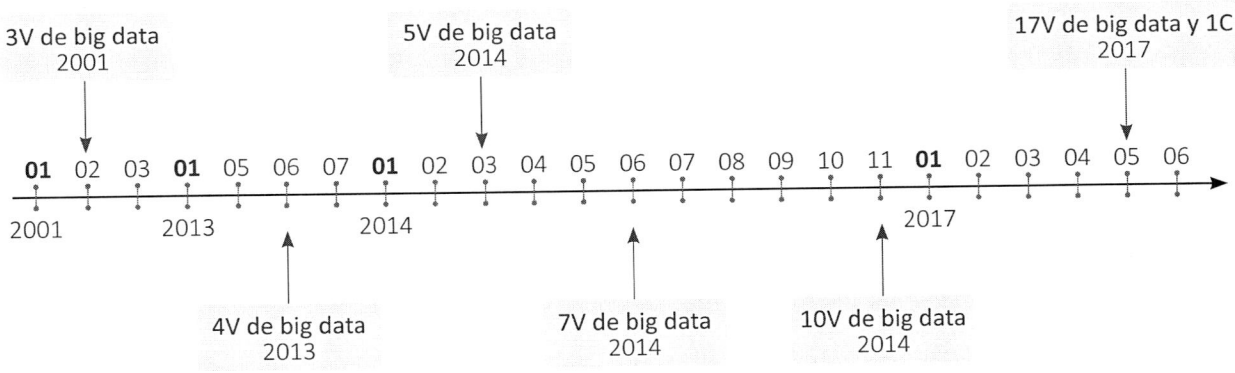

1.9 Aplicaciones del big data en general

El big data se aplica en muchos sectores y se puede obtener ventaja del empleo de sus técnicas de análisis y extracción de información relevante. En esta imagen, observará algunas aplicaciones del big data.

30

ANÁLISIS DE DATOS CON **PYTHON 3**

MAG. JORGE SANTIAGO NOLASCO VALENZUELA | DR. JAVIER ARTURO GAMBOA CRUZADO | MAG. LUZ ELENA NOLASCO VALENZUELA | MAG. JYMMY STUWART DEXTRE ALARCÓN

1.10 Patrones de arquitectura de software

"La arquitectura de software de un programa o sistema es la estructura o estructuras del sistema, lo cual incluye los elementos de software, las propiedades visibles externamente de esos elementos y las relaciones entre ellos".

— Bass, Clement, Kazman: Software Architecture in Practice

1.10.1 Algunas afirmaciones importantes

- Los arquitectos de construcciones y los arquitectos de software se enfrentan a retos similares. Por lo mismo, es necesario que los arquitectos cuenten con una serie de conocimientos, habilidades y conocimientos especiales.

- Glenn Murcutt, arquitecto australiano famoso por ganar muchos premios y por ser presidente fundador de la Asociación de Arquitectura de Australia, afirmó: "Necesitamos soluciones para problemas reales y no inventar problemas para justificar malas soluciones".

1.10.2 Conclusiones

- La arquitectura de software representa el estudio de alto nivel del sistema.

- Se representa a través de muchas vistas o estructuras del sistema.

- Cada vista se compone de elementos de software y de las relaciones entre ellos.

- Cada elemento de software tiene atributos visibles interna o externamente.

- Cada elemento debe estar claramente documentado para que se conozca su naturaleza.

- Forma parte de la disciplina de análisis y diseño.

1.11 Tipos de aplicaciones

1.11.1 Aplicaciones monolíticas

- Diseñadas para un usuario único en una sola máquina.

- Explotan la capacidad de la máquina al máximo.

- La seguridad no es una prioridad.

- Existe una dificultad para mejorar la aplicación porque igualmente se debe actualizar cada máquina.

- Aplicaciones tipo: editores de texto, hojas de cálculo, sistemas embebidos en máquinas especializadas, como calculadoras, máquinas expendedoras de bebidas y alimentos.

- Lenguajes de programación usados: C/C++.

1.11.2 Aplicaciones cliente-servidor

- El servidor fue diseñado para múltiples usuarios. Cada cliente representa a un usuario único.

- Es necesario tener un protocolo propietario para la comunicación entre el cliente y el servidor.

- La seguridad en estas aplicaciones es una prioridad.

- En sus versiones iniciales, el servidor era fácil de mejorar, pero el upgrade de un cliente no, debido a que cada máquina tenía que ser modernizada.

- Es necesaria la administración de una sesión de trabajo. El cliente es el responsable de administrar el inicio y fin de la sesión.

- Lenguajes de programación usados: C/C++/VB, SQL (stored procedures).

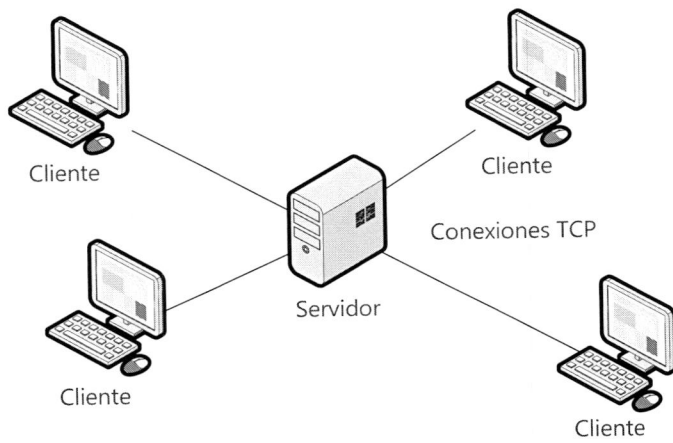

1.11.3 Aplicaciones web

- Tanto el cliente como el servidor fueron diseñados para múltiples usuarios.

- La seguridad es de alta prioridad.

- Se usa un protocolo estándar para la comunicación entre el cliente y el servidor.

- El manejo de la sesión es complejo porque afecta el desempeño del sistema. No se puede operar sobre muchos objetos al mismo tiempo y la administración de la sesión la hace el servidor con muy poca ayuda del cliente (que usa cookies).

- Se incrementa la importancia del middleware.

- Lenguajes de programación usados: HTML, JavaScript, VB.Net o Java y SQL para la comunicación con la base de datos.

32

ANÁLISIS DE DATOS CON **PYTHON 3**

MAG. JORGE SANTIAGO NOLASCO VALENZUELA | DR. JAVIER ARTURO GAMBOA CRUZADO | MAG. LUZ ELENA NOLASCO VALENZUELA | MAG. JYMMY STUWART DEXTRE ALARCÓN

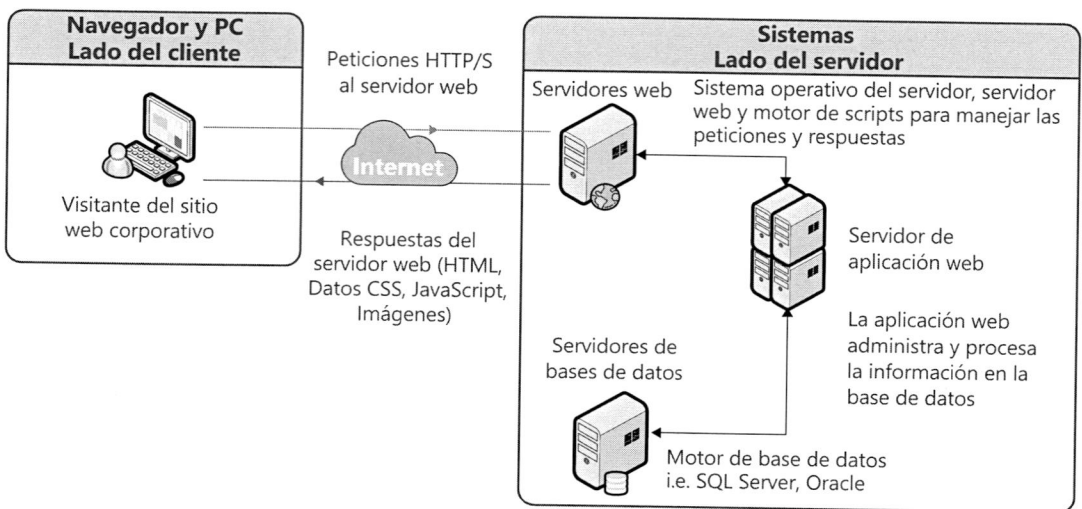

1.11.4 Aplicaciones peer-to-peer

- Los componentes interactúan como peers y son todos "iguales".

- Estilo arquitectural petición-respuesta sin asimetrías.

- Proveer una conexión bidireccional.

- Algunas arquitecturas pueden tener supernodos (indexar o rootear).

- Los peers pueden ser agregados o retirados sin gran impacto en el sistema en general. Por tanto, se logra escalabilidad.

- BitTorrent, Skype, VoIP.

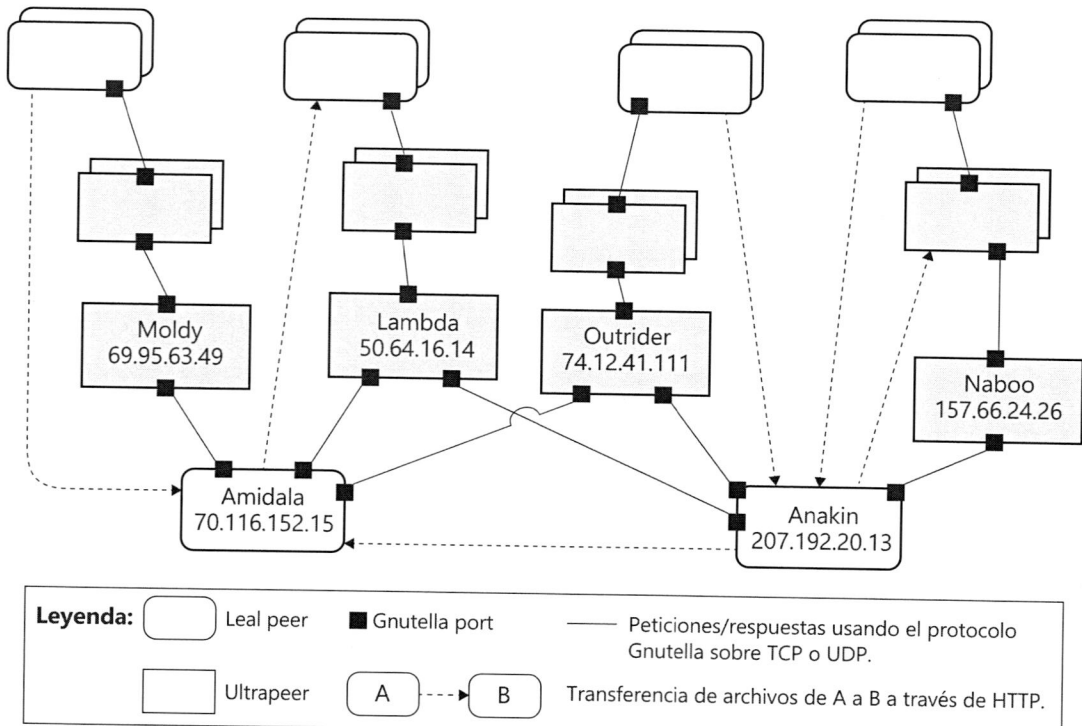

1.11.5 Aplicaciones de data compartida

- Está conformado por múltiples data accesors y al menos un shared-data store.

- El acceso puede ser de lectura, escritura o ambos.

- Gestiona la concurrencia.

- Podría generar cuellos de botella y, de contarse con un solo shared-data store, suponer un riesgo en términos de alta disponibilidad.

- Restricción: los shared-data store no pueden interactuar directamente.

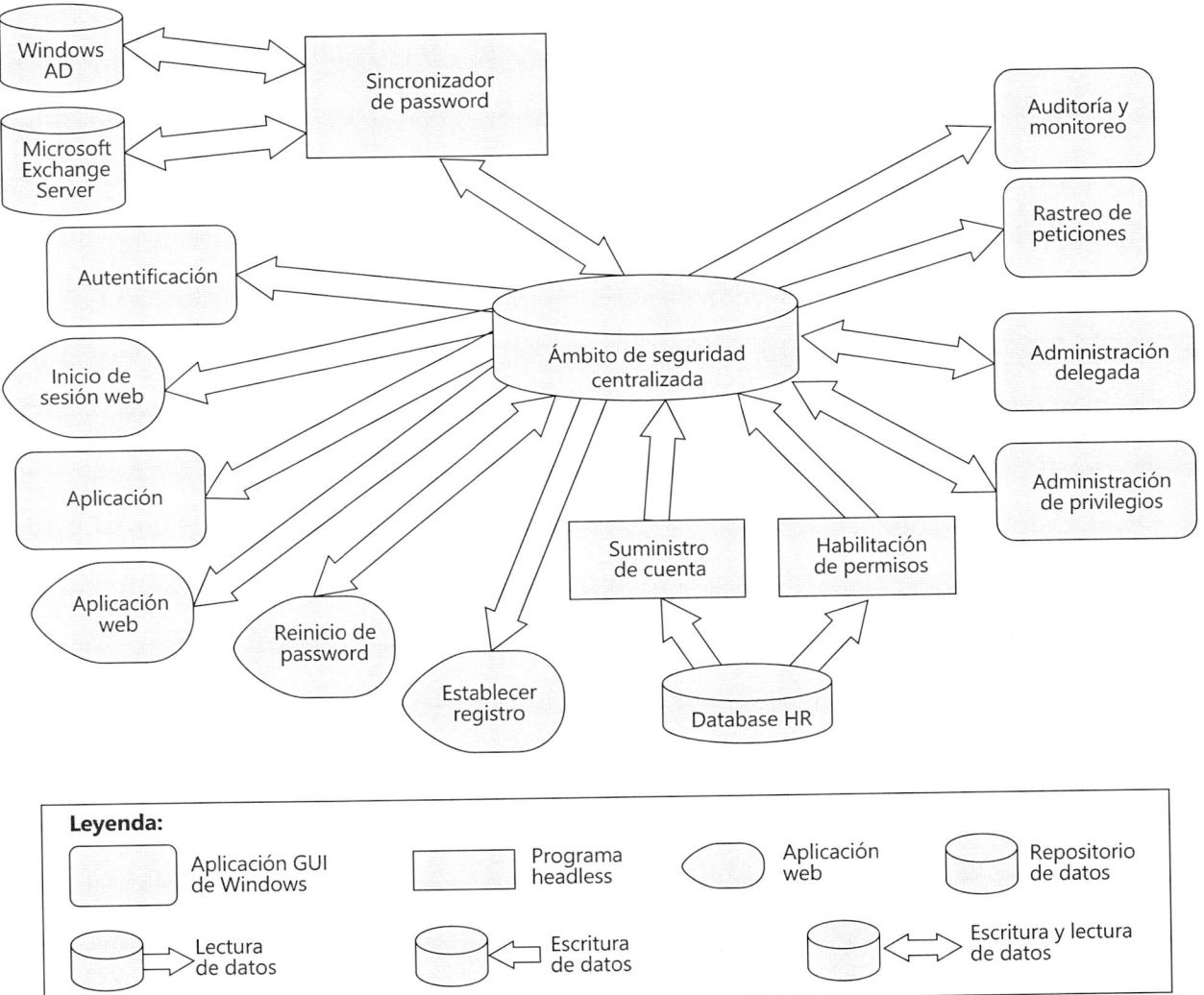

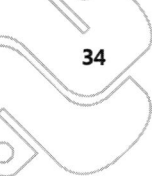

34

ANÁLISIS DE DATOS CON **PYTHON 3**

MAG. JORGE SANTIAGO NOLASCO VALENZUELA | DR. JAVIER ARTURO GAMBOA CRUZADO | MAG. LUZ ELENA NOLASCO VALENZUELA | MAG. JYMMY STUWART DEXTRE ALARCÓN

1.11.6 Aplicaciones MapReduce

Está compuesto de tres partes:

- **Infraestructura:** Donde se "deploya" el map y se reducen las instancias. Puede ser un nodo o múltiples nodos en programación paralela.

- **Map:** Una función con múltiples instancias "deployada" en la infraestructura (extraer y transformar).

- **Reduce:** Función para procesar la porción de extraer-transformar-cargar.

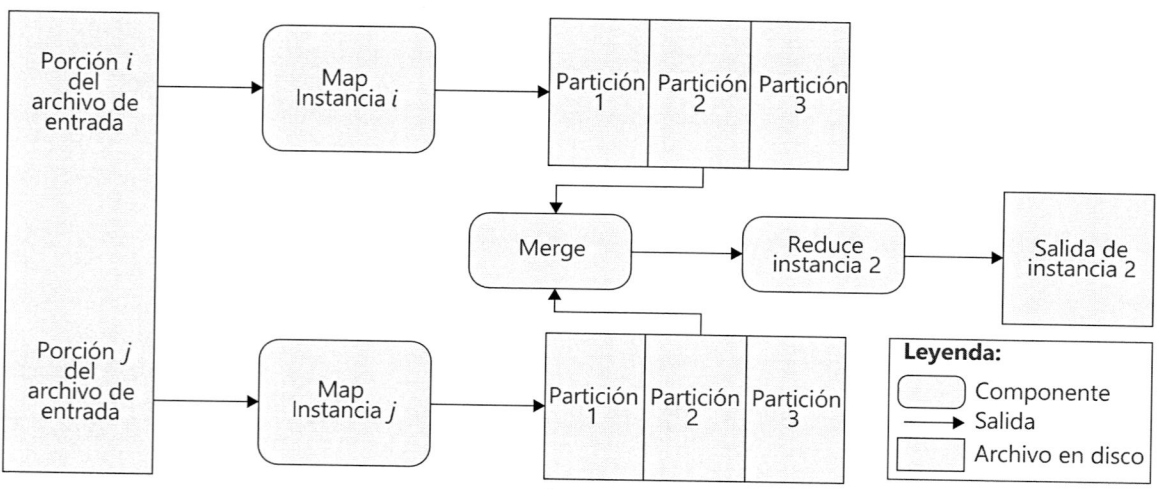

1.11.7 Aplicaciones heterogéneas

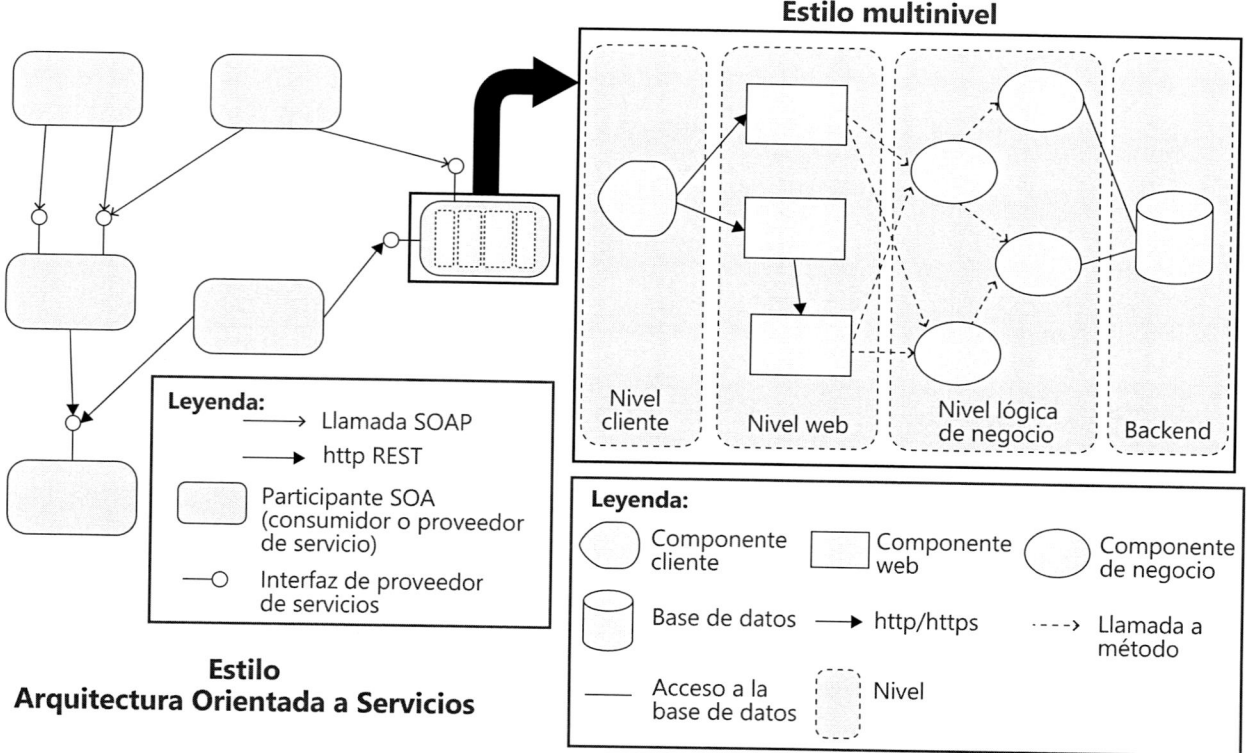

1.12 Aplicaciones del big data en el Perú y el mundo

En el Perú se puede encontrar el siguiente caso:

àlicorp

El objetivo de Alicorp es potenciar el sector comercial para incrementar las ventas. Por ello, la compañía incluirá más plataformas que ayuden a los vendedores a identificar los productos que quieren los clientes. "A la fecha hemos implementado tres y tenemos cuatro más en producción. El próximo año apuntamos a que sean ocho y se vayan duplicando año a año. Más casos de uso permitirán una segmentación de clientes y puntos de venta más finos, lo que permite una oferta más agresiva basada en la información antes no disponible", indicó Pedro Malo, vicepresidente corporativo de estrategia y digital de la compañía, a Semana Económica.

Nuevas herramientas

El ejecutivo señaló que el presupuesto en tecnología es de aproximadamente 20 000 000 USD al año (1 % de las ventas) y que se invertirá de 15 000 000 USD a 20 000 000 USD adicionales al año en transformación digital.

Entre las herramientas que utilizará Alicorp se encuentra el big data para administrar la información, además de utilizar machine learning e inteligencia artificial para contar con algoritmos más precisos.

Adaptado de Perú Retail. (2 de noviembre de 2018). *¿Qué estrategias digitales está empleando Alicorp?* https://www.peru-retail.com/estrategias-digitales-alicorp/

En el caso de la empresa Alicorp, desde aproximadamente el 2017 utilizaba la digitalización como un elemento estratégico de negocio. En enero del 2019 creó la vicepresidencia corporativa de estrategia digital para consolidar su expansión digital y aprovechar las oportunidades de negocios utilizando big data y analytics, con herramientas como Python y Lenguaje R, para estructurar la información que se tiene del mercado con variables de localización, clima y tráfico con la finalidad de apoyar en la toma de decisiones de negocio, mejorar las estrategias de sus productos, administrar de manera más eficiente sus procesos e incrementar sus ventas.

Big data permite a las empresas ahorrar hasta el 50 % de su presupuesto. ¿De qué manera? En el Perú, solo el 30 % de las empresas peruanas usan el big data. Gracias a esto, logran tener el control y conocimiento apropiado de las operaciones de ventas.

Una información que se puede escapar de las manos. Antes de iniciar un negocio, los emprendedores deberían crear un plan estratégico, en el que se incluya evaluar el mercado, investigar el público objetivo, conocer sus gustos e intereses.

36

ANÁLISIS DE DATOS CON **PYTHON 3**

MAG. JORGE SANTIAGO NOLASCO VALENZUELA | DR. JAVIER ARTURO GAMBOA CRUZADO | MAG. LUZ ELENA NOLASCO VALENZUELA | MAG. JYMMY STUWART DEXTRE ALARCÓN

El objetivo es ir más allá del a quién le vamos a vender y lograr el cómo lo vamos a vender. Esto involucra parte de lo que se denomina big data.

Conversamos con Ana Luisa Muñoz, directora regional del grupo Shock MKT, sobre el big data y los beneficios de su aplicación.

La especialista comentó que el big data tiene abundante información, por lo que "hay varias formas de acceder a esto, pero la más común es que las empresas accedan mediante una investigación de mercado para que vean cómo tienen que presentar su producto. Para crear un buen big data, primero se debe empezar estudiando el producto, cuál es el target, analizar los momentos, tiempos y formatos de consumo, así como ubicar los puntos de venta y una estrategia de fuerza alineada a la empresa".

Ana Luisa Muñoz destacó luego que alrededor del 70 % de las empresas peruanas no tienen la iniciativa para desarrollar el big data y el 30 % restante lo hacen en menor medida.

"Este 70 % (de empresas peruanas) tiene una gran desventaja, ya que, cuando quieran realizar una acción (en ventas), gastarán el doble de lo requerido. No hay control, por ende, la empresa no sabrá cómo actuar frente a impulsos de ventas", dijo.

Finalmente, lamentó la situación de las empresas peruanas sobre este tema con respecto a las corporaciones a nivel mundial, y destacó que, de utilizarse el big data de la manera correcta, "podría ahorrarse hasta el 50 % de su presupuesto de ventas".

Adaptado de Gil, F. (8 de abril de 2019). *'Big Data' permite a las empresas ahorrar hasta el 50 % de su presupuesto: ¿De qué manera?* Gestión. https://gestion.pe/tecnologia/big-data-permite-empresas-ahorrar-50-presupuesto-manera-263477-noticia/

En el mundo, se pueden encontrar los siguientes casos:

Datos COVID-19 (*)

Taiwán

- > 23 000 000 de habitantes

¿Cómo usan el big data?

978 casos

10 fallecidos

Nueva Zelanda

- > 4 000 000 de habitantes

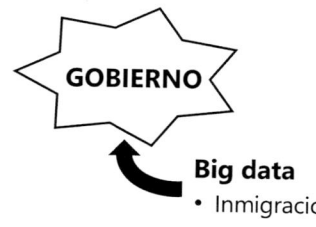

GOBIERNO

2416 casos

26 fallecidos

Estonia

- > 1 000 000 de habitantes

Big data
- Inmigraciones
- Impuestos
- Salud
- Comercio
- Aduanas
- ...

80 929 casos

686 fallecidos

Estados Unidos

- > 332 000 000 de habitantes

29 197 519 casos

530 179 fallecidos

Fuente: https://gisanddata.maps.arcgis.com/apps/opsdashboard/index.html#/bda7594740fd40299423467b48e9ecf6

En el caso de la gestión de la lucha contra la pandemia de COVID-19 en los países del primer mundo, como Taiwán, Nueva Zelanda, Estonia y Estados Unidos, si tenemos en cuenta que son pioneros en tecnologías de big data, se observa una gran diferencia en cómo utilizan los datos de inmigraciones, impuestos, salud, comercio, aduanas, censos, entre otros.

Algunos de los países asiáticos, como Taiwán, se preocupan por monitorear a la población, rastrear personas a través de los celulares, hacer testeos masivos, realizar cuarentenas ante posibles contagios y monitorear los síntomas.

En cambio, los países europeos y demás países, como Estados Unidos, se preocupan por reforzar el servicio de hospitalización y la unidad de cuidados intensivos (UCI).

Taiwán tiene más de 23 000 000 de habitantes, de los cuales el 0,004 % resultaron contagiados y hasta la fecha solo tienen 10 personas fallecidas.

Nueva Zelanda tiene más de 4 000 000 de habitantes, de los cuales el 0,0604 % resultaron contagiados y hasta la fecha tienen 26 personas fallecidas.

Estonia tiene más de un millón de habitantes, de los cuales el 8,0929 % resultaron contagiados y hasta la fecha tienen 686 personas fallecidas.

Estados Unidos tiene más de 332 000 000 de habitantes, de los cuales el 8,7944 % resultaron contagiados y hasta la fecha tienen 530 179 personas fallecidas.

A pesar de lo intrusivo de los protocolos de Taiwán, se observa que es el único país que gestionó eficientemente la lucha contra la pandemia de COVID-19. Ello demuestra que un ineficiente uso del big data con un lento accionar de los políticos e insuficientes protocolos de control de propagación del virus han ocasionado demasiados decesos que pudieron haberse evitado.

1.13 Seguridad y big data

Seguridad informática o ciberseguridad es la práctica de defender los ordenadores, servidores o dispositivos electrónicos, redes, entre otros, de los ataques maliciosos que tienen intención de dañar o robar información.

Todos los dispositivos conectados a Internet son susceptibles de ser atacados, pues la seguridad absoluta no existe.

Muchas empresas grandes han sufrido ataques cibernéticos a pesar de su inversión en seguridad, ya que día a día se inventan nuevos métodos para poder vulnerarla y, a su vez, poder bloquearla.

Un hackeo a una empresa implica una desconfianza entre el cliente y el proveedor, ya que la filtración de información personal al mercado negro es un valor extremadamente importante.

Asegurar la información es un elemento básico en cualquier proyecto, ya que cualquier modificación o robo significa una gran pérdida económica y social para la empresa.

38

ANÁLISIS DE DATOS CON **PYTHON 3**

MAG. JORGE SANTIAGO NOLASCO VALENZUELA | DR. JAVIER ARTURO GAMBOA CRUZADO | MAG. LUZ ELENA NOLASCO VALENZUELA | MAG. JYMMY STUWART DEXTRE ALARCÓN

En la actualidad, la recolección de datos se ha vuelto algo natural, debido a que las redes sociales, la nube o el IoT están originando el intercambio de información permanente.

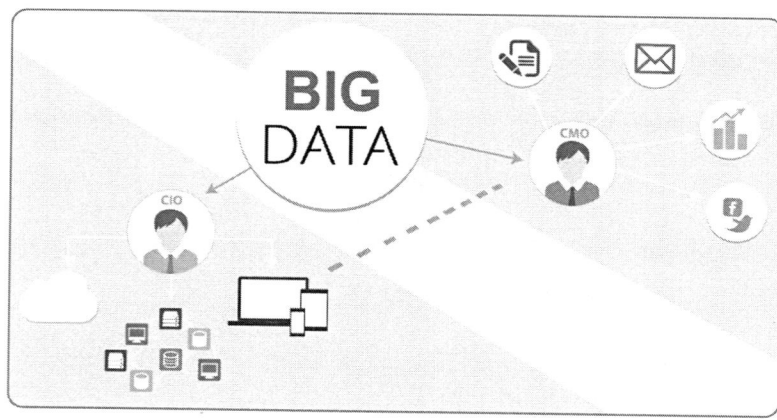

1.13.1 Retos de seguridad en el big data

- **Falta de seguridad en el diseño de la solución:** Debido a las diferentes plataformas utilizadas, no siempre cuentan con un cifrado de datos ni gestión de políticas.

- **Anonimización:** Se debe proteger la información personal y evitar que alguien pueda hacer un análisis profundo.

- **Complejidad y diversidad de datos:** Debido a la variedad de fuentes que posee, se debe proporcionar protección a cada tipo de fuente distinta con una característica adaptada.

- **Poca inversión en seguridad:** Muchas empresas, por ahorro de costes, evitan implementar seguridad para estos volúmenes de información.

- **Falta de habilidades:** Al ser nuevas tecnologías, se debe capacitar a los empleados para poder manejar de forma óptima estos grandes proyectos.

- **Ruptura de datos:** Se debe verificar que la información que se posee sea confiable, ya que, al definir una toma de decisiones, es fundamental que la información sea cierta.

- **Información sensible:** Muchas empresas recopilan informaciones sensibles del usuario, como las búsquedas realizadas, ubicación geográfica y relaciones de amistad.

1.13.2 Medidas de seguridad básicas

El proceso de anonimizar los datos consiste en eliminar todo rastro de información personal identificable de un usuario. Aunque las organizaciones deben eliminar este tipo de información, es una tarea difícil.

- **Cifrado de datos:** El manejo de grandes volúmenes de datos requiere que las organizaciones pongan en práctica todas las medidas necesarias para asegurar su confidencialidad.

- **Control de acceso y monitorización:** Otro de los aspectos claves en big data reside en aplicar mecanismos de seguridad que controlen el acceso a la información manipulada en los sistemas del big data.

1.13.3 Uso del big data en la ciberseguridad

Según Bradshaw y Howard:

> La digitalización ha transformado la estructura de la información global y no solo la periodística, sino también cualquier fuente de datos y documentación. La proliferación de plataformas, dispositivos y contenidos ha multiplicado la oferta de contenidos disponibles, al mismo tiempo que la digitalización ha abaratado los costes de creación, producción, distribución y almacenamiento de información periodística, propaganda y contenido de cualquier naturaleza. Oferta y demanda se han retroalimentado hasta el punto de crear un mercado de la propaganda rentable por su audiencia global y la participación activa de bots, trols y otros autómatas.

Las empresas son vulnerables y constantemente atacadas, de ahí que haya sido necesario implementar herramientas que analicen y gestionen en tiempo real. Gracias al big data y a la información recolectada por los ataques, se puede predecir o saber cómo responder a un ataque en tiempo real analizando los patrones o las tendencias de comportamiento.

Tanto el big data como la ciberseguridad se complementan de la siguiente forma:

- Monitorización en tiempo real
- Ofensiva
- Precursores para el futuro
- Protección y seguridad para todos
- Detección de intrusión física en grandes espacios o infraestructuras abiertas
- Computación sobre información cifrada
- Análisis automático de vulnerabilidades de red (máquinas-tráfico de datos)
- Criminología computacional
- Uso fraudulento de recursos corporativos o sensibles
- Análisis de vídeo en tiempo real/búsqueda y recuperación rápida en librerías de vídeo
- Inteligencia visual en máquinas
- Identificación de anomalías, patrones y comportamiento en grandes volúmenes de datos
- Análisis de texto (estructurado y no estructurado) como apoyo para tomar decisiones en tiempo real en entornos intensivos en datos
- Consciencia situacional
- Traducción automática a gran escala (en número de idiomas y en volumen)
- Predicción de eventos

40

ANÁLISIS DE DATOS CON **PYTHON 3**

MAG. JORGE SANTIAGO NOLASCO VALENZUELA | DR. JAVIER ARTURO GAMBOA CRUZADO | MAG. LUZ ELENA NOLASCO VALENZUELA | MAG. JYMMY STUWART DEXTRE ALARCÓN

1.14 Hadoop

Hadoop es un framework basado en Java para almacenar información distribuida y procesar grandes conjuntos de datos. Fue desarrollado por Apache Software Foundation como un framework de código abierto. Algunas de las empresas que utilizan Hadoop son Yahoo!, Amazon, IBM, Intel, Microsoft, Twitter, Facebook, entre otras.

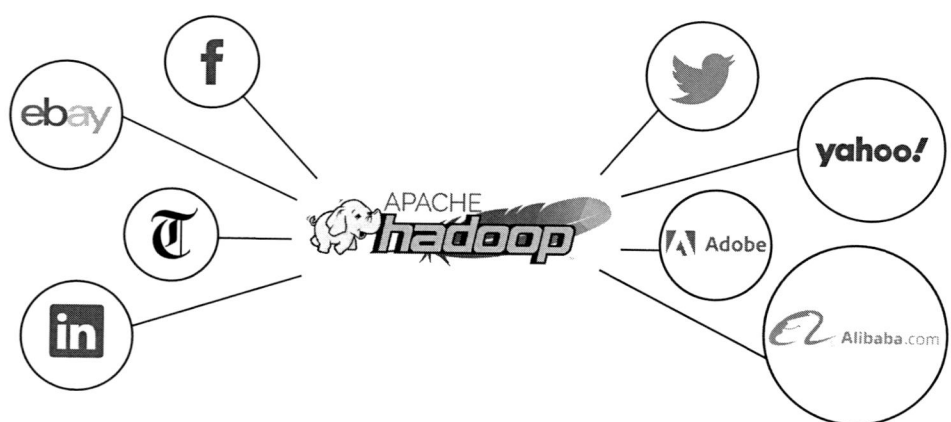

1.14.1 Características básicas

Entre sus características básicas tenemos las siguientes:

- **Procesamiento distribuido:** Distribuye o paraleliza todos sus datos en el HDFS para ser tratado de forma paralela o veloz.

- **Eficiente:** Porque es capaz de manejar grandes volúmenes de datos con rapidez.

- **Económico:** Trabaja en disco (barato).

- **Fácilmente escalable:** Si falta espacio, procesador o RAM, se añade porque se escala verticalmente.

- **Tolerante a fallas:** Porque utiliza replicación (los datos se encuentran en varios nodos).

- **Open source:** Código abierto.

1.14.2 ¿Por qué Hadoop?

Hadoop permite un gran análisis de información (terabytes, gigas). Es un conjunto de herramientas, software libre, escalable, distribuido (la información está en clústeres) y confiable.

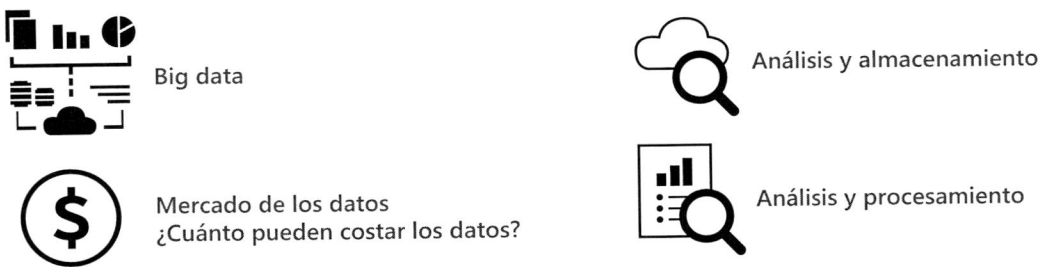

Big data

Mercado de los datos
¿Cuánto pueden costar los datos?

Análisis y almacenamiento

Análisis y procesamiento

1.14.3 ¿Cómo surge Hadoop?

Inicialmente Doug Cutting escribió en 1997 la primera versión de Lucene, biblioteca de búsqueda que analiza texto con el objetivo de crear un índice. Este permite encontrar todas sus ubicaciones en el texto de manera rápida. El desarrollo le tardó tres meses para un código empleable. Él deseaba que fuera utilizado; por eso, en el 2000 abrió Lucene a Source Forge bajo licencia GPL (más tarde a LGPL). Muchas personas empezaron a usarla, con gran cantidad de comentarios y solicitudes de nuevas funcionalidades.

Luego se unió el graduado de la Universidad de Washington Mike Cafarella, quien presentó un nuevo proyecto llamado Apache Nutch (rastreador web).

Q, A. (11 de junio de 2019). Hadoop. Su historia. *Medium*. https://medium.com/@adolfoq_22485/hadoop-su-historia-453da43f1126

1.14.4 Historia de Hadoop

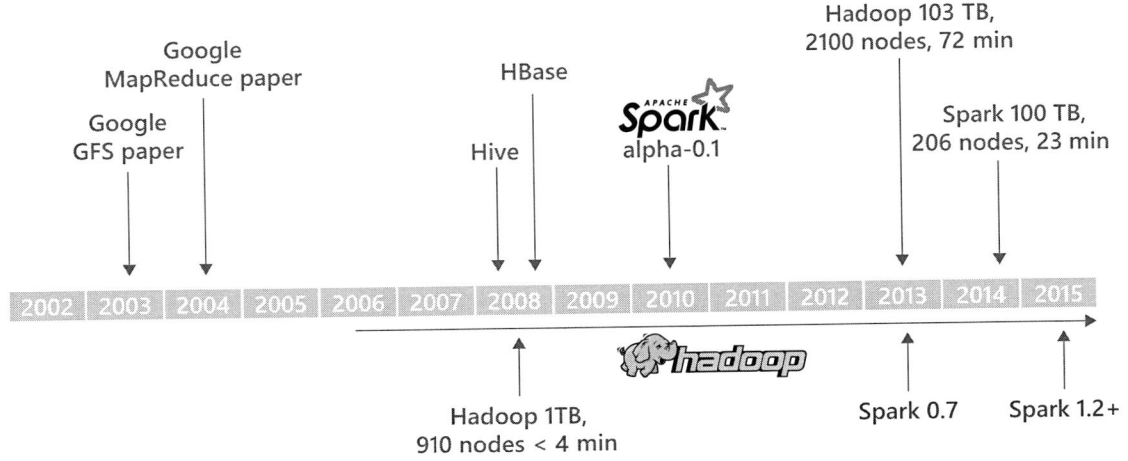

Fuente: https://medium.com/@adolfoq_22485/hadoop-su-historia-453da43f1126

MAG. JORGE SANTIAGO NOLASCO VALENZUELA | DR. JAVIER ARTURO GAMBOA CRUZADO | MAG. LUZ ELENA NOLASCO VALENZUELA | MAG. JYMMY STUWART DEXTRE ALARCÓN

1.15 ¿Qué atributos tiene Hadoop?

1.15.1 HDFS

El Hadoop Distributed File System (HDFS) es un sistema de archivos distribuido, escalable y portátil escrito en Java para el framework Hadoop. Cada nodo en una instancia Hadoop típicamente tiene un único nodo de datos; un clúster de datos forma el clúster HDFS.

El concepto principal detrás de HDFS es que divide normalmente en un archivo de 128 MB en lugar de tratar con un archivo como un todo. Esto permite muchas funciones, como distribución, replicación, recuperación de fallas y, lo que es más importante, procesamiento distribuido de los bloques utilizando múltiples máquinas. Los tamaños de bloque pueden ser de 64 MB, 128 MB, 256 MB o 512 MB: lo que se adapte al propósito. Para un archivo de 1 GB con bloques de 128 MB, habrá 1024 MB/128 MB como resultado ocho bloques. Con la característica de replicación, se tendrá 24 bloques. HDFS, que proporciona un sistema de almacenamiento distribuido con tolerancia y recuperación de fallas, tiene dos componentes principales: NameNode y DataNode.

NameNode contiene todos los metadatos de todo el contenido del sistema de archivos: nombres de archivo, permisos de archivo y la ubicación de cada bloque de cada archivo y, por lo tanto, es la máquina más importante en HDFS. Los DataNodes se conectan al NameNode y almacenan los bloques dentro de HDFS. Dependen del NameNode para toda la información de metadatos relacionada con el contenido del sistema de archivos. Si el NameNode no tiene ninguna información, el DataNode no podrá entregar información a ningún cliente que quiera leer o escribir en el HDFS.

Es posible que los procesos NameNode y DataNode se ejecuten en una sola máquina; sin embargo, generalmente los clústeres de HDFS se componen de un servidor dedicado que ejecuta el proceso NameNode y miles de máquinas que hacen lo propio con DataNode. Para poder acceder a la información de contenido almacenada en el NameNode, almacena toda la estructura de metadatos en la memoria. Asegura que no haya pérdida de datos como resultado de fallas de la máquina al realizar un seguimiento del factor de replicación de los bloques. Dado que es un único punto de falla, para reducir el riesgo de pérdida de datos debido a la falla de un NameNode, se puede usar un NameNode secundario para generar instantáneas de las estructuras de memoria del NameNode primario.

Los DataNodes tienen grandes capacidades de almacenamiento y, a diferencia de NameNode, HDFS continuará funcionando normalmente si falla un DataNode. Cuando un DataNode falla, NameNode se encarga automáticamente de la replicación ahora disminuida de todos los bloques de datos en el DataNode fallido y se asegura de que la replicación se construya de nuevo. Dado que NameNode conoce todas las ubicaciones de los bloques replicados, cualquier cliente conectado al clúster puede continuar.

El siguiente gráfico muestra la asignación de archivos a bloques en el NameNode, y el almacenamiento de bloques y sus réplicas dentro de los DataNodes.

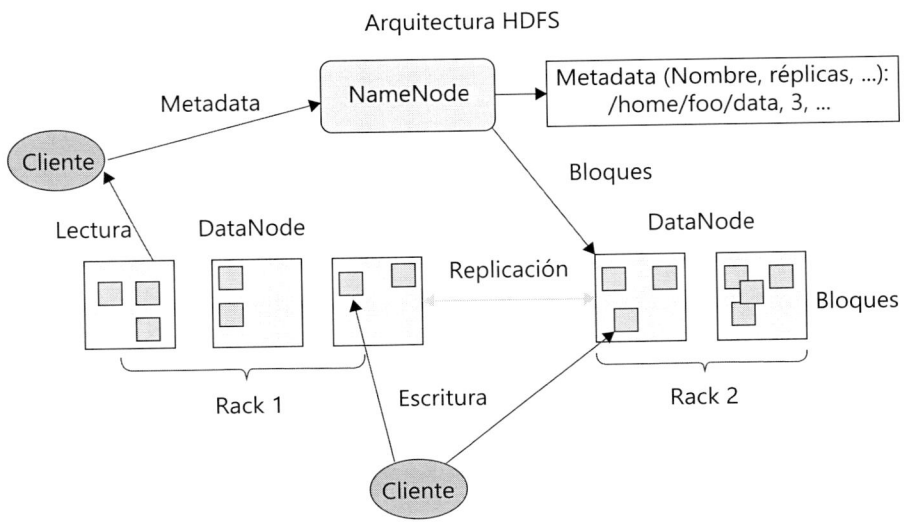

Fuente: https://hadoop.apache.org/docs/r1.2.1/hdfs_design.html

NameNode y DataNode son piezas de software diseñadas para ejecutarse en máquinas básicas. Estas máquinas suelen ejecutar un sistema operativo Linux. HDFS se crea utilizando el lenguaje Java; cualquier máquina que admita Java puede ejecutar el software NameNode o DataNode. El uso del lenguaje Java altamente portátil significa que HDFS se puede implementar en una amplia gama de máquinas. Una implementación típica tiene una máquina dedicada que solo ejecuta el software NameNode. Cada una de las demás máquinas del clúster ejecuta una instancia del software DataNode. La arquitectura no excluye la ejecución de varios DataNodes en la misma máquina, pero en una implementación real, rara vez es el caso.

La existencia de un solo NameNode en un clúster simplifica enormemente la arquitectura del sistema. NameNode es el árbitro y el repositorio de todos los metadatos de HDFS. El sistema está diseñado de tal manera que los datos del usuario nunca fluyen a través del NameNode.

1.15.1.1 El espacio de nombres del sistema de archivos

HDFS admite una organización de archivos jerárquica tradicional. Un usuario o una aplicación pueden crear directorios y almacenar archivos dentro de estos. La jerarquía del espacio de nombres del sistema de archivos es similar a la mayoría de los demás sistemas de archivos existentes; uno puede crear y eliminar archivos, mover un archivo de un directorio a otro o cambiar el nombre de un archivo. HDFS admite cuotas de usuario y permisos de acceso. HDFS no admite enlaces físicos ni flexibles. Sin embargo, la arquitectura HDFS no excluye la implementación de estas características.

Si bien HDFS sigue la convención de nomenclatura del sistema de archivos, algunas rutas y nombres (por ejemplo, /.reserved y .snapshot) están reservados. Funciones como el cifrado transparente y las instantáneas utilizan rutas reservadas.

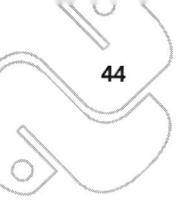

44

ANÁLISIS DE DATOS CON **PYTHON 3**

MAG. JORGE SANTIAGO NOLASCO VALENZUELA | DR. JAVIER ARTURO GAMBOA CRUZADO | MAG. LUZ ELENA NOLASCO VALENZUELA | MAG. JYMMY STUWART DEXTRE ALARCÓN

NameNode mantiene el espacio de nombres del sistema de archivos. El NameNode registra cualquier cambio en el espacio de nombres del sistema de archivos o sus propiedades. Una aplicación puede especificar el número de réplicas de un archivo que HDFS debe mantener. El número de copias de un archivo se denomina factor de replicación de ese archivo. Esta información es almacenada por NameNode.

1.15.1.2 Replicación de datos

HDFS está diseñado para almacenar de manera confiable archivos muy grandes en máquinas en un clúster. Almacena cada archivo como una secuencia de bloques; todos los bloques de un archivo, excepto el último, tienen el mismo tamaño. Estos se replican para tolerancia a fallas. El tamaño del bloque y el factor de replicación se pueden configurar por archivo. Una aplicación puede especificar el número de réplicas de un archivo. El factor de replicación se puede especificar en el momento de la creación del archivo y se puede cambiar más tarde. Los archivos en HDFS son de una sola escritura y tienen estrictamente un solo escritor en cualquier momento.

NameNode toma todas las decisiones con respecto a la replicación de bloques. Recibe periódicamente un Heartbeat y un Blockreport de cada uno de los DataNodes del clúster. La recepción de un Heartbeat implica que el DataNode está funcionando correctamente. Un Blockreport contiene una lista de todos los bloques en un DataNode.

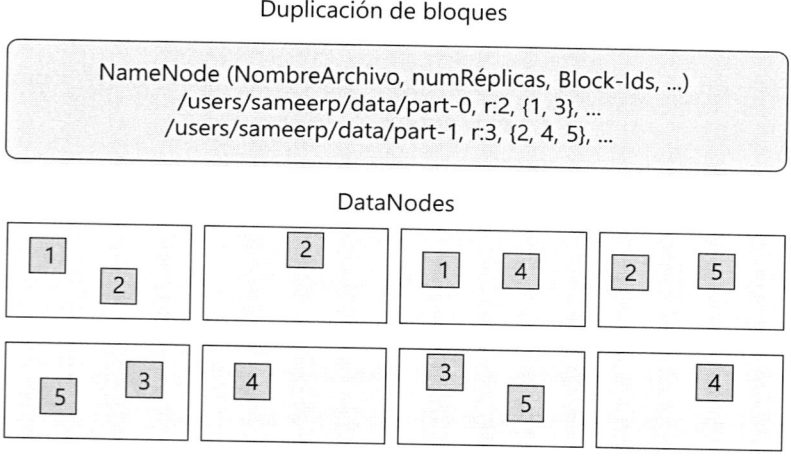

Duplicación de bloques

1.15.1.3 La persistencia de los metadatos del sistema de archivos

El espacio de nombres HDFS es almacenado por NameNode, que utiliza un registro de transacciones llamado EditLog para guardar de manera persistente cada cambio que se produce en los metadatos del sistema de archivos. Por ejemplo, la creación de un nuevo archivo en HDFS hace que NameNode inserte un registro en el EditLog que indique esto. De manera similar, al cambiar el factor de replicación de un archivo, se inserta un nuevo registro en EditLog. NameNode utiliza un archivo en su sistema de archivos del sistema operativo host local para almacenar el EditLog. Todo el espacio de nombres del sistema de archivos, incluida la asignación de bloques a archivos y propiedades del sistema de archivos, se almacena en FsImage. Esta también se almacena como un archivo en el sistema de archivos local de NameNode.

NameNode mantiene una imagen de todo el espacio de nombres del sistema de archivos y el mapa de bloques del archivo en la memoria. Este elemento de metadatos clave está diseñado para ser compacto, de modo que un NameNode con 4 GB de RAM es suficiente para admitir una gran cantidad de archivos y directorios. Cuando se inicia NameNode, lee FsImage y EditLog del disco, aplica todas las transacciones del EditLog a la representación en memoria de FsImage y descarga esta nueva versión en una nueva FsImage en el disco. Luego puede truncar el EditLog antiguo porque sus transacciones se han aplicado a la FsImage persistente. Este proceso se llama punto de control. En la implementación actual, un punto de control solo ocurre cuando se inicia NameNode. Se está trabajando para respaldar los puntos de control periódicos en un futuro próximo.

DataNode almacena datos HDFS en archivos en su sistema de archivos local. El DataNode no tiene conocimiento sobre los archivos HDFS. Almacena cada bloque de datos HDFS en un archivo separado en su sistema de archivos local. El DataNode no crea todos los archivos en el mismo directorio. En su lugar, utiliza una heurística para determinar la cantidad óptima de archivos por directorio y crea subdirectorios de manera apropiada. No es óptimo crear todos los archivos locales en el mismo directorio porque es posible que el sistema de archivos local no pueda admitir de manera eficiente una gran cantidad de archivos en un solo directorio. Cuando un DataNode se inicia, escanea a través de su sistema de archivos local, genera una lista de todos los bloques de datos HDFS que corresponden a cada uno de estos archivos locales y envía este informe al NameNode: este es el Blockreport.

1.15.1.4 Los protocolos de comunicación

Todos los protocolos de comunicación HDFS se superponen al protocolo TCP/IP. Un cliente establece una conexión a un puerto TCP configurable en la máquina NameNode. "Habla" el ClientProtocol con el NameNode. Los DataNodes se comunican con el NameNode mediante el protocolo DataNode. Una abstracción de llamada a procedimiento remoto (RPC) envuelve tanto el protocolo de cliente como el de nodo de datos. Por diseño, NameNode nunca inicia ningún RPC. En cambio, solo responde a las solicitudes de RPC emitidas por DataNodes o clientes.

1.15.1.5 Robustez

El objetivo principal de HDFS es almacenar datos de manera confiable, incluso en presencia de fallas. Los tres tipos comunes de fallas son de NameNode y de DataNode, y particiones de red.

1.15.1.6 Organización de datos

» Bloques de datos

HDFS está diseñado para admitir archivos muy grandes. Las aplicaciones compatibles con HDFS son las que se ocupan de grandes conjuntos de datos. Estas escriben sus datos solo una vez, pero los leen una o más veces y requieren que estas lecturas se satisfagan a velocidades de transmisión. HDFS admite la semántica de escribir una vez y leer muchas en archivos. Un tamaño de bloque típico utilizado por HDFS es de 128 MB. Por lo tanto, un archivo HDFS se divide en fragmentos de 128 MB y, si es posible, cada fragmento residirá en un DataNode diferente.

46

ANÁLISIS DE DATOS CON **PYTHON 3**

MAG. JORGE SANTIAGO NOLASCO VALENZUELA | DR. JAVIER ARTURO GAMBOA CRUZADO | MAG. LUZ ELENA NOLASCO VALENZUELA | MAG. JYMMY STUWART DEXTRE ALARCÓN

» Canalización de replicación

Cuando un cliente escribe datos en un archivo HDFS con un factor de replicación de tres, NameNode recupera una lista de DataNodes utilizando un algoritmo de elección de destino de replicación. Esta lista contiene los DataNodes que albergarán una réplica de ese bloque. Luego el cliente escribe en el primer DataNode, que comienza a recibir los datos en porciones, cada parte en su repositorio local y la transfiere al segundo DataNode en la lista. Este, a su vez, comienza a recibir cada parte del bloque de datos, la escribe en su repositorio y luego la vacía en el tercer DataNode. Finalmente, este escribe los datos en su repositorio local. Por lo tanto, un DataNode puede recibir datos del anterior en la canalización y, al mismo tiempo, reenviar datos al siguiente en la canalización.

1.15.1.7 Accesibilidad

Se puede acceder a HDFS desde las aplicaciones de muchas formas diferentes. De forma nativa, HDFS proporciona una API de Java FileSystem para que la utilicen las aplicaciones. Un envoltorio de lenguaje C para esta API de Java y API REST también está disponible. Además, también se puede utilizar un navegador HTTP para explorar los archivos de una instancia HDFS. Al utilizar la puerta de enlace NFS, HDFS se puede montar como parte del sistema de archivos local del cliente.

1.15.1.8 Recuperación de espacio

Si la configuración de la papelera está habilitada, los archivos eliminados por FS Shell no se eliminan inmediatamente de HDFS, sino que este lo mueve a un directorio de basura (cada usuario tiene su propio directorio de basura en /user/<username>/.Trash). El archivo se puede restaurar rápidamente siempre que permanezca en la papelera.

Los archivos eliminados más recientes se mueven al directorio de la papelera actual (/user/<username>/.Trash/Current), y en un intervalo configurable, HDFS crea puntos de control en /user/<username>/.Trash/ <date> para archivos en el directorio de basura actual y elimina los puntos de control antiguos cuando caducan. Se debe consultar el comando de eliminación del Shell FS sobre el punto de control de la basura.

Una vez que expira su vida útil en la papelera, NameNode elimina el archivo del espacio de nombres HDFS. La eliminación de un archivo hace que se liberen los bloques asociados con este. Se debe tener en cuenta que puede haber una demora apreciable entre el momento en que un usuario elimina un archivo y el momento del correspondiente aumento de espacio libre en HDFS.

1.15.1.9 Número de puertos

En Hadoop 3.x se han cambiado muchos de los puertos para varios servicios. Anteriormente los puertos predeterminados de varios servicios de Hadoop estaban en el rango de puertos efímeros de Linux (32768-61000). Esto indicaba que, al inicio, los servicios a veces no podían vincularse al puerto con otra aplicación debido a un conflicto.

Estos puertos en conflicto se han movido fuera del rango efímero, lo que afecta al NameNode, NameNode secundario, DataNode y KMS.

Los cambios se enumeran a continuación:

- NameNode ports: 50 470 → 9871, 50 070 → 9870 , and 8020 → 9820

- Secondary NameNode ports: 50 091 → 9869 and 50 090 → 9868

- DataNode ports: 50 020 → 9867, 50 010 → 9866, 50 475 → 9865, and 50 075 → 9864

1.15.2 YARN

Gestor de recursos que se encarga de asignarlos a cada aplicación dentro del clúster. Además, planifica y monitoriza las tareas.

YARN (Yet Another Resource Negotiator) es una pieza fundamental en el ecosistema Hadoop. Es el framework que permite a Hadoop soportar varios motores de ejecución, incluido MapReduce, y proporciona un planificador agnóstico a los trabajos que se encuentran en ejecución en el clúster. Esta mejora de Hadoop también es conocida como Hadoop 2.

YARN separa las dos funcionalidades principales: la gestión de recursos y la planificación y monitorización de trabajos. Con esta idea es posible tener un gestor global (resource manager) y un application master por cada aplicación.

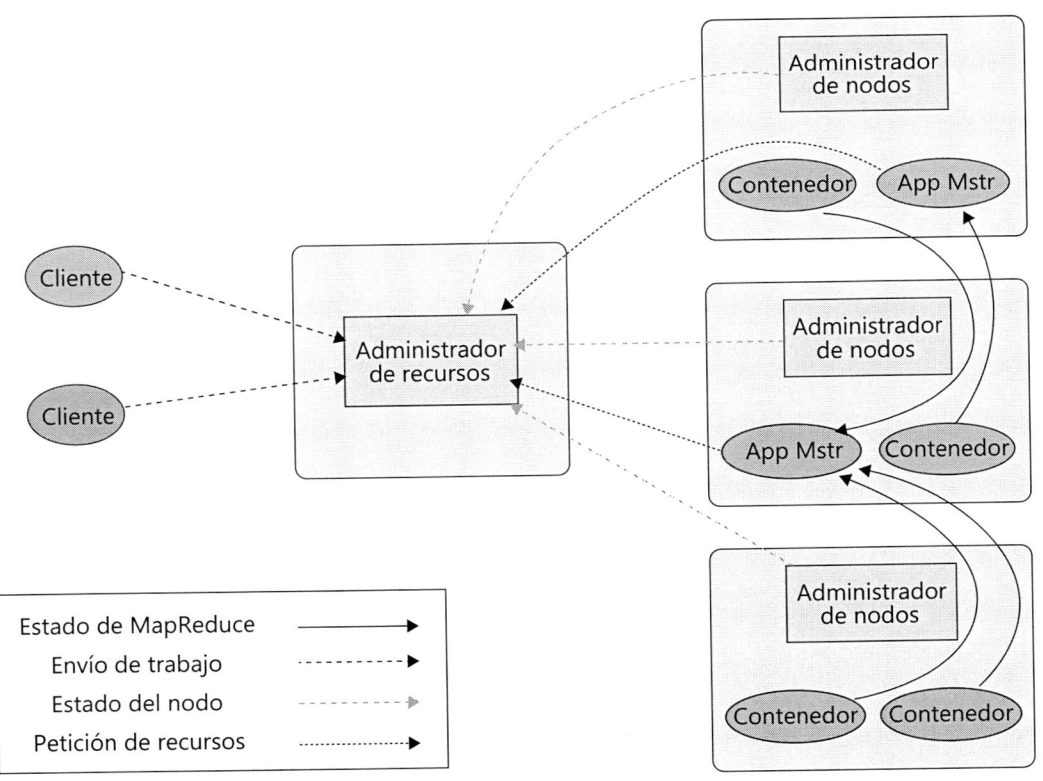

48

ANÁLISIS DE DATOS CON **PYTHON 3**

MAG. JORGE SANTIAGO NOLASCO VALENZUELA | DR. JAVIER ARTURO GAMBOA CRUZADO | MAG. LUZ ELENA NOLASCO VALENZUELA | MAG. JYMMY STUWART DEXTRE ALARCÓN

1.15.3 MapReduce

MapReduce, framework que se adapta al procesamiento de grandes volúmenes de datos, emplea YARN para programar los mapeadores y reductores como tareas, y usa los contenedores.

Un trabajo MapReduce generalmente divide el conjunto de datos de entrada en fragmentos independientes, que son procesados por las tareas del mapa de una manera completamente paralela. El marco ordena los resultados de los mapas, que luego se introducen en las tareas de reducción. Normalmente tanto la entrada como la salida del trabajo se almacenan en un sistema de archivos. El marco se encarga de programar las tareas, monitorearlas y volver a ejecutar las tareas fallidas.

Por lo general, los nodos de computación y los de almacenamiento son los mismos, es decir, el marco MapReduce y el sistema de archivos distribuido Hadoop (consulte la guía de arquitectura HDFS) se ejecutan en el mismo conjunto de nodos. Esta configuración permite que el marco programe tareas de manera efectiva en los nodos donde los datos ya están presentes, lo que da como resultado un ancho de banda agregado muy alto en todo el clúster.

El marco MapReduce consta de un solo JobTracker maestro y un TaskTracker esclavo por nodo de clúster. El maestro es responsable de programar las tareas de los componentes de los trabajos en los esclavos, monitorearlos y volver a ejecutar las tareas fallidas. Los esclavos ejecutan las tareas según las instrucciones del maestro.

Como mínimo, las aplicaciones especifican las ubicaciones de entrada/salida y el mapa de suministro, y reducen las funciones mediante implementaciones de interfaces apropiadas o clases abstractas. Estos y otros parámetros del trabajo comprenden su configuración. El cliente de trabajo de Hadoop luego envía el trabajo (JAR/ejecutable, etc.) y la configuración al JobTracker, que enseguida asume la responsabilidad de distribuir el software/configuración a los esclavos, programar tareas y monitorearlas, y proporcionar información de estado y diagnóstico al trabajo.

2 Introducción al análisis de datos

2.1 SciPy

SciPy es una colección de algoritmos matemáticos y funciones de conveniencia basadas en la extensión NumPy de Python. Agrega una potencia significativa a la sesión interactiva de Python al proporcionar al usuario comandos y clases de alto nivel para manipular y visualizar datos. Con SciPy, una sesión interactiva de Python se convierte en un entorno de procesamiento de datos y prototipo de sistema que rivaliza con sistemas como MATLAB, IDL, Octave, R-Lab y Scilab.

SciPy se basa en NumPy y se pueden usar sus funciones para todas las necesidades básicas de manejo de matriz.

```
import numpy as np
```

NumPy es el paquete fundamental de Python para la informática científica que agrega las capacidades de matrices n-dimensionales.

2.1.1 Creando arreglos

El ndarray es similar a las listas, pero, en lugar de ser muy flexible al almacenar diferentes tipos de objetos en una lista, solo la misma clase de elemento se puede almacenar en cada columna.

Luego cree un arreglo con seis elementos.

```
In [2]: import numpy as np

In [3]: arreglo = np.array([0,1,2,3,4,5])

In [4]: arreglo
Out[4]: array([0, 1, 2, 3, 4, 5])
```

50

ANÁLISIS DE DATOS CON **PYTHON 3**

MAG. JORGE SANTIAGO NOLASCO VALENZUELA | DR. JAVIER ARTURO GAMBOA CRUZADO | MAG. LUZ ELENA NOLASCO VALENZUELA | MAG. JYMMY STUWART DEXTRE ALARCÓN

Idee un arreglo con siete elementos.

```
In [7]: arreglo1 = np.arange(7)
```

A continuación, cree un arreglo que contenga los cien primeros números.

```
In [11]: arreglo2 = np.arange(100)

In [12]: arreglo2

Out[12]: array([ 0,  1,  2,  3,  4,  5,  6,  7,  8,  9, 10, 11, 12, 13, 14, 15, 16,
               17, 18, 19, 20, 21, 22, 23, 24, 25, 26, 27, 28, 29, 30, 31, 32, 33,
               34, 35, 36, 37, 38, 39, 40, 41, 42, 43, 44, 45, 46, 47, 48, 49, 50,
               51, 52, 53, 54, 55, 56, 57, 58, 59, 60, 61, 62, 63, 64, 65, 66, 67,
               68, 69, 70, 71, 72, 73, 74, 75, 76, 77, 78, 79, 80, 81, 82, 83, 84,
               85, 86, 87, 88, 89, 90, 91, 92, 93, 94, 95, 96, 97, 98, 99])
```

Luego idee un arreglo que contenga los trescientos primeros números.

```
In [13]: arreglo3 = np.arange(300)

In [14]: arreglo3

Out[14]: array([  0,   1,   2,   3,   4,   5,   6,   7,   8,   9,  10,  11,  12,
                13,  14,  15,  16,  17,  18,  19,  20,  21,  22,  23,  24,  25,
                26,  27,  28,  29,  30,  31,  32,  33,  34,  35,  36,  37,  38,
                39,  40,  41,  42,  43,  44,  45,  46,  47,  48,  49,  50,  51,
                52,  53,  54,  55,  56,  57,  58,  59,  60,  61,  62,  63,  64,
                65,  66,  67,  68,  69,  70,  71,  72,  73,  74,  75,  76,  77,
                78,  79,  80,  81,  82,  83,  84,  85,  86,  87,  88,  89,  90,
                91,  92,  93,  94,  95,  96,  97,  98,  99, 100, 101, 102, 103,
               104, 105, 106, 107, 108, 109, 110, 111, 112, 113, 114, 115, 116,
               117, 118, 119, 120, 121, 122, 123, 124, 125, 126, 127, 128, 129,
               130, 131, 132, 133, 134, 135, 136, 137, 138, 139, 140, 141, 142,
               143, 144, 145, 146, 147, 148, 149, 150, 151, 152, 153, 154, 155,
               156, 157, 158, 159, 160, 161, 162, 163, 164, 165, 166, 167, 168,
               169, 170, 171, 172, 173, 174, 175, 176, 177, 178, 179, 180, 181,
               182, 183, 184, 185, 186, 187, 188, 189, 190, 191, 192, 193, 194,
               195, 196, 197, 198, 199, 200, 201, 202, 203, 204, 205, 206, 207,
               208, 209, 210, 211, 212, 213, 214, 215, 216, 217, 218, 219, 220,
               221, 222, 223, 224, 225, 226, 227, 228, 229, 230, 231, 232, 233,
               234, 235, 236, 237, 238, 239, 240, 241, 242, 243, 244, 245, 246,
               247, 248, 249, 250, 251, 252, 253, 254, 255, 256, 257, 258, 259,
               260, 261, 262, 263, 264, 265, 266, 267, 268, 269, 270, 271, 272,
               273, 274, 275, 276, 277, 278, 279, 280, 281, 282, 283, 284, 285,
               286, 287, 288, 289, 290, 291, 292, 293, 294, 295, 296, 297, 298,
               299])
```

Después, cree un arreglo que contenga los primeros cincuenta elementos desde el −1 al 1 (por número de puntos).

```
In [15]:  arreglo4 = np.linspace(-1, 1, 50)

In [16]:  arreglo4

Out[16]:  array([-1.        , -0.95918367, -0.91836735, -0.87755102, -0.83673469,
                 -0.79591837, -0.75510204, -0.71428571, -0.67346939, -0.63265306,
                 -0.59183673, -0.55102041, -0.51020408, -0.46938776, -0.42857143,
                 -0.3877551 , -0.34693878, -0.30612245, -0.26530612, -0.2244898 ,
                 -0.18367347, -0.14285714, -0.10204082, -0.06122449, -0.02040816,
                  0.02040816,  0.06122449,  0.10204082,  0.14285714,  0.18367347,
                  0.2244898 ,  0.26530612,  0.30612245,  0.34693878,  0.3877551 ,
                  0.42857143,  0.46938776,  0.51020408,  0.55102041,  0.59183673,
                  0.63265306,  0.67346939,  0.71428571,  0.75510204,  0.79591837,
                  0.83673469,  0.87755102,  0.91836735,  0.95918367,  1.        ])
```

Cree un arreglo que contenga los primeros cincuenta números.

```
In [17]:  arreglo5 =np.arange(50)

In [18]:  arreglo5

Out[18]:  array([ 0,  1,  2,  3,  4,  5,  6,  7,  8,  9, 10, 11, 12, 13, 14, 15, 16,
                 17, 18, 19, 20, 21, 22, 23, 24, 25, 26, 27, 28, 29, 30, 31, 32, 33,
                 34, 35, 36, 37, 38, 39, 40, 41, 42, 43, 44, 45, 46, 47, 48, 49])
```

Ahora, al redimensionar el arreglo anterior en diez filas y cinco columnas con la función reshape, cree una nueva matriz.

```
In [19]:  arreglo6=arreglo5.reshape(10,5)

In [20]:  arreglo6

Out[20]:  array([[ 0,  1,  2,  3,  4],
                 [ 5,  6,  7,  8,  9],
                 [10, 11, 12, 13, 14],
                 [15, 16, 17, 18, 19],
                 [20, 21, 22, 23, 24],
                 [25, 26, 27, 28, 29],
                 [30, 31, 32, 33, 34],
                 [35, 36, 37, 38, 39],
                 [40, 41, 42, 43, 44],
                 [45, 46, 47, 48, 49]])
```

52

ANÁLISIS DE DATOS CON **PYTHON 3**

MAG. JORGE SANTIAGO NOLASCO VALENZUELA | DR. JAVIER ARTURO GAMBOA CRUZADO | MAG. LUZ ELENA NOLASCO VALENZUELA | MAG. JYMMY STUWART DEXTRE ALARCÓN

2.1.2 Operaciones básicas

Use dos puntos para especificar un rango. La forma es m: n; en nuestro caso particular, [2:6].

Desde el elemento 2 al 6-1

```
In [2]:  import numpy as np

In [3]:  arreglo7=np.array([0,1,2,3,4,5,6,7,8,9,10,11,12,13,14,15,16,17,18,19,20])

In [5]:  print(arreglo7[2:6])

         [2 3 4 5]
```

A continuación, emplee dos puntos para especificar un rango. La forma es m: n; en nuestro caso particular, [0:3].

Desde el elemento 0 al 3-1

```
In [7]:  arreglo7=np.array([0,1,2,3,4,5,6,7,8,9,10,11,12,13,14,15,16,17,18,19,20])

In [8]:  print(arreglo7[0:3])

         [0 1 2]
```

Nota

Es equivalente utilizar la siguiente línea:
arreglo12[:3]

2.1.3 Arreglos

A continuación, se brindan algunos ejemplos de arreglos.

2.1.3.1 Arreglos n-dimensionales

```
In [2]:  import numpy as np
         arreglo1d = np.array([1,2,3,4,5,6,7,8,9,10])
         print(arreglo1d)

         [ 1  2  3  4  5  6  7  8  9 10]
```

```
In [3]:  arreglo2d =np.array([[1,2,3,4,5],[6,7,8,9,10]])
         print(arreglo2d)

         [[ 1  2  3  4  5]
          [ 6  7  8  9 10]]
```

```
In [5]:  arreglo3d =np.ones((3,3,3)).astype(np.float16)
         arreglo3d=arreglo3d+np.random.rand(1)
         print(arreglo3d)
```

```
[[[1.60873938 1.60873938 1.60873938]
  [1.60873938 1.60873938 1.60873938]
  [1.60873938 1.60873938 1.60873938]]

 [[1.60873938 1.60873938 1.60873938]
  [1.60873938 1.60873938 1.60873938]
  [1.60873938 1.60873938 1.60873938]]

 [[1.60873938 1.60873938 1.60873938]
  [1.60873938 1.60873938 1.60873938]
  [1.60873938 1.60873938 1.60873938]]]
```

2.1.3.2 Arreglos-gráficos

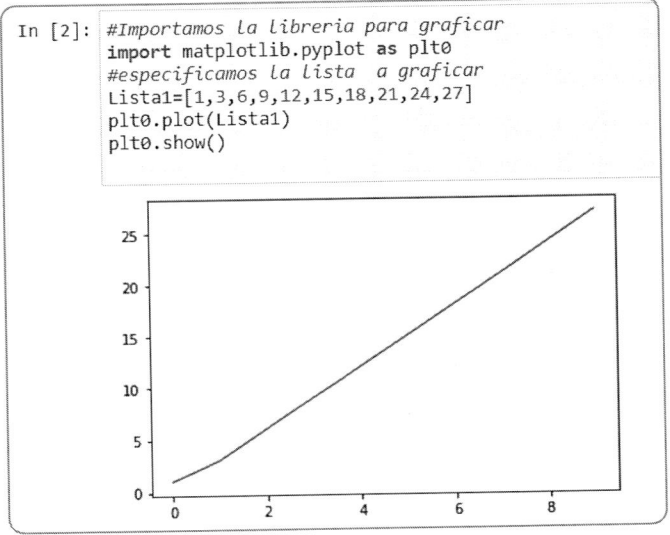

```
In [2]:  #Importamos la libreria para graficar
         import matplotlib.pyplot as plt0
         #especificamos la lista  a graficar
         Lista1=[1,3,6,9,12,15,18,21,24,27]
         plt0.plot(Lista1)
         plt0.show()
```

```
In [3]:  # Importamos la libreria para graficar
         import matplotlib.pyplot as plt0
         # especificamos la lista  a graficar
         Lista1=[1,2,3,4,5,6,7,8,9,10]
         Lista2=[4,8,27,64,125,216,343,512,729,1000]
         plt0.plot(Lista1,Lista2)
         plt0.show()
```

54

ANÁLISIS DE DATOS CON **PYTHON 3**

MAG. JORGE SANTIAGO NOLASCO VALENZUELA | DR. JAVIER ARTURO GAMBOA CRUZADO | MAG. LUZ ELENA NOLASCO VALENZUELA | MAG. JYMMY STUWART DEXTRE ALARCÓN

```
In [4]:  #Importamos la libreria para graficar
         import matplotlib.pyplot as plt0
         #especificamos la lista  a graficar
         Lista1=[-5,-4,-3,-2,-1,0,1,2,3,4,5]
         #y=x^2
         Lista2=[]
         for x in Lista1:
             Lista2.append(x**2)
         plt0.plot(Lista1,Lista2)
         plt0.show()
```

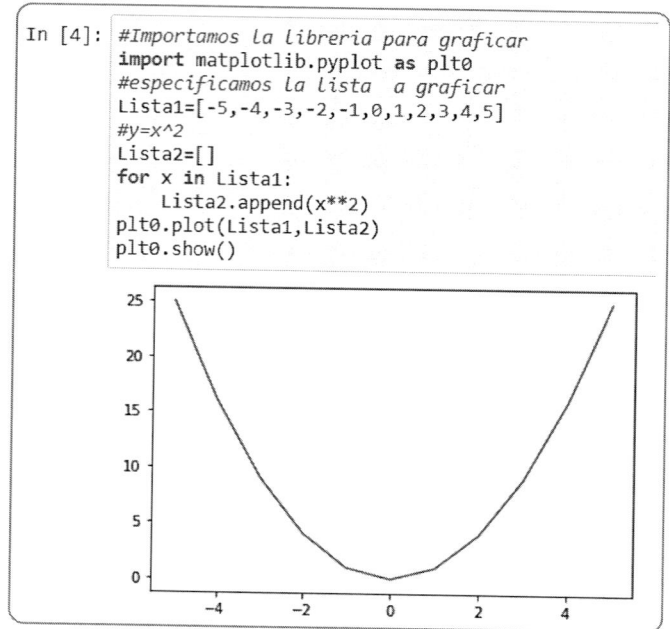

2.1.4 Barras, histogramas y gráficos

Los gráficos de histograma, mediante barras, representan gráficamente frecuencias.

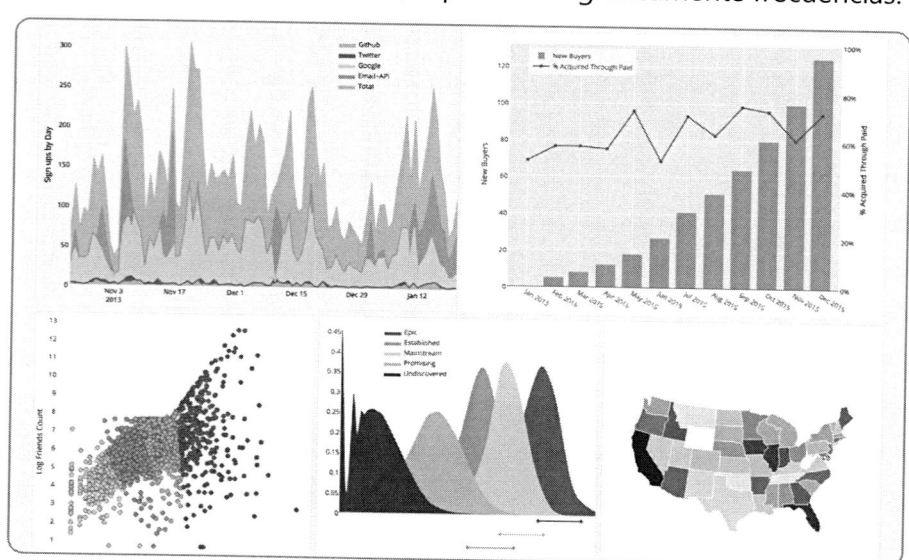

Matplotlib es una librería para generar gráficos 2D en lenguaje de programación Python. Es muy flexible y tiene muchos valores predeterminados incorporados que le ayudarán mucho en sus trabajos.

matplotlib.pyplot.hist: grafica un histograma.

```
matplotlib.pyplot.hist(x, bins = None, range = None, normed = False, weights
= None, cumulative = False, bottom = None, histtype = 'bar', align = 'mid',
orientation = 'vertical', rwidth = None, log = False, color = None, label = None,
stacked = False, hold = None, data = None,**kwargs)
```

A continuación, grafique cinco barras.

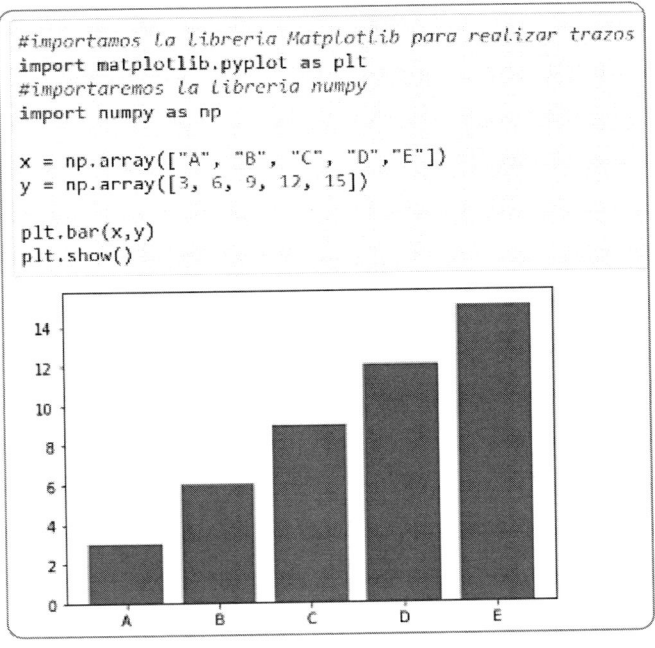

```
#importamos la libreria Matplotlib para realizar trazos
import matplotlib.pyplot as plt
#importaremos la libreria numpy
import numpy as np

x = np.array(["A", "B", "C", "D","E"])
y = np.array([3, 6, 9, 12, 15])

plt.bar(x,y)
plt.show()
```

Nota Las categorías y sus valores están representados por el primer y segundo argumento como matrices.

Luego grafique cinco barras horizontales.

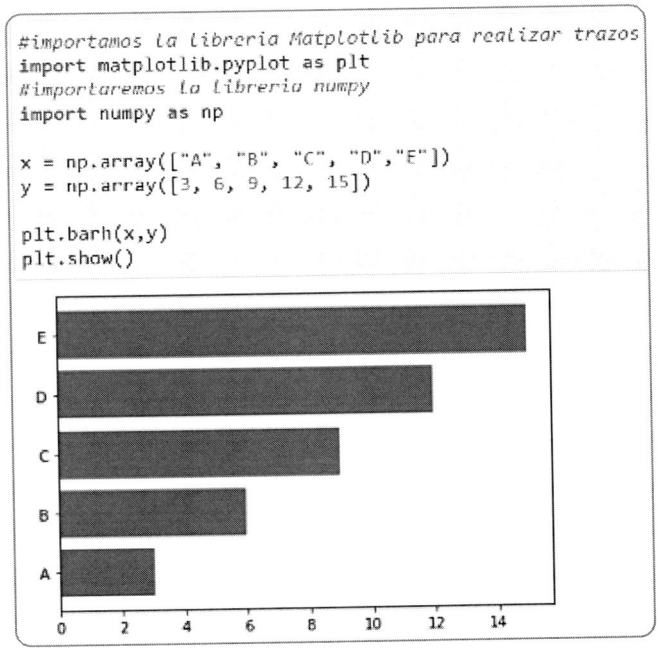

```
#importamos la libreria Matplotlib para realizar trazos
import matplotlib.pyplot as plt
#importaremos la libreria numpy
import numpy as np

x = np.array(["A", "B", "C", "D","E"])
y = np.array([3, 6, 9, 12, 15])

plt.barh(x,y)
plt.show()
```

Después grafique cinco barras con un color específico.

MAG. JORGE SANTIAGO NOLASCO VALENZUELA | DR. JAVIER ARTURO GAMBOA CRUZADO | MAG. LUZ ELENA NOLASCO VALENZUELA | MAG. JYMMY STUWART DEXTRE ALARCÓN

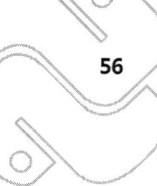

```python
#importamos la libreria Matplotlib para realizar trazos
import matplotlib.pyplot as plt
#importaremos la libreria numpy
import numpy as np

x = np.array(["A", "B", "C", "D","E"])
y = np.array([3, 6, 9, 12, 15])

plt.bar(x, y, color = "green")
plt.show()
```

A continuación, modifique el ancho de la barra.

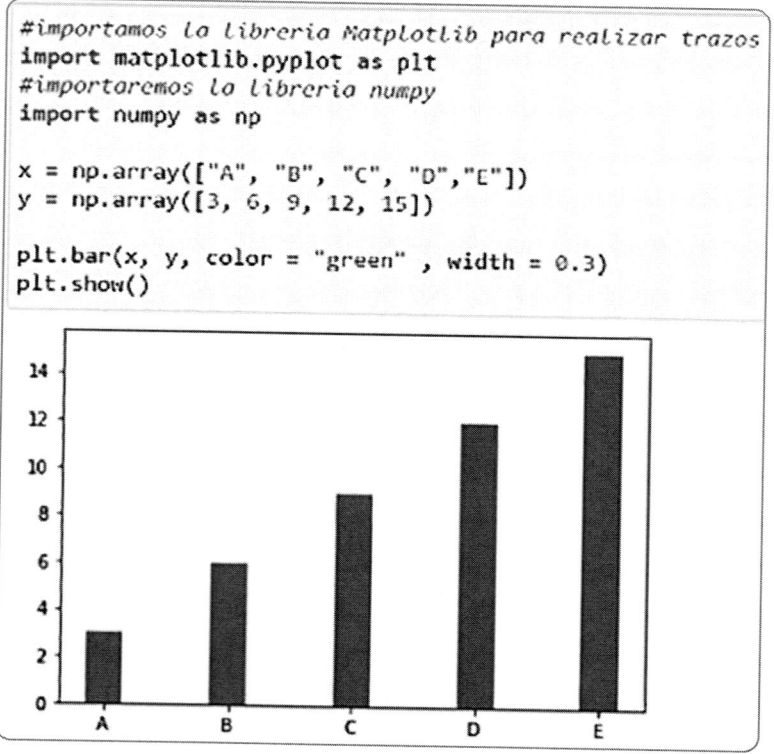

```python
#importamos la libreria Matplotlib para realizar trazos
import matplotlib.pyplot as plt
#importaremos la libreria numpy
import numpy as np

x = np.array(["A", "B", "C", "D","E"])
y = np.array([3, 6, 9, 12, 15])

plt.bar(x, y, color = "green" , width = 0.3)
plt.show()
```

Luego grafique algunos histogramas.

```
In [2]:  #importamos la libreria Matplotlib para realizar trazos
         import matplotlib.pyplot as plt0
         #importaremos la libreria numpy
         import numpy as np0
         #activamos el modo interactivo
         plt0.ion()
         #generacion de un vector de numero aleatorios de una distribucion normal
         x=np0.random.randn(200)
         #dibuja un histograma dividiendo el vector x en 5 intervalos
         plt0.hist(x,bins=5)
```

```
Out[2]:  (array([ 5., 50., 91., 47.,  7.]),
          array([-3.32594282, -2.0167491 , -0.70755538,  0.60163833,  1.91083205,
                  3.22002577]),
          <BarContainer object of 5 artists>)
```

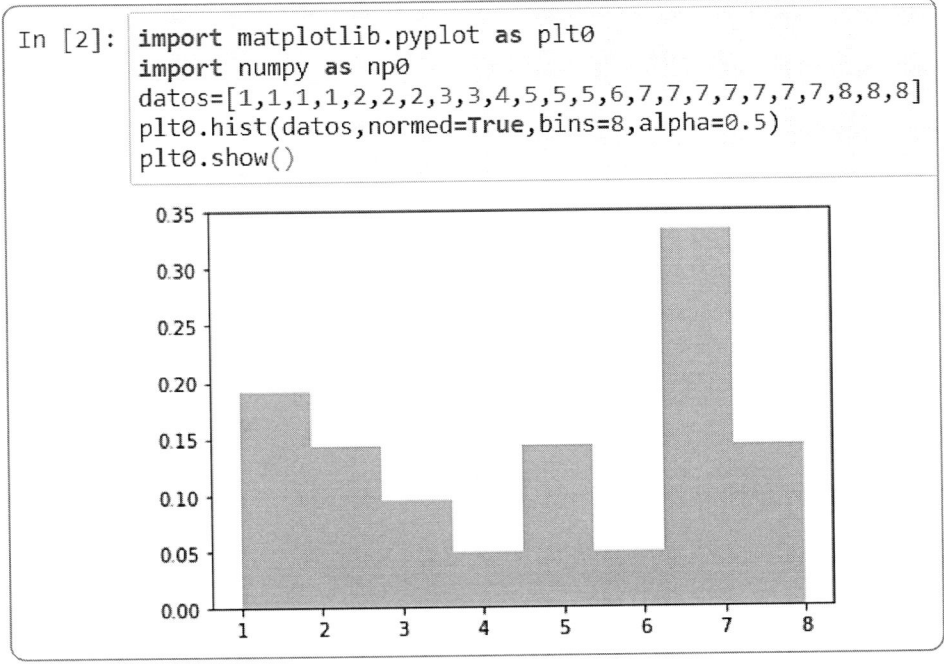

```
In [2]:  import matplotlib.pyplot as plt0
         import numpy as np0
         datos=[1,1,1,1,2,2,2,3,3,4,5,5,5,6,7,7,7,7,7,7,7,8,8,8]
         plt0.hist(datos,normed=True,bins=8,alpha=0.5)
         plt0.show()
```

Nota Un histograma suele ser un gráfico de barras en el que se representa la frecuencia de datos en intervalos definidos.

58

ANÁLISIS DE DATOS CON **PYTHON 3**

MAG. JORGE SANTIAGO NOLASCO VALENZUELA | DR. JAVIER ARTURO GAMBOA CRUZADO | MAG. LUZ ELENA NOLASCO VALENZUELA | MAG. JYMMY STUWART DEXTRE ALARCÓN

2.1.5 Diagrama de dispersión

Un gráfico de dispersión es aquel que muestra la relación entre dos conjuntos de datos, por ejemplo, la relación entre edad y peso. Se mostrará cómo puede dibujar un gráfico de dispersión utilizando Matplotlib.

Tomemos dos conjuntos de datos, x e y, de los cuales se desee encontrar sus relaciones (gráficos de dispersión).

A continuación, se muestra un diagrama de dispersión, en el cual se evidencia una relación de cuanto más talla tenga una persona, su peso aumenta.

```python
import matplotlib.pyplot as plt
x=[1.50,1.52,1.54,1.56,1.58,1.60,1.62,1.64,1.66,1.68,1.70]
y=[48,49.2,50.1,51.4,52,53.7,54.2,55.6,56.7,57.2,58.1]
plt.scatter(x,y)
plt.show()
```

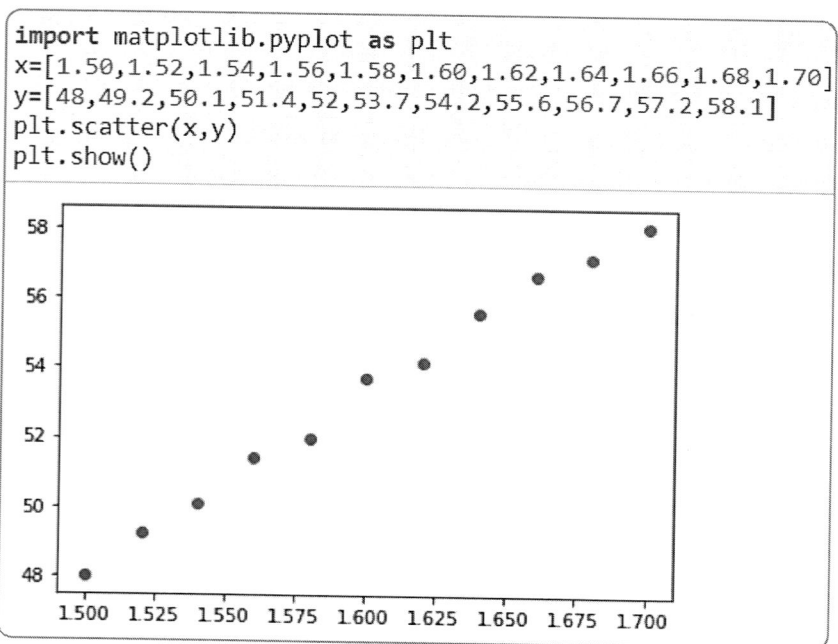

Ahora se desarrolla un ejemplo en el que se demuestra, mediante un diagrama de dispersión, la relación entre el precio del dólar y el oro: cuanto más disminuya el precio del dólar, aumenta el precio del oro.

```python
import numpy as np
import matplotlib.pyplot as plt
# precio del dolar
x = [3.411,3.3911,3.3821,3.371,3.363]
# precio del oro
y = [1010,1100,1200,1250,1300]
# Creamos una serie de 5 valores pseudo-aleatorios entre 0 y 1
colors = np.random.rand(5)
# crea un diagrama de dispersion para analizar la relacion de X e Y
plt.scatter(x, y, s=area, c=colors, alpha=0.5)
# mostrar el grafico
plt.show()
```

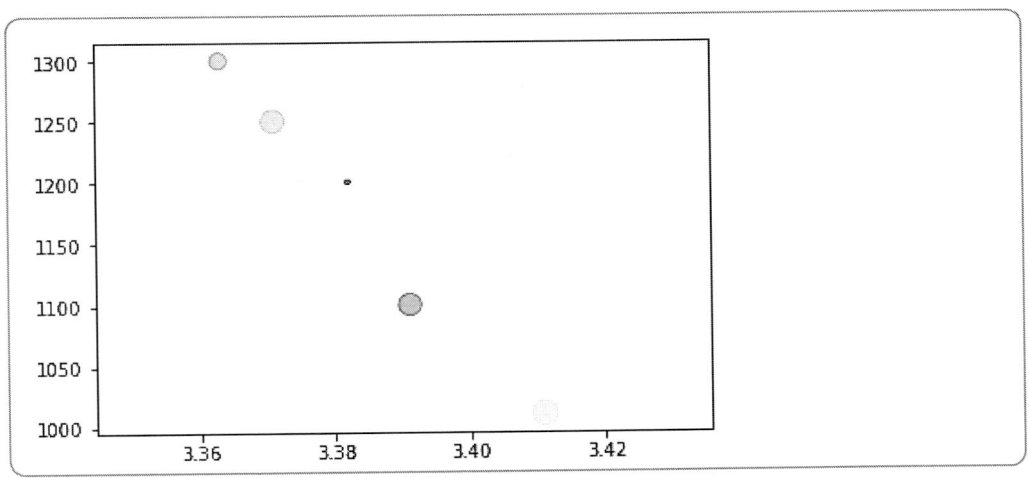

2.1.6 Gráficos circulares

Realice un gráfico circular, como en la imagen.

```python
import matplotlib.pyplot as plt
import numpy as np

y = np.array([10,20,30,40])

plt.pie(y)
plt.show()
```

60

ANÁLISIS DE DATOS CON **PYTHON 3**

MAG. JORGE SANTIAGO NOLASCO VALENZUELA | DR. JAVIER ARTURO GAMBOA CRUZADO | MAG. LUZ ELENA NOLASCO VALENZUELA | MAG. JYMMY STUWART DEXTRE ALARCÓN

A continuación, añada etiquetas a los gráficos.

```python
import matplotlib.pyplot as plt
import numpy as np
y = np.array([10,20,30,40])
mylabels = ["Manzanas", "Plátanos", "Cerezas", "Naranjas"]
plt.pie(y, labels = mylabels)
plt.show()
```

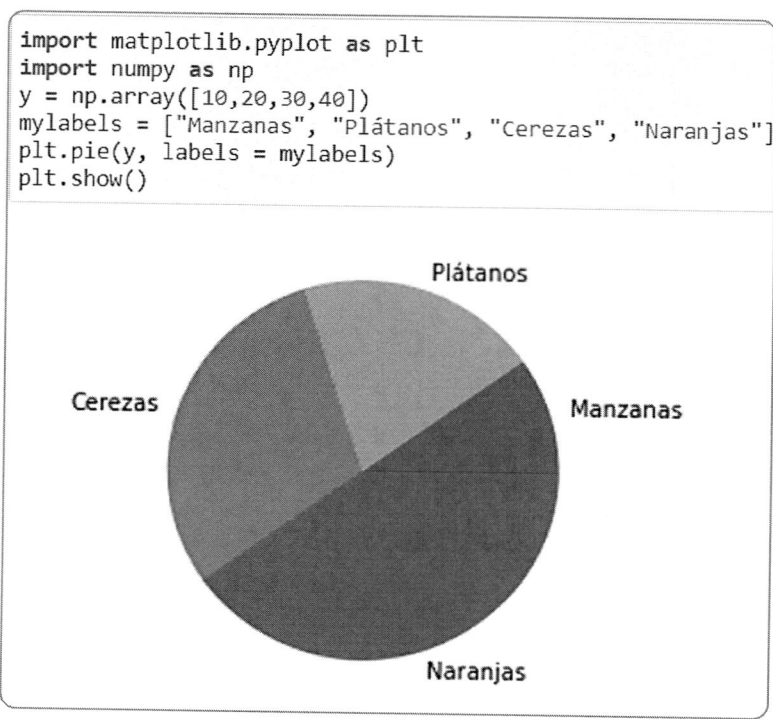

Resalte las manzanas.

```python
import matplotlib.pyplot as plt
import numpy as np

y = np.array([10,20,30,40])
mylabels = ["Manzanas", "Plátanos", "Cerezas","Naranjas"]
myexplode = [0.2, 0, 0, 0]

plt.pie(y, labels = mylabels, explode = myexplode)
plt.show()
```

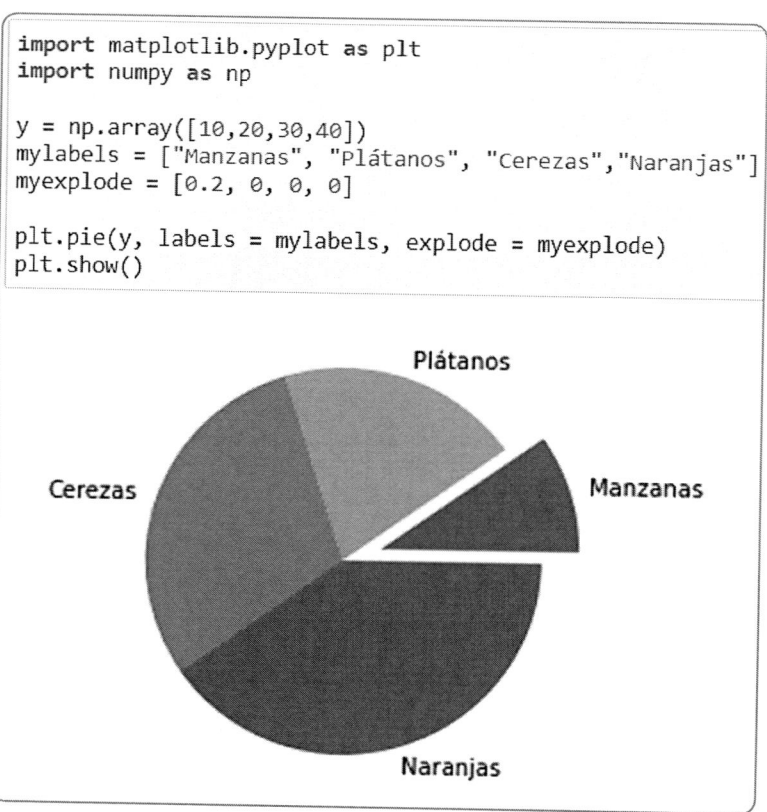

Ahora agregue una sombra al gráfico.

```python
import matplotlib.pyplot as plt
import numpy as np

y = np.array([10,20,30,40])
mylabels = ["Manzanas", "Plátanos", "Cerezas", "Naranjas"]
myexplode = [0.2, 0, 0, 0]

plt.pie(y, labels = mylabels, explode = myexplode, shadow = True)
plt.show()
```

Asigne colores al gráfico.

```python
import matplotlib.pyplot as plt
import numpy as np

y = np.array([10,20,30,40])
mylabels = ["Manzanas", "Plátanos", "Cerezas", "Naranjas"]
mycolors = ["#000000", "#ff0000", "#00ff00", "#0000ff"]

plt.pie(y, labels = mylabels, colors = mycolors)
plt.show()
```

62

ANÁLISIS DE DATOS CON **PYTHON 3**

MAG. JORGE SANTIAGO NOLASCO VALENZUELA I DR. JAVIER ARTURO GAMBOA CRUZADO I MAG. LUZ ELENA NOLASCO VALENZUELA I MAG. JYMMY STUWART DEXTRE ALARCÓN

Coloque una leyenda al gráfico.

```python
import matplotlib.pyplot as plt
import numpy as np

y = np.array([10,20,30,40])
mylabels = ["Manzanas", "Plátanos", "Cerezas", "Naranjas"]
mycolors = ["#000000", "#ff0000", "#00ff00", "#0000ff"]

plt.pie(y, labels = mylabels, colors = mycolors)
plt.legend()
plt.show()
```

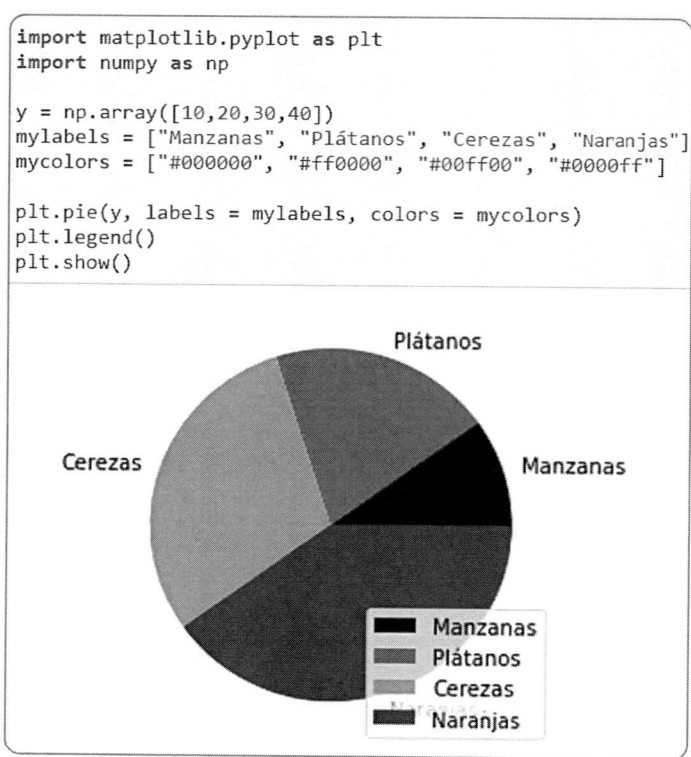

Asigne una leyenda más encabezado al gráfico.

```python
import matplotlib.pyplot as plt
import numpy as np

y = np.array([10,20,30,40])
mylabels = ["Manzanas", "Plátanos", "Cerezas", "Naranjas"]
mycolors = ["#000000", "#ff0000", "#00ff00", "#0000ff"]

plt.pie(y, labels = mylabels, colors = mycolors)
plt.legend(title = "Frutas:")
plt.show()
```

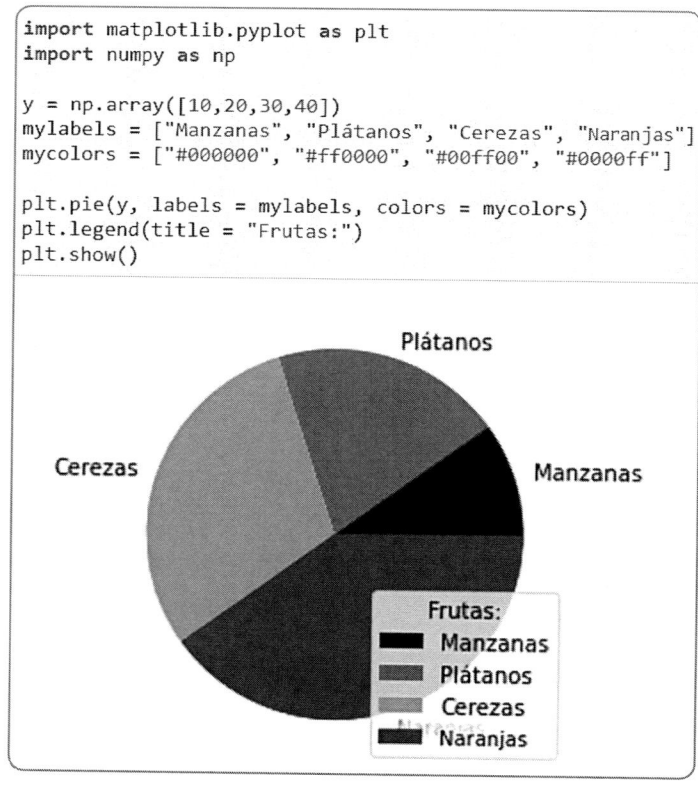

3 Pandas

3.1 Pandas y NumPy

Pandas (Python Data Analysis Library) es una librería de Python desarrollada por Wes McKinney en 2008, para manipular y analizar estructuras de datos open source. Rápida, potente, flexible y fácil de usar, está construida sobre el lenguaje de programación Python que se distribuye bajo licencia BSD.

A continuación, se describen algunas de sus características:

- Puede procesar un conjunto de datos en diferentes formatos.
- Facilita la carga, importación de datos de diversas fuentes, como CSV, y bases de datos, como SQL.
- Puede manejar innumerables operaciones en conjuntos de datos: subconjunto (subsetting), corte (slicing), filtrado (filtering), fusión (merging), groupBy, reordenación y remodelación (reshaping).
- Podría resolver los datos faltantes de acuerdo con las reglas definidas, como ignorar, convertir a 0, etc.
- Se puede utilizar para analizar y mezclar (conversión de) datos, así como para modelar y realizar análisis estadísticos.
- Se integra bien con otras bibliotecas de Python, como statsmodels, SciPy y scikit-learn.
- Ofrece un rendimiento rápido y se puede acelerar aún más empleando Cython (extensiones de C para Python).

MAG. JORGE SANTIAGO NOLASCO VALENZUELA | DR. JAVIER ARTURO GAMBOA CRUZADO | MAG. LUZ ELENA NOLASCO VALENZUELA | MAG. JYMMY STUWART DEXTRE ALARCÓN

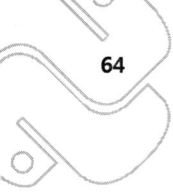

3.2 Primer ejemplo

Ejemplo1.ipynb

Paso 1:

Importe las librerías que usar.

```python
import numpy as np
import pandas as pd
from numpy.random import randn
```

Paso 2:

Defina las columnas.

```python
columnas = ['Columna1','Columna2','Columna3']df1
```

Paso 3:

Defina el dataframe de tres filas y tres columnas.

```python
df1 = pd.DataFrame(randn(3,3),['fila1','fila2','fila3'],columns = columnas)
df1
```

	Columna1	Columna2	Columna3
fila1	0.673442	-0.404364	-0.627947
fila2	-0.704784	1.337315	-0.562618
fila3	1.913040	-1.125349	-0.711389

Paso 4:

Añada un índice al dataframe.

```python
df1.reset_index()
```

	index	Columna1	Columna2	Columna3
0	fila1	0.673442	-0.404364	-0.627947
1	fila2	-0.704784	1.337315	-0.562618
2	fila3	1.913040	-1.125349	-0.711389

Paso 5:

Consulte el dataframe a través de las columnas.

```
df1['Columna1']

fila1     0.673442
fila2    -0.704784
fila3     1.913040
Name: Columna1, dtype: float64


df1['Columna2']

fila1    -0.404364
fila2     1.337315
fila3    -1.125349
Name: Columna2, dtype: float64
```

Paso 6:

Ahora visualice los valores de cada fila.

```
df1.loc['fila1']
```

```
df1.loc['fila1']

Columna1     0.673442
Columna2    -0.404364
Columna3    -0.627947
Name: fila1, dtype: float64
```

```
df1.loc['fila2']

Columna1    -0.704784
Columna2     1.337315
Columna3    -0.562618
Name: fila2, dtype: float64
```

```
df1.loc['fila3']

Columna1     1.913040
Columna2    -1.125349
Columna3    -0.711389
Name: fila3, dtype: float64
```

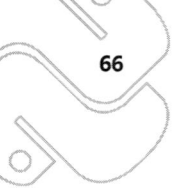

66

ANÁLISIS DE DATOS CON **PYTHON 3**

MAG. JORGE SANTIAGO NOLASCO VALENZUELA | DR. JAVIER ARTURO GAMBOA CRUZADO | MAG. LUZ ELENA NOLASCO VALENZUELA | MAG. JYMMY STUWART DEXTRE ALARCÓN

3.3 Segundo ejemplo

Ejemplo1.ipynb

Paso 1:

Importe las librerías que usar.

```python
import numpy as np
import pandas as pd
from numpy.random import randn
```

Paso 2:

Defina las columnas.

```python
columnas = ['Columna1','Columna2','Columna3']
```

Paso 3:

Defina el dataframe de tres filas y tres columnas.

```python
df1 = pd.DataFrame([['Juan',10,'Matematica'],
                    ['Pedro',12,'Matematica'],
                    ['Jaime',11,'Matematica'],
                    ['Juan',11,'Matematica'],
                    ['Jose',10,'Matematica']], columns = columnas)
df1
```

	Nombre	Calificacion	Cursos
0	Juan	10	Matematica
1	Pedro	12	Matematica
2	Jaime	11	Matematica
3	Juan	11	Matematica
4	Jose	10	Matematica

Paso 4:

Conteo único de columnas.

```python
df1['Nombre'].unique()
```
```
array(['Juan', 'Pedro', 'Jaime', 'Jose'], dtype=object)
```
```python
df1['Calificacion'].unique()
```
```
array([10, 12, 11], dtype=int64)
```
```python
df1['Cursos'].unique()
```
```
array(['Matematica'], dtype=object)
```

Paso 5:

Conteo del número de ocurrencias de columnas.

```
len(df1['Nombre'].unique())

4

len(df1['Calificacion'].unique())

3

len(df1['Cursos'].unique())

1
```

Paso 6:

Otra manera de contar el número de ocurrencias de columnas.

```
df1['Nombre'].nunique()

4

df1['Calificacion'].nunique()

3

df1['Cursos'].nunique()

1
```

Paso 7:

Multiplique el valor de la columna "Calificación" por un valor específico.

```
df1['Calificacion'].apply(lambda Calificacion: Calificacion*0.7)
```

```
df1['Calificacion'].apply(lambda Calificacion: Calificacion*0.7)

0    7.0
1    8.4
2    7.7
3    7.7
4    7.0
Name: Calificacion, dtype: float64
```

68

ANÁLISIS DE DATOS CON **PYTHON 3**

MAG. JORGE SANTIAGO NOLASCO VALENZUELA | DR. JAVIER ARTURO GAMBOA CRUZADO | MAG. LUZ ELENA NOLASCO VALENZUELA | MAG. JYMMY STUWART DEXTRE ALARCÓN

Paso 8:

Ahora ordene el dataframe con base en columnas.

```
df1.sort_values(by='Nombre')
```

	Nombre	Calificacion	Cursos
2	Jaime	11	Matematica
4	Jose	10	Matematica
0	Juan	10	Matematica
3	Juan	11	Matematica
1	Pedro	12	Matematica

```
df1.sort_values(by='Calificacion')
```

	Nombre	Calificacion	Cursos
0	Juan	10	Matematica
4	Jose	10	Matematica
2	Jaime	11	Matematica
3	Juan	11	Matematica
1	Pedro	12	Matematica

```
df1.sort_values(by='Cursos')
```

	Nombre	Calificacion	Cursos
0	Juan	10	Matematica
1	Pedro	12	Matematica
2	Jaime	11	Matematica
3	Juan	11	Matematica
4	Jose	10	Matematica

Paso 9:

Identifique valores nulos.

```
df1.isnull()
```

	Nombre	Calificacion	Cursos
0	False	False	False
1	False	False	False
2	False	False	False
3	False	False	False
4	False	False	False

Paso 10:

Elimine valores nulos.

```
df1.dropna()
```

	Nombre	Calificacion	Cursos
0	Juan	10	Matematica
1	Pedro	12	Matematica
2	Jaime	11	Matematica
3	Juan	11	Matematica
4	Jose	10	Matematica

Paso 11:

Pivotee las columnas.

```
df1.pivot_table(values='Calificación',index=['Nombre','Calificación'],columns='Nombre')
```

| | | Nombre |
Nombre	Calificación	
Jaime	11	
Jose	10	
Juan	10	
	11	
Pedro	12	

3.4 Análisis del bitcoin

Para implementar el primer análisis, se empleará la siguiente fuente de datos:

https://rb.gy/oopw4d

Esta posee 29 992 registros, la fecha, el precio más alto, el precio más bajo, el precio de apertura, el precio de cierre, el volumen y el mercado.

Análisis BTC.ipynb

Paso 1:

Importe las librerías que usar.

```python
import numpy as np
import pandas as pd
import matplotlib.pyplot as plt
from datetime import datetime
```

Paso 2:

Lectura de datos en memoria RAM.

```python
df1 = pd.read_csv('coin_Bitcoin.csv')
```

70

ANÁLISIS DE DATOS CON **PYTHON 3**

MAG. JORGE SANTIAGO NOLASCO VALENZUELA | DR. JAVIER ARTURO GAMBOA CRUZADO | MAG. LUZ ELENA NOLASCO VALENZUELA | MAG. JYMMY STUWART DEXTRE ALARCÓN

```
df1 = pd.read_csv('coin_Bitcoin.csv')

df1
```

	SNo	Name	Symbol	Date	High	Low	Open	Close	Volume	Marketcap
0	1	Bitcoin	BTC	2013-04-29 23:59:59	147.488007	134.000000	134.444000	144.539993	0.000000e+00	1.603769e+09
1	2	Bitcoin	BTC	2013-04-30 23:59:59	146.929993	134.050003	144.000000	139.000000	0.000000e+00	1.542813e+09
2	3	Bitcoin	BTC	2013-05-01 23:59:59	139.889999	107.720001	139.000000	116.989998	0.000000e+00	1.298955e+09
3	4	Bitcoin	BTC	2013-05-02 23:59:59	125.599998	92.281898	116.379997	105.209999	0.000000e+00	1.168517e+09
4	5	Bitcoin	BTC	2013-05-03 23:59:59	108.127998	79.099998	106.250000	97.750000	0.000000e+00	1.085995e+09
...	...	...	...	...	...	...	...	...	...	...
2986	2987	Bitcoin	BTC	2021-07-02 23:59:59	33939.588699	32770.680780	33549.600177	33897.048590	3.872897e+10	6.354508e+11
2987	2988	Bitcoin	BTC	2021-07-03 23:59:59	34909.259899	33402.696536	33854.421362	34668.548402	2.438396e+10	6.499397e+11
2988	2989	Bitcoin	BTC	2021-07-04 23:59:59	35937.567147	34396.477458	34665.564066	35287.779766	2.492431e+10	6.615740e+11
2989	2990	Bitcoin	BTC	2021-07-05 23:59:59	35284.344430	33213.661034	35284.344430	33746.002456	2.872155e+10	6.328962e+11
2990	2991	Bitcoin	BTC	2021-07-06 23:59:59	35038.536363	33599.916169	33723.509655	34235.193451	2.650126e+10	6.418992e+11

Paso 3:

El método info retorna básicamente el número de registros, los nombres de las columnas y los tipos de columnas.

```
df1.info()
```

```
df1.info()

<class 'pandas.core.frame.DataFrame'>
RangeIndex: 2991 entries, 0 to 2990
Data columns (total 10 columns):
 #   Column      Non-Null Count   Dtype
---  ------      --------------   -----
 0   SNo         2991 non-null    int64
 1   Name        2991 non-null    object
 2   Symbol      2991 non-null    object
 3   Date        2991 non-null    object
 4   High        2991 non-null    float64
 5   Low         2991 non-null    float64
 6   Open        2991 non-null    float64
 7   Close       2991 non-null    float64
 8   Volume      2991 non-null    float64
 9   Marketcap   2991 non-null    float64
dtypes: float64(6), int64(1), object(3)
memory usage: 233.8+ KB
```

El método describe y muestra información estadística básica sobre los valores numéricos del conjunto de datos, como media, desviación estándar, percentil, mínimo y máximo.

```
df1.describe()
```

df1.describe()

	SNo	High	Low	Open	Close	Volume	Marketcap
count	2991.000000	2991.000000	2991.000000	2991.000000	2991.000000	2.991000e+03	2.991000e+03
mean	1496.000000	6893.326038	6486.009539	6700.146240	6711.290443	1.090633e+10	1.208761e+11
std	863.571653	11642.832456	10869.032130	11288.043736	11298.141921	1.888895e+10	2.109438e+11
min	1.000000	74.561096	65.526001	68.504997	68.431000	0.000000e+00	7.784112e+08
25%	748.500000	436.179001	422.879486	430.445496	430.569489	3.036725e+07	6.305579e+09
50%	1496.000000	2387.610107	2178.500000	2269.889893	2286.409912	9.460360e+08	3.741503e+10
75%	2243.500000	8733.926948	8289.800459	8569.656494	8576.238715	1.592015e+10	1.499957e+11
max	2991.000000	64863.098908	62208.964366	63523.754869	63503.457930	3.509679e+11	1.186364e+12

El método **isnull().sum()** se usa básicamente para verificar si hay valores nulos en el conjunto de datos. Esto enumerará la cantidad de valores nulos en cada columna.

```
df1.isnull().sum()
```

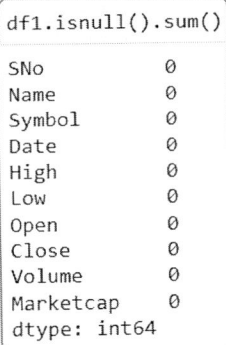

```
df1.isnull().sum()

SNo          0
Name         0
Symbol       0
Date         0
High         0
Low          0
Open         0
Close        0
Volume       0
Marketcap    0
dtype: int64
```

Paso 4:

Muestre las transacciones realizadas en el 2021.

```
df1['Date'] = pd.to_datetime(df1['Date'])
mask = (df1['Date'] >= '2021-01-01') & (df1['Date'] <= '2021-12-31')
df1 = df1.loc[mask]
df1
```

MAG. JORGE SANTIAGO NOLASCO VALENZUELA | DR. JAVIER ARTURO GAMBOA CRUZADO | MAG. LUZ ELENA NOLASCO VALENZUELA | MAG. JYMMY STUWART DEXTRE ALARCÓN

	SNo	Name	Symbol	Date	High	Low	Open	Close	Volume	Marketcap
2804	2805	Bitcoin	BTC	2021-01-01 23:59:59	29600.626950	28803.585014	28994.008916	29374.151889	4.073030e+10	5.460016e+11
2805	2806	Bitcoin	BTC	2021-01-02 23:59:59	33155.118819	29091.181191	29376.455834	32127.267939	6.786542e+10	5.972059e+11
2806	2807	Bitcoin	BTC	2021-01-03 23:59:59	34608.556738	32052.317076	32129.407356	32782.024466	7.866524e+10	6.094092e+11
2807	2808	Bitcoin	BTC	2021-01-04 23:59:59	33440.218569	28722.755271	32810.947644	31971.913522	8.116348e+10	5.943840e+11
2808	2809	Bitcoin	BTC	2021-01-05 23:59:59	34437.590592	30221.186739	31977.041132	33992.429344	6.754732e+10	6.319000e+11
...	...	...	...	...	...	...	...	...	...	...
2986	2987	Bitcoin	BTC	2021-07-02 23:59:59	33939.588699	32770.680780	33549.600177	33897.048590	3.072897e+10	6.354508e+11
2987	2988	Bitcoin	BTC	2021-07-03 23:59:59	34909.259899	33402.696536	33854.421362	34668.548402	2.438398e+10	6.499397e+11
2988	2989	Bitcoin	BTC	2021-07-04 23:59:59	35937.567147	34396.477458	34665.564866	35287.779766	2.492431e+10	6.615748e+11
2989	2990	Bitcoin	BTC	2021-07-05 23:59:59	35284.344430	33213.661034	35284.344430	33746.002458	2.672155e+10	6.326962e+11
2990	2991	Bitcoin	BTC	2021-07-06 23:59:59	35038.536363	33599.916169	33723.509655	34235.193451	2.650126e+10	6.418992e+11

187 rows × 10 columns

Paso 5:

Muestre los precios de cierre.

```python
df1["Date"] = pd.to_datetime(df1.Date, format = "%Y-%m-%d")
df1.index=df1['Date']
plt.figure(figsize = (12,8))
plt.plot(df1["Close"], linewidth=2)
plt.xlabel('Date', fontsize = 12)
plt.ylabel('Precio en dólares', fontsize = 12)
plt.title("Precio de cierre", fontsize = 14)
plt.show()
```

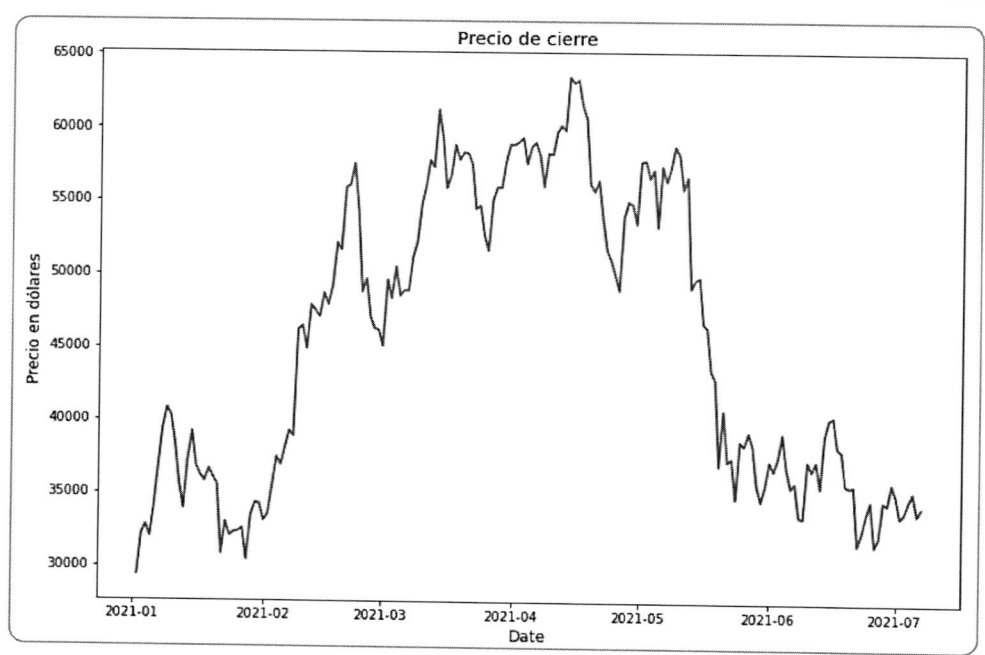

Paso 6:

Comparación del precio de apertura y cierre.

```python
plt.figure (figsize = (20, 10))
plt.plot(df1['Date'], df1['Close'], label = 'Cierre', linewidth=2)
plt.plot(df1['Date'], df1['Open'], label = 'Apertura', linewidth=2)
plt.legend(loc='best')
plt.xlabel("Hora")
plt.ylabel("Monto")
plt.show()
```

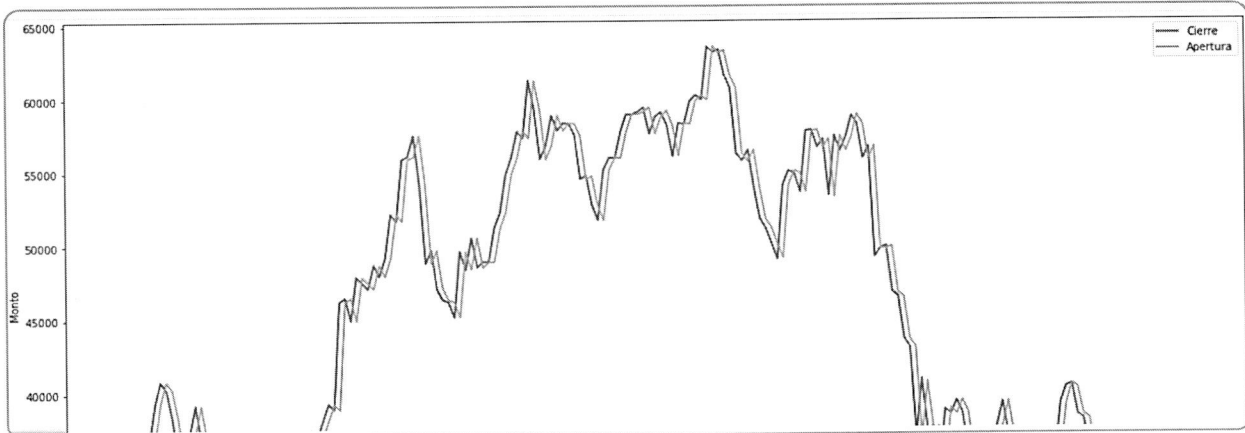

Paso 7:

Capitalización del mercado.

```python
df1["Date"] = pd.to_datetime(df1.Date, format = "%Y-%m-%d")
df1.index=df1['Date']
plt.figure(figsize = (12,8))
plt.plot(df1["Marketcap"])
plt.xlabel('Fecha', fontsize = 12)
plt.ylabel('Valor', fontsize = 12)
plt.title("Capitalización del Mercado-BITCOIN", fontsize = 14)
plt.show()
```

MAG. JORGE SANTIAGO NOLASCO VALENZUELA | DR. JAVIER ARTURO GAMBOA CRUZADO | MAG. LUZ ELENA NOLASCO VALENZUELA | MAG. JYMMY STUWART DEXTRE ALARCÓN

Paso 8:

Series de tiempo.

```python
from statsmodels.tsa.seasonal import seasonal_decompose
df1.index = pd.to_datetime(df1.index)
df1.dropna (inplace = True)
df1.plot()
```

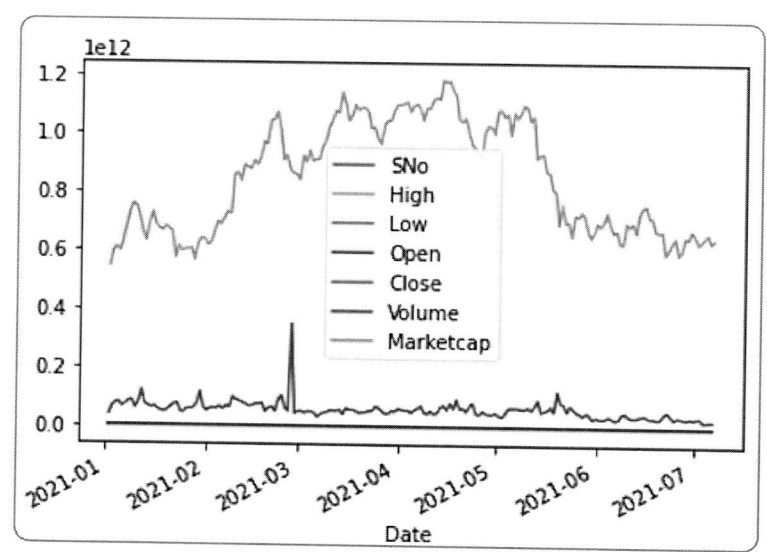

3.5 Análisis coronavirus 1

Para implementar el análisis, se utilizará la siguiente fuente de datos:

https://rb.gy/murojr

Análisis CORONAVIRUS1.ipynb

Paso 1:

Importe las librerías que usar.

```
import numpy as np
import pandas as pd
import matplotlib.pyplot as plt
from datetime import datetime
```

Paso 2:

Lectura de datos en memoria RAM.

```
df1 = pd.read_csv('pm28Noviembre2021.csv', sep='|')
df1
```

df1									
...									
6339492	20211128	14688944.0	20211128.0	34.0	MASCULINO	PRIVADO	140114.0	LIMA	
6339493	20211128	30807784.0	20211128.0	23.0	MASCULINO	GOBIERNO REGIONAL	60107.0	CAJAMARCA	CAJAM
6339494	20211128	23167028.0	20211128.0	31.0	MASCULINO	GOBIERNO REGIONAL	60101.0	CAJAMARCA	CAJAM
6339495	20211128	34844655.0	20211128.0	68.0	MASCULINO	GOBIERNO REGIONAL	60105.0	CAJAMARCA	CAJAM
6339496	(6339496 row(s) affected)	NaN	NaN	NaN	NaN	NaN	NaN	NaN	

6339497 rows × 15 columns

76

ANÁLISIS DE DATOS CON **PYTHON 3**

MAG. JORGE SANTIAGO NOLASCO VALENZUELA | DR. JAVIER ARTURO GAMBOA CRUZADO | MAG. LUZ ELENA NOLASCO VALENZUELA | MAG. JYMMY STUWART DEXTRE ALARCÓN

Paso 3:

El método info retorna básicamente el número de registros, los nombres de las columnas y los tipos de columnas.

```
df1.info()
```

```
df1.info()

<class 'pandas.core.frame.DataFrame'>
RangeIndex: 6339497 entries, 0 to 6339496
Data columns (total 15 columns):
 #   Column                Dtype
---  ------                -----
 0   FECHA_CORTE           object
 1   UUID                  float64
 2   FECHA_MUESTRA         float64
 3   Edad                  float64
 4   Sexo                  object
 5   Institucion           object
 6   UBIGEO_PACIENTE       float64
 7   DEPARTAMENTO_PACIENTE object
 8   PROVINCIA_PACIENTE    object
 9   DISTRITO_PACIENTE     object
 10  DEPARTAMENTO_MUESTRA  object
 11  PROVINCIA_MUESTRA     object
 12  DISTRITO_MUESTRA      object
 13  TIPO_MUESTRA          object
 14  RESULTADO             object
dtypes: float64(4), object(11)
memory usage: 725.5+ MB
```

El método describe y muestra información estadística básica sobre los valores numéricos del conjunto de datos, como media, desviación estándar, percentil, mínimo y máximo.

```
df1.describe()
```

	UUID	FECHA_MUESTRA	Edad	UBIGEO_PACIENTE
count	6.332756e+06	6.339496e+06	6.339496e+06	6.339484e+06
mean	1.692884e+07	2.020789e+07	3.990018e+01	1.258833e+05
std	1.085747e+07	4.406280e+03	1.525426e+01	5.217007e+04
min	1.000000e+00	1.959101e+07	0.000000e+00	1.000000e+04
25%	7.349311e+06	2.020121e+07	2.900000e+01	1.101080e+05
50%	1.585661e+07	2.021033e+07	3.800000e+01	1.401100e+05
75%	2.499034e+07	2.021073e+07	4.900000e+01	1.401370e+05
max	3.833296e+07	2.021113e+07	1.049000e+03	8.500000e+05

El método **isnull().sum()** se usa básicamente para verificar si hay valores nulos en el conjunto de datos. Esto enumerará la cantidad de valores nulos en cada columna.

```
df1.isnull().sum()
```

```
FECHA_CORTE              0
UUID                  6741
FECHA_MUESTRA            1
Edad                     1
Sexo                     1
Institucion              1
UBIGEO_PACIENTE         13
DEPARTAMENTO_PACIENTE   13
PROVINCIA_PACIENTE      13
DISTRITO_PACIENTE       13
DEPARTAMENTO_MUESTRA     1
PROVINCIA_MUESTRA        4
DISTRITO_MUESTRA         4
TIPO_MUESTRA             1
RESULTADO                3
dtype: int64
```

3.6 Análisis coronavirus 2

GeoPandas amplía la funcionalidad de Pandas al agregar soporte para datos geoespaciales.

Actualmente implementa GeoSeries y GeoDataFrame tipos, subclases de Pandas, series y Pandas, y dataframe, respectivamente. Los objetos GeoPandas pueden actuar sobre Shapely objetos geométricos y realizar operaciones geométricas.

GeoPandas es un proyecto dirigido por la comunidad, escrito, utilizado y respaldado por una amplia gama de personas de todo el mundo con una gran variedad de orígenes. GeoPandas siempre será un software 100 % de código abierto, de uso gratuito para todos y publicado bajo los términos liberales de la licencia BSD.

Antes de continuar, debe ser instalado.

```
conda install geopandas
```

Puede revisar la siguiente URL: **https://rb.gy/b2bait**

Para implementar el análisis, se utilizará la siguiente fuente de datos:

78

ANÁLISIS DE DATOS CON **PYTHON 3**

MAG. JORGE SANTIAGO NOLASCO VALENZUELA | DR. JAVIER ARTURO GAMBOA CRUZADO | MAG. LUZ ELENA NOLASCO VALENZUELA | MAG. JYMMY STUWART DEXTRE ALARCÓN

- Casos confirmados:

  URL: https://data.humdata.org/hxlproxy/api/data-preview.csv?url=https%3A%2F%2Fraw.githubusercontent.com%2FCSSEGISandData%2FCOVID-19%2Fmaster%2Fcsse_covid_19_data%2Fcsse_covid_19_time_series%2Ftime_series_covid19_confirmed_global.csv&filename=time_series_covid19_confirmed_global.csv

- Casos de defunciones:

  URL: https://data.humdata.org/hxlproxy/api/data-preview.csv?url=https%3A%2F%2Fraw.githubusercontent.com%2FCSSEGISandData%2FCOVID-19%2Fmaster%2Fcsse_covid_19_data%2Fcsse_covid_19_time_series%2Ftime_series_covid19_deaths_global.csv&filename=time_series_covid19_deaths_global.csv

- Casos recuperados:

  URL: https://data.humdata.org/hxlproxy/api/data-preview.csv?url=https%3A%2F%2Fraw.githubusercontent.com%2FCSSEGISandData%2FCOVID-19%2Fmaster%2Fcsse_covid_19_data%2Fcsse_covid_19_time_series%2Ftime_series_covid19_recovered_global.csv&filename=time_series_covid19_recovered_global.csv

- Casos diarios:

  URL: https://raw.githubusercontent.com/CSSEGISandData/COVID-19/master/csse_covid_19_data/csse_covid_19_daily_reports/08-16-2020.csv

Análisis CORONAVIRUS2.ipynb

Paso 1:

Importe las librerías que usar.

```python
import numpy as np
import pandas as pd
import matplotlib.pyplot as plt
from datetime import datetime
import time
import seaborn as sns
from shapely.geometry import Point
import geopandas as gpd
from geopandas import GeoDataFrame
```

Paso 2:

Lectura de datos en memoria RAM.

Casos confirmados

```
confirmados_df = pd.read_csv('time_series_covid19_confirmed_global.csv')
confirmados _df
```

	Province/State	Country/Region	Lat	Long	1/22/20	1/23/20	1/24/20	1/25/20	1/26/20	1/27/20	...	12/5/21	12/6/21	12/7/21	12/8/21	12/9/2
0	NaN	Afghanistan	33.939110	67.709953	0	0	0	0	0	0	...	157445	157499	157508	157542	15755
1	NaN	Albania	41.153300	20.168300	0	0	0	0	0	0	...	201730	201902	202295	202641	20286
2	NaN	Algeria	28.033900	1.659600	0	0	0	0	0	0	...	211469	211662	211859	212047	21222
3	NaN	Andorra	42.506300	1.521800	0	0	0	0	0	0	...	18010	18631	18815	18815	1922
4	NaN	Angola	-11.202700	17.873900	0	0	0	0	0	0	...	65259	65259	65301	65332	653
...	...	...	...	...	...	...	...	...	...	...	...	...	...	...	...	...
275	NaN	Vietnam	14.058324	108.277199	0	2	2	2	2	2	...	1309092	1323683	1337523	1352122	13674
276	NaN	West Bank and Gaza	31.952200	35.233200	0	0	0	0	0	0	...	461467	462219	462621	462953	46327
277	NaN	Yemen	15.552727	48.516388	0	0	0	0	0	0	...	10025	10034	10043	10047	1004
278	NaN	Zambia	-13.133897	27.849332	0	0	0	0	0	0	...	210312	210327	210374	210436	21056
279	NaN	Zimbabwe	-19.015438	29.154857	0	0	0	0	0	0	...	139046	139046	141601	150628	15558

280 rows × 697 columns

Casos fallecidos

```
fallecidos_df = pd.read_csv('time_series_covid19_deaths_global.csv')
fallecidos_df
```

	Province/State	Country/Region	Lat	Long	1/22/20	1/23/20	1/24/20	1/25/20	1/26/20	1/27/20	...	12/5/21	12/6/21	12/7/21	12/8/21	12/9/21	
0	NaN	Afghanistan	33.939110	67.709953	0	0	0	0	0	0	...	7312	7316	7317	7317	7321	
1	NaN	Albania	41.153300	20.168300	0	0	0	0	0	0	...	3110	3115	3122	3126	3128	
2	NaN	Algeria	28.033900	1.659600	0	0	0	0	0	0	...	6103	6111	6114	6122	6126	
3	NaN	Andorra	42.506300	1.521800	0	0	0	0	0	0	...	132	133	133	133	133	
4	NaN	Angola	-11.202700	17.873900	0	0	0	0	0	0	...	1735	1735	1735	1735	1736	
...	...	...	...	...	...	...	...	...	...	...	...	...	...	...	...	...	
275	NaN	Vietnam	14.058324	108.277199	0	0	0	0	0	0	...	26260	26483	26700	26930	27186	
276	NaN	West Bank and Gaza	31.952200	35.233200	0	0	0	0	0	0	...	4810	4817	4822	4823	4826	
277	NaN	Yemen	15.552727	48.516388	0	0	0	0	0	0	...	1954	1955	1955	1956	1957	
278	NaN	Zambia	-13.133897	27.849332	0	0	0	0	0	0	...	3667	3668	3668	3668	3668	
279	NaN	Zimbabwe	-19.015438	29.154857	0	0	0	0	0	0	...	4710	4710	4713	4720	4723	

280 rows × 697 columns

Casos recuperados

```
recuperados_df = pd.read_csv('time_series_covid19_recovered_global.csv')
recuperados_d
```

	Province/State	Country/Region	Lat	Long	1/22/20	1/23/20	1/24/20	1/25/20	1/26/20	1/27/20	...	12/5/21	12/6/21	12/7/21	12/8/21	12/9/21	12
0	NaN	Afghanistan	33.939110	67.709953	0	0	0	0	0	0	...	0	0	0	0	0	
1	NaN	Albania	41.153300	20.168300	0	0	0	0	0	0	...	0	0	0	0	0	
2	NaN	Algeria	28.033900	1.659600	0	0	0	0	0	0	...	0	0	0	0	0	
3	NaN	Andorra	42.506300	1.521800	0	0	0	0	0	0	...	0	0	0	0	0	
4	NaN	Angola	-11.202700	17.873900	0	0	0	0	0	0	...	0	0	0	0	0	
...	...	...	...	...	...	...	...	...	...	...	...	...	...	...	...	...	
260	NaN	Vietnam	14.058324	108.277199	0	0	0	0	0	0	...	0	0	0	0	0	
261	NaN	West Bank and Gaza	31.952200	35.233200	0	0	0	0	0	0	...	0	0	0	0	0	
262	NaN	Yemen	15.552727	48.516388	0	0	0	0	0	0	...	0	0	0	0	0	
263	NaN	Zambia	-13.133897	27.849332	0	0	0	0	0	0	...	0	0	0	0	0	
264	NaN	Zimbabwe	-19.015438	29.154857	0	0	0	0	0	0	...	0	0	0	0	0	

265 rows × 697 columns

Casos diarios

```
diarios_df = pd.read_csv('diarios.csv')
diarios_df
```

0	NaN	NaN	NaN	Afghanistan	2020-08-17 04:27:20	33.93911	67.709953	37682	1379	27166	9137	Afghanistan	96.7983
1	NaN	NaN	NaN	Albania	2020-08-17 04:27:20	41.15330	20.168300	7380	228	3794	3358	Albania	256.4455
2	NaN	NaN	NaN	Algeria	2020-08-17 04:27:20	28.03390	1.659600	38583	1370	27017	10196	Algeria	87.9885
3	NaN	NaN	NaN	Andorra	2020-08-17 04:27:20	42.50630	1.521800	989	53	863	73	Andorra	1280.0103
4	NaN	NaN	NaN	Angola	2020-08-17 04:27:20	-11.20270	17.873900	1906	88	628	1190	Angola	5.7992
...	...	...	...	...	...	...	...	...	...	...	...	...	...
3966	NaN	NaN	W.P. Kuala Lumpur	Malaysia	2020-08-17 04:27:20	3.13900	101.686900	2538	18	2461	59	W.P. Kuala Lumpur, Malaysia	142.7125
3967	NaN	NaN	W.P. Labuan	Malaysia	2020-08-17 04:27:20	5.28310	115.230900	22	0	15	3	W.P. Labuan, Malaysia	22.1327
3968	NaN	NaN	W.P. Putrajaya	Malaysia	2020-08-17 04:27:20	2.92640	101.696400	93	1	57	1	W.P. Putrajaya, Malaysia	93.9278
3969	NaN	NaN	Unknown	Malaysia	2020-08-17 04:27:20	NaN	NaN	0	0	0	0	Unknown, Malaysia	N
3970	NaN	NaN	NaN	Tonga	2020-08-17 04:27:20	-21.17900	-175.198200	0	0	0	0	Tonga	0.0000

3971 rows × 14 columns

Paso 3:

Analice los datos.

El método info retorna básicamente el número de registros, los nombres de las columnas y los tipos de columnas.

El método describe y muestra información estadística básica sobre los valores numéricos del conjunto de datos, como media, desviación estándar, percentil, mínimo y máximo.

```
confirmados_df.describe()
```

confirmados_df.describe()

	Lat	Long	1/22/20	1/23/20	1/24/20	1/25/20	1/26/20	1/27/20	1/28/20	1/29/20	...	12/5/21	
count	278.000000	278.000000	280.000000	280.000000	280.000000	280.000000	280.000000	280.000000	280.000000	280.000000	...	2.800000e+02	2.800000
mean	20.156042	21.788955	1.989286	2.339286	3.360714	5.121429	7.564286	10.453571	19.921429	22.025000	...	9.495658e+05	9.51685
std	25.283318	76.200189	26.590143	26.887678	33.225879	46.244243	64.627991	87.077220	213.666894	214.980193	...	4.030404e+06	4.03961
min	-51.796300	-173.116500	0.000000	0.000000	0.000000	0.000000	0.000000	0.000000	0.000000	0.000000	...	0.000000e+00	0.00000
25%	4.643279	-37.713675	0.000000	0.000000	0.000000	0.000000	0.000000	0.000000	0.000000	0.000000	...	3.087250e+03	3.09450
50%	21.517170	20.921188	0.000000	0.000000	0.000000	0.000000	0.000000	0.000000	0.000000	0.000000	...	4.414450e+04	4.44850
75%	40.393350	84.992575	0.000000	0.000000	0.000000	0.000000	0.000000	0.000000	0.000000	0.000000	...	4.398472e+05	4.40144
max	71.706900	179.086000	444.000000	444.000000	549.000000	761.000000	1058.000000	1423.000000	3554.000000	3554.000000	...	4.909994e+07	4.92822

8 rows × 695 columns

```
fallecidos_df.describe()
```

fallecidos_df.describe()

	Lat	Long	1/22/20	1/23/20	1/24/20	1/25/20	1/26/20	1/27/20	1/28/20	1/29/20	...	12/5/21	12/6
count	278.000000	278.000000	280.000000	280.000000	280.000000	280.000000	280.000000	280.000000	280.000000	280.000000	...	280.000000	280.000
mean	20.156042	21.788955	0.060714	0.064286	0.092857	0.150000	0.200000	0.292857	0.467857	0.475000	...	18771.492857	18796.571
std	25.283318	76.200189	1.015944	1.017487	1.436328	2.391517	3.109011	4.542900	7.470302	7.470809	...	73905.890118	73986.728
min	-51.796300	-173.116500	0.000000	0.000000	0.000000	0.000000	0.000000	0.000000	0.000000	0.000000	...	0.000000	0.000
25%	4.643279	-37.713675	0.000000	0.000000	0.000000	0.000000	0.000000	0.000000	0.000000	0.000000	...	22.000000	22.000
50%	21.517170	20.921188	0.000000	0.000000	0.000000	0.000000	0.000000	0.000000	0.000000	0.000000	...	696.000000	701.000
75%	40.393350	84.992575	0.000000	0.000000	0.000000	0.000000	0.000000	0.000000	0.000000	0.000000	...	6963.250000	6975.500
max	71.706900	179.086000	17.000000	17.000000	24.000000	40.000000	52.000000	76.000000	125.000000	125.000000	...	788525.000000	789907.000

8 rows × 695 columns

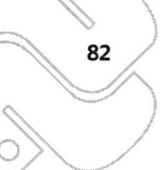

MAG. JORGE SANTIAGO NOLASCO VALENZUELA | DR. JAVIER ARTURO GAMBOA CRUZADO | MAG. LUZ ELENA NOLASCO VALENZUELA | MAG. JYMMY STUWART DEXTRE ALARCÓN

```
recuperados_df.describe()
```

recuperados_df.describe()

	Lat	Long	1/22/20	1/23/20	1/24/20	1/25/20	1/26/20	1/27/20	1/28/20	1/29/20	...	12/5/21	12/6/21	12/7/21	
count	264.000000	264.000000	265.000000	265.000000	265.000000	265.000000	265.000000	265.000000	265.000000	265.000000	...	265.0	265.0	265.0	
mean	18.731013	27.087363	0.113208	0.120755	0.147170	0.158491	0.211321	0.245283	0.407547	0.479245	...	0.0	0.0	0.0	
std	24.724685	73.922864	1.723944	1.727820	1.918076	1.982254	2.611285	2.807631	4.948211	5.442585	...	0.0	0.0	0.0	
min	-51.796300	-178.116500	0.000000	0.000000	0.000000	0.000000	0.000000	0.000000	0.000000	0.000000	...	0.0	0.0	0.0	
25%	4.454096	-10.007650	0.000000	0.000000	0.000000	0.000000	0.000000	0.000000	0.000000	0.000000	...	0.0	0.0	0.0	
50%	19.254600	24.242250	0.000000	0.000000	0.000000	0.000000	0.000000	0.000000	0.000000	0.000000	...	0.0	0.0	0.0	
75%	38.886575	91.814200	0.000000	0.000000	0.000000	0.000000	0.000000	0.000000	0.000000	0.000000	...	0.0	0.0	0.0	
max	71.706900	178.065000	28.000000	28.000000	31.000000	32.000000	42.000000	45.000000	80.000000	88.000000	...	0.0	0.0	0.0	

8 rows × 696 columns

```
diarios_df.describe()
```

	FIPS	Lat	Long_	Confirmed	Deaths	Recovered	Active	Incidence_Rate	Case-Fatality_Ratio
count	3252.000000	3889.000000	3889.000000	3971.000000	3971.000000	3.971000e+03	3971.000000	3888.000000	3907.000000
mean	32387.881919	35.806103	-71.652138	5468.196424	205.321581	3.443999e+03	2372.532108	1079.279344	2.392146
std	17990.852405	13.148529	54.356685	28213.033839	1403.902967	3.595536e+04	10993.145033	1120.919757	3.311112
min	66.000000	-52.368000	-175.198200	0.000000	0.000000	0.000000e+00	0.000000	0.000000	0.000000
25%	19048.500000	33.202226	-96.577496	83.000000	1.000000	0.000000e+00	68.000000	359.418672	0.366749
50%	30066.000000	37.877361	-86.845176	337.000000	5.000000	0.000000e+00	272.000000	724.504460	1.470588
75%	47041.500000	42.134404	-77.492245	1493.500000	34.000000	0.000000e+00	1056.500000	1430.311825	3.125000
max	99999.000000	71.706900	178.065000	699493.000000	42072.000000	1.833067e+06	233128.000000	14046.437434	64.922481

El método **isnull().sum()** se usa básicamente para verificar si hay valores nulos en el conjunto de datos. Esto enumerará la cantidad de valores nulos en cada columna.

```
df1.isnull().sum()
```

```
confirmados_df.isnull().sum()

Province/State    193
Country/Region      0
Lat                 2
Long                2
1/22/20             0
                  ...
12/10/21            0
12/11/21            0
12/12/21            0
12/13/21            0
12/14/21            0
Length: 697, dtype: int64
```

```
fallecidos_df.isnull().sum()

Province/State    193
Country/Region      0
Lat                 2
Long                2
1/22/20             0
                  ...
12/10/21            0
12/11/21            0
12/12/21            0
12/13/21            0
12/14/21            0
Length: 697, dtype: int64
```

```
recuperados_df.isnull().sum()

Province/State    194
Country/Region      0
Lat                 1
Long                1
1/22/20             0
                  ...
12/10/21            0
12/11/21            0
12/12/21            0
12/13/21            0
12/14/21            0
Length: 697, dtype: int64
```

Se observan los casos diarios, para lo cual se genera un mapa con GeoPandas.

```python
geometry = [Point(xy) for xy in zip(confirmados_df['Long'], confirmados_df['Lat'])]
gdf = GeoDataFrame(confirmados_df[['Lat','Long']], geometry=geometry)
mundo = gpd.read_file(gpd.datasets.get_path('naturalearth_lowres'))
gdf.plot(ax=mundo.plot(figsize=(15, 10)), marker='o', color='red', markersize=15);
```

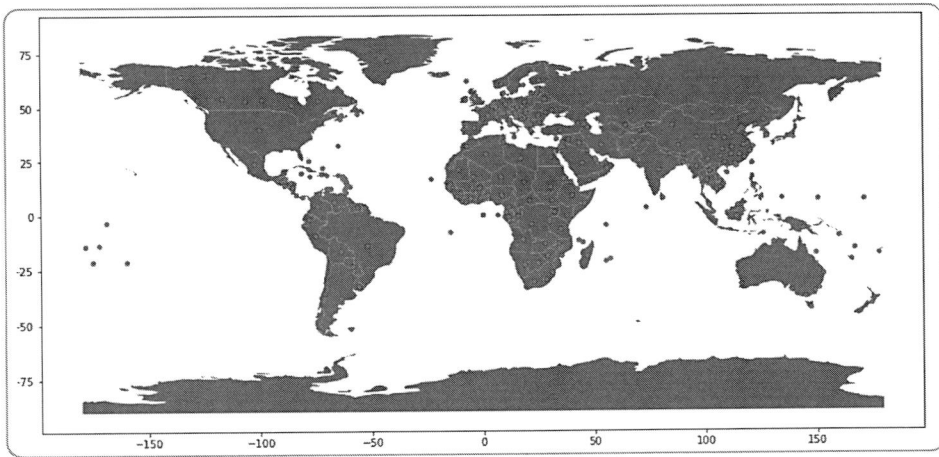

A continuación, se detalla el código paso a paso.

Paso 1:

Comprima las coordenadas en un objeto puntual y conviértalo en un GeoDataFrame.

```python
geometry = [Point(xy) for xy in zip(confirmados_df['Long'], confirmados_df['Lat'])]
gdf = GeoDataFrame(confirmados_df[['Lat','Long']], geometry=geometry)
```

```python
geometry = [Point(xy) for xy in zip(confirmados_df['Long'], confirmados_df['Lat'])]
gdf = GeoDataFrame(confirmados_df[['Lat','Long']], geometry=geometry)
gdf
```

	Lat	Long	geometry
0	33.939110	67.709953	POINT (67.70995 33.93911)
1	41.153300	20.168300	POINT (20.16830 41.15330)
2	28.033900	1.659600	POINT (1.65960 28.03390)
3	42.500300	1.521800	POINT (1.52180 42.50030)
4	-11.202700	17.873900	POINT (17.87390 -11.20270)
...	...	...	...
275	14.058324	108.277199	POINT (108.27720 14.05832)
276	31.952200	35.233200	POINT (35.23320 31.95220)
277	15.552727	48.516388	POINT (48.51639 15.55273)
278	-13.133897	27.849332	POINT (27.84933 -13.13390)
279	-19.015438	29.154857	POINT (29.15486 -19.01544)

280 rows × 3 columns

84

ANÁLISIS DE DATOS CON **PYTHON 3**

MAG. JORGE SANTIAGO NOLASCO VALENZUELA | DR. JAVIER ARTURO GAMBOA CRUZADO | MAG. LUZ ELENA NOLASCO VALENZUELA | MAG. JYMMY STUWART DEXTRE ALARCÓN

Paso 2:

Ahora trace las coordenadas sobre un mapa a nivel de país.

```
mundo = gpd.read_file(gpd.datasets.get_path('naturalearth_lowres'))
gdf.plot(ax=mundo.plot(figsize=(15, 10)), marker='o', color='red', markersize=15);
```

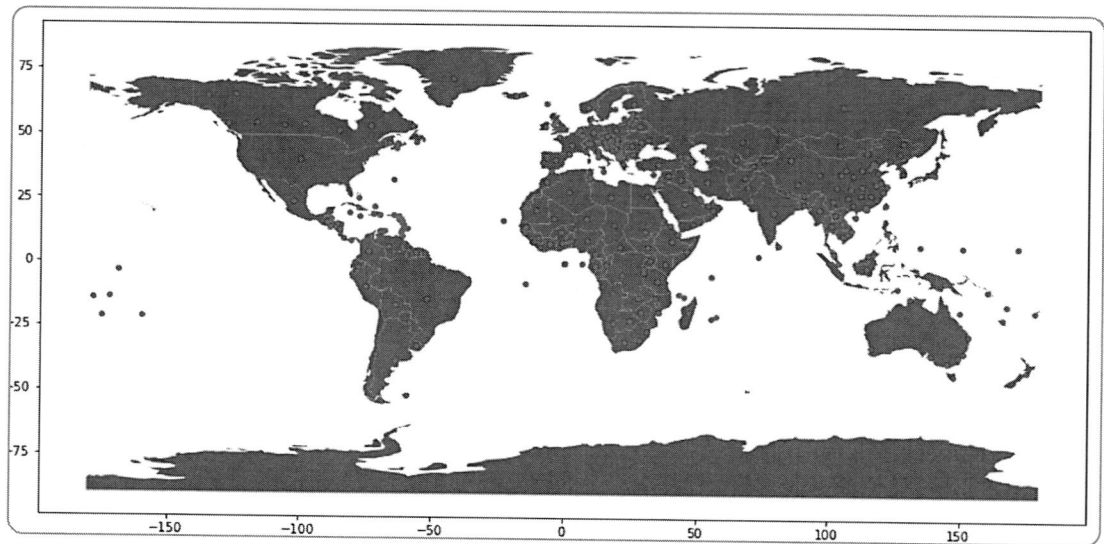

Paso 3:

Observe los diez países principales.

```
confirmados_df['Country/Region'].value_counts()[:10]
```

```
confirmados_df['Country/Region'].value_counts()[:10]
China              34
Canada             16
United Kingdom     12
France             12
Australia           8
Netherlands         5
Denmark             3
New Zealand         2
Panama              1
Niger               1
Name: Country/Region, dtype: int64
```

Paso 4:

Observe los casos diarios por país.

```
diarios_df['Country_Region'].value_counts()
diarios_df
```

	FIPS	Admin2	Province_State	Country_Region	Last_Update	Lat	Long_	Confirmed	Deaths	Recovered	Active	Combined_Key	Incidence
0	NaN	NaN	NaN	Afghanistan	2020-08-17 04:27:20	33.93911	67.709953	37682	1379	27166	9137	Afghanistan	96.7
1	NaN	NaN	NaN	Albania	2020-08-17 04:27:20	41.15330	20.168300	7380	228	3794	3358	Albania	256.4
2	NaN	NaN	NaN	Algeria	2020-08-17 04:27:20	28.03390	1.659600	38583	1370	27017	10196	Algeria	87.9
3	NaN	NaN	NaN	Andorra	2020-08-17 04:27:20	42.50630	1.521800	989	53	863	73	Andorra	1280.0
4	NaN	NaN	NaN	Angola	2020-08-17 04:27:20	-11.20270	17.873900	1906	88	628	1190	Angola	5.7
...	...	...	...	...	...	...	...	...	...	...	...	...	...
3966	NaN	NaN	W.P. Kuala Lumpur	Malaysia	2020-08-17 04:27:20	3.13900	101.636900	2538	18	2461	59	W.P. Kuala Lumpur, Malaysia	142.7

Mapa de calor

El mapa de calor y el análisis de correlación son métodos de análisis comunes. La intensidad del calor se usa a menudo para expresar la densidad de distribución en un mapa. También puede entenderse simplemente como un mapeo de valores a colores en coordenadas bidimensionales.

Ahora dibuje un mapa de calor para determinar la correlación de variables.

```
plt.figure(figsize=(8,4))
sns.heatmap(diarios_df.corr(), annot=True,center=0)
print("")
plt.show()
```

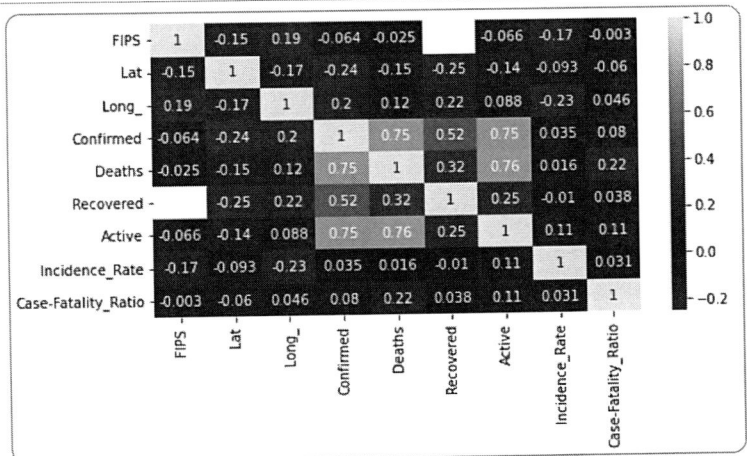

Nota

Confirmados, defunciones y activos tienen una correlación positiva alta, mientras que el resto tiene correlación negativa.

4 Procesamiento de lenguaje natural

4.1 NLP

El análisis de los datos se ha convertido en omnipresente en todos los ámbitos de la vida. Para ese fin, utilizamos diversos dispositivos que nos permiten organizarnos. Encendemos nuestros smartphones y leemos nuestros mensajes de texto, correos electrónicos y noticias recientes; vemos las últimas presentaciones en TikTok de algunas celebridades del mundo de la música.

Además, conversamos con familiares que se encuentran en otra parte del mundo y coordinamos reuniones de videoconferencia con alumnos. Todas estas comunicaciones se encuentran en formatos habituales, como vídeo, imagen, audio, numérico y texto, de los cuales los datos numéricos son los más comunes.

Estos son ejemplos de comunicaciones en lenguaje natural en texto, voz, vídeo, lenguaje de señas, braille y otras formas con idiomas, como inglés, español, francés, ruso, chino, japonés y cientos más.

En este capítulo, dominará muchas capacidades de procesamiento del lenguaje natural (NLP) a través de una serie de demostraciones prácticas y sesiones de IPython. Utilizará muchas de estas capacidades de NLP en los próximos capítulos de estudios de casos de ciencia de datos.

El NLP se realiza en colecciones de texto, compuestas por tweets, publicaciones de Facebook, conversaciones, documentos históricos, noticias, registros de reuniones y mucho más. Una colección de texto se conoce como ForSus, cuyo plural es ForSora.

MINERÍA DE TEXTO

PASO 1: OBTENER LOS DATOS
Esto podría ser fácil si tenemos una fuente de datos o debemos adquirirla.

PASO 2: TRANSFORMACIÓN
Tenemos que transformar estos datos a una matriz o listas de palabras que puedan ser procesadas.

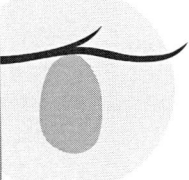

PASO 3: LEMATIZACIÓN
Reducción del ruido. Reducción de las palabras a su raíz.

PASO 4: ANÁLISIS AVANZADO
Procesamiento avanzado.

88

ANÁLISIS DE DATOS CON **PYTHON 3**

MAG. JORGE SANTIAGO NOLASCO VALENZUELA | DR. JAVIER ARTURO GAMBOA CRUZADO | MAG. LUZ ELENA NOLASCO VALENZUELA | MAG. JYMMY STUWART DEXTRE ALARCÓN

El lenguaje natural carece de precisión matemática. Los matices de significado dificultan la comprensión del lenguaje natural. El significado de un texto puede verse influido por su contexto y la visión del mundo del lector.

4.1.1 NLP, NLU y NLG

- **NLP:** El procesamiento del lenguaje natural es un área que combina ciencias de la computación, lingüística, inteligencia artificial y lenguajes de programación para entender cómo se pueden dar interacciones entre seres humanos y máquinas a través del lenguaje natural. Es decir, la capacidad de una máquina para ingerir lo que se le dice, descomponerlo, comprender su significado, determinar la acción adecuada y responder en un idioma que el usuario entienda.

- **Natural Language Understanding (NLU):** Es una rama de NLP que trata de tareas más específicas, de cómo manejar mejor las entradas no estructuradas y convertirlas en una forma estructurada que una máquina puede entender y actuar. Mientras que los humanos son capaces de manejar sin esfuerzo las malas palabras, palabras intercambiadas, contracciones, coloquialismos y otras peculiaridades, las máquinas no son tan expertas en comprender y asimilar aquellos inputs con faltas de ortografía u otros supuestos.

- **NLG:** Es una rama de NLP cuyo foco es transformar datos estructurados en narrativa escrita. Su objetivo es hacer legible la información y automatizar la escritura de narrativas orientadas al dato, como informes financieros (transformar los datos de una hoja de cálculo en un informe explicativo), descripciones de producto (tomar las características de un producto y convertirlas en una descripción orientada al cliente), reuniones, generar tweets informativos de forma automática cada vez que se actualiza un resultado deportivo.

4.1.2 Evolución del NLP

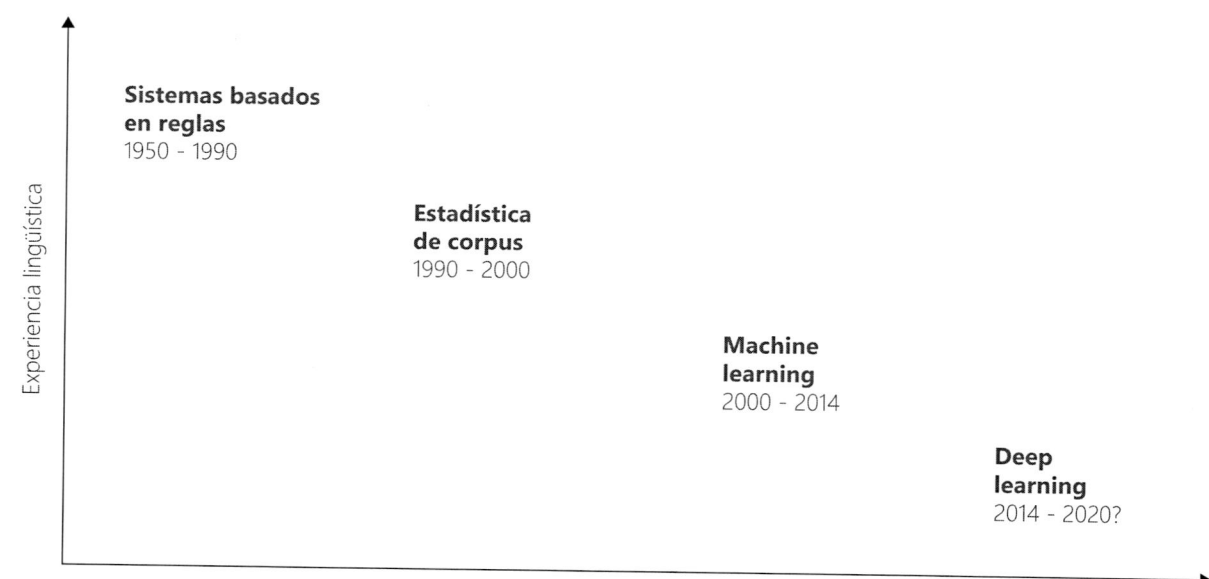

4.1.3 Aplicaciones del NLP

Algunas de las aplicaciones son las siguientes:

- Máquinas de búsquedas
- Traducción automática de textos
- Sistemas conversacionales (chatbots)
- Recuperación y extracción de información
- Etiquetado morfológico, sintáctico y semántico
- Análisis del sentimiento de los textos
- Detectar topics automáticamente
- Resúmenes de textos automáticos
- Clasificación de documentos por categorías
- Reconocimiento del habla

4.1.4 Problemas de ambigüedades

Uno de los problemas más importantes es la ambigüedad de nuestro lenguaje, que es difuso, ambiguo y requiere mucho contexto. Dependiendo qué es lo que se quiere expresar con una palabra, frase u oración, adquiere un significado distinto; por ejemplo:

"Esta alianza costó más de lo que esperaba".
Posibles significados: Puede referirse a un pacto o a un matrimonio.

"Cincuenta mulas estaban pasando por la frontera".
Posibles significados: Puede referirse al animal o bien a los contrabandistas.

Entre los tipos de ambigüedades, tenemos los siguientes:

- Por agrupamiento
- Funcional
- Léxica

Ahora diríjase a API de Google para inspeccionar algunas de las frases ambiguas anteriores: https://cloud.google.com/natural-language

90

ANÁLISIS DE DATOS CON **PYTHON 3**

MAG. JORGE SANTIAGO NOLASCO VALENZUELA | DR. JAVIER ARTURO GAMBOA CRUZADO | MAG. LUZ ELENA NOLASCO VALENZUELA | MAG. JYMMY STUWART DEXTRE ALARCÓN

Observe el análisis sintáctico de una de las dos frases brindadas como ejemplos.

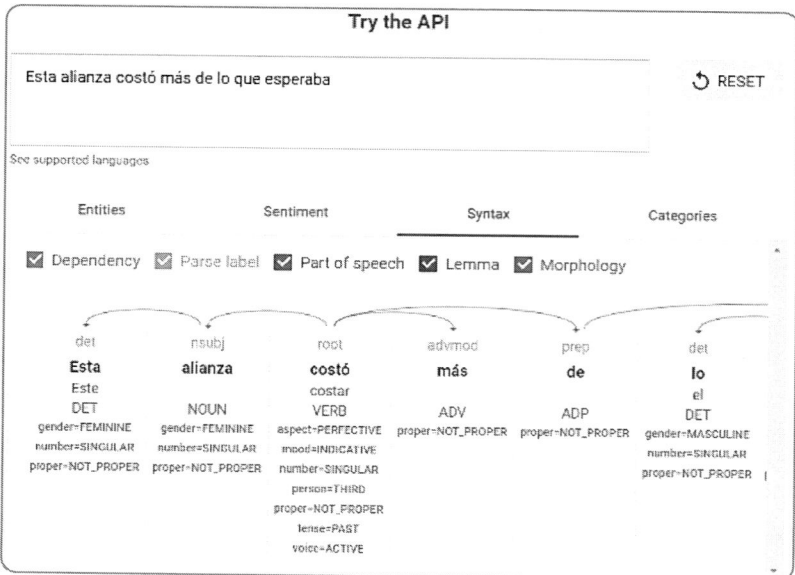

Ahora diríjase a API de Google para comprobar si reconoce personas.

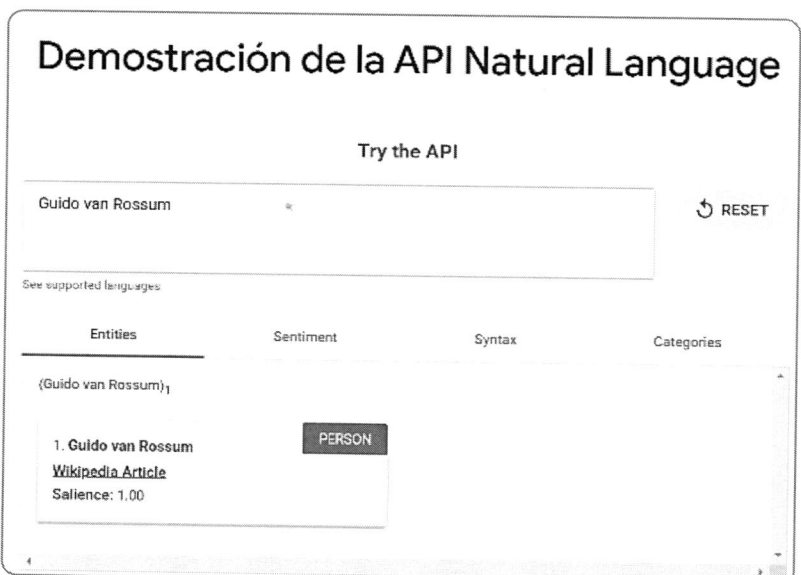

4.1.5 Instalando TextBlob y NLTK en Anaconda

TextBlob es otra biblioteca para procesar de forma eficiente el lenguaje natural para Python. Se basa en NLTK y proporciona una interfaz fácil de usar para la biblioteca NLTK. Verá cómo se puede usar TextBlob para realizar una variedad de tareas del procesamiento del lenguaje natural, que van desde el etiquetado de partes del habla hasta el análisis de sentimientos y de la traducción de idiomas a la clasificación de textos.

Para instalar TextBlob en Anaconda, diríjase a la siguiente URL: **https://anaconda.org/conda-forge/textblob**

```
conda install -c conda-forge textblob
conda install -c conda-forge/label/gcc7 textblob
conda install -c conda-forge/label/cf201901 textblob
conda install -c conda-forge/label/cf202003 textblob
```

Natural Language Toolkit (NLTK) es un conjunto de bibliotecas para procesar el lenguaje natural simbólico y estadístico. Contiene bibliotecas de procesamiento de texto para tokenización, análisis, clasificación, derivación, etiquetado y razonamiento semántico.

Para instalar NLTK en Anaconda, debe dirigirse a la siguiente URL: **https://anaconda.org/anaconda/nltk**

```
conda install -c anaconda nltk
```

Una vez instalada la librería NLTK, instale los paquetes NLTK ejecutando el siguiente código:

```
import nltk
nltk.download()
```

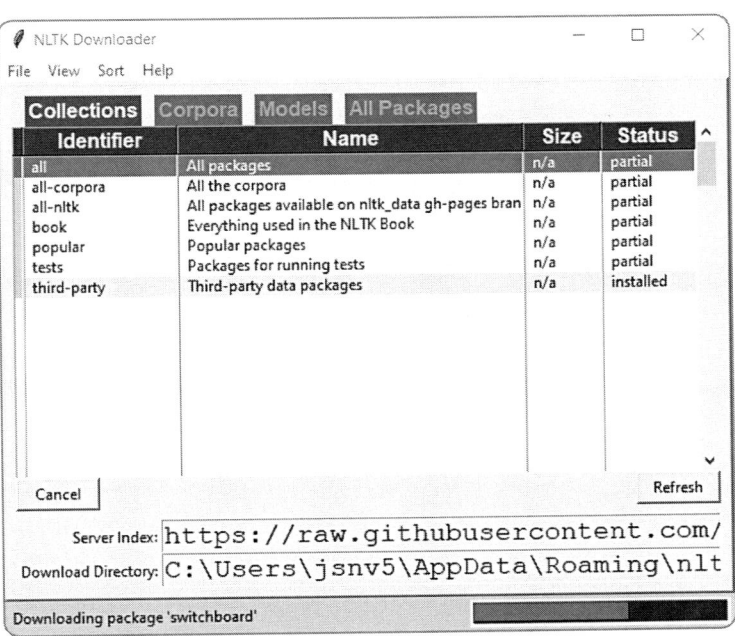

MAG. JORGE SANTIAGO NOLASCO VALENZUELA | DR. JAVIER ARTURO GAMBOA CRUZADO | MAG. LUZ ELENA NOLASCO VALENZUELA | MAG. JYMMY STUWART DEXTRE ALARCÓN

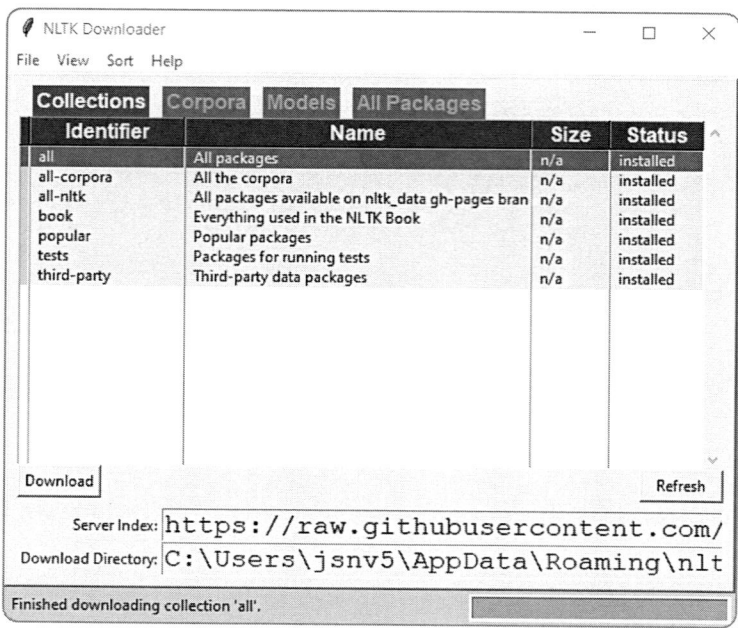

4.1.6 Tokenización

La tokenización se refiere a dividir un párrafo grande en oraciones o palabras. Normalmente un token se refiere a una palabra en un documento de texto. Esto permitirá trabajar con fragmentos de texto más pequeños que aún son relativamente coherentes y significativos, incluso fuera del contexto del resto del texto.

Es importante convertir datos no estructurados en datos estructurados para que se puedan analizar de manera más conveniente.

Existen dos tipos de tokenización:

- **Tokenización por palabra:** Las palabras son como los átomos del lenguaje natural. Son la unidad de significado más pequeña que tiene sentido por sí sola. Tokenizar su texto por palabra permite identificar palabras que surgen con especial frecuencia. Por ejemplo, si estuviera analizando un grupo de anuncios de empleo, posiblemente encuentre que la palabra "python" aparece con frecuencia. Eso podría sugerir una gran demanda de conocimiento de Python, pero necesitaría profundizar más para saber más.

- **Tokenizar por oración:** Cuando tokeniza por oración, puede analizar cómo esas palabras se relacionan entre sí y ver más contexto. ¿Hay muchas palabras negativas alrededor de la palabra "python" porque al gerente de contratación no le gusta Python? ¿Hay más términos del dominio de la herpetología que del dominio del desarrollo de software, lo que sugiere que puede estar tratando con un tipo de "python" completamente diferente al que esperaba?

La tokenización es bastante sencilla con TextBlob. Todo lo que tiene que hacer es importar el TextBlob objeto de la TextBlob biblioteca, pasarle el documento que desea convertir en token y luego usar los atributos sentences y words para obtener las oraciones y atributos tokenizados. Veamos esto en acción.

Paso 1:

Importe las librerías que utilizar.

```
In [48]:  # importando las librerias a utilizar
          from textblob  import TextBlob
          import nltk
```

Paso 2:

Defina la variable que contenga el texto.

```
In [49]:  # definimos la variable que contenga el texto
          texto="El problema fundamental de la comunicación es el de la reproducción exacta \
          o aproximada en un determinado punto de un mensaje elegido en otro punto. \
          Con frecuencia los mensajes tienen significado"
```

Paso 3:

Pase este documento como parámetro a la TextBlob.

```
In [50]:  # pasar este documento como parámetro a la TextBlob
          texto_blob_o= TextBlob(texto)
```

Paso 4:

Se obtienen las oraciones tokenizadas. Puede usar el atributo sentences.

```
In [51]:  #obtener las oraciones tokenizadas, podemos usar atributo sentences:
          texto_sentencia = texto_blob_o.sentences
          print("="*30,"Oraciones Tokenizadas","="*30)
          print(texto_sentencia)
          print("="*30,"Numero de Oraciones Tokenizadas","="*30)
          print(len(texto_sentencia))

          ============================= Oraciones Tokenizadas =============================
          [Sentence("El problema fundamental de la comunicación es el de la reproducción exacta o aproximada en un determinado punto de u
          n mensaje elegido en otro punto."), Sentence("Con frecuencia los mensajes tienen significado")]
          ============================= Numero de Oraciones Tokenizadas =============================
          2
```

Nota El procesamiento del lenguaje natural a menudo requiere tokenizar el texto antes de desarrollar otras tareas para procesar el lenguaje natural. TextBlob proporciona propiedades convenientes para acceder a las oraciones y palabras en TextBlob.

4.1.7 Lematización

La lematización es un proceso importante en el NLP que consiste en eliminar o reducir de forma automática partes no esenciales de las palabras (sufijos, prefijos) para reducirlas a su parte original (diccionario). Es una técnica para recuperar datos en los sistemas de información.

94

ANÁLISIS DE DATOS CON **PYTHON 3**

MAG. JORGE SANTIAGO NOLASCO VALENZUELA | DR. JAVIER ARTURO GAMBOA CRUZADO | MAG. LUZ ELENA NOLASCO VALENZUELA | MAG. JYMMY STUWART DEXTRE ALARCÓN

Reduce variantes morfológicas de las formas de una palabra a raíces comunes, lemas o lexemas y no deben tener significado.

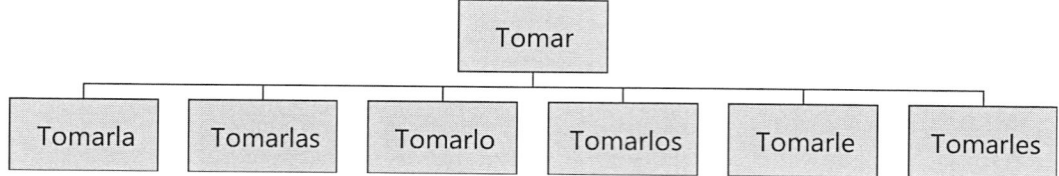

A continuación, algunos ejemplos de lematización en idioma inglés.

```
In [23]:   # importamos las librerías necesarias
           from textblob import Word

           palabra1 = Word("apples")
           print("apples===>", palabra1.lemmatize())

           palabra2 = Word("media")
           print("media===>", palabra2.lemmatize())


           apples===> apple
           media===> medium
```

4.1.8 Stop words

Stop words o palabras vacías generalmente se refiere a las palabras más comunes en un idioma. No existe una lista universal de palabras vacías. Son aquellas que se encuentran en cualquier lenguaje que no añaden mucho significado a una frase. Pueden ignorarse con seguridad sin sacrificar el significado de la oración. Para algunos motores de búsqueda, estas son algunas de las palabras de función cortas más comunes: "el", "es", "en", "que".

4.1.9 ¿Cuándo se deben eliminar las stop words?

Si tenemos una tarea de clasificación de texto o análisis de sentimientos, entonces deberíamos eliminar las palabras vacías, ya que no brindan ninguna información a nuestro modelo, es decir, mantener fuera de nuestro corpus las palabras no deseadas. Pero si tenemos la tarea de traducir idiomas, las palabras vacías son útiles, ya que deben traducirse junto con otras palabras.

No existe una regla estricta sobre cuándo eliminar las palabras vacías. Pero se sugiere hacerlo si nuestra tarea a desarrollar es clasificar idiomas, filtrar spam, generar subtítulos o etiquetas automáticas, analizar opiniones o algo relacionado con la clasificación de texto. Por otro lado, si nuestra tarea es de traducción automática, problemas de respuesta a preguntas, resumen de texto o modelado de idiomas, es mejor no eliminar las palabras vacías, ya que son una parte crucial de estas aplicaciones.

Adaptado de ICHI.PRO. (s. f.). *Stop Words en PNL.* https://ichi.pro/es/stop-words-en-pnl-100212553919815

4.1.10 Algunos puntos que tener en cuenta

- Las palabras vacías a menudo se eliminan del texto antes de entrenar los modelos, ya que ocurren en abundancia, por lo que brindan poca o ninguna información.

- Al eliminar las palabras vacías, el tamaño del conjunto de datos disminuye y el tiempo para entrenar el modelo también disminuye sin un gran impacto en la precisión del modelo.

- Eliminar palabras irrelevantes puede ayudar potencialmente a mejorar el rendimiento, ya que quedan menos tokens y solo quedan los más importantes. Por lo tanto, la precisión de la clasificación podría mejorarse.

- La selección y eliminación inadecuadas de palabras vacías pueden cambiar el significado del texto. Por lo tanto, se debe tener cuidado al elegir las palabras vacías.

Adaptado de ICHI.PRO. (s. f.). *Stop Words en PNL.* https://ichi.pro/es/stop-words-en-pnl-100212553919815

4.1.11 Ejemplo de análisis de texto

Para el primer análisis, se muestra cuál será la fuente de datos.

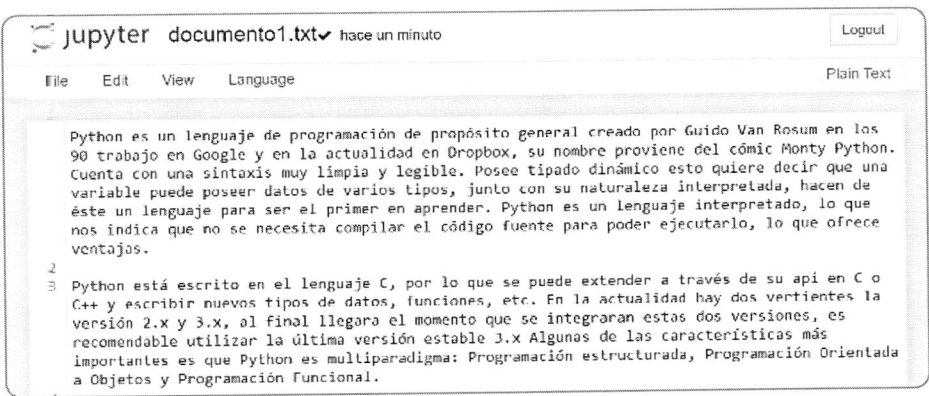

A continuación, se brindan algunos pasos para realizar este proceso.

Análisis de texto1.ipynb

Paso 1:

Importe las librerías.

```python
import nltk
import string
nltk.download("punkt")
nltk.download("stopwords")
from nltk.tokenize import sent_tokenize,word_tokenize
from nltk.probability import FreqDist
from nltk.corpus import stopwords
```

96

ANÁLISIS DE DATOS CON **PYTHON 3**

MAG. JORGE SANTIAGO NOLASCO VALENZUELA | DR. JAVIER ARTURO GAMBOA CRUZADO | MAG. LUZ ELENA NOLASCO VALENZUELA | MAG. JYMMY STUWART DEXTRE ALARCÓN

```python
import nltk
import string
nltk.download("punkt")
nltk.download("stopwords")
from nltk.tokenize import sent_tokenize,word_tokenize
from nltk.probability import FreqDist
from nltk.corpus import stopwords
```

```
[nltk_data] Downloading package punkt to
[nltk_data]     C:\Users\jsnv5\AppData\Roaming\nltk_data...
[nltk_data]   Package punkt is already up-to-date!
[nltk_data] Downloading package stopwords to
[nltk_data]     C:\Users\jsnv5\AppData\Roaming\nltk_data...
[nltk_data]   Package stopwords is already up-to-date!
```

Paso 2:

Lectura de la fuente de datos.

```python
cadena=open("documento1.txt","r").read()
```

```python
cadena=open("documento1.txt","r").read()
```

Paso 3:

Divida el texto en frases.

```python
frases = sent_tokenize(cadena)
print(frases)
```

```python
# partir el texto en frases
frases = sent_tokenize(cadena)
print(frases)
```

```
['Python es un lenguaje de programacion de proposito general creado por Guido Van Rosum en los 90 trabajo en Google y en la act
ualidad en Dropbox, su nombre proviene del comic Monty Python.', 'Cuenta con una sintaxis muy limpia y legible.', 'Posee tipado
dinamico esto quiere decir que una variable puede poseer datos de varios tipos, junto con su naturaleza interpretada, hacen de
un lenguaje para ser el primer en aprender.', 'Python es un lenguaje interpretado, lo que nos indica que no se necesita compila
r el codigo fuente para poder ejecutarlo, lo que ofrece ventajas.', 'Python esta escrito en el lenguaje C, por lo que se puede
extender a traves de su api en C o C++ y escribir nuevos tipos de datos, funciones, etc.', 'En la actualidad hay dos vertientes
la version 2.x y 3.x, al final llegara el momento que se integraran estas dos versiones, es recomendable utilizar la ultima ver
sion estable 3.x Algunas de las caracteristicas mas importantes es que Python es multiparadigma: Programacion estructurada,
Programacion Orientada a Objetos y Programacion Funcional.']
```

Paso 4:

Divida el texto en palabras.

```
palabras = word_tokenize(cadena)
print(palabras)
```

```
# partir el texto en palabras
palabras = word_tokenize(cadena)
print(palabras)

['Python', 'es', 'un', 'lenguaje', 'de', 'programacian', 'de', 'proposito', 'general', 'creado', 'por', 'Guido', 'Van', 'Rosu
m', 'en', 'los', '90', 'trabajo', 'en', 'Google', 'y', 'en', 'la', 'actualidad', 'en', 'Dropbox', ',', 'su', 'nombre', 'provien
e', 'del', 'comic', 'Monty', 'Python', '.', 'Cuenta', 'con', 'una', 'sintaxis', 'muy', 'limpia', 'y', 'legible', '.', 'Posee'
'tipado', 'dinamico', 'esto', 'quiere', 'decir', 'que', 'una', 'variable', 'puede', 'poseer', 'datos', 'de', 'varios', 'tipos',
',', 'junto', 'con', 'su', 'naturaleza', 'interpretada', ',', 'hacen', 'de', 'un', 'lenguaje', 'para', 'ser', 'el', 'primer',
'en', 'aprender', '.', 'Python', 'es', 'un', 'lenguaje', 'interpretado', ',', 'lo', 'que', 'nos', 'indica', 'que', 'no', 'se',
'necesita', 'compilar', 'el', 'codigo', 'fuente', 'para', 'poder', 'ejecutarlo', ',', 'lo', 'que', 'ofrece', 'ventajas', '.',
'Python', 'esta', 'escrito', 'en', 'el', 'lenguaje', 'C', ',', 'por', 'lo', 'que', 'se', 'puede', 'extender', 'a', 'traves', 'd
e', 'su', 'api', 'en', 'C', 'o', 'C++', 'y', 'escribir', 'nuevos', 'tipos', 'de', 'datos', ',', 'funciones', ',', 'etc', '.',
'En', 'la', 'actualidad', 'hay', 'dos', 'vertientes', 'la', 'version', '2.x', 'y', '3.x', ',', 'al', 'final', 'llegara', 'el',
'momento', 'que', 'se', 'integraran', 'estas', 'dos', 'versiones', ',', 'es', 'recomendable', 'utilizar', 'la', 'ultima', 'vers
ion', 'estable', '3.x', 'Algunas', 'de', 'las', 'caractera\xadsticas', 'mas', 'importantes', 'es', 'que', 'Python', 'es', 'mult
iparadigma', ':', 'Programacion', 'estructurada', ',', 'Programacion', 'Orientada', 'a', 'objetos', 'y', 'Programacion', 'Funci
onal', '.']
```

Paso 5:

Analice los caracteres más comunes.

```
fdist = FreqDist(palabras)
print(fdist.most_common(20))
```

```
# Ahora analizamos los caracteres mas comunes
fdist = FreqDist(palabras)
print(fdist.most_common(20))

[(',', 11), ('de', 7), ('en', 7), ('que', 7), ('.', 6), ('Python', 5), ('es', 5), ('y', 5), ('lenguaje', 4), ('la', 4), ('el',
4), ('un', 3), ('su', 3), ('lo', 3), ('se', 3), ('Programacion', 3), ('por', 2), ('actualidad', 2), ('con', 2), ('una', 2)]

for c in fdist.most_common(20):
    print(c)

(',', 11)
('de', 7)
('en', 7)
('que', 7)
('.', 6)
('Python', 5)
('es', 5)
('y', 5)
('lenguaje', 4)
('la', 4)
('el', 4)
('un', 3)
('su', 3)
('lo', 3)
('se', 3)
('Programacion', 3)
('por', 2)
('actualidad', 2)
('con', 2)
('una', 2)
```

98

ANÁLISIS DE DATOS CON **PYTHON 3**

MAG. JORGE SANTIAGO NOLASCO VALENZUELA | DR. JAVIER ARTURO GAMBOA CRUZADO | MAG. LUZ ELENA NOLASCO VALENZUELA | MAG. JYMMY STUWART DEXTRE ALARCÓN

Paso 6:

Identifique los stopwords, que son las palabras conectoras que se repiten con frecuencia en un idioma, palabras más básicas e informativas.

```
# identificamos los stopwords
stopword=stopwords.words("spanish")
print(stopword)
```

```
# identificamos los stopwords
stopword=stopwords.words("spanish")
print(stopword)

['de', 'la', 'que', 'el', 'en', 'y', 'a', 'los', 'del', 'se', 'las', 'por', 'un', 'para', 'con', 'no', 'una', 'su', 'al', 'lo',
'como', 'más', 'pero', 'sus', 'le', 'ya', 'o', 'este', 'sí', 'porque', 'esta', 'entre', 'cuando', 'muy', 'sin', 'sobre', 'tambi
én', 'me', 'hasta', 'hay', 'donde', 'quien', 'desde', 'todo', 'nos', 'durante', 'todos', 'uno', 'les', 'ni', 'contra', 'otros',
'ese', 'eso', 'ante', 'ellos', 'e', 'esto', 'mí', 'antes', 'algunos', 'qué', 'unos', 'yo', 'otro', 'otras', 'otra', 'él', 'tant
o', 'esa', 'estos', 'mucho', 'quienes', 'nada', 'muchos', 'cual', 'poco', 'ella', 'estar', 'estas', 'algunas', 'algo', 'nosotro
s', 'mi', 'mis', 'tú', 'te', 'ti', 'tu', 'tus', 'ellas', 'nosotras', 'vosotros', 'vosotras', 'os', 'mío', 'mía', 'míos', 'mía
s', 'tuyo', 'tuya', 'tuyos', 'tuyas', 'suyo', 'suya', 'suyos', 'suyas', 'nuestro', 'nuestra', 'nuestros', 'nuestras', 'vuestr
o', 'vuestra', 'vuestros', 'vuestras', 'esos', 'esas', 'estoy', 'estás', 'está', 'estamos', 'estáis', 'están', 'esté', 'estés',
'estemos', 'estéis', 'estén', 'estaré', 'estarás', 'estará', 'estaremos', 'estaréis', 'estarán', 'estaría', 'estarías', 'estarí
amos', 'estaríais', 'estarían', 'estaba', 'estabas', 'estábamos', 'estabais', 'estaban', 'estuve', 'estuviste', 'estuvo', 'estu
vimos', 'estuvisteis', 'estuvieron', 'estuviera', 'estuvieras', 'estuviéramos', 'estuvierais', 'estuvieran', 'estuviese', 'estu
vieses', 'estuviésemos', 'estuvieseis', 'estuviesen', 'estando', 'estado', 'estada', 'estados', 'estadas', 'estad', 'he', 'ha
s', 'ha', 'hemos', 'habéis', 'han', 'haya', 'hayas', 'hayamos', 'hayáis', 'hayan', 'habré', 'habrás', 'habrá', 'habremos', 'hab
réis', 'habrán', 'habría', 'habrías', 'habríamos', 'habríais', 'habrían', 'había', 'habías', 'habíamos', 'habíais', 'habían',
'hube', 'hubiste', 'hubo', 'hubimos', 'hubisteis', 'hubieron', 'hubiera', 'hubieras', 'hubiéramos', 'hubierais', 'hubieran', 'h
ubiese', 'hubieses', 'hubiésemos', 'hubieseis', 'hubiesen', 'habiendo', 'habido', 'habida', 'habidos', 'habidas', 'soy', 'ere
s', 'es', 'somos', 'sois', 'son', 'sea', 'seas', 'seamos', 'seáis', 'sean', 'seré', 'serás', 'será', 'seremos', 'seréis', 'será
n', 'sería', 'serías', 'seríamos', 'seríais', 'serían', 'era', 'eras', 'éramos', 'erais', 'eran', 'fui', 'fuiste', 'fue', 'fuim
os', 'fuisteis', 'fueron', 'fuera', 'fueras', 'fuéramos', 'fuerais', 'fueran', 'fuese', 'fueses', 'fuésemos', 'fueseis', 'fuese
n', 'sintiendo', 'sentido', 'sentida', 'sentidos', 'sentidas', 'siente', 'sentid', 'tengo', 'tienes', 'tiene', 'tenemos', 'tené
is', 'tienen', 'tenga', 'tengas', 'tengamos', 'tengáis', 'tengan', 'tendré', 'tendrás', 'tendrá', 'tendremos', 'tendréis', 'ten
drán', 'tendría', 'tendrías', 'tendríamos', 'tendríais', 'tendrían', 'tenía', 'tenías', 'teníamos', 'teníais', 'tenían', 'tuv
e', 'tuviste', 'tuvo', 'tuvimos', 'tuvisteis', 'tuvieron', 'tuviera', 'tuvieras', 'tuviéramos', 'tuvierais', 'tuvieran', 'tuvie
se', 'tuvieses', 'tuviésemos', 'tuvieseis', 'tuviesen', 'teniendo', 'tenido', 'tenida', 'tenidos', 'tenidas', 'tened']
```

Paso 7:

Extraiga los stopwords de la lista de palabras.

```
palabras2 = [p for p in palabras if p not in stopword]
print(palabras2)
```

```
palabras2 = [p for p in palabras if p not in stopword]
print(palabras2)

['Python', 'lenguaje', 'programacion', 'proposito', 'general', 'creado', 'Guido', 'Van', 'Rosum', '90', 'trabajo', 'Google', 'a
ctualidad', 'Dropbox', ',', 'nombre', 'proviene', 'comic', 'Monty', 'Python', '.', 'Cuenta', 'sintaxis', 'limpia', 'legible',
'.', 'Posee', 'tipado', 'dinamico', 'quiere', 'decir', 'variable', 'puede', 'poseer', 'datos', 'varios', 'tipos', ',', 'junto',
'naturaleza', 'interpretada', ',', 'hacen', 'lenguaje', 'ser', 'primer', 'aprender', '.', 'Python', 'lenguaje', 'interpretado',
',', 'indica', 'necesita', 'compilar', 'codigo', 'fuente', 'poder', 'ejecutarlo', ',', 'ofrece', 'ventajas', '.', 'Python', 'es
crito', 'lenguaje', 'C', ',', 'puede', 'extender', 'traves', 'api', 'C', 'C++', 'escribir', 'nuevos', 'tipos', 'datos', ',', 'f
unciones', ',', 'etc', '.', 'En', 'actualidad', 'dos', 'vertientes', 'version', '2.x', '3.x', ',', 'final', 'llegara', 'moment
o', 'integraran', 'dos', 'versiones', ',', 'recomendable', 'utilizar', 'ultima', 'version', 'estable', '3.x', 'Algunas', 'carac
teralxadsticas', 'mas', 'importantes', 'Python', 'multiparadigma', ':', 'Programacion', 'estructurada', ',', 'Programacion', 'O
rientada', 'Objetos', 'Programacion', 'Funcional', '.']
```

Paso 8:

Observe que no se eliminan las comas ni algunas palabras que se encuentran en mayúscula.

```
['Python', 'lenguaje', 'programacion', 'proposito', 'general', 'creado', 'Guido', 'Van', 'Rosum', '90', 'trabajo', 'Google', 'a
ctualidad', 'Dropbox', ',', 'nombre', 'proviene', 'comic', 'Monty', 'Python', '.', 'Cuenta', 'sintaxis', 'limpia', 'legible',
',', 'Posee', 'tipado', 'dinamico', 'quiere', 'decir', 'variable', 'puede', 'poseer', 'datos', 'varios', 'tipos', ',', 'junto',
'naturaleza', 'interpretada', ',', 'hacen', 'lenguaje', 'ser', 'primer', 'aprender', '.', 'Python', 'lenguaje', 'interpretado',
',', 'indica', 'necesita', 'compilar', 'codigo', 'fuente', 'poder', 'ejecutarlo', ',', 'ofrece', 'ventajas', '.', 'Python', 'es
crito', 'lenguaje', 'C', ',', 'puede', 'extender', 'traves', 'api', 'C', 'C++', 'escribir', 'nuevos', 'tipos', 'datos', ',', 'f
unciones', ',', 'etc', '.', 'En', 'actualidad', 'dos', 'vertientes', 'version', '2.x', '3.x', ',', 'final', 'llegara', 'moment
o', 'integraran', 'dos', 'versiones', ',', 'recomendable', 'utilizar', 'ultima', 'version', 'estable', '3.x', 'Algunas', 'carac
tera\xadsticas', 'mas', 'importantes', 'Python', 'multiparadigma', ':', 'Programacion', 'estructurada', ',', 'Programacion', 'O
rientada', 'Objetos', 'Programacion', 'Funcional', '.']
```

Paso 9:

Ajuste el tipo de análisis, excluidos los signos de puntuación, consultar.

```python
# Partir el texto en palabras
palabras = word_tokenize(cadena.lower())
palabras2 = [p for p in palabras if p not in stopword + list(string.punctuation)]
print(palabras2)
```

```
# partir el texto en palabras -excluyendo los signos de puntuación
palabras = word_tokenize(cadena.lower())
palabras2 = [p for p in palabras if p not in stopword + list(string.punctuation)]
print(palabras2)

['python', 'lenguaje', 'programacion', 'proposito', 'general', 'creado', 'guido', 'van', 'rosum', '90', 'trabajo', 'google', 'a
ctualidad', 'dropbox', 'nombre', 'proviene', 'comic', 'monty', 'python', 'cuenta', 'sintaxis', 'limpia', 'legible', 'posee', 't
ipado', 'dinamico', 'quiere', 'decir', 'variable', 'puede', 'poseer', 'datos', 'varios', 'tipos', 'junto', 'naturaleza', 'inter
pretada', 'hacen', 'lenguaje', 'ser', 'primer', 'aprender', 'python', 'lenguaje', 'interpretado', 'indica', 'necesita', 'compil
ar', 'codigo', 'fuente', 'poder', 'ejecutarlo', 'ofrece', 'ventajas', 'python', 'escrito', 'lenguaje', 'c', 'puede', 'extende
r', 'traves', 'api', 'c', 'c++', 'escribir', 'nuevos', 'tipos', 'datos', 'funciones', 'etc', 'actualidad', 'dos', 'vertientes',
'version', '2.x', '3.x', 'final', 'llegara', 'momento', 'integraran', 'dos', 'versiones', 'recomendable', 'utilizar', 'ultima',
'version', 'estable', '3.x', 'caractera\xadsticas', 'mas', 'importantes', 'python', 'multiparadigma', 'programacion', 'estructu
rada', 'programacion', 'orientada', 'objetos', 'programacion', 'funcional']
```

Paso 10:

Vuelva a analizar los caracteres más comunes.

```python
fdist = FreqDist(palabras)
print(fdist.most_common(20))
```

```
fdist = FreqDist(palabras2)
print(fdist.most_common(20))

[('python', 5), ('lenguaje', 4), ('programacion', 4), ('actualidad', 2), ('puede', 2), ('datos', 2), ('tipos', 2), ('c', 2),
('dos', 2), ('version', 2), ('3.x', 2), ('proposito', 1), ('general', 1), ('creado', 1), ('guido', 1), ('van', 1), ('rosum',
1), ('90', 1), ('trabajo', 1), ('google', 1)]
```

100

ANÁLISIS DE DATOS CON **PYTHON 3**

MAG. JORGE SANTIAGO NOLASCO VALENZUELA | DR. JAVIER ARTURO GAMBOA CRUZADO | MAG. LUZ ELENA NOLASCO VALENZUELA | MAG. JYMMY STUWART DEXTRE ALARCÓN

Paso 11:

Una vez eliminado el ruido, ahora reduzca las palabras a su raíz y despoje las palabras de sus sufijos.

```python
from nltk.stem import SnowballStemmer
from nltk.tokenize import sent_tokenize, word_tokenize
stemmer = SnowballStemmer("spanish")
raices = []
for palabra2 in palabras2:
raices.append(stemmer.stem(palabra2))
raices
```

```python
from nltk.stem import SnowballStemmer
from nltk.tokenize import sent_tokenize , word_tokenize
stemmer=SnowballStemmer("spanish")
raices =[]
for palabra2 in palabras2:
    raices.append(stemmer.stem(palabra2))
raices
```

```
['python',
 'lenguaj',
 'programacion',
 'proposit',
 'general',
 'cre',
 'guid',
 'van',
 'rosum',
 '90',
 'trabaj',
 'googl',
 'actual',
 'dropbox',
 'nombr',
 'provien',
 'comic',
 'monty',
 'python',
```

Esto le permite que, cuando realice recuento de frecuencia, no afecte la conjugación o la variante de la palabra.

4.1.12 Ejemplo de traducción de texto

4.1.12.1 Googletrans

Googletrans es una biblioteca de Python gratuita e ilimitada que implementó la API de Google Translate. Utiliza la API Ajax de Google Translate para hacer llamadas a métodos como detectar y traducir.

A continuación, se describen algunas de sus características:

- Rápida y confiable: utiliza los mismos servidores que translate.google.com
- Detección automática de idioma
- Traducciones masivas
- URL de servicio personalizable
- Agrupación de conexiones
- Soporte HTTP/2

4.1.12.2 Instalación de Anaconda

```
conda install -c conda-forge googletrans
conda install -c conda-forge/label/cf201901 googletrans
conda install -c conda-forge/label/cf202003 googletrans
```

Traduccion.ipynb

Paso 1:

Importe las librerías.

```
from googletrans import Translator
```

Paso 2:

Cree un objeto translator.

```
translator=Translator()
```

Paso 3:

Detecte el idioma.

```
print(translator.detect('Idioma Español'))
```

Paso 4:

Traduzca al inglés.

```
translation = translator.translate("Curso de Análisis de Datos", dest='en')
print(translation.text)
```

102

ANÁLISIS DE DATOS CON **PYTHON 3**

MAG. JORGE SANTIAGO NOLASCO VALENZUELA | DR. JAVIER ARTURO GAMBOA CRUZADO | MAG. LUZ ELENA NOLASCO VALENZUELA | MAG. JYMMY STUWART DEXTRE ALARCÓN

A continuación, verá el código completo.

```python
from googletrans import Translator

translator=Translator()

#detectando el idioma
print(translator.detect('Idioma Español'))

Detected(lang=es, confidence=None)
Detected(lang=es, confidence=None)

#Traduciendo
translation = translator.translate("Curso de Analisis de Datos", dest='en')
print(translation.text)

Data analysis course
Data analysis course
```

Traduzca el archivo documento1.txt al alemán.

```python
file = open('documento1.txt', 'r')
contenido = file.read()
ftranslator=Translator()
result = translator.translate(contenido, dest='de')
print(result.text)
```

```python
file = open('documento1.txt', 'r')
contenido = file.read()
ftranslator=Translator()
result = translator.translate(contenido, dest='de')
print(result.text)

Python ist eine allgemeine Prognose-Programmiersprache, die von Guido van Rosum in den 90 Jobs auf Google erstellt wurde und de
rzeit in Dropbox, der Name kommt von Comic Monty Python. Es hat eine sehr saubere und lesbare Syntax. Es hat dynamisch eingetip
pt, das bedeutet, dass eine Variable Daten verschiedener Typen mit seiner interpretierten Natur besitzen kann, eine Sprache, um
die erste zu lernen. Python ist eine interpretierte Sprache, die uns sagt, dass Sie den Quellcode nicht kompilieren müssen, um
es ausführen zu können, die Vorteile bietet.

Python wird in der C-Sprache geschrieben, sodass es in C oder C ++ über Ihre API erweitert werden kann und neue Arten von Date
n, Funktionen usw. schreibt. Derzeit gibt es zwei Aspekte Version 2.x und 3.x, am Ende wird die Zeit integriert, es ist ratsam,
die neueste stabile Version 3.x einigen der wichtigsten Funktionen zu verwenden ist, dass Python Multiparadigma ist: Programmie
rt strukturiert , Programmierung auf Objekte und funktionale Programmierung ausgerichtet.
Python ist eine allgemeine Prognose-Programmiersprache, die von Guido van Rosum in den 90 Jobs auf Google erstellt wurde und de
rzeit in Dropbox, der Name kommt von Comic Monty Python. Es hat eine sehr saubere und lesbare Syntax. Es hat dynamisch eingetip
pt, das bedeutet, dass eine Variable Daten verschiedener Typen mit seiner interpretierten Natur besitzen kann, eine Sprache, um
die erste zu lernen. Python ist eine interpretierte Sprache, die uns sagt, dass Sie den Quellcode nicht kompilieren müssen, um
es ausführen zu können, die Vorteile bietet.

Python wird in der C-Sprache geschrieben, sodass es in C oder C ++ über Ihre API erweitert werden kann und neue Arten von Date
n, Funktionen usw. schreibt. Derzeit gibt es zwei Aspekte Version 2.x und 3.x, am Ende wird die Zeit integriert, es ist ratsam,
die neueste stabile Version 3.x einigen der wichtigsten Funktionen zu verwenden ist, dass Python Multiparadigma ist: Programmie
rt strukturiert , Programmierung auf Objekte und funktionale Programmierung ausgerichtet.
```

4.1.13 Ejemplo de análisis de sentimiento

Análisis de sentimiento.ipynb

Paso 1:

Importe las librerías.

```python
from sklearn.feature_extraction.text import CountVectorizer
from nltk.tokenize import RegexpTokenizer
import pandas as pd
```

Paso 2:

Lista de etiquetas de los comentarios si es una opinión negativa o positiva.

```python
List1=["Bueno","Malo","Malo","Malo","Bueno","Bueno","Malo","Bueno","Bueno","Malo"]
```

Paso 3:

Lista que define las palabras utilizadas en las opiniones.

```python
List2 = ["Lo recomendaría",
"Es un mal producto",
"No lo compraría",
"No lo recomendaría a nadie",
"Satisface mis necesidades",
"Voy a comentar a mis amigos de este buen producto",
"Muy baja calidad",
"Muy buen precio",
"Si lo hubiera adquirido antes",
"Ojalá salga del mercado"
]
```

Paso 4:

Convierta las dos listas en un dataframe.

```python
df = pd.DataFrame({"Sentimiento":List1, "Valoración":List2})
```

Paso 5:

Observe el contenido del dataframe.

```python
df
```

104

ANÁLISIS DE DATOS CON **PYTHON 3**

MAG. JORGE SANTIAGO NOLASCO VALENZUELA | DR. JAVIER ARTURO GAMBOA CRUZADO | MAG. LUZ ELENA NOLASCO VALENZUELA | MAG. JYMMY STUWART DEXTRE ALARCÓN

	Sentimiento	Valoracion
0	Bueno	Lo recomendaría
1	Malo	Es un mal producto
2	Malo	No lo compraría
3	Malo	No lo recomendaría a nadie
4	Bueno	Satisface mis necesidades
5	Bueno	Voy a comentar a mis amigos de este buen producto
6	Malo	Muy baja calidad
7	Bueno	Muy buen precio
8	Bueno	Si lo hubiera adquirido antes
9	Malo	Ojalá salga del mercado

Paso 6:

Tokenize para quitar todo aquello que no son letras ni números.

```
token = RegexpTokenizer(r'[a-zA-Z0-9]+')
```

Paso 7:

Ahora utilice CountVectorizer para convertir una colección de documentos de texto en una matriz de recuentos de tokens.

```
cv = CountVectorizer(lowercase=True,ngram_range=(1,2),tokenizer=token.tokenize)
```

- **lowercase=True**: Pone en minúsculas su texto.
- **ngram_range=(1,2)**: Unidades de significado o palabras; en este caso, parejas de dos palabras.
- **tokenizer=token.tokenize**: Utiliza la expresión "regular" para quitar todo aquello que no son letras ni números.

Paso 8:

Ahora le dirá que entrene y transforme la columna de valoración.

```
text_counts = cv.fit_transform(df['Valoracion'])
```

Paso 9:

Muestra cuántas veces aparece una pareja de palabras. Como su muestra es pequeña, solo aparecerá una vez.

```
print(text_counts)
```

```
print(text_counts)
(0, 28)        1
(0, 50)        1
(0, 31)        1
(1, 22)        1
(1, 58)        1
(1, 32)        1
(1, 49)        1
(1, 23)        1
(1, 59)        1
(1, 33)        1
(2, 28)        1
(2, 44)        1
(2, 17)        1
(2, 45)        1
(2, 29)        1
(3, 28)        1
(3, 50)        1
(3, 31)        1
(3, 44)        1
```

Paso 10:

Ahora creará una muestra de entrenamiento y prueba utilizando el paquete Sklearn. Use como variables regresoras el recuento de palabras text_counts, y como respuesta, el sentimiento List1, el entrenamiento con un 50 % y la prueba con el otro 50 %. Fije al final con una semilla de 0.

```
from sklearn.model_selection import train_test_split
X_train,X_test,y_train,y_test =
train_test_split(text_counts,df['Sentimiento'],test_size=0.5,random_state=0)
```

Paso 11:

Recomiende un modelo multinomial.

```
from sklearn.naive_bayes import MultinomialNB
from sklearn import metrics
```

Nota

El modelo de clasificador multinomial Naive Bayes (MultinomialNB) es adecuado para clasificar con características discretas (por ejemplo, recuento de palabras para clasificar texto). La distribución multinomial normalmente requiere recuentos de características enteras. Sin embargo, en la práctica, los recuentos fraccionarios como tf-idf también pueden funcionar.

106

ANÁLISIS DE DATOS CON **PYTHON 3**

MAG. JORGE SANTIAGO NOLASCO VALENZUELA | DR. JAVIER ARTURO GAMBOA CRUZADO | MAG. LUZ ELENA NOLASCO VALENZUELA | MAG. JYMMY STUWART DEXTRE ALARCÓN

Paso 12:

Ajuste el modelo usando fit, para lo cual debe emplear train y generar las predicciones con el test. Para evaluar el porcentaje de acierto de su modelo, utilice metrics.accuracy_score.

```
c = MultinomialNB().fit(X_train,y_train)
prediccion= c.predict(X_test)
print("Precision del Modelo multinomiaINB:",metrics.
accuracy_score(y_test,prediccion))
```

```
c = MultinomialNB().fit(X_train,y_train)
prediccion= c.predict(X_test)
print("Precision del Modelo multinomiaINB:",metrics.accuracy_score(y_test,prediccion))

Precision del Modelo multinomiaINB: 0.6
```

Paso 13:

Ahora muestre las predicciones.

```
print(y_test)
```

```
print(y_test)

2       Malo
8       Bueno
4       Bueno
9       Malo
1       Malo
Name: Sentimiento, dtype: object
```

4.1.14 Stanza

Stanza es una colección de herramientas precisas y eficientes para el análisis lingüístico de muchos lenguajes humanos, desarrollado por la Universidad de Stanford. Desde el texto en bruto hasta el análisis sintáctico y el reconocimiento de entidades, Stanza lleva modelos de NLP de última generación a los idiomas que elija.

Stanza1.ipynb

Paso 1:

Instale Stanza.

```
!pip install stanza
```

```
#Instalar stanza
!pip install stanza
```

```
Requirement already satisfied: stanza in c:\users\jsnv5\anaconda3\lib\site-packages (1.3.0)
Requirement already satisfied: requests in c:\users\jsnv5\anaconda3\lib\site-packages (from stanza) (2.26.0)
Requirement already satisfied: six in c:\users\jsnv5\anaconda3\lib\site-packages (from stanza) (1.16.0)
Requirement already satisfied: protobuf in c:\users\jsnv5\anaconda3\lib\site-packages (from stanza) (3.19.1)
Requirement already satisfied: tqdm in c:\users\jsnv5\anaconda3\lib\site-packages (from stanza) (4.62.3)
Requirement already satisfied: numpy in c:\users\jsnv5\anaconda3\lib\site-packages (from stanza) (1.20.3)
Requirement already satisfied: torch>=1.3.0 in c:\users\jsnv5\anaconda3\lib\site-packages (from stanza) (1.10.0)
Requirement already satisfied: emoji in c:\users\jsnv5\anaconda3\lib\site-packages (from stanza) (1.6.1)
Requirement already satisfied: typing-extensions in c:\users\jsnv5\anaconda3\lib\site-packages (from torch>=1.3.0->stanza) (3.10.0.2)
Requirement already satisfied: charset-normalizer~=2.0.0 in c:\users\jsnv5\anaconda3\lib\site-packages (from requests->stanza) (2.0.4)
Requirement already satisfied: certifi>=2017.4.17 in c:\users\jsnv5\anaconda3\lib\site-packages (from requests->stanza) (2021.10.8)
Requirement already satisfied: urllib3<1.27,>=1.21.1 in c:\users\jsnv5\anaconda3\lib\site-packages (from requests->stanza) (1.26.7)
Requirement already satisfied: idna<4,>=2.5 in c:\users\jsnv5\anaconda3\lib\site-packages (from requests->stanza) (3.2)
Requirement already satisfied: colorama in c:\users\jsnv5\anaconda3\lib\site-packages (from tqdm->stanza) (0.4.4)
```

Paso 2:

Importe las librerías.

```
import stanza
```

Paso 3:

Trabaje con el paquete en español. Debe descargarlo.

```
stanza.download('es')
```

```
import stanza
stanza.download('es')
```

```
Downloading https://raw.githubusercontent.com/stanfordnlp/stanza-                                     142k/? [00:00<00:00,
resources/main/resources_1.3.0.json:                                                                  5.58MB/s]

2021-11-24 20:40:26 INFO: Downloading default packages for language: es (Spanish)...
2021-11-24 20:40:28 INFO: File exists: C:\Users\jsnv5\stanza_resources\es\default.zip.
2021-11-24 20:40:32 INFO: Finished downloading models and saved to C:\Users\jsnv5\stanza_resources.
```

Paso 4:

Stanza trabaja con pipelines diferentes tareas de lenguaje de procesamiento natural. Especifique los argumentos.

108

ANÁLISIS DE DATOS CON **PYTHON 3**

MAG. JORGE SANTIAGO NOLASCO VALENZUELA | DR. JAVIER ARTURO GAMBOA CRUZADO | MAG. LUZ ELENA NOLASCO VALENZUELA | MAG. JYMMY STUWART DEXTRE ALARCÓN

- El lenguaje con el cual se trabajará es el español.

- Puede especificar los procesadores para descargar o cargar enumerando los nombres de los procesadores en una cadena separada por comas. En el ejemplo, solo descargue y cargue los procesadores predeterminados tokenize (TokenizeProcessor) para que realice un tokenizado y pos (PosProcessor) para asignar etiquetas para el idioma español.

```python
nlp = stanza.Pipeline('es', processors='tokenize, pos')
```

```
nlp=stanza.Pipeline('es',processors='tokenize,pos')

2021-11-24 20:50:48 WARNING: Language es package default expects mwt, which has been adde
2021-11-24 20:50:48 INFO: Loading these models for language: es (Spanish):
=======================
| Processor | Package |
-----------------------
| tokenize  | ancora  |
| mwt       | ancora  |
| pos       | ancora  |
=======================

2021-11-24 20:50:48 INFO: Use device: cpu
2021-11-24 20:50:48 INFO: Loading: tokenize
2021-11-24 20:50:49 INFO: Loading: mwt
2021-11-24 20:50:49 INFO: Loading: pos
2021-11-24 20:50:49 INFO: Done loading processors!
```

 **Nota**

AnCora es un corpus del catalán (AnCora-CA) y del español (AnCora-ES).

Paso 5:

Ahora cree un string con el texto que desee analizar y páselo por una instancia NLP.

```python
documento = nlp("Python es el mejor lenguaje de programación")
```

Paso 6:

A continuación, muestre los token (texto), el lema y las etiquetas pos de cada palabra en cada oración de un documento anotado.

```python
for sentence in documento.sentences:
  for word in sentence.words:
    print(word.text, word.lemma, word.pos)
```

```
for sentence in documento.sentences:
    for word in sentence.words:
        print(word.text, word.lemma, word.pos)
```

```
python None NOUN
es None AUX
el None DET
mejor None ADJ
lenguaje None NOUN
de None ADP
programacion None NOUN
```

Paso 7:

Ahora compárelo con el API de Google en el análisis sintáctico.

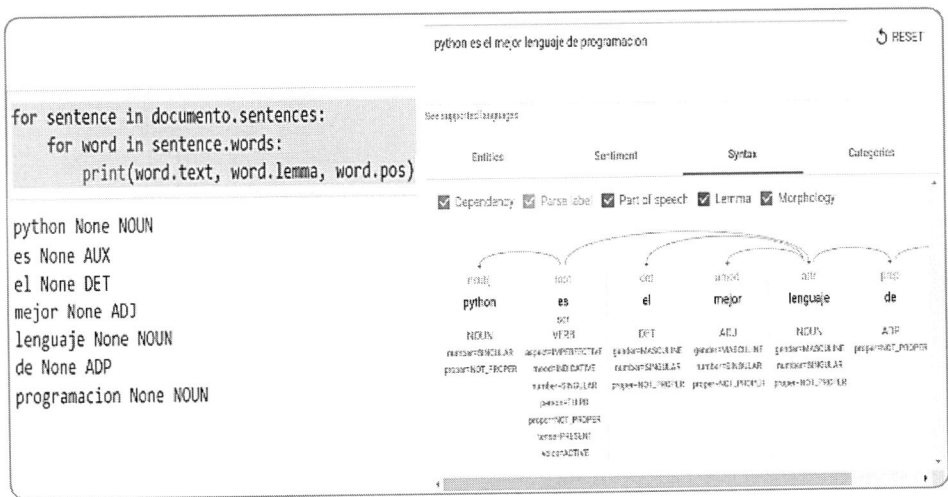

4.1.15 Modelos ocultos de Markov para etiquetar texto

Etiquetar texto es un problema cuyos requisitos se adaptan a la forma natural de los modelos de Markov. Por su descripción resulta evidente que los eventos observables serán las palabras, y los eventos ocultos, su categoría semántica. A continuación, se muestra un ejemplo de un modelo markoviano latente.

Modelo markoviano latente (HMM)1.ipynb

Paso 1:

Deberá descargar el dataset específico del siguiente repositorio y colocarlo en una carpeta de trabajo.

https://github.com/UniversalDependencies/UD_Spanish-AnCora

Nota

Corpus en español es llamado AnCora.

ANÁLISIS DE DATOS CON **PYTHON 3**

MAG. JORGE SANTIAGO NOLASCO VALENZUELA | DR. JAVIER ARTURO GAMBOA CRUZADO | MAG. LUZ ELENA NOLASCO VALENZUELA | MAG. JYMMY STUWART DEXTRE ALARCÓN

Paso 2:

Ahora deberá instalar Conllu.

```
!pip install conllu
```

Nota

Conllu es una librería muy utilizada para procesar lenguaje natural.

Paso 3:

Observe las categorías gramaticales que empleará.

https://universaldependencies.org/u/pos/

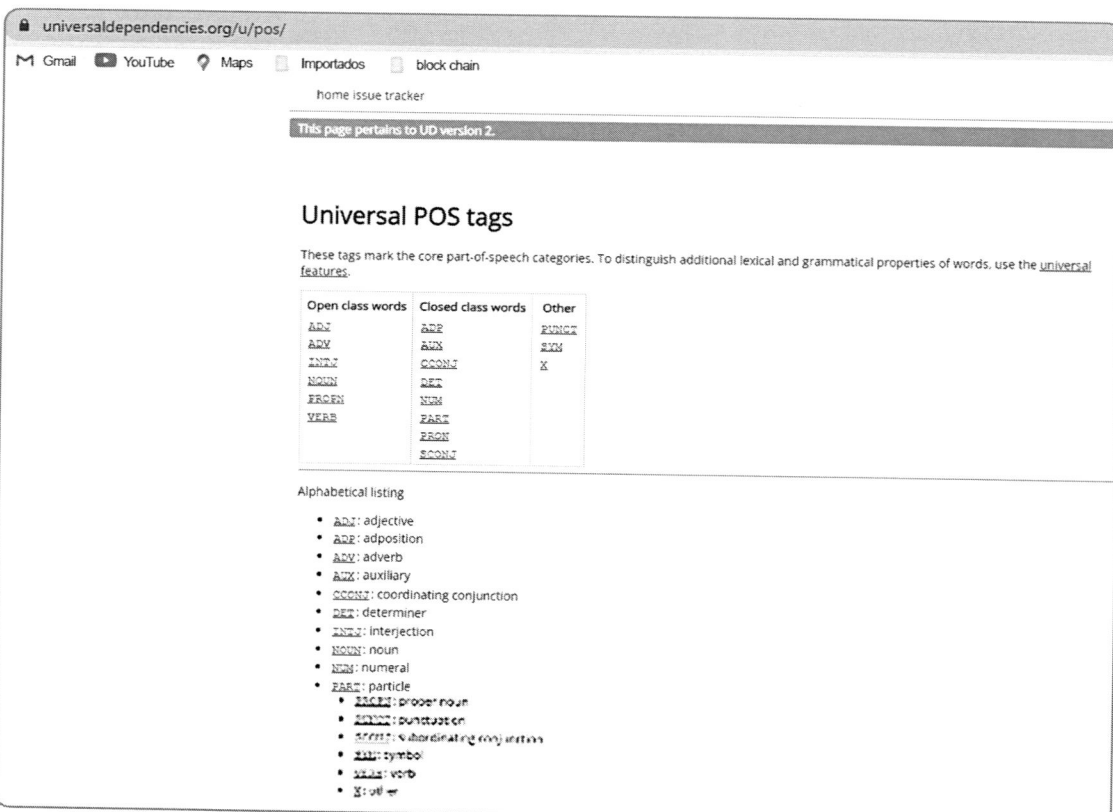

Paso 4:

Importe la librería necesaria para lectura de archivos Conllu.

```
from conllu import parse_incr
```

Paso 5:

Ahora cree una lista vacía.

```
Lista = []
```

Paso 6:

Importe la librería necesaria para lectura de archivos Conllu.

```
from conllu import parse_incr
```

Paso 7:

Abra el archivo es_ancora-ud-dev.conllu de solo lectura utilizando uf-8.

```
fichero = open("UD_Spanish-AnCora-master/es_ancora-ud-dev.conllu", "r",
encoding="utf-8")
```

Paso 8:

Muestre una lista de token con sus categorías gramaticales y otros metadatos.

```
for tokenlist in parse_incr(fichero):
print(tokenlist.serialize())
```

```
for tokenlist in parse_incr(fichero):
    print(tokenlist.serialize())

# newdoc id = 3LB-CAST-111_C-2
# sent_id = 3LB-CAST-111_C-2-s1
# text = El gobernante, con ganada fama desde que llegó hace 16 meses al poder de explotar al máximo su oratoria y acusado po
r sus detractores de incontinencia verbal, enmudeció desde el momento en el que el Tribunal Supremo de Justicia (TSJ) decidió
suspender temporalmente los comicios múltiples ante la imposibilidad "técnica" de celebrarlos el 28 de mayo.
1    El          el          DET     da0ms0   Definite=Def|Gender=Masc|Number=Sing|PronType=Art      2       det      2:det      _
2    gobernante  gobernante              NOUN    ncms000  Gender=Masc|Number=Sing 32       nsubj    32:nsubj           SpaceAfter=No
3    ,           ,           PUNCT   fc       PunctType=Comm  6       punct   6:punct  _
4    con         con         ADP     sps00    _      6       case    6:case   _
5    ganada      ganado      ADJ     aq0fsp   Gender=Fem|Number=Sing|VerbForm=Part      6       amod     6:amod    _
6    fama        fama        NOUN    ncfs000  Gender=Fem|Number=Sing   2       nmod    2:nmod   _
7    desde       desde       ADP     sps00    _      9       mark    9:mark   _
8    que         que         SCONJ   cs       _      9       mark    9:mark   _
9    llegó       llegar      VERB    vmis3s0  Mood=Ind|Number=Sing|Person=3|Tense=Past|VerbForm=Fin      6       acl      6:acl     _
10   hace        hacer       VERB    vmip3s0  Mood=Ind|Number=Sing|Person=3|Tense=Pres|VerbForm=Fin      9       advcl    9:advcl   _
11   16          16          NUM     _        NumForm=Digit|NumType=Card      12      nummod  12:nummod          _
```

112

ANÁLISIS DE DATOS CON **PYTHON 3**

MAG. JORGE SANTIAGO NOLASCO VALENZUELA | DR. JAVIER ARTURO GAMBOA CRUZADO | MAG. LUZ ELENA NOLASCO VALENZUELA | MAG. JYMMY STUWART DEXTRE ALARCÓN

Análisis sintáctico:

```
# text = El gobernante, con ganada fama desde que llego hace 16 meses al poder de explotar al maximo su oratoria y acusado po
r sus detractores de incontinencia verbal, enmudeció desde el momento en el que el Tribunal Supremo de Justicia (TSJ) decidió
suspender temporalmente los comicios múltiples ante la imposibilidad "técnica" de celebrarlos el 28 de mayo.
1       El      el      DET     da0ms0  Definite=Def|Gender=Masc|Number=Sing|PronType=Art    2       det     2:det   _
2       gobernante      gobernante      NOUN    ncms000 Gender=Masc|Number=Sing 32      nsubj   32:nsubj        SpaceAfter=No
3       ,       ,       PUNCT   fc      PunctType=Comn  6       punct   6:punct _
4       con     con     ADP     sps00   _       6       case    6:case  _
5       ganada  ganado  ADJ     aq0fsp  Gender=Fem|Number=Sing|VerbForm=Part     6       amod    6:amod  _
6       fama    fama    NOUN    ncfs000 Gender=Fem|Number=Sing   2       nmod    2:nmod  _
7       desde   desde   ADP     sps00   _       9       mark    9:mark  _
8       que     que     SCONJ   cs      _       9       mark    9:mark  _
9       llegó   llegar  VERB    vmis3s0 Mood=Ind|Number=Sing|Person=3|Tense=Past|VerbForm=Fin     6       acl     6:acl   _
10      hace    hacer   VERB    vmip3s0 Mood=Ind|Number=Sing|Person=3|Tense=Pres|VerbForm=Fin     9       advcl   9:advcl _
11      16      16      NUM             NumForm=Digit|NumType=Card      12      nummod  12:nummod       _
12      meses   nes     NOUN    ncmp000 Gender=Masc|Number=Plur  10      obj     10:obj  _
13-14   al      _       _       _       _       _       _       _       _
13      a       a       ADP     spcms           15      case    15:case _
```

Paso 9:

Puede observar los token de manera separada.

```
tokenlist[1]
```

```
tokenlist[1]

{'id': 2,
 'form': 'El',
 'lemma': 'el',
 'upos': 'DET',
 'xpos': 'da0ms0',
 'feats': {'Definite': 'Def',
  'Gender': 'Masc',
  'Number': 'Sing',
  'PronType': 'Art'},
 'head': 5,
 'deprel': 'det',
 'deps': [('det', 5)],
 'misc': None}
```

Paso 10:

Puede observar el token con su categoría de manera separada.

```
tokenlist[1]['form'] + "-" + tokenlist[1]['upos']
```

```
tokenlist[1]['form']+"-"+tokenlist[1]['upos']

'El-DET'
```

4.1.16 Modelos markovianos de máxima entropía

El modelo de máxima entropía está determinado con base en la entropía. Cree que es el mejor entre todos los modelos de probabilidad posibles. Solo se capta parte de la información de la distribución desconocida, pero hay más de una que se ajusta a la distribución conocida, y luego la distribución está determinada por la entropía máxima.

Modelo markoviano de máxima entropía1

Paso 1:

Importe las librerías que usar.

```
import nltk, random
```

Paso 2:

Ahora descargue el dataset:names (nombres en inglés tanto masculinos como femeninos).

```
nltk.download('names')
```

```
nltk.download('names')

[nltk_data] Downloading package names to
[nltk_data]     C:\Users\jsnv5\AppData\Roaming\nltk_data...
[nltk_data]     Package names is already up-to-date!
```

Nombre	Fecha de modificación	Tipo	Tamaño
female.txt	26/11/2021 10:13	Documento de tex...	35 KB
male.txt	26/11/2021 10:13	Documento de tex...	20 KB
README	26/11/2021 10:13	Archivo	1 KB

Paso 3:

Importe el dataset.

```
from nltk.corpus import names
```

Paso 4:

Cree dos listas: una para masculino y otra para femenino.

```
lista_masculino = [(name, 'male') for name in names.words('male.txt')]
lista_femenino = [(name, 'female') for name in names.words('female.txt')]
```

Paso 5:

Ahora una las dos listas de manera aleatoria.

```
lista = lista_masculino + lista_femenino
random.shuffle(lista)
```

Paso 6:

Observe su contenido.

```
print(lista)
```

```
print(lista)
[('Carmelle', 'female'), ('Fan', 'female'), ('Jackelyn', 'female'), ('Orsa', 'female'), ('Hector', 'male'), ('Darbie', 'femal
e'), ('Maurice', 'male'), ('Luise', 'female'), ('Secunda', 'female'), ('Kimmi', 'female'), ('Elane', 'female'), ('Clement',
'male'), ('Jeromy', 'male'), ('Hirsch', 'male'), ('Sophronia', 'female'), ('Reed', 'male'), ('Bailie', 'male'), ('Murray', 'm
ale'), ('Kaari', 'female'), ('Trev', 'male'), ('Connie', 'male'), ('Mela', 'female'), ('Ned', 'male'), ('Egbert', 'male'),
('Sondra', 'female'), ('Ketti', 'female'), ('Claudelle', 'female'), ('Bernie', 'male'), ('Consuela', 'female'), ('Reggie', 'm
ale'), ('Alta', 'female'), ('Gardner', 'male'), ('Marcia', 'female'), ('Claretta', 'female'), ('Reeva', 'female'), ('Phip',
'male'), ('Meridel', 'female'), ('Aubrette', 'female'), ('Lizbeth', 'female'), ('Breanne', 'female'), ('Tirrell', 'male'),
('Crysta', 'female'), ('Idelle', 'female'), ('Carlo', 'male'), ('Raoul', 'male'), ('Alyse', 'female'), ('Grove', 'male'), ('T
essi', 'female'), ('Adolpho', 'male'), ('Jesselyn', 'female'), ('Felice', 'female'), ('Moore', 'male'), ('Voltaire', 'male'),
('Nannie', 'female'), ('Lauryn', 'female'), ('Orson', 'male'), ('Nadeen', 'female'), ('Shel', 'female'), ('Querida', 'femal
e'), ('Ofelia', 'female'), ('Moyra', 'female'), ('Josefina', 'female'), ('Masha', 'female'), ('Cyb', 'female'), ('Zsazsa', 'f
emale'), ('Rubin', 'male'), ('Tricia', 'female'), ('Lilith', 'female'), ('Bay', 'male'), ('Marietta', 'male'), ('Cherye', 'fe
male'), ('Briana', 'female'), ('Mireille', 'female'), ('Piet', 'male'), ('Steve', 'male'), ('Sharity', 'female'), ('Sandy',
'female'), ('Marv', 'male'), ('Tara', 'female'), ('Linus', 'male'), ('Opaline', 'female'), ('Anita', 'female'), ('Dimitri',
'male'), ('Gavrielle', 'female'), ('Dirk', 'male'), ('Ninnetta', 'female'), ('Ulrick', 'male'), ('Nicky', 'male'), ('Francin
e', 'female'), ('Erin', 'female'), ('Randee', 'female'), ('Stephannie', 'female'), ('Algernon', 'male'), ('Allys', 'female'),
('Tildie', 'female'), ('Jenina', 'female'), ('Cora', 'female'), ('Bartholemy', 'male'), ('Claire', 'female'), ('Arnoldo', 'ma
le'), ('Renaud', 'male'), ('Tabbie', 'female'), ('Abbey', 'female'), ('Idalina', 'female'), ('Rowland', 'male'), ('Melany',
'female'), ('Wilow', 'female'), ('Tuck', 'male'), ('Mignonne', 'female'), ('Ardis', 'female'), ('Carli', 'female'), ('Donova
```

Paso 7:

Ahora cree una función para extraer la última letra de los nombres.

```
def ultima(nombre):
    return {'última': nombre[-1]}
```

Paso 8:

Cree una nueva lista a través de la lista, a la que se añade la última letra del nombre.

```
datos = [(ultima(nombre),genero) for (nombre,genero) in lista]
```

Paso 9:

Efectúe la división entre entrenamiento y prueba.

```
train, test = datos[500:],datos[:500]
```

Paso 10:

Ahora cree el clasificador (entrene el modelo).

```
classifier = nltk.NaiveBayesClassifier.train(train)
```

Paso 11:

Verifique la predicción.

```
classifier.classify(ultima('ana'))
```

```
classifier.classify(ultima('ana'))

'female'
```

Paso 12:

Se calcula la métrica del modelo.

```
nltk.classify.accuracy(classifier, test)
```

```
nltk.classify.accuracy(classifier, test)

0.74
```

 Nota   De cada 100 personas, se acierta en el sexo de 74.

5 Robótica

5.1 Historia de la robótica

Fecha	Importancia	Nombre del robot	Inventor
Siglo III a. C. y antes	Una de las primeras descripciones de autómatas aparece en el texto Lie Zi, atribuido a Lie Yukou (ca. 350 a. C.), en el que describe el encuentro, ocurrido varios siglos antes, entre el rey Mu de Zhou (1023-957 a. C.) y un "artífice" conocido como Yan Shi. En este encuentro, Shi presenta al rey una supuesta obra mecánica: una figura humana de tamaño natural.		Yan Shi fue un artesano que presentó una creación que lucía y se movía como humano (leyendas chinas).
420 a. C.	Un pájaro de madera a vapor que fue capaz de volar.		Arquitas de Tarento
200 a. C.	Descripciones de más de 100 máquinas y autómatas, incluido un artefacto con fuego, un órgano de viento, una máquina operada mediante una moneda y una máquina de vapor, en *Neumática* de Herón de Alejandría.	Autómata: Ctesibio de Alejandría diseña relojes de agua con figuras movibles.	Ctesibio de Alejandría, Filón de Bizancio, Herón de Alejandría y otros.

MAG. JORGE SANTIAGO NOLASCO VALENZUELA | DR. JAVIER ARTURO GAMBOA CRUZADO | MAG. LUZ ELENA NOLASCO VALENZUELA | MAG. JYMMY STUWART DEXTRE ALARCÓN

Fecha	Importancia	Nombre del robot	Inventor
1206	Primeros autómatas humanoides creados, banda de autómatas programable.	Banda de robots, autómata de lavado de manos, pavos reales automáticos	Al-Jazari
c. 1495	Diseño de un robot humanoide	Caballero mecánico	Leonardo da Vinci
1738	Pato mecánico capaz de comer, agitar sus alas y excretar.	Pato con aparato digestivo	Jacques de Vaucanson
1800	Juguetes mecánicos japoneses que sirven té, disparan flechas y pintan.	Juguetes karakuri	Hisashige Tanaka
1920	Isaac Asimov	Escribió las llamadas leyes de la robótica (en ciencia ficción): 1. Un robot no hará daño a un ser humano ni, por inacción, permitirá que un ser humano sufra daño. 2. Un robot debe obedecer las órdenes dadas por los seres humanos, excepto si estas órdenes entrasen en conflicto con la primera ley.	

Fecha	Importancia	Nombre del robot	Inventor
1921	Aparece el primer autómata de ficción llamado "robot" en R.U.R.	Rossum's Universal Robots	Karel Čapek
1939-1940	Se exhibe un robot humanoide en la Exposición Universal entre 1939 y 1940.	Elektro	Westinghouse Electric Corporation
1948	Exhibición de robots con comportamiento biológico simple.	Elsie y Elmer	William Grey Walter
1956	Primer robot comercial de la compañía Unimation, fundada por George Devol y Joseph Engelberger, basado en una patente de Devol.	Unimate	George Devol
1961	Se instala el primer robot industrial.	Unimate	George Devol
1964	Primer robot paletizador de la compañía japonesa Okura Yusoki.		Okura Yusoki
1971	El primer robot soviético que aterriza exitosamente en la superficie de Marte, pero se perdió el contacto pocos segundos después.	Mars 3, dentro del programa Mars	Unión Soviética
1973	Primer robot con seis ejes electromecánicos.	Famulus	KUKA Robot Group

ANÁLISIS DE DATOS CON **PYTHON 3**

MAG. JORGE SANTIAGO NOLASCO VALENZUELA | DR. JAVIER ARTURO GAMBOA CRUZADO | MAG. LUZ ELENA NOLASCO VALENZUELA | MAG. JYMMY STUWART DEXTRE ALARCÓN

Fecha	Importancia	Nombre del robot	Inventor
1975	Brazo manipulador programable universal, un producto de Unimation.	PUMA	Victor Scheinman
1976	Primer robot estadounidense en Marte.	Viking I	NASA
1982	*El robot completo* (*The Complete Robot* en inglés). Una colección de cuentos de ciencia ficción de Isaac Asimov, escritos entre 1940 y 1976, previamente publicados en el libro *Yo, robot* y en otras antologías, que vuelve a explicar las tres leyes de la robótica con más ahínco y complejidad moral. Incluso llega a plantear la muerte de un ser humano por la mano de un robot con las tres leyes programadas, por lo que decide incluir una cuarta ley "la ley 0 (cero)".	Robbie, SPD-13 (Speedy), QT1 (Cutie), DV-5 (Dave), RB-34 (Herbie), NS-2 (Néstor), NDR (Andrew), Daneel Olivaw	Isaac Asimov
2002	Robot humanoide capaz de desplazarse de forma bípeda e interactuar con las personas.	ASIMO	Honda Motor Co. Ltd.
2015	Robot humanoide ginoide capaz de reconocer, recordar caras y simular expresiones.	Sophia	Hanson Robotics Co. Ltd.

5.2 ¿Qué es un robot?

A continuación, mostramos algunas definiciones:

Según el Robot Institute of America (RIA),

> "Un robot es un manipulador reprogramable y multifuncional diseñado para mover material, partes, herramientas o dispositivos especializados a través de movimientos programados variables para el desarrollo de una variedad de tareas".

Para el Japanese Industrial Robot Association (JIRA),

> "Los robots son dispositivos capaces de moverse de modo flexible, análogo al que poseen los organismos vivos, con o sin funciones intelectuales, lo que permite la realización de operaciones en respuesta a órdenes recibidas por humanos".

En la ISO 8373:2012, la International Federation of Robotics (IFR) señala lo siguiente:

> "Un robot es un mecanismo actuado programable en dos o más ejes con un grado de autonomía, que se mueve en su entorno para realizar tareas previstas".

Otras definiciones:

> "Conexión inteligente entre percepción y acción".

> "Donde la IA se encuentra con el mundo real".

5.3 Tipos de robot

5.3.1 Manipuladores

También llamados (robots) manipuladores o brazos robóticos, se pueden clasificar en los siguientes:

A. Industriales

 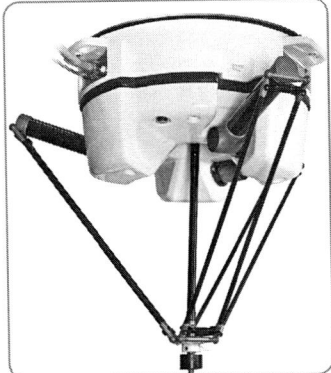  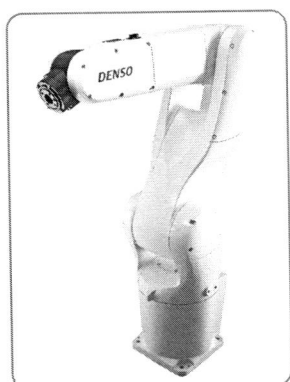

122

ANÁLISIS DE DATOS CON **PYTHON 3**

MAG. JORGE SANTIAGO NOLASCO VALENZUELA | DR. JAVIER ARTURO GAMBOA CRUZADO | MAG. LUZ ELENA NOLASCO VALENZUELA | MAG. JYMMY STUWART DEXTRE ALARCÓN

B. Colaborativos

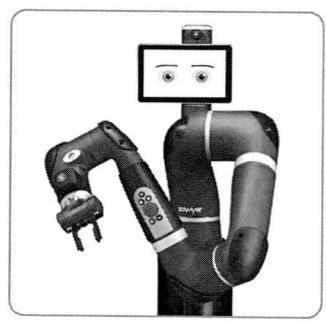  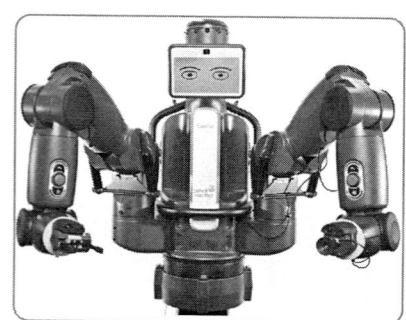

5.3.2 Móviles

A diferencia de otros robots que permanecen en una posición fija, los robots móviles pueden trasladarse a distintos lugares. Se clasifican de la siguiente manera:

A. Con patas

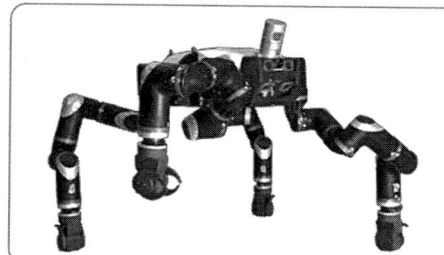 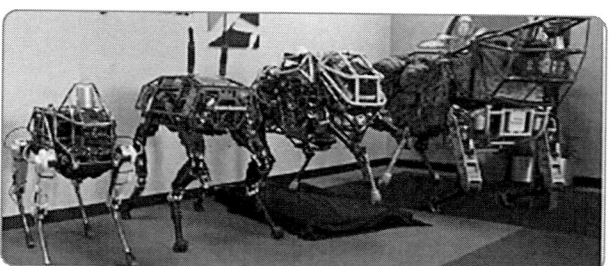

 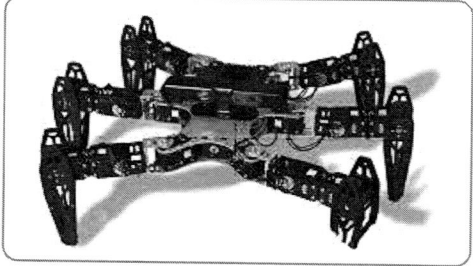

B. Con ruedas

C. Aéreos

D. Submarinos

5.4 Arduino

Arduino es una plataforma electrónica de código abierto basada en hardware y software fácil de usar. Las placas Arduino pueden leer entradas (luz en un sensor, un dedo en un botón o un mensaje de Twitter) y convertirlo en una salida, activar un motor, encender un led y publicar algo en línea.

Con los años, Arduino ha sido el cerebro de miles de proyectos, desde objetos cotidianos hasta complejos instrumentos científicos. Una comunidad mundial de fabricantes (estudiantes, aficionados, artistas, programadores y profesionales) se ha reunido en torno a esta plataforma de código abierto, sus contribuciones se han añadido a una increíble cantidad de conocimiento accesible que puede ser de gran ayuda para principiantes y expertos por igual.

124

ANÁLISIS DE DATOS CON **PYTHON 3**

MAG. JORGE SANTIAGO NOLASCO VALENZUELA | DR. JAVIER ARTURO GAMBOA CRUZADO | MAG. LUZ ELENA NOLASCO VALENZUELA | MAG. JYMMY STUWART DEXTRE ALARCÓN

5.5 ¿Cómo funciona Arduino, el cerebro digital?

Si tiene 6 pines analógicos de entrada y 14 pines digitales de salida, puede alimentar su Arduino con voltajes de 6 V a 15 V.

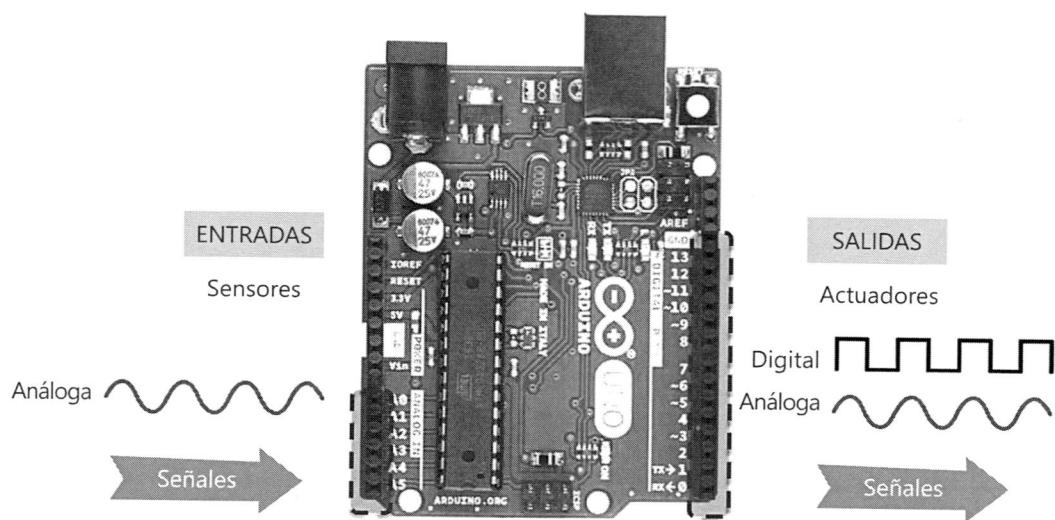

5.6 Entradas y salidas del Arduino

Arduino dispone de entradas y salidas digitales y analógicas programables. En Arduino Uno, la disposición de los pines de entrada y salida es la siguiente:

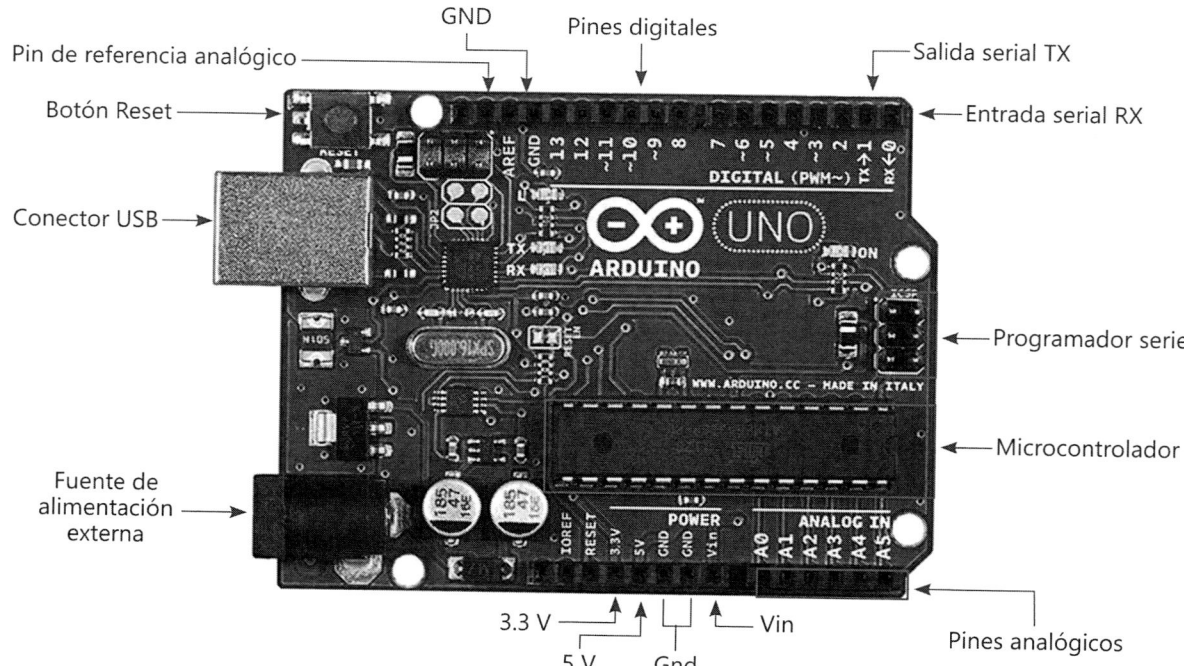

5.7 Diferentes placas de Arduino

Desde su salida en el 2006, hay numerosas placas que existen en el mercado. Actualmente, la oferta de placas Arduino oficiales es de muchos modelos:

Arduino Uno R3

Arduino Leonardo

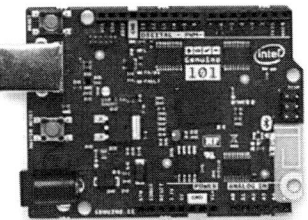

Arduino 101

Arduino Esplora

Arduino Micro

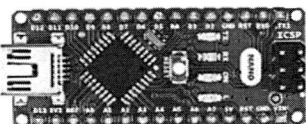

Arduino Nano

Arduino Mega 2560

Arduino Zero

Arduino Due

Arduino MKR Zero

Arduino Yún

Arduino Ethernet

126

ANÁLISIS DE DATOS CON **PYTHON 3**

MAG. JORGE SANTIAGO NOLASCO VALENZUELA | DR. JAVIER ARTURO GAMBOA CRUZADO | MAG. LUZ ELENA NOLASCO VALENZUELA | MAG. JYMMY STUWART DEXTRE ALARCÓN

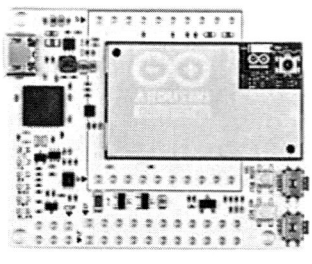
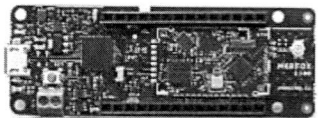
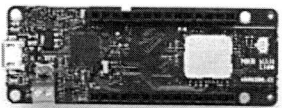

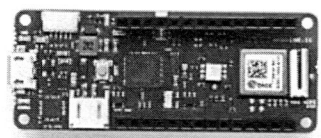
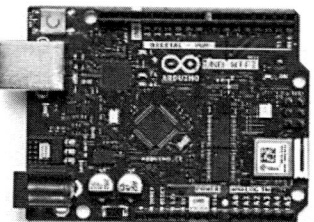

Arduino MKR GSM 1400 | Arduino MKR WiFi 1010 | Arduino Uno WiFi rev 2

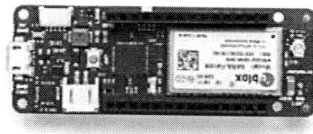

Arduino MKR NB 1500 | Arduino MKR Vidor 4000 | Arduino MKR1000 WiFi

5.8 Alimentación de energía al Arduino

En el siguiente gráfico, se puede observar cómo se alimenta de energía al Arduino.

5.9 Chip ATmega328

El ATmega328 es un microcontrolador de arquitectura RISC avanzado AVR de Atmel, de alto desempeño, bajo consumo y optimizado para compiladores C.

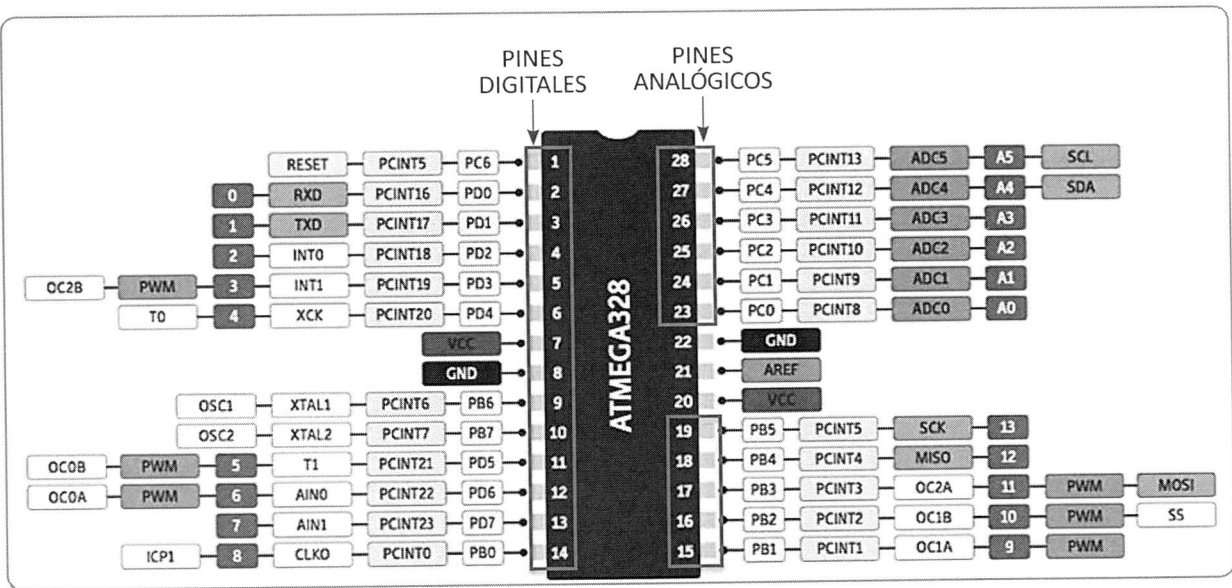

5.10 Tipos de chip ATmega328

El chip ATmega328 del Arduino Uno puede venir montado en la placa de dos formas: soldado a la placa (SMD) y desmontable (DIP). Ambas versiones son muy similares, la única diferencia significativa, además del aspecto, es que el modelo desmontable se puede reemplazar y el que no, viene soldado.

128

ANÁLISIS DE DATOS CON **PYTHON 3**

MAG. JORGE SANTIAGO NOLASCO VALENZUELA | DR. JAVIER ARTURO GAMBOA CRUZADO | MAG. LUZ ELENA NOLASCO VALENZUELA | MAG. JYMMY STUWART DEXTRE ALARCÓN

5.11 Descargando el intérprete de Arduino

Descargue el intérprete del siguiente link: https://www.arduino.cc/en/software.

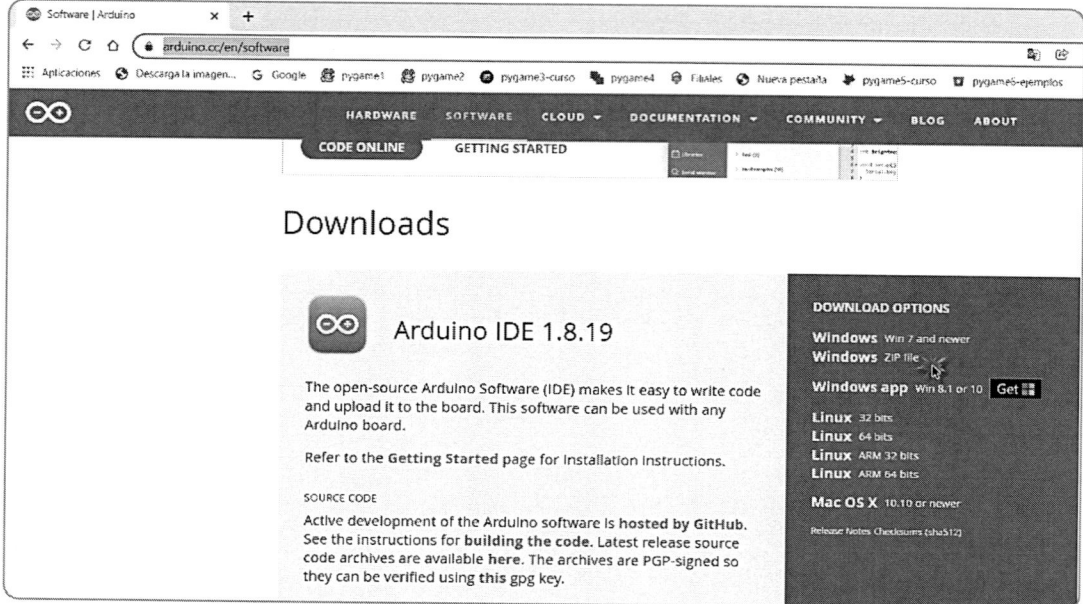

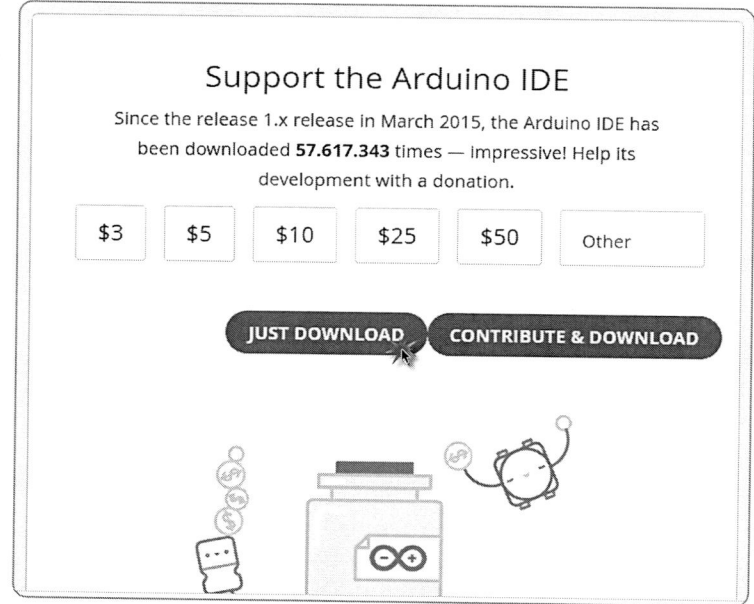

5.12 Primeros pasos

Primero inicie la comunicación serial con una velocidad de 9600 bits.

```
Serial.begin(9600);
```

Imprima Hola Mundo en la pantalla serial.

```
Serial.println("Hola Mundo");
```

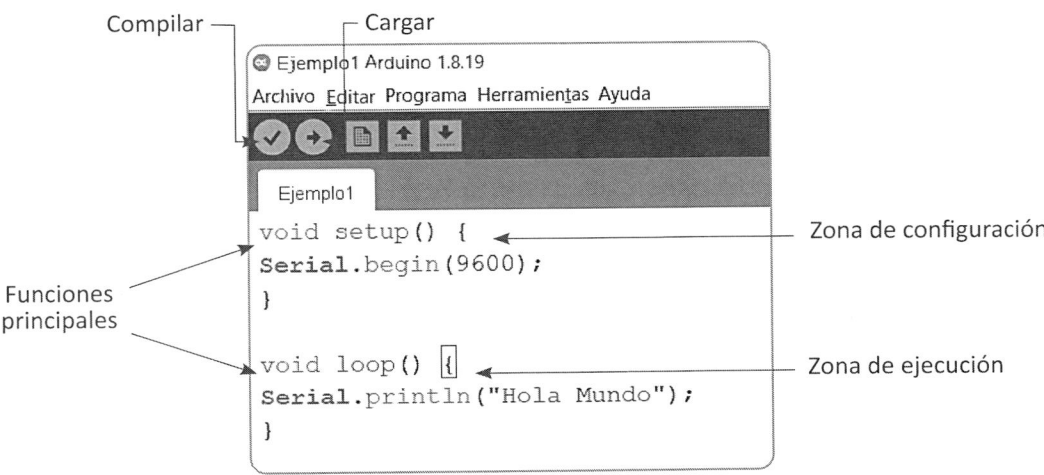

5.13 Constantes

Las constantes son expresiones predefinidas en el lenguaje Arduino. Se usan para hacer los programas más fáciles de leer.

5.13.1 Definiendo el nivel del pin: HIGH y LOW

Cuando leemos o escribimos en un pin digital, solo hay dos posibles valores que puede tomar: HIGH o LOW.

5.13.1.1 HIGH

El significado de HIGH (en referencia a un pin) es un poco diferente dependiendo de si el pin está configurado como INPUT (de entrada) o OUTPUT (de salida). Cuando un pin está configurado como INPUT con pinMode(), y leído con digitalRead(), el Arduino (ATmega) reportará HIGH si:

- Un voltaje mayor a 3 voltios está presente en el pin (tarjetas de 5 V)
- Un voltaje mayor a 2 voltios está presente en el pin (tarjetas de 3.3 V)

Un pin también puede ser configurado como INPUT con pinMode(), y subsecuentemente puesto a HIGH con digitalWrite(). Esto habilitará los resistores internos de acoplamiento a positivo de 20K, que pondrán el pin de entrada a HIGH a menos que sea bajado a LOW por el circuito externo. Así es como el INPUT_PULLUP funciona y se describe en detalle más abajo.

130

ANÁLISIS DE DATOS CON **PYTHON 3**

MAG. JORGE SANTIAGO NOLASCO VALENZUELA | DR. JAVIER ARTURO GAMBOA CRUZADO | MAG. LUZ ELENA NOLASCO VALENZUELA | MAG. JYMMY STUWART DEXTRE ALARCÓN

Cuando un pin está configurado como OUTPUT con pinMode(), y puesto a HIGH con digitalWrite(), el pin está a

- 5 voltios (tarjetas de 5 V)

- 3.3 voltios (tarjetas de 3.3 V)

En este estado puede ser fuente de corriente, por ejemplo, encender un led que está conectado a tierra mediante una resistencia en serie.

5.13.1.2 LOW

El significado de LOW también puede ser diferente dependiendo de si el pin está puesto a INPUT o OUTPUT. Cuando un pin es configurado como INPUT con pinMode(), y leído con digitalRead(), el Arduino (ATmega) reportará LOW si:

- Un voltaje menor que 3 voltios está presente en el pin (tarjetas de 5 V)

- Un voltaje menor que 2 voltios está presente en el pin (tarjetas de 3.3 V)

Cuando un pin está configurado como OUTPUT con pinMode(), y puesto a LOW con digitalWrite(), el pin está a 0 voltios (tarjetas de 5 V o de 3.3 V). En este estado puede drenar corriente, por ejemplo, encender un led que está conectado a +5 voltios (o +3.3 voltios) mediante un resistor en serie.

5.13.2 Definiendo el modo de los pines digitales: INPUT, INPUT_PULLUP y OUTPUT

Los pines digitales pueden ser usados como INPUT, INPUT_PULLUP o OUTPUT. Al cambiar un pin con pinMode(), cambia su comportamiento eléctrico.

5.13.2.1 Pines configurados como INPUT (entrada)

Los pines de Arduino (ATmega) configurados como INPUT con pinMode() se dice que están en un estado de alta impedancia. Pines configurados como INPUT hacen muy poca demanda en el circuito en el que se usan, equivalente a una resistencia en serie de 100 megaohmios enfrente del pin. Esto los hace útiles para leer un sensor.

Si tiene su pin configurado como tipo INPUT y está leyendo un switch, cuando esté en el estado abierto, el pin de entrada estará "flotando" con resultados impredecibles. Para asegurarse de que la lectura sea correcta, cuando el switch esté abierto, se debe usar una resistencia de acoplamiento a positivo o a tierra. El propósito de esta resistencia es la de jalar al pin a un estado conocido cuando el switch está abierto. Una resistencia de 10 kilohmios es generalmente escogida, ya que es lo suficientemente baja para prevenir una entrada flotante, y al mismo tiempo lo suficientemente alta para no usar demasiada corriente cuando el switch esté cerrado. Puede ver el tutorial Digital Read Serial para más información.

Si se usa una resistencia con acoplamiento a tierra, el pin de entrada será LOW cuando el switch esté abierto y HIGH cuando el switch esté cerrado.

Si se usa una resistencia con acoplamiento a positivo, el pin de entrada será HIGH cuando el switch esté abierto y LOW cuando el switch esté cerrado.

5.13.2.2 Pines configurados como INPUT_PULLUP (entrada con acoplamiento a positivo)

El microcontrolador ATmega microcontroller en el Arduino tiene resistencias acopladas a positivo internamente (resistencias que se conectan al poder internamente) que puede usar. Si desea emplear estos en vez de resistencias externas, puede usar el argumento INPUT_PULLUP en pinMode().

Observe el tutorial Input Pullup Serial para un ejemplo de este uso.

Los pines configurados como INPUT o INPUT_PULLUP se pueden dañar o destruir si son conectados a voltajes bajo tierra (negativos) o sobre el positivo (5 V o 3 V).

5.13.2.3 Pines configurados como OUTPUT (salida)

Pines configurados como OUTPUT con pinMode() se dice que están en un estado de baja impedancia. Esto significa que pueden proveer una substancial cantidad de corriente a otros circuitos. Los pines del ATmega pueden originar (proveer corriente) o consumir (absorber corriente) hasta 40 mA (milliamps) de corriente hacia otros dispositivos/circuitos. Esto los hace útiles para dar energía a ledes porque estos típicamente usan menos de 40 mA. Cargas mayores (por ejemplo, motores) necesitarán un transistor u otro circuito de interfaz.

Los pines configurados como salidas se pueden dañar o destruir si son conectados a tierra o al canal positivo de energía.

5.14 Lectura y escritura de señales digitales

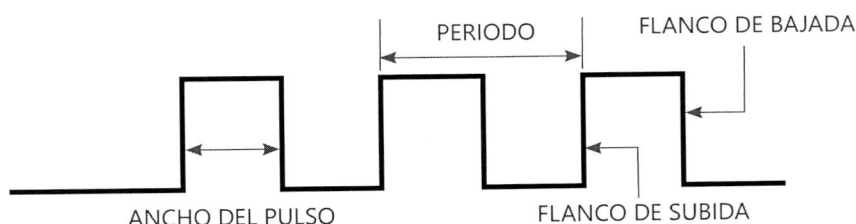

Defina una variable:

```
Int dato;
```

Defina los pines de entrada y salida.

```
pinMode(12,INPUT);
pinMode(13,OUTPUT)
```

Lo que introduce por el pin 12 se almacena en la variable dato y por el pin 13 se escribe un valor alto de salida (se escriben señales digitales).

```
dato=digitalRead(12);
digitalWrite(13,HIGH);
```

ANÁLISIS DE DATOS CON **PYTHON 3**

MAG. JORGE SANTIAGO NOLASCO VALENZUELA | DR. JAVIER ARTURO GAMBOA CRUZADO | MAG. LUZ ELENA NOLASCO VALENZUELA | MAG. JYMMY STUWART DEXTRE ALARCÓN

```
Ejemplo2 Arduino 1.8.19
Archivo Editar Programa Herramientas Ayuda

  Ejemplo2

int dato;
void setup() {
pinMode(12,INPUT);
pinMode(13,OUTPUT);
}

void loop() {
dato=digitalRead(12);
digitalWrite(13,HIGH);
}
```

5.15 Lectura y escritura de señales analógicas (analogRead)

Pines analógicos de entrada

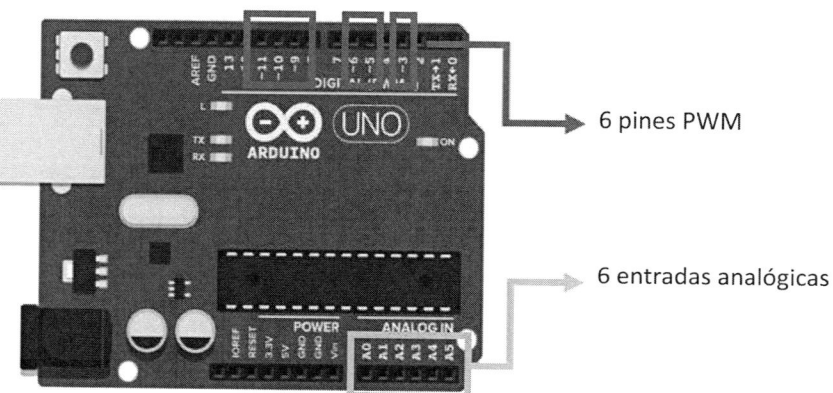

6 pines PWM

6 entradas analógicas

Defina una variable:

```
int dato;
```

Implemente una comunicacion serial.

```
Serial.begin(9600);
```

Lea a través del pin analógico 0 y almacénelo en la variable dato.

```
dato=analogRead(A0)
```

Al final imprima la variable datos.

```
Serial.println(dato);
```

```
Ejemplo3 Arduino 1.8.19                              —  □  ×
Archivo Editar Programa Herramientas Ayuda

  Ejemplo3
int dato;
void setup() {
Serial.begin(9600);
}

void loop() {
dato=analogRead(A0);
Serial.println(dato);
}

Subido
El Sketch usa 1756 bytes (5%) del espacio de almacenamiento de programa. El máx
Las variables Globales usan 188 bytes (9%) de la memoria dinámica, dejando 1860
El Sketch usa 1756 bytes (5%) del espacio de almacenamiento de programa. El máx
Las variables Globales usan 188 bytes (9%) de la memoria dinámica, dejando 1860

9                                           Arduino Uno en COM3
```

5.16 Lectura y escritura de señales analógicas (analogWrite)

Pines de salida analógica: 3, 4, 6, 9, 10, 11

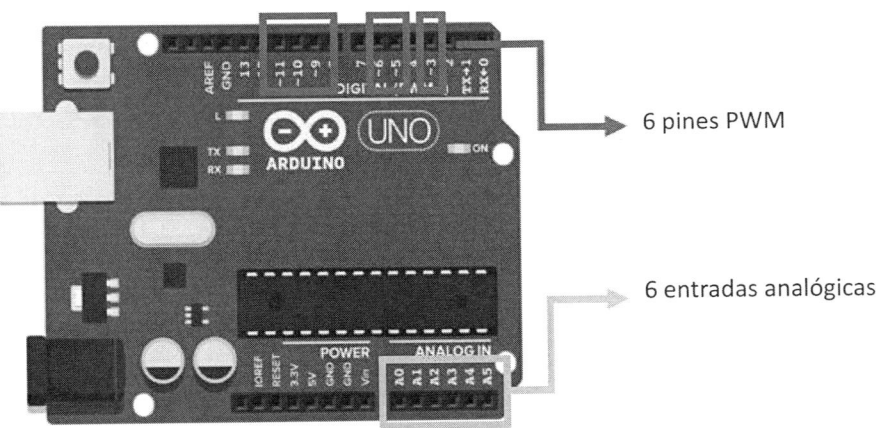

6 pines PWM

6 entradas analógicas

Defina una variable:

```
int dato;
```

Implemente una comunicacion serial.

```
Serial.begin(9600);
```

Escritura analógica (PWM) a través del pin 5 y con un valor de voltaje de salidas: 255 equivale a 5 voltios.

```
analogWrite(5,255)
```

134

ANÁLISIS DE DATOS CON **PYTHON 3**

MAG. JORGE SANTIAGO NOLASCO VALENZUELA | DR. JAVIER ARTURO GAMBOA CRUZADO | MAG. LUZ ELENA NOLASCO VALENZUELA | MAG. JYMMY STUWART DEXTRE ALARCÓN

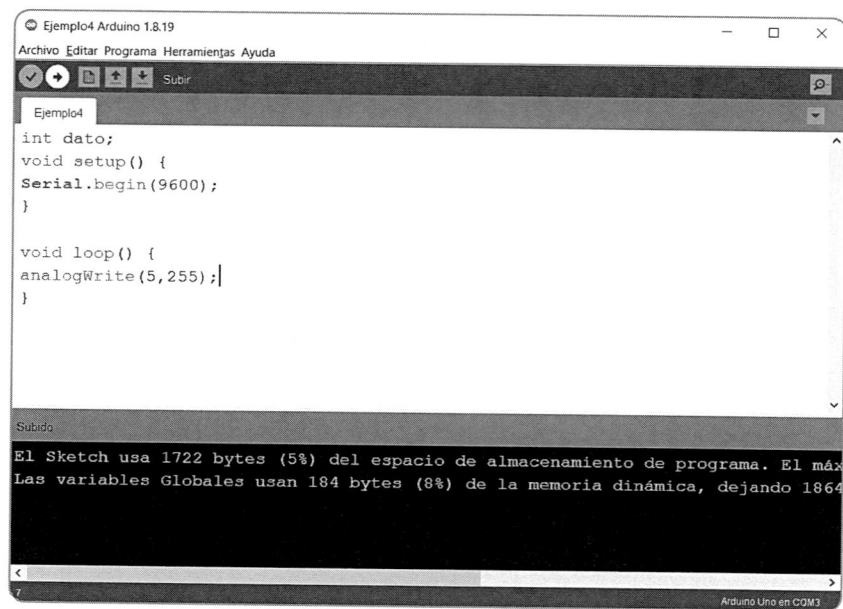

5.17 Utilizar Python en Arduino

5.17.1 PySerial

Este módulo encapsula el acceso para el puerto serial. Proporciona back-end para Python y se ejecuta en Windows, OSX, Linux. El módulo llamado "serial" selecciona automáticamente el back-end apropiado.

Instale PySerial.

```
pip install pyserial
```

Averigüe el puerto conectado al Arduino.

```python
import serial
puerto=""
for port in range(0, 4):
    puerto = 'COM' + str(port)
    velocidad = '9600'
    try:
        Arduino = serial.Serial(puerto,velocidad)
        break
    except:
        pass
print('el puerto del arduino es: ' + puerto)
```

Ahora escriba los datos en Arduino Uno.

```python
import serial
ser = serial.Serial("COM3",9600)
ser.write(b'hola')
ser.close()
```

Lea los datos en Arduino Uno.

```python
import serial
ser = serial.Serial("COM3",9600)
while True:
    print(ser.readline())
ser.close()
```

5.17.2 Firmata

Es un protocolo genérico que permite la comunicación entre el microcontrolador y el software alojado en un ordenador.

5.17.3 pyFirmata

Instale pyFirmata.

```
pip install pyfirmata
```

pyFirmata es una interfaz de Python para el protocolo Firmata; a continuación, realice una conexión con Arduino:

```python
from pyfirmata import Arduino
board = Arduino('COM3')
print(board.name)
```

https://bitbucket.org/fab/pyfirmata/src/96116e8775279d2d0ae147746b6c71d868db4151/examples/?at=default

Encender ledes – Pin 13

```python
import pyfirmata
puerto = '\\.\COM3' #puerto
pin = (13) #pin
#conectandose con la tarjeta arduino
tarjeta = pyfirmata.Arduino(puerto)
it = pyfirmata.util.Iterator(tarjeta)
it.start()
tarjeta.exit()
```

136

ANÁLISIS DE DATOS CON **PYTHON 3**

MAG. JORGE SANTIAGO NOLASCO VALENZUELA | DR. JAVIER ARTURO GAMBOA CRUZADO | MAG. LUZ ELENA NOLASCO VALENZUELA | MAG. JYMMY STUWART DEXTRE ALARCÓN

Parpadear ledes – Pin 13

```python
import pyfirmata


pin = 13 # Pin 12
puerto = '\\.\COM3' #puerto


# conexion con la tarjeta arduino
tarjeta = pyfirmata.Arduino(puerto)


# mientras parpadea el LED
while True:
    tarjeta.digital[pin].write(1)
    tarjeta.pass_time(4)
    tarjeta.digital[pin].write(0)
    tarjeta.pass_time(4)
tarjeta.exit()
```

5.17.4 Arduino-Python

La Arduino-Python es una biblioteca de Python liviana para comunicarse con las placas de microcontroladores Arduino desde un ordenador conectado usando puertos seriales, ya sea a través de un cable físico o de forma inalámbrica.

Parpadear ledes – Pin 13

```python
from Arduino import Arduino
tarjeta = Arduino('9600')
tarjeta.pinMode(13, "salida")
tarjeta.digitalWrite(13, "HIGH")
```

6 Inteligencia artificial
Data Science

6.1 Machine learning

Las tecnologías de machine learning están dando el salto de los círculos de especialistas al mundo de la empresa. Hoy, cualquiera puede usarlas para poner sus datos a trabajar y conseguir ventajas competitivas que hasta hace poco solo estaban al alcance de las grandes empresas e instituciones.

Machine learning es un concepto nuevo que consiste en encontrar relaciones subyacentes entre los datos aplicando algoritmos que se están desarrollando desde hace pocos años, y que solo las grandes empresas como Google y Facebook están implementando. La documentación sobre este tema es poca y la mayoría se encuentra en inglés.

6.1.1 Librerías utilizadas

Aggregate popularity (30•contrib + 10•issues + 5•forks)•1e-3		
#1:	97.53	tensorflow/tensorflow
#2:	71.11	BVLC/caffe
#3:	43.70	fchollet/keras
#4:	32.07	Theano/Theano
#5:	31.96	dmlc/mxnet
#6:	19.51	deeplearning4j/deeplearning4j
#7:	15.63	Microsoft/CNTK
#8:	13.90	torch/torch7
#9:	9.03	pfnet/chainer
#10:	8.75	Lasagne/Lasagne
#11:	7.84	NVIDIA/DIGITS
#12:	7.83	mila-udem/blocks
#13:	5.95	karpathy/convnetjs
#14:	5.84	NervanaSystems/neon
#15:	4.91	tflearn/tflearn
#16:	3.28	amznlabs/amazon-dsstne
#17:	1.81	IDSIA/brainstorm
#18:	1.38	torchnet/torchnet

Fuente: https://medium.com/implodinggradients/tensorflow-or-keras-which-one-should-i-learn-5dd7fa3f9ca0

138

ANÁLISIS DE DATOS CON **PYTHON 3**

MAG. JORGE SANTIAGO NOLASCO VALENZUELA | DR. JAVIER ARTURO GAMBOA CRUZADO | MAG. LUZ ELENA NOLASCO VALENZUELA | MAG. JYMMY STUWART DEXTRE ALARCÓN

Entre las que hay, las 5 librerías más utilizadas son las siguientes:

TensorFlow	Librería open source de machine learning que usa grafos; los nodos representan operaciones matemáticas, mientras las aristas representan tensores (array de datos).
	Posee una herramienta de visualización llamada TensorBoard, que permite visualizar el grafo creado durante la ejecución del código TensorFlow. Fue creada para reemplazar a Theano.
	Ventajas:
	<ul><li>Python + NumPy.</li><li>Más rápida que Theano.</li><li>Abstracción de la computación del grafo.</li><li>TensorBoard (visualización).</li><li>Paralelismo en modelos y datos.</li><li>Múltiples GPU.</li><li>Absorbe a Keras.</li></ul>
	Desventajas:
	<ul><li>Es más lenta que otros framework.</li><li>No tiene licencia de comercialización.</li><li>La computación del grafo es puro Python, lo que lo hace más lento.</li><li>Cada batch se debe entrenar en Python.</li></ul>
Caffe	Tiene en cuenta la expresionalidad, velocidad y modularidad.
	No trata aplicaciones como texto, sonido o series de datos. Trabaja con redes convolucionales; se puede trabajar con Python.
	Ventajas:
	<ul><li>Muy buen procesamiento de imágenes.</li><li>Entrena modelos sin escribir código.</li><li>La interfaz de Python es amigable.</li></ul>
	Desventajas:
	<ul><li>Necesita escribir C++/CUDA para usar más de una GPU.</li><li>No es buena en redes recurrentes.</li><li>No es comercial.</li><li>Su desarrollo es lento.</li></ul>

K Keras	Librería open source de redes neuronales escrita en Python, capaz de ejecutarse junto con MXNet, TensorFlow o Theano, entre otros. Ventajas: • Es simple, modular y extensible. • Inspirada en Torch, framework, backend. • Es de crecimiento rápido. Desventajas: • Siempre depende de otro framework. • Se recomienda tratar los datos con otro framework.
theano	Librería de Python que permite definir, optimizar y evaluar expresiones matemáticas utilizando arreglos multidimensionales eficientemente. Ventajas: • Python + NumPy. • Permite redes recurrentes eficientes. • Test unitario y autoverificación de errores. Desventajas: • Es parecido a un lenguaje de bajo nivel. • Grandes modelos con tiempos largos de ejecución. • No más de una GPU.
	Es un framework de machine learning que tiene API en R, Python, Julia y Scala. Se utiliza en los servicios de Amazon Web. Ventajas: • Su gran variedad de API. • Escala lineal y fácilmente. • El modelo programado está muy cerca de Keras. Desventajas: • La implementación de una red neuronal recursiva no es muy eficiente. • No tiene compilación dinámica, lo que incrementa el tiempo de compilación.

140

ANÁLISIS DE DATOS CON **PYTHON 3**

MAG. JORGE SANTIAGO NOLASCO VALENZUELA | DR. JAVIER ARTURO GAMBOA CRUZADO | MAG. LUZ ELENA NOLASCO VALENZUELA | MAG. JYMMY STUWART DEXTRE ALARCÓN

Los atributos principales de la librería TensorFlow son los siguientes:

- Es la más demandada.
- Es la más popular.
- Permite cualquier tipo de operación matemática.
- Los data scientists deben utilizar diferentes framework.

Para instalar TensorFlow en Anaconda, ejecute el siguiente código:

```
conda install -c conda-forge tensorflow
```

6.1.2 Algoritmos de machine learning

| *Iris setosa* | *Iris versicolor* | *Iris virginica* |

Para el desarrollo de los casos, vamos a utilizar el dataset Iris:

iris.csv

Id	SepalLength	SepalWidth	PetalLength	PetalWidth	Name
1	5.1	3.5	1.4	0.2	Iris-setosa
2	4.9	3	1.4	0.2	Iris-setosa
3	4.7	3.2	1.3	0.2	Iris-setosa
4	4.6	3.1	1.5	0.2	Iris-setosa
5	5	3.6	1.4	0.2	Iris-setosa
6	5.4	3.9	1.7	0.4	Iris-setosa
7	4.6	3.4	1.4	0.3	Iris-setosa
8	5	3.4	1.5	0.2	Iris-setosa
9	4.4	2.9	1.4	0.2	Iris-setosa
10	4.9	3.1	1.5	0.1	Iris-setosa
11	5.4	3.7	1.5	0.2	Iris-setosa
12	4.8	3.4	1.6	0.2	Iris-setosa
13	4.8	3	1.4	0.1	Iris-setosa
14	4.3	3	1.1	0.1	Iris-setosa
15	5.8	4	1.2	0.2	Iris-setosa
16	5.7	4.4	1.5	0.4	Iris-setosa
17	5.4	3.9	1.3	0.4	Iris-setosa

Id	SepalLength	SepalWidth	PetalLength	PetalWidth	Name
18	5.1	3.5	1.4	0.3	Iris-setosa
19	5.7	3.8	1.7	0.3	Iris-setosa
20	5.1	3.8	1.5	0.3	Iris-setosa
21	5.4	3.4	1.7	0.2	Iris-setosa
22	5.1	3.7	1.5	0.4	Iris-setosa
23	4.6	3.6	1	0.2	Iris-setosa
24	5.1	3.3	1.7	0.5	Iris-setosa
25	4.8	3.4	1.9	0.2	Iris-setosa
26	5	3	1.6	0.2	Iris-setosa
27	5	3.4	1.6	0.4	Iris-setosa
28	5.2	3.5	1.5	0.2	Iris-setosa
29	5.2	3.4	1.4	0.2	Iris-setosa
30	4.7	3.2	1.6	0.2	Iris-setosa
31	4.8	3.1	1.6	0.2	Iris-setosa
32	5.4	3.4	1.5	0.4	Iris-setosa
33	5.2	4.1	1.5	0.1	Iris-setosa
34	5.5	4.2	1.4	0.2	Iris-setosa
35	4.9	3.1	1.5	0.1	Iris-setosa
36	5	3.2	1.2	0.2	Iris-setosa
37	5.5	3.5	1.3	0.2	Iris-setosa
38	4.9	3.1	1.5	0.1	Iris-setosa
39	4.4	3	1.3	0.2	Iris-setosa
40	5.1	3.4	1.5	0.2	Iris-setosa
41	5	3.5	1.3	0.3	Iris-setosa
42	4.5	2.3	1.3	0.3	Iris-setosa
43	4.4	3.2	1.3	0.2	Iris-setosa
44	5	3.5	1.6	0.6	Iris-setosa
45	5.1	3.8	1.9	0.4	Iris-setosa
46	4.8	3	1.4	0.3	Iris-setosa
47	5.1	3.8	1.6	0.2	Iris-setosa
48	4.6	3.2	1.4	0.2	Iris-setosa
49	5.3	3.7	1.5	0.2	Iris-setosa
50	5	3.3	1.4	0.2	Iris-setosa
51	7	3.2	4.7	1.4	Iris-versicolor
52	6.4	3.2	4.5	1.5	Iris-versicolor
53	6.9	3.1	4.9	1.5	Iris-versicolor
54	5.5	2.3	4	1.3	Iris-versicolor
55	6.5	2.8	4.6	1.5	Iris-versicolor
56	5.7	2.8	4.5	1.3	Iris-versicolor

Id	SepalLength	SepalWidth	PetalLength	PetalWidth	Name
57	6.3	3.3	4.7	1.6	Iris-versicolor
58	4.9	2.4	3.3	1	Iris-versicolor
59	6.6	2.9	4.6	1.3	Iris-versicolor
60	5.2	2.7	3.9	1.4	Iris-versicolor
61	5	2	3.5	1	Iris-versicolor
62	5.9	3	4.2	1.5	Iris-versicolor
63	6	2.2	4	1	Iris-versicolor
64	6.1	2.9	4.7	1.4	Iris-versicolor
65	5.6	2.9	3.6	1.3	Iris-versicolor
66	6.7	3.1	4.4	1.4	Iris-versicolor
67	5.6	3	4.5	1.5	Iris-versicolor
68	5.8	2.7	4.1	1	Iris-versicolor
69	6.2	2.2	4.5	1.5	Iris-versicolor
70	5.6	2.5	3.9	1.1	Iris-versicolor
71	5.9	3.2	4.8	1.8	Iris-versicolor
72	6.1	2.8	4	1.3	Iris-versicolor
73	6.3	2.5	4.9	1.5	Iris-versicolor
74	6.1	2.8	4.7	1.2	Iris-versicolor
75	6.4	2.9	4.3	1.3	Iris-versicolor
76	6.6	3	4.4	1.4	Iris-versicolor
77	6.8	2.8	4.8	1.4	Iris-versicolor
78	6.7	3	5	1.7	Iris-versicolor
79	6	2.9	4.5	1.5	Iris-versicolor
80	5.7	2.6	3.5	1	Iris-versicolor
81	5.5	2.4	3.8	1.1	Iris-versicolor
82	5.5	2.4	3.7	1	Iris-versicolor
83	5.8	2.7	3.9	1.2	Iris-versicolor
84	6	2.7	5.1	1.6	Iris-versicolor
85	5.4	3	4.5	1.5	Iris-versicolor
86	6	3.4	4.5	1.6	Iris-versicolor
87	6.7	3.1	4.7	1.5	Iris-versicolor
88	6.3	2.3	4.4	1.3	Iris-versicolor
89	5.6	3	4.1	1.3	Iris-versicolor
90	5.5	2.5	4	1.3	Iris-versicolor
91	5.5	2.6	4.4	1.2	Iris-versicolor
92	6.1	3	4.6	1.4	Iris-versicolor
93	5.8	2.6	4	1.2	Iris-versicolor
94	5	2.3	3.3	1	Iris-versicolor
95	5.6	2.7	4.2	1.3	Iris-versicolor

Id	SepalLength	SepalWidth	PetalLength	PetalWidth	Name
96	5.7	3	4.2	1.2	Iris-versicolor
97	5.7	2.9	4.2	1.3	Iris-versicolor
98	6.2	2.9	4.3	1.3	Iris-versicolor
99	5.1	2.5	3	1.1	Iris-versicolor
100	5.7	2.8	4.1	1.3	Iris-versicolor
101	6.3	3.3	6	2.5	Iris-virginica
102	5.8	2.7	5.1	1.9	Iris-virginica
103	7.1	3	5.9	2.1	Iris-virginica
104	6.3	2.9	5.6	1.8	Iris-virginica
105	6.5	3	5.8	2.2	Iris-virginica
106	7.6	3	6.6	2.1	Iris-virginica
107	4.9	2.5	4.5	1.7	Iris-virginica
108	7.3	2.9	6.3	1.8	Iris-virginica
109	6.7	2.5	5.8	1.8	Iris-virginica
110	7.2	3.6	6.1	2.5	Iris-virginica
111	6.5	3.2	5.1	2	Iris-virginica
112	6.4	2.7	5.3	1.9	Iris-virginica
113	6.8	3	5.5	2.1	Iris-virginica
114	5.7	2.5	5	2	Iris-virginica
115	5.8	2.8	5.1	2.4	Iris-virginica
116	6.4	3.2	5.3	2.3	Iris-virginica
117	6.5	3	5.5	1.8	Iris-virginica
118	7.7	3.8	6.7	2.2	Iris-virginica
119	7.7	2.6	6.9	2.3	Iris-virginica
120	6	2.2	5	1.5	Iris-virginica
121	6.9	3.2	5.7	2.3	Iris-virginica
122	5.6	2.8	4.9	2	Iris-virginica
123	7.7	2.8	6.7	2	Iris-virginica
124	6.3	2.7	4.9	1.8	Iris-virginica
125	6.7	3.3	5.7	2.1	Iris-virginica
126	7.2	3.2	6	1.8	Iris-virginica
127	6.2	2.8	4.8	1.8	Iris-virginica
128	6.1	3	4.9	1.8	Iris-virginica
129	6.4	2.8	5.6	2.1	Iris-virginica
130	7.2	3	5.8	1.6	Iris-virginica
131	7.4	2.8	6.1	1.9	Iris-virginica
132	7.9	3.8	6.4	2	Iris-virginica
133	6.4	2.8	5.6	2.2	Iris-virginica
134	6.3	2.8	5.1	1.5	Iris-virginica

ANÁLISIS DE DATOS CON **PYTHON 3**

MAG. JORGE SANTIAGO NOLASCO VALENZUELA | DR. JAVIER ARTURO GAMBOA CRUZADO | MAG. LUZ ELENA NOLASCO VALENZUELA | MAG. JYMMY STUWART DEXTRE ALARCÓN

Id	SepalLength	SepalWidth	PetalLength	PetalWidth	Name
135	6.1	2.6	5.6	1.4	Iris-virginica
136	7.7	3	6.1	2.3	Iris-virginica
137	6.3	3.4	5.6	2.4	Iris-virginica
138	6.4	3.1	5.5	1.8	Iris-virginica
139	6	3	4.8	1.8	Iris-virginica
140	6.9	3.1	5.4	2.1	Iris-virginica
141	6.7	3.1	5.6	2.4	Iris-virginica
142	6.9	3.1	5.1	2.3	Iris-virginica
143	5.8	2.7	5.1	1.9	Iris-virginica
144	6.8	3.2	5.9	2.3	Iris-virginica
145	6.7	3.3	5.7	2.5	Iris-virginica
146	6.7	3	5.2	2.3	Iris-virginica
147	6.3	2.5	5	1.9	Iris-virginica
148	6.5	3	5.2	2	Iris-virginica
149	6.2	3.4	5.4	2.3	Iris-virginica
150	5.9	3	5.1	1.8	Iris-virginica

Entre los principales algoritmos y más populares de machine learning, se encuentran los siguientes:

6.1.3 Aprendizaje supervisado

Este tipo de aprendizaje consiste en presentar un conjunto de pruebas, cuya respuesta se conoce. Lo que se desea es formular algún tipo de regla o correspondencia que permita aproximarse a la respuesta.

El caso de estudio Iris consiste en el análisis del conjunto de datos de la planta Iris, el cual es empleado con frecuencia como ejemplo por diferentes librerías que trabajan con datos o gráficos, como Pandas o el propio scikit-learn.

Para el desarrollo de este caso de la especie *Iris* (*setosa, versicolor* y *virginica*), se han tomado las siguientes medidas: ancho de sépalo y de pétalo.

La pregunta que el algoritmo busca resolver es la siguiente: "Si se observa una nueva planta en el campo, ¿a qué especie pertenece según sus medidas?".

El dataset Iris representa un problema de aprendizaje supervisado. El conjunto de datos que se utilizará es pequeño; en consecuencia, se ha buscado representar las proyecciones bidimensionales como subgráficos de un solo gráfico con el que se pueden identificar dos grandes grupos: uno formado por *Iris setosa* y otro, por una mezcla de *Iris versicolor* e *Iris virginica*.

6.1.4 Caso Iris

Ahora se presenta el uso de algunos métodos: muestre los 5 primeros registros.

supervisado-clasificacion0.ipynb

```
from pandas import read_csv
setosa=0
virgover=0
# Lectura del dataset
data_iris = read_csv('iris.csv')
data_iris.head()
```

	Id	SepalLength	SepalWidth	PetalLength	PetalWidth	Name
0	1	5.1	3.5	1.4	0.2	Iris-setosa
1	2	4.9	3.0	1.4	0.2	Iris-setosa
2	3	4.7	3.2	1.3	0.2	Iris-setosa
3	4	4.6	3.1	1.5	0.2	Iris-setosa
4	5	5.0	3.6	1.4	0.2	Iris-setosa

Notebook: Jupyter

Muestre los 5 últimos registros:

supervisado-clasificacion0.ipynb

```
from pandas import read_csv
setosa=0
virgover=0
# Lectura del dataset
data_iris = read_csv('iris.csv')
data_iris.tail
```

	Id	SepalLength	SepalWidth	PetalLength	PetalWidth	Name
145	146	6.7	3.0	5.2	2.3	Iris-virginica
146	147	6.3	2.5	5.0	1.9	Iris-virginica
147	148	6.5	3.0	5.2	2.0	Iris-virginica
148	149	6.2	3.4	5.4	2.3	Iris-virginica
149	150	5.9	3.0	5.1	1.8	Iris-virginica

Notebook: Jupyter

146

ANÁLISIS DE DATOS CON **PYTHON 3**

MAG. JORGE SANTIAGO NOLASCO VALENZUELA | DR. JAVIER ARTURO GAMBOA CRUZADO | MAG. LUZ ELENA NOLASCO VALENZUELA | MAG. JYMMY STUWART DEXTRE ALARCÓN

Ahora concatene los dos resultados anteriores.

supervisado-clasificacion0.ipynb

```
import pandas as pd0
from pandas import read_csv
setosa=0
virgover=0
# lectura del dataset
data_iris = read_csv('iris.csv')
arriba=data_iris.head()
abajo=data_iris.tail()
concatenar=pd0.concat([arriba,abajo])
print(concatenar)
```

	Id	SepalLength	SepalWidth	PetalLength	PetalWidth	Name
0	1	5.1	3.5	1.4	0.2	Iris-setosa
1	2	4.9	3.0	1.4	0.2	Iris-setosa
2	3	4.7	3.2	1.3	0.2	Iris-setosa
3	4	4.6	3.1	1.5	0.2	Iris-setosa
4	5	5.0	3.6	1.4	0.2	Iris-setosa
145	146	6.7	3.0	5.2	2.3	Iris-virginica
146	147	6.3	2.5	5.0	1.9	Iris-virginica
147	148	6.5	3.0	5.2	2.0	Iris-virginica
148	149	6.2	3.4	5.4	2.3	Iris-virginica
149	150	5.9	3.0	5.1	1.8	Iris-virginica

Notebook: Jupyter

Se presenta el uso de algunos métodos. Muestre la cantidad total de registros y el número de columnas.

```
from pandas import read_csv
# lectura del dataset
data_iris = read_csv('iris.csv')
#mostrar en un conjunto de datos
print(data_iris.shape)
(150, 6)
```

Notebook: Jupyter

```
from pandas import read_csv
# lectura del dataset
data_iris = read_csv('iris.csv')
#mostrar en un conjunto de datos
print(data_iris["Name"].value_counts())
Iris-setosa        50
Iris-versicolor    50
Iris-virginica     50
Name: Name, dtype: int64
```

Notebook: Jupyter

Ahora construya un histograma a partir del dataset Iris:

supervisado-clasificacion0.ipynb

```python
import numpy as np0
import pandas as pd0
import matplotlib.pyplot as plt0
from pandas import read_csv
setosa=0
virgover=0
# lectura del dataset
data_iris = read_csv('iris.csv')
#clasificar por familia
setosa = data_iris[data_iris.Name == 'Iris-setosa']
versicolor=data_iris[data_iris.Name=='Iris-versicolor']
virginica = data_iris[data_iris.Name == 'Iris-virginica']
# crear histograma
plt0.figure(figsize=(10, 8))
"""

setosa
este histograma de la familia de la setosa
10 agrupaciones de datos
"""

n, bins, patches = plt0.hist(setosa['PetalLength'], 12,
                        facecolor='yellow', label='setosa')

"""

versicolor
este histograma de la familia de la setosa
14 agrupaciones de datos
"""

n, bins, patches = plt0.hist(versicolor['PetalLength'], 15,
                        facecolor='lime', label='versicolor')

"""

este histograma de la familia de la setosa
14 agrupaciones de datos
"""

n, bins, patches = plt0.hist(virginica['PetalLength'], 15,
                        facecolor='aqua', label='virginica')
```

148

ANÁLISIS DE DATOS CON **PYTHON 3**

MAG. JORGE SANTIAGO NOLASCO VALENZUELA | DR. JAVIER ARTURO GAMBOA CRUZADO | MAG. LUZ ELENA NOLASCO VALENZUELA | MAG. JYMMY STUWART DEXTRE ALARCÓN

```python
plt0.title('Histograma Iris')
plt0.xlabel('largo del pétalo')
plt0.ylabel('cuenta largo del pétalo')
plt0.show()
```

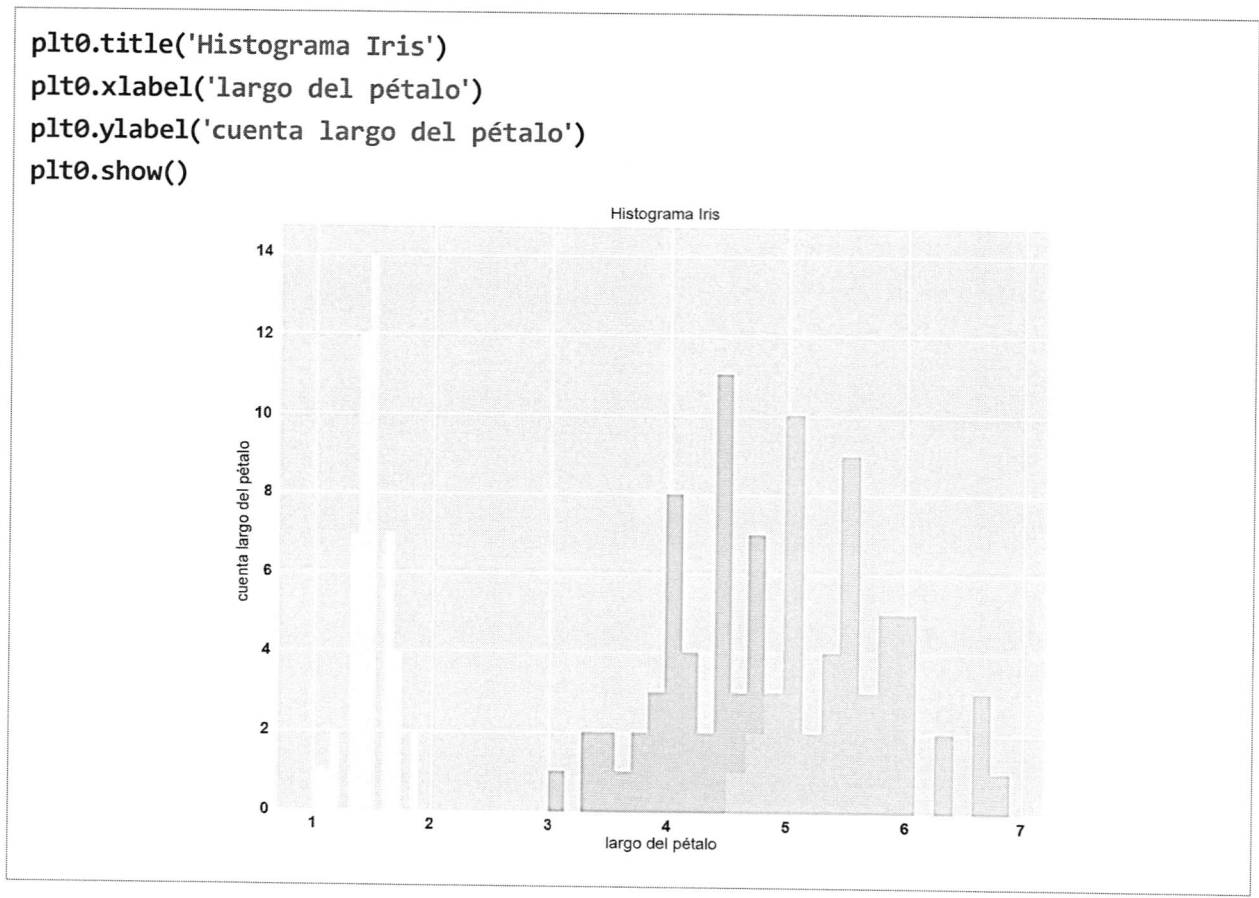

Notebook: Jupyter

Construya un diagrama de dispersión a partir del dataset Iris:

supervisado-clasificacion0.ipynb

```python
import numpy as np0
import pandas as pd0
import matplotlib.pyplot as plt0
from pandas import read_csv
# lectura del dataset
data_iris = read_csv('iris.csv')
#clasificar por familia
setosa = data_iris[data_iris.Name == 'Iris-setosa']
versicolor = data_iris[data_iris.Name == 'Iris-versicolor']
virginica = data_iris[data_iris.Name == 'Iris-virginica']
plt.figure(figsize=(10, 10))
"""

diagrama de dispersion en relacion a
tres variables setosa versicolor y
virginica
"""
```

```
plt.scatter(setosa['PetalLength'], setosa['PetalWidth'],
            c='yellow', label='Iris-setosa')
plt.scatter(versicolor['PetalLength'], versicolor['PetalWidth'],
            c='lime', label='Iris-versicolor')
plt.scatter(virginica['PetalLength'], virginica['PetalWidth'],
            c='aqua', label='Iris-virginica')
plt.title('Tamaño del pétalo')
plt.xlabel('Largo del pétalo (cm)')
plt.ylabel('Ancho del pétalo (cm)')
plt.show()
```

Notebook: Jupyter

6.1.5 Clasificación y regresión

Existen dos tipos de problemas supervisados de aprendizaje de máquina llamados clasificación y regresión.

Este último consiste en encontrar una curva que se ajuste al conjunto de entrenamiento.

En la clasificación, el objetivo es predecir una etiqueta de clase o encontrar un modelo que describa la distribución de las clases, que es una opción de una lista de posibilidades. Ahora, el primer modelo de clasificación se basará precisamente en esa primera agrupación visual que se ha realizado. Es

150

ANÁLISIS DE DATOS CON **PYTHON 3**

MAG. JORGE SANTIAGO NOLASCO VALENZUELA | DR. JAVIER ARTURO GAMBOA CRUZADO | MAG. LUZ ELENA NOLASCO VALENZUELA | MAG. JYMMY STUWART DEXTRE ALARCÓN

decir, si la longitud del pétalo es inferior a 2, entonces se trata de *Iris setosa*, si no, puede ser *Iris versicolor* o *Iris virginica*.

supervisado-clasificacion1.ipynb

```python
from pandas import read_csv
setosa=0
virgover=0
# lectura del dataset
data_iris = read_csv('iris.csv')
"""
Separamos la setosa
de la virginica o versicolor
en base a la longitud
del Petalo PetalLength
"""
for valores in data_iris.PetalLength.values:
    if valores < 2:
        print('Es setosa')
        setosa=setosa+1
    else:
        print('Es virginica o versicolor')
        virgover=virgover+1
print("="*20)
print("Total setosa :",setosa)
print("="*20)
print("Total virginica o versicolor :",virgover)
print("="*20)
Es setosa
Es setosa
Es setosa
Es setosa
Es setosa
Es setosa
Es setosa
Es setosa
Es setosa
Es setosa
Es setosa
Es setosa
Es setosa
Es setosa
```

```
Es setosa
Es setosa
Es setosa
Es setosa
Es setosa
Es setosa
Es setosa
Es setosa
Es setosa
Es setosa
Es setosa
Es setosa
Es setosa
Es setosa
Es setosa
Es setosa
Es setosa
Es setosa
Es setosa
Es setosa
Es setosa
Es setosa
Es setosa
Es setosa
Es setosa
Es setosa
Es setosa
Es setosa
Es setosa
Es setosa
Es setosa
Es setosa
Es setosa
Es setosa
Es virginica o versicolor
Es virginica o versicolor
Es virginica o versicolor
Es virginica o versicolor
```

152

ANÁLISIS DE DATOS CON **PYTHON** 3

MAG. JORGE SANTIAGO NOLASCO VALENZUELA | DR. JAVIER ARTURO GAMBOA CRUZADO | MAG. LUZ ELENA NOLASCO VALENZUELA | MAG. JYMMY STUWART DEXTRE ALARCÓN

```
Es virginica o versicolor
Es virginica o versicolor
Es virginica o versicolor
Es virginica o versicolor
Es virginica o versicolor
Es virginica o versicolor
Es virginica o versicolor
Es virginica o versicolor
Es virginica o versicolor
Es virginica o versicolor
Es virginica o versicolor
Es virginica o versicolor
Es virginica o versicolor
Es virginica o versicolor
Es virginica o versicolor
Es virginica o versicolor
Es virginica o versicolor
Es virginica o versicolor
Es virginica o versicolor
Es virginica o versicolor
Es virginica o versicolor
Es virginica o versicolor
Es virginica o versicolor
Es virginica o versicolor
Es virginica o versicolor
Es virginica o versicolor
Es virginica o versicolor
Es virginica o versicolor
Es virginica o versicolor
Es virginica o versicolor
Es virginica o versicolor
Es virginica o versicolor
Es virginica o versicolor
Es virginica o versicolor
Es virginica o versicolor
Es virginica o versicolor
Es virginica o versicolor
Es virginica o versicolor
Es virginica o versicolor
Es virginica o versicolor
```

```
Es virginica o versicolor
Es virginica o versicolor
Es virginica o versicolor
Es virginica o versicolor
Es virginica o versicolor
Es virginica o versicolor
Es virginica o versicolor
Es virginica o versicolor
Es virginica o versicolor
Es virginica o versicolor
Es virginica o versicolor
Es virginica o versicolor
Es virginica o versicolor
Es virginica o versicolor
Es virginica o versicolor
Es virginica o versicolor
Es virginica o versicolor
Es virginica o versicolor
Es virginica o versicolor
Es virginica o versicolor
Es virginica o versicolor
Es virginica o versicolor
Es virginica o versicolor
Es virginica o versicolor
Es virginica o versicolor
Es virginica o versicolor
Es virginica o versicolor
Es virginica o versicolor
Es virginica o versicolor
Es virginica o versicolor
Es virginica o versicolor
Es virginica o versicolor
Es virginica o versicolor
Es virginica o versicolor
Es virginica o versicolor
Es virginica o versicolor
Es virginica o versicolor
Es virginica o versicolor
Es virginica o versicolor
Es virginica o versicolor
Es virginica o versicolor
Es virginica o versicolor
Es virginica o versicolor
Es virginica o versicolor
```

154

ANÁLISIS DE DATOS CON **PYTHON 3**

MAG. JORGE SANTIAGO NOLASCO VALENZUELA | DR. JAVIER ARTURO GAMBOA CRUZADO | MAG. LUZ ELENA NOLASCO VALENZUELA | MAG. JYMMY STUWART DEXTRE ALARCÓN

```
Es virginica o versicolor
Es virginica o versicolor
Es virginica o versicolor
Es virginica o versicolor
Es virginica o versicolor
Es virginica o versicolor
Es virginica o versicolor
Es virginica o versicolor
Es virginica o versicolor
Es virginica o versicolor
Es virginica o versicolor
Es virginica o versicolor
Es virginica o versicolor
Es virginica o versicolor
====================
Total setosa : 50
====================
Total virginica o versicolor : 100
====================
```

Notebook: Jupyter

Explicación del código:

supervisado-clasificacion1.ipynb

Primero se debe importar el paquete Pandas para leer el archivo CSV (separado por comas) en DataFrame.

```
from pandas import read_csv
```

Cree dos variables.

```
setosa=0
virgover=0
```

Lea el dataset iris.csv.

```
data_iris = read_csv('iris.csv')
```

Separe la *setosa* de la *virginica* o *versicolor* a partir de la longitud del pétalo PetalLength.

```
for valores in data_iris.PetalLength.values:
    if valores < 2:
        print('Es setosa')
        setosa=setosa+1
    else:
        print('Es virginica o versicolor')
        virgover=virgover+1
```

Muestre el total de *setosa*.

```
print("Total setosa :",setosa)
```

Muestre el total de *virginica* o *versicolor*.

```
print("Total virginica o versicolor :",virgover)
```

6.1.6 Máquina de soporte vectorial

Es un algoritmo supervisado que trata de encontrar un hiperplano que separe lo mejor posible las clases u observación. Se utiliza para resolver problemas de clasificación o regresión. Originalmente se utilizó para problemas binarios.

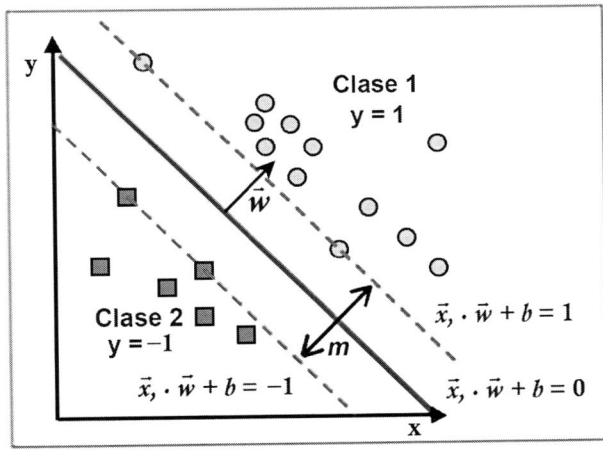

Hiperplano de separación óptimo

Algunas aplicaciones típicas de la máquina de soporte vectorial son las siguientes:

- Reconocimiento de firmas

- Reconocimiento de imágenes como rostros y textos

- Clasificación de déficit habitacional

Usa diferentes kernel para mapear espacios de entrada en el espacio de alta dimensionalidad característica. Y en ese espacio de la característica, se encuentra el límite linealmente separable. A continuación, algunos kernel que se pueden utilizar:

156

ANÁLISIS DE DATOS CON **PYTHON 3**

MAG. JORGE SANTIAGO NOLASCO VALENZUELA | DR. JAVIER ARTURO GAMBOA CRUZADO | MAG. LUZ ELENA NOLASCO VALENZUELA | MAG. JYMMY STUWART DEXTRE ALARCÓN

- Lineal

- Polinomio

- Gaussian (RBF)

Los kernel lineales son buenos para el texto y son necesarios para el rendimiento si tiene una gran cantidad de datos.

El kernel RBF es de uso general; primero hay que intentar si no está procesando texto.

El kernel polinomial utiliza no solo las características dadas de las muestras de entrada para determinar su similitud, sino también combinaciones de estas.

Ahora, se observa el primer modelo de máquina de soporte vectorial aplicado a este caso:

supervisado-SVM1.ipynb

```python
import numpy as np
import matplotlib.pyplot as plt
from sklearn import svm, datasets
import matplotlib.pyplot as plt
# importamos el dataset
iris = datasets.load_iris()
"""
solo tomamos las primeras
2 características
SepalLength,SepalWidth
"""
X = iris.data[:, :2]
"""
para ello obtenemos un target
que clasificara como hemos visto
la variable objetivo contiene valores
como 0, 1,2 cada valor representa el
tipo de especie de flor del iris
"""
y = iris.target
print("="*75)
print(y)
print("="*75)
#tamaño de la malla del grafico
h = .02
# Creando el SVM con sus diferentes métodos
# parametro de regulacion SVM
C = 1.0
```

```python
#SVM lineal
svc = svm.SVC(kernel='linear',
            C=C).fit(X, y)
print("="*75)
print("kernal linear:",svc)
print("="*75)
#SVM rbf
rbf_svc = svm.SVC(kernel='rbf',
                gamma=0.7, C=C).fit(X, y)
print("="*75)
print("kernal rbf:",rbf_svc)
print("="*75)
#SVM polinomial
poly_svc = svm.SVC(kernel='poly',
                degree=3, C=C).fit(X, y)
print("="*75)
print("kernal poly:",poly_svc)
lin_svc = svm.LinearSVC(C=C).fit(X, y)

# crear el area para graficar
x_min, x_max = X[:, 0].min() - 1, X[:, 0].max() + 1
y_min, y_max = X[:, 1].min() - 1, X[:, 1].max() + 1
xx, yy = np.meshgrid(np.arange(x_min, x_max, h),
                    np.arange(y_min, y_max, h))

"""
títulos de los gráficos según Kernel:
SVC linear kernel Lineal
LinearSVC linear kernel Lineal
SVC  RBF kernel o Radial Basis Function
SVC  polynomial polinomial

"""
titles = ['SVC  linear kernel',
          'LinearSVC (linear kernel)',
          'SVC  RBF kernel',
          'SVC  polynomial']
for i, clf in enumerate((svc, lin_svc,
                        rbf_svc, poly_svc)):
    #Realizando el gráfico
    #se le asigna un color a cada punto
```

158

ANÁLISIS DE DATOS CON **PYTHON 3**

MAG. JORGE SANTIAGO NOLASCO VALENZUELA | DR. JAVIER ARTURO GAMBOA CRUZADO | MAG. LUZ ELENA NOLASCO VALENZUELA | MAG. JYMMY STUWART DEXTRE ALARCÓN

```python
    #se le asigna un color a cada punto
    plt.subplot(2, 2, i + 1)
    plt.subplots_adjust(wspace=0.4, hspace=0.4)
    #prediccion en base a un modelo
    Z = clf.predict(np.c_[xx.ravel(), yy.ravel()])
    # colocar el resultado dentro de un repositorio
    Z = Z.reshape(xx.shape)
    plt.contourf(xx, yy, Z,
                 cmap=plt.cm.coolwarm, alpha=0.8)
   # Graficando también los puntos de datos
    plt.scatter(X[:, 0], X[:, 1],
                c=y, cmap=plt.cm.coolwarm)
    plt.xlabel('Sepal longitud')
    plt.ylabel('Sepal ancho')
    plt.xlim(xx.min(), xx.max())
    plt.ylim(yy.min(), yy.max())
    plt.xticks(())
    plt.yticks(())
    plt.title(titles[i])
#mostramos el grafico
plt.show()


========================================
[0 0 0 0 0 0 0 0 0 0 0 0 0 0 0 0 0 0 0 0 0 0 0 0 0 0 0 0 0 0 0 0 0 0 0
 0 0 0 0 0 0 0 0 0 0 0 0 0 0 1 1 1 1 1 1 1 1 1 1 1 1 1 1 1 1 1 1 1 1 1 1
 1 1 1 1 1 1 1 1 1 1 1 1 1 1 1 1 1 1 1 1 1 1 1 1 1 1 2 2 2 2 2 2 2 2 2 2
 2 2 2 2 2 2 2 2 2 2 2 2 2 2 2 2 2 2 2 2 2 2 2 2 2 2 2 2 2 2 2 2 2 2 2 2
 2 2]
========================================
kernal linear: SVC(C=11.0, cache_size=200, class_weight=None, coef0=0.0,
  decision_function_shape=None, degree=3, gamma='auto', kernel='linear',
  max_iter=-1, probability=False, random_state=None, shrinking=True,
  tol=0.001, verbose=False)
========================================
kernal rbf: SVC(C=11.0, cache_size=200, class_weight=None, coef0=0.0,
  decision_function_shape=None, degree=3, gamma=0.7, kernel='rbf',
  max_iter=-1, probability=False, random_state=None, shrinking=True,
  tol=0.001, verbose=False)
========================================
kernal poly: SVC(C=11.0, cache_size=200, class_weight=None, coef0=0.0,
decision_function_shape=None, degree=3, gamma='auto', kernel='poly',
```

```
   max_iter=-1, probability=False, random_state=None, shrinking=True,
   tol=0.001, verbose=False)
=====================================
```

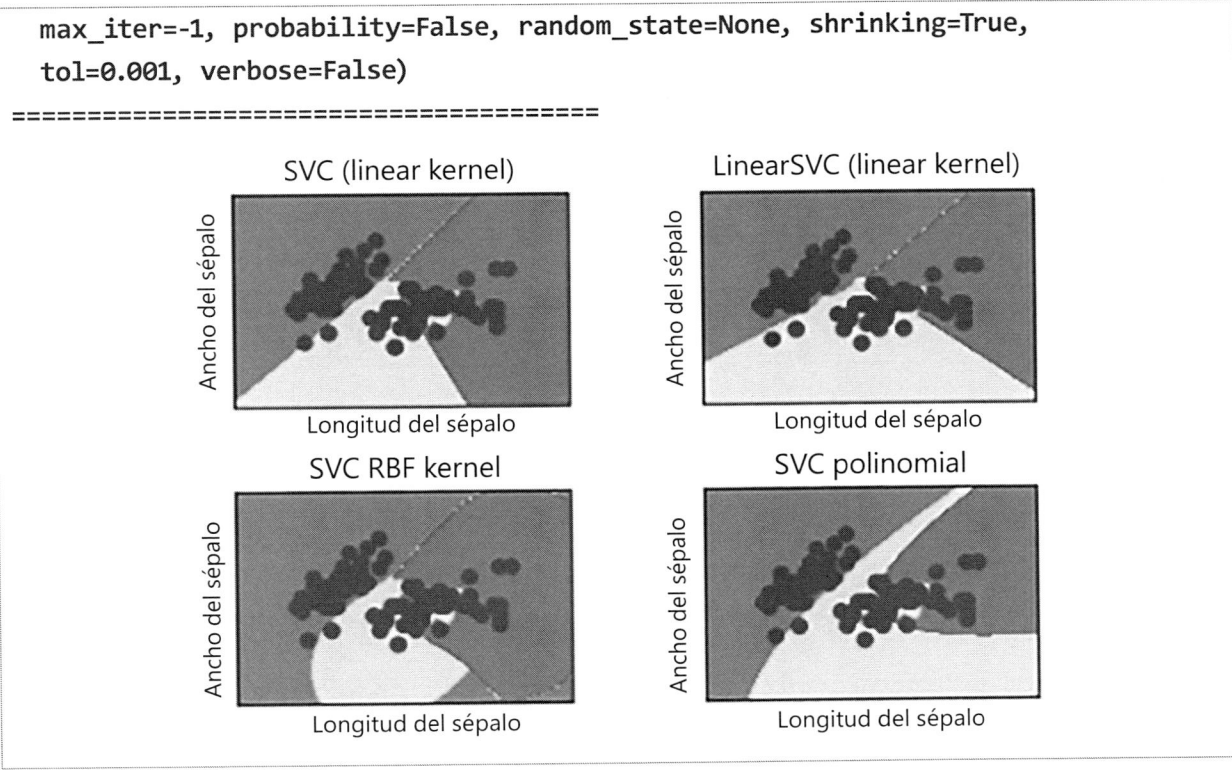

Notebook: Jupyter

Explicación del código:

supervisado-SVM1.ipynb

Primero se debe importar el paquete Pandas para leer el archivo CSV (separado por comas) en DataFrame.

```python
import numpy as np
import matplotlib.pyplot as plt
from sklearn import svm, datasets
import matplotlib.pyplot as plt
```

Lea el dataset iris.csv.

```python
data_iris = read_csv('iris.csv')
```

Tome 2 columnas del dataset Iris.

sepal length (cm)	sepal width (cm)	petal length (cm)	petal width (cm)
5.1	3.5	1.4	0.2
4.9	3.0	1.4	0.2
4.7	3.2	1.3	0.2
4.6	3.1	1.5	0.2
5.0	3.6	1.4	0.2

160

ANÁLISIS DE DATOS CON **PYTHON 3**

MAG. JORGE SANTIAGO NOLASCO VALENZUELA | DR. JAVIER ARTURO GAMBOA CRUZADO | MAG. LUZ ELENA NOLASCO VALENZUELA | MAG. JYMMY STUWART DEXTRE ALARCÓN

```python
X = iris.data[:, :2]
```

Use un target que clasificará o agrupará con los valores 0, 1, 2. Cada valor representa el tipo de especie de flor del iris.

```python
y = iris.target
```

```
===========================================================================
[0 0 0 0 0 0 0 0 0 0 0 0 0 0 0 0 0 0 0 0 0 0 0 0 0 0 0 0 0 0 0 0 0 0 0 0 0 0 0 0
 0 0 0 0 0 0 0 0 0 0 0 0 1 1 1 1 1 1 1 1 1 1 1 1 1 1 1 1 1 1 1 1 1 1 1 1 1
 1 1 1 1 1 1 1 1 1 1 1 1 1 1 1 1 1 1 1 1 1 1 1 1 2 2 2 2 2 2 2 2 2 2 2 2
 2 2 2 2 2 2 2 2 2 2 2 2 2 2 2 2 2 2 2 2 2 2 2 2 2 2 2 2 2 2 2 2 2 2 2 2
 2 2]
===========================================================================
```

Cree el SVM con sus diferentes kernel.

```python
C = 1.0
#SVM lineal
svc = svm.SVC(kernel='linear',
              C=C).fit(X, y)
print("="*75)
print("kernal linear:",svc)
print("="*75)
#SVM rbf
rbf_svc = svm.SVC(kernel='rbf',
                  gamma=0.7, C=C).fit(X, y)
print("="*75)
print("kernal rbf:",rbf_svc)
print("="*75)
#SVM polinomial
poly_svc = svm.SVC(kernel='poly',
                   degree=3, C=C).fit(X, y)
print("="*75)
print("kernal poly:",poly_svc)
lin_svc = svm.LinearSVC(C=C).fit(X, y)
```

Área que graficar:

```python
x_min, x_max = X[:, 0].min() - 1, X[:, 0].max() + 1
y_min, y_max = X[:, 1].min() - 1, X[:, 1].max() + 1
xx, yy = np.meshgrid(np.arange(x_min, x_max, h),
                     np.arange(y_min, y_max, h))
```

Títulos de los gráficos, según kernel:

- SVC linear kernel Lineal

- LinearSVC linear kernel Lineal

- SVC RBF kernel o Radial Basis Function

- SVC polynomial polinomial

```python
titles = ['SVC  linear kernel',
          'LinearSVC (linear kernel)',
          'SVC  RBF kernel',
          'SVC  polynomial']
```

```python
for i, clf in enumerate((svc, lin_svc,
                         rbf_svc, poly_svc)):
    # Realizando el gráfico
    #se le asigna un color a cada punto
    plt.subplot(2, 2, i + 1)
    plt.subplots_adjust(wspace=0.4, hspace=0.4)
    #prediccion en base a un modelo
    Z = clf.predict(np.c_[xx.ravel(), yy.ravel()])
    # colocar el resultado dentro de un repositorio
    Z = Z.reshape(xx.shape)
    plt.contourf(xx, yy, Z,
                 cmap=plt.cm.coolwarm, alpha=0.8)
    # Graficando también los puntos de datos
    plt.scatter(X[:, 0], X[:, 1],
                c=y, cmap=plt.cm.coolwarm)
    plt.xlabel('Sepal longitud')
    plt.ylabel('Sepal ancho')
    plt.xlim(xx.min(), xx.max())
    plt.ylim(yy.min(), yy.max())
    plt.xticks(())
    plt.yticks(())
    plt.title(titles[i])
#mostramos el grafico
plt.show()
```

162

ANÁLISIS DE DATOS CON **PYTHON 3**

MAG. JORGE SANTIAGO NOLASCO VALENZUELA | DR. JAVIER ARTURO GAMBOA CRUZADO | MAG. LUZ ELENA NOLASCO VALENZUELA | MAG. JYMMY STUWART DEXTRE ALARCÓN

Interpretación:

Se muestra una comparación de diferentes clasificadores máquina de soporte vectorial en 2D del conjunto de datos Iris. Solo se consideran las dos primeras características de este conjunto de datos:

- Longitud del sépalo

- Ancho del sépalo

Este ejemplo muestra cómo trazar la superficie de decisión para cuatro clasificadores SVM con diferentes kernel o núcleos.

El modelo Kernel lineal SVC with lineal y LinearSVC rendimiento ligeramente diferentes fronteras de decisión porque el resultado no siempre es linealmente separable.

Es más recomendable el uso del kernel Gaussian (RBF).

Ambos modelos lineales tienen límites de decisión lineales (intersección de hiperplanos), mientras que los modelos no lineales de núcleo (polinomio o RBF gaussiano) tienen límites de decisión no lineales más flexibles con formas que dependen del tipo de núcleo y sus parámetros.

6.1.7 TensorFlow

El motor TensorFlow de Google tiene una forma única de resolver problemas.

supervisado-SVM2-tensorflow.ipynb

```
"""
importamos los
módulos necesarios
"""

import matplotlib.pyplot as plt
import numpy as np
import tensorflow as tf
from sklearn import datasets
from tensorflow.python.framework import ops
from IPython.display import Image
ops.reset_default_graph()
```

```
"""
probar que tienen bien instalado
el paquete tensorflow

"""
mensaje = tf.constant("probando tensorflow")
session = tf.Session()
print(session.run(mensaje))
```

```
"""
Empecemos arrancando la ejecución de nuestro modelo definido creando primero una
sesión:
"""
sess = tf.Session()
print(sess)
<tensorflow.python.client.session.Session object at 0x000000D4EB1E53C8>
```

```
"""
carga dataset
"""
iris = datasets.load_iris()
"""
verificamos los datos y
cantidad de datos
"""
valores = np.array([[x[0],x[1],x[2], x[3]] for x in iris.data])
print("="*10,"DATOS","="*10)
print(valores)
print("="*10,"DATOS","="*10)
print("cantidad de item :",end="")
print(len(iris.target))
print(iris.target)
"""
El dataset resultante es un objeto Bunch,
puede ver lo que está disponible usando
el método keys()
las claves method ():
"""
print(iris.keys())
```

ANÁLISIS DE DATOS CON **PYTHON** 3

MAG. JORGE SANTIAGO NOLASCO VALENZUELA | DR. JAVIER ARTURO GAMBOA CRUZADO | MAG. LUZ ELENA NOLASCO VALENZUELA | MAG. JYMMY STUWART DEXTRE ALARCÓN

```
========== DATOS ==========
[[ 5.1  3.5  1.4  0.2]
 [ 4.9  3.   1.4  0.2]
 [ 4.7  3.2  1.3  0.2]
 [ 4.6  3.1  1.5  0.2]
 [ 5.   3.6  1.4  0.2]
 [ 5.4  3.9  1.7  0.4]
 [ 4.6  3.4  1.4  0.3]
 [ 5.   3.4  1.5  0.2]
 [ 4.4  2.9  1.4  0.2]
 [ 4.9  3.1  1.5  0.1]
 [ 5.4  3.7  1.5  0.2]
 [ 4.8  3.4  1.6  0.2]
 [ 4.8  3.   1.4  0.1]
 [ 4.3  3.   1.1  0.1]
 [ 5.8  4.   1.2  0.2]
 [ 5.7  4.4  1.5  0.4]
 [ 5.4  3.9  1.3  0.4]
 [ 5.1  3.5  1.4  0.3]
 [ 5.7  3.8  1.7  0.3]
 [ 5.1  3.8  1.5  0.3]
 [ 5.4  3.4  1.7  0.2]
 [ 5.1  3.7  1.5  0.4]
 [ 4.6  3.6  1.   0.2]
 [ 5.1  3.3  1.7  0.5]
 [ 4.8  3.4  1.9  0.2]
 [ 5.   3.   1.6  0.2]
 [ 5.   3.4  1.6  0.4]
 [ 5.2  3.5  1.5  0.2]
 [ 5.2  3.4  1.4  0.2]
 [ 4.7  3.2  1.6  0.2]
 [ 4.8  3.1  1.6  0.2]
 [ 5.4  3.4  1.5  0.4]
 [ 5.2  4.1  1.5  0.1]
 [ 5.5  4.2  1.4  0.2]
 [ 4.9  3.1  1.5  0.1]
 [ 5.   3.2  1.2  0.2]
 [ 5.5  3.5  1.3  0.2]
 [ 4.9  3.1  1.5  0.1]
 [ 4.4  3.   1.3  0.2]
 [ 5.1  3.4  1.5  0.2]
```

```
[ 5.    3.5   1.3   0.3]
[ 4.5   2.3   1.3   0.3]
[ 4.4   3.2   1.3   0.2]
[ 5.    3.5   1.6   0.6]
[ 5.1   3.8   1.9   0.4]
[ 4.8   3.    1.4   0.3]
[ 5.1   3.8   1.6   0.2]
[ 4.6   3.2   1.4   0.2]
[ 5.3   3.7   1.5   0.2]
[ 5.    3.3   1.4   0.2]
[ 7.    3.2   4.7   1.4]
[ 6.4   3.2   4.5   1.5]
[ 6.9   3.1   4.9   1.5]
[ 5.5   2.3   4.    1.3]
[ 6.5   2.8   4.6   1.5]
[ 5.7   2.8   4.5   1.3]
[ 6.3   3.3   4.7   1.6]
[ 4.9   2.4   3.3   1. ]
[ 6.6   2.9   4.6   1.3]
[ 5.2   2.7   3.9   1.4]
[ 5.    2.    3.5   1. ]
[ 5.9   3.    4.2   1.5]
[ 6.    2.2   4.    1. ]
[ 6.1   2.9   4.7   1.4]
[ 5.6   2.9   3.6   1.3]
[ 6.7   3.1   4.4   1.4]
[ 5.6   3.    4.5   1.5]
[ 5.8   2.7   4.1   1. ]
[ 6.2   2.2   4.5   1.5]
[ 5.6   2.5   3.9   1.1]
[ 5.9   3.2   4.8   1.8]
[ 6.1   2.8   4.    1.3]
[ 6.3   2.5   4.9   1.5]
[ 6.1   2.8   4.7   1.2]
[ 6.4   2.9   4.3   1.3]
[ 6.6   3.    4.4   1.4]
[ 6.8   2.8   4.8   1.4]
[ 6.7   3.    5.    1.7]
[ 6.    2.9   4.5   1.5]
[ 5.7   2.6   3.5   1. ]
[ 5.5   2.4   3.8   1.1]
```

MAG. JORGE SANTIAGO NOLASCO VALENZUELA | DR. JAVIER ARTURO GAMBOA CRUZADO | MAG. LUZ ELENA NOLASCO VALENZUELA | MAG. JYMMY STUWART DEXTRE ALARCÓN

```
[ 5.5   2.4   3.7   1. ]
[ 5.8   2.7   3.9   1.2]
[ 6.    2.7   5.1   1.6]
[ 5.4   3.    4.5   1.5]
[ 6.    3.4   4.5   1.6]
[ 6.7   3.1   4.7   1.5]
[ 6.3   2.3   4.4   1.3]
[ 5.6   3.    4.1   1.3]
[ 5.5   2.5   4.    1.3]
[ 5.5   2.6   4.4   1.2]
[ 6.1   3.    4.6   1.4]
[ 5.8   2.6   4.    1.2]
[ 5.    2.3   3.3   1. ]
[ 5.6   2.7   4.2   1.3]
[ 5.7   3.    4.2   1.2]
[ 5.7   2.9   4.2   1.3]
[ 6.2   2.9   4.3   1.3]
[ 5.1   2.5   3.    1.1]
[ 5.7   2.8   4.1   1.3]
[ 6.3   3.3   6.    2.5]
[ 5.8   2.7   5.1   1.9]
[ 7.1   3.    5.9   2.1]
[ 6.3   2.9   5.6   1.8]
[ 6.5   3.    5.8   2.2]
[ 7.6   3.    6.6   2.1]
[ 4.9   2.5   4.5   1.7]
[ 7.3   2.9   6.3   1.8]
[ 6.7   2.5   5.8   1.8]
[ 7.2   3.6   6.1   2.5]
[ 6.5   3.2   5.1   2. ]
[ 6.4   2.7   5.3   1.9]
[ 6.8   3.    5.5   2.1]
[ 5.7   2.5   5.    2. ]
[ 5.8   2.8   5.1   2.4]
[ 6.4   3.2   5.3   2.3]
[ 6.5   3.    5.5   1.8]
[ 7.7   3.8   6.7   2.2]
[ 7.7   2.6   6.9   2.3]
[ 6.    2.2   5.    1.5]
[ 6.9   3.2   5.7   2.3]
[ 5.6   2.8   4.9   2. ]
```

```
 [ 7.7   2.8   6.7   2. ]
 [ 6.3   2.7   4.9   1.8]
 [ 6.7   3.3   5.7   2.1]
 [ 7.2   3.2   6.    1.8]
 [ 6.2   2.8   4.8   1.8]
 [ 6.1   3.    4.9   1.8]
 [ 6.4   2.8   5.6   2.1]
 [ 7.2   3.    5.8   1.6]
 [ 7.4   2.8   6.1   1.9]
 [ 7.9   3.8   6.4   2. ]
 [ 6.4   2.8   5.6   2.2]
 [ 6.3   2.8   5.1   1.5]
 [ 6.1   2.6   5.6   1.4]
 [ 7.7   3.    6.1   2.3]
 [ 6.3   3.4   5.6   2.4]
 [ 6.4   3.1   5.5   1.8]
 [ 6.    3.    4.8   1.8]
 [ 6.9   3.1   5.4   2.1]
 [ 6.7   3.1   5.6   2.4]
 [ 6.9   3.1   5.1   2.3]
 [ 5.8   2.7   5.1   1.9]
 [ 6.8   3.2   5.9   2.3]
 [ 6.7   3.3   5.7   2.5]
 [ 6.7   3.    5.2   2.3]
 [ 6.3   2.5   5.    1.9]
 [ 6.5   3.    5.2   2. ]
 [ 6.2   3.4   5.4   2.3]
 [ 5.9   3.    5.1   1.8]]
========== DATOS ==========
cantidad de item :150
[0 0 0 0 0 0 0 0 0 0 0 0 0 0 0 0 0 0 0 0 0 0 0 0 0 0 0 0 0 0 0 0 0 0 0 0 0
 0 0 0 0 0 0 0 0 0 0 0 0 0 1 1 1 1 1 1 1 1 1 1 1 1 1 1 1 1 1 1 1 1 1 1 1 1
 1 1 1 1 1 1 1 1 1 1 1 1 1 1 1 1 1 1 1 1 1 1 1 1 1 1 2 2 2 2 2 2 2 2 2 2 2
 2 2 2 2 2 2 2 2 2 2 2 2 2 2 2 2 2 2 2 2 2 2 2 2 2 2 2 2 2 2 2 2 2 2 2 2 2
 2 2]
dict_keys(['data', 'target', 'target_names', 'DESCR', 'feature_names'])
```

Notebook: Jupyter

168

ANÁLISIS DE DATOS CON **PYTHON 3**

MAG. JORGE SANTIAGO NOLASCO VALENZUELA | DR. JAVIER ARTURO GAMBOA CRUZADO | MAG. LUZ ELENA NOLASCO VALENZUELA | MAG. JYMMY STUWART DEXTRE ALARCÓN

Explicación:

```
"""
Están cargando la primera y cuarta columna
en el conjunto de datos del iris,
ya que son la longitud del sepal
anchura del sepal.
"""

x_vals = np.array([[x[0], x[3]] for x in iris.data])
```

```
"""
Estamos cargando la variable objetivo,
la cual tomará el
Valor 1 para setosa
-1 en caso contrario
"""

y_vals = np.array([1 if y == 0 else -1 for y in iris.target])
print(y_vals)


[ 1  1  1  1  1  1  1  1  1  1  1  1  1  1  1  1  1  1  1  1  1  1  1  1  1
  1  1  1  1  1  1  1  1  1  1  1  1  1  1  1  1  1  1  1  1  1  1  1  1  1
 -1 -1 -1 -1 -1 -1 -1 -1 -1 -1 -1 -1 -1 -1 -1 -1 -1 -1 -1 -1 -1 -1 -1 -1
 -1 -1 -1 -1 -1 -1 -1 -1 -1 -1 -1 -1 -1 -1 -1 -1 -1 -1 -1 -1 -1 -1 -1 -1
 -1 -1 -1 -1 -1 -1 -1 -1 -1 -1 -1 -1 -1 -1 -1 -1 -1 -1 -1 -1 -1 -1 -1 -1
 -1 -1 -1 -1 -1 -1 -1 -1 -1 -1 -1 -1 -1 -1 -1 -1 -1 -1 -1 -1 -1 -1 -1 -1]
```

```
borrador = np.random.choice(150,round(150*0.8),replace=False)
print(borrador)
print("longitud :",len(borrador))


[ 63 102  74  12  72  99  39  33  38  55  34  85  93 137  53  88  20  67
 103  91   0   5 110  52  41   2  28 109  18  69 135  80  92 115   7 121
  35  84  43 140 129 112 105  86  21  61  50 118  89 114  78 132  75  96
  68  42  64  71  30  62 133   1 111 100   9  11 144  79 120  73  82  17
  22  26  46  40  54 128  66  48 127   4 119 113 134 107 138  29 146  94
  24  31 116 130  97  90 141  65  19  25  95   8  76  77  14  49  10 101
 143  16  13  44 149 147  87  51  15 139 145 123]
longitud : 120
```

```
"""
Dividir datos en los conjuntos de test/prueba
entrenamiento: 80%
prueba: 20%
xval= primera y cuarta columna con los 150 elementos
desagregando:
train_indices
generar números aleatorios
máximo 150, que genere 120
replace=False, elementos uniformes
"""
################120############
train_indices = np.random.choice(len(x_vals),round(len(x_vals)*0.8),replace=False)
################30############
test_indices = np.array(list(set(range(len(x_vals))) - set(train_indices)))

x_vals_train = x_vals[train_indices]
x_vals_test = x_vals[test_indices]
y_vals_train = y_vals[train_indices]
y_vals_test = y_vals[test_indices]
```

```
"""
Establezca los parámetros del modelo,
los marcadores de posición y los coeficientes.
"""

#Declara el tamaño del lote
batch_size = 100
# Inicializar marcadores de posición
x_data = tf.placeholder(shape=[None, 2], dtype=tf.float32)
y_target = tf.placeholder(shape=[None, 1], dtype=tf.float32)

# Crear variables para SVM
A = tf.Variable(tf.random_normal(shape=[2, 1]))
b = tf.Variable(tf.random_normal(shape=[1, 1]))
```

ANÁLISIS DE DATOS CON **PYTHON 3**

MAG. JORGE SANTIAGO NOLASCO VALENZUELA | DR. JAVIER ARTURO GAMBOA CRUZADO | MAG. LUZ ELENA NOLASCO VALENZUELA | MAG. JYMMY STUWART DEXTRE ALARCÓN

```python
"""
Declare nuestro modelo y la norma L2
SVM modelo lineal
"""

# Declare las operaciones del modelo
model_output = tf.subtract(tf.matmul(x_data, A), b)

# Declare vector L2 función 'al cuadrado
l2_norm = tf.reduce_sum(tf.square(A))
```

```python
"""
Aquí hacemos nuestra función de pérdida especial
basada en la clasificación de los puntos
(en qué lado de la línea caen).
Además, tenga en cuenta que alfa es el término
de margen blando y un aumento para permitir puntos
de clasificación más erróneos.
Para el comportamiento de margen duro, defina alpha = 0.
"""

# Declare función de pérdida
# Pérdida = max (0, 1-pred * real) + alfa * L2_norm (A) ^ 2
# L2 parámetro de regularización, alfa

alpha = tf.constant([0.01])
# Término de margen en pérdida
classification_term = tf.reduce_mean(tf.maximum(0., tf.subtract(1.,
tf.multiply(model_output, y_target))))
# Poner términos juntos
loss = tf.add(classification_term, tf.multiply(alpha, l2_norm));
```

```python
"""
Crear la función de predicción,
el algoritmo de optimización
e inicializar las variables.
"""

# Declare la función de predicción
prediction = tf.sign(model_output)
accuracy = tf.reduce_mean(tf.cast(tf.equal(prediction, y_target), tf.float32))

# optimización
my_opt = tf.train.GradientDescentOptimizer(0.01)
train_step = my_opt.minimize(loss)
```

```python
# inicialización de variables
init = tf.global_variables_initializer()
sess.run(init)
```

```python
"""
bucle de  entrenamiento.
"""
loss_vec = []
train_accuracy = []
test_accuracy = []
for i in range(500):
    rand_index = np.random.choice(len(x_vals_train), size=batch_size)
    rand_x = x_vals_train[rand_index]
    rand_y = np.transpose([y_vals_train[rand_index]])
    sess.run(train_step, feed_dict={x_data: rand_x, y_target: rand_y})

    temp_loss = sess.run(loss, feed_dict={x_data: rand_x, y_target: rand_y})
    loss_vec.append(temp_loss)

    train_acc_temp = sess.run(accuracy, feed_dict={
        x_data: x_vals_train,
        y_target: np.transpose([y_vals_train])})
    train_accuracy.append(train_acc_temp)

    test_acc_temp = sess.run(accuracy, feed_dict={
        x_data: x_vals_test,
        y_target: np.transpose([y_vals_test])})
    test_accuracy.append(test_acc_temp)
```

```python
"""
Ahora extraemos los coeficientes lineales
y obtenemos la línea de límite SVM
"""
# Coeficientes de extracción
[[a1], [a2]] = sess.run(A)
[[b]] = sess.run(b)
slope = -a2/a1
y_intercept = b/a1
# extraer valores x1 y x2
x1_vals = [d[1] for d in x_vals]
```

172

ANÁLISIS DE DATOS CON **PYTHON 3**

MAG. JORGE SANTIAGO NOLASCO VALENZUELA | DR. JAVIER ARTURO GAMBOA CRUZADO | MAG. LUZ ELENA NOLASCO VALENZUELA | MAG. JYMMY STUWART DEXTRE ALARCÓN

```python
# Obtener la mejor línea de ajuste
best_fit = []
for i in x1_vals:
    best_fit.append(slope*i+y_intercept)
# Separar I. setosa
setosa_x = [d[1] for i, d in enumerate(x_vals) if y_vals[i] == 1]
setosa_y = [d[0] for i, d in enumerate(x_vals) if y_vals[i] == 1]
not_setosa_x = [d[1] for i, d in enumerate(x_vals) if y_vals[i] == -1]
not_setosa_y = [d[0] for i, d in enumerate(x_vals) if y_vals[i] == -1]
```

```python
"""
Código Matplotlib para graficar
"""
# Trazar datos y línea
plt.plot(setosa_x, setosa_y, 'o', label='I. setosa')
plt.plot(not_setosa_x, not_setosa_y, 'x', label='Non-setosa')
plt.plot(x1_vals, best_fit, 'r-', label='Linear Separator', linewidth=3)
plt.ylim([0, 10])
plt.legend(loc='lower right')
plt.title('Sepal Length vs Pedal Width')
plt.xlabel('Pedal Width')
plt.ylabel('Sepal Length')
plt.show()
# Plot test precision de las pruebas
plt.plot(train_accuracy, 'k-', label='Training Accuracy')
plt.plot(test_accuracy, 'r--', label='Test Accuracy')
plt.title('Train and Test Set Accuracies')
plt.xlabel('Generation')
plt.ylabel('Accuracy')
plt.legend(loc='lower right')
plt.show()

plt.plot(loss_vec, 'k-')
plt.title('Loss per Generation')
plt.xlabel('Generation')
plt.ylabel('Loss')
plt.show()
```

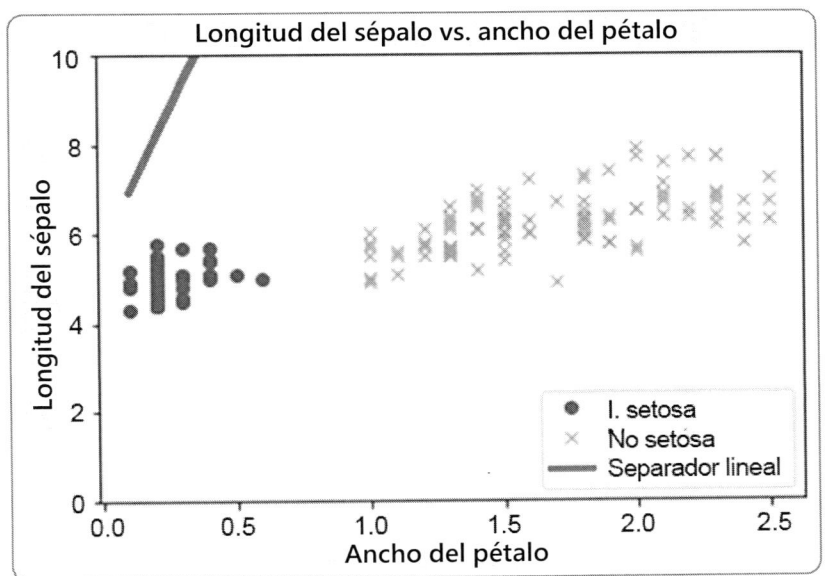

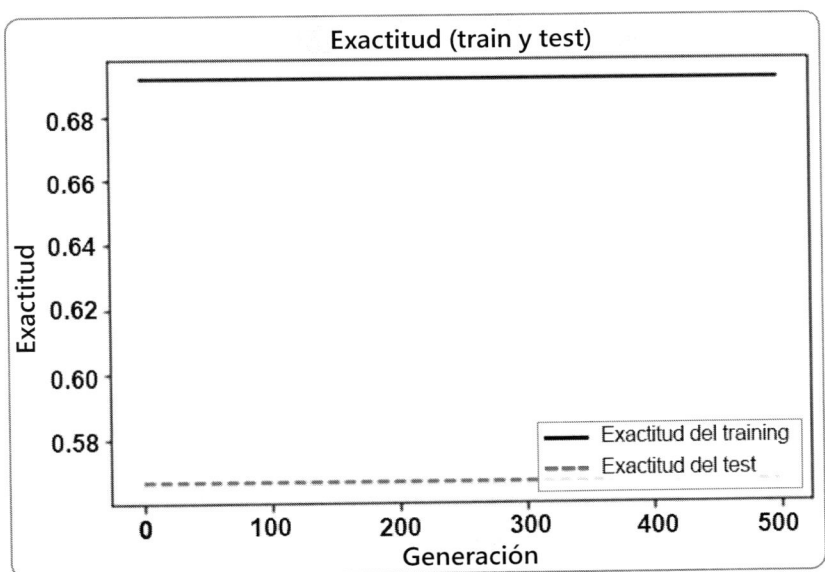

MAG. JORGE SANTIAGO NOLASCO VALENZUELA | DR. JAVIER ARTURO GAMBOA CRUZADO | MAG. LUZ ELENA NOLASCO VALENZUELA | MAG. JYMMY STUWART DEXTRE ALARCÓN

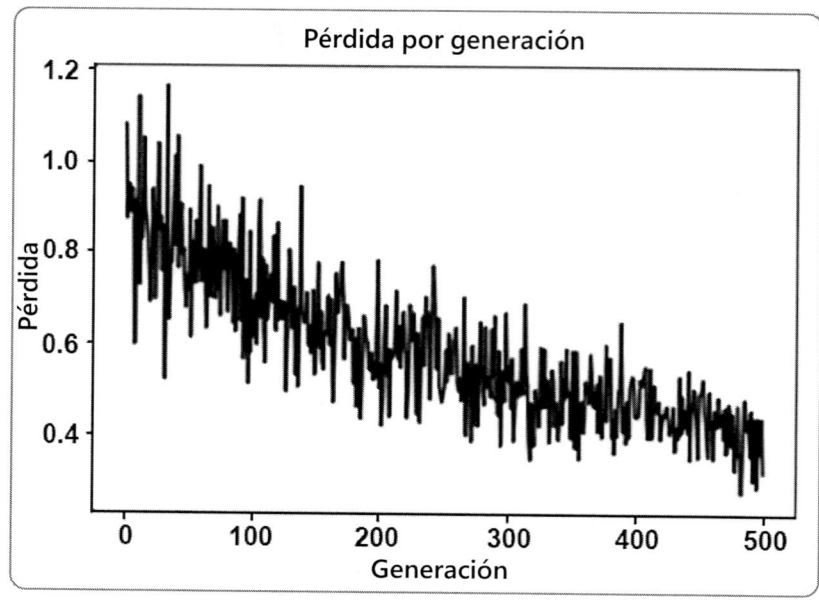

Notebook: Jupyter

6.1.8 Aprendizaje no supervisado

En este tipo de aprendizaje no se conoce la respuesta, pero sí algunas características o propiedades. Es similar al método que se utiliza para aprender a hablar cuando somos bebés; en un principio escuchamos hablar a nuestros padres y no entendemos nada, pero a medida que vamos oyendo miles de conversaciones, nuestro cerebro empezará a formar un modelo sobre cómo funciona el lenguaje y comenzaremos a reconocer patrones y a esperar ciertos sonidos.

K-Means Clustering es un algoritmo iterativo en el cual los objetos se mueven a través de un conjunto de clústeres hasta que se alcanza el ajuste deseado o la convergencia.

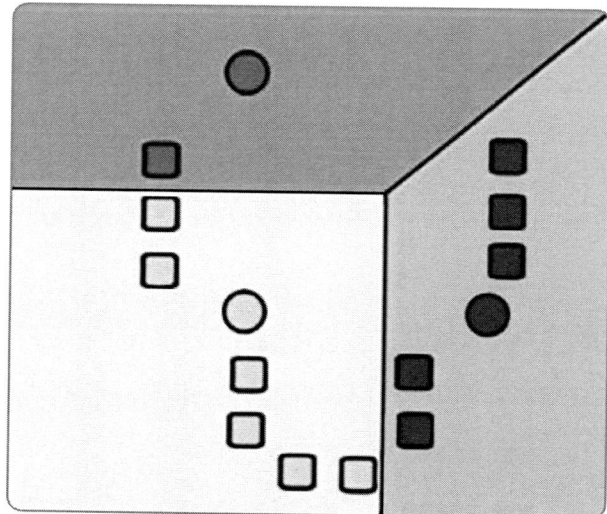

K-means se utiliza para reducir el espacio de búsqueda y crea k grupos compuestos por ítems con características similares o usuarios con gustos afines. Este método inicia seleccionando arbitrariamente k objetos como centroides de los k grupos. Luego, cada elemento es asignado al clúster con su centroide más cercano y se vuelve a calcular la media del grupo considerando los nuevos elementos. Esa media es ahora considerada como el nuevo centroide del clúster. Posteriormente se calcula nuevamente la similaridad de cada objeto y se asigna al centroide más cercano, se recalcula la media y se repite el proceso de manera iterativa hasta que se alcance el mínimo deseado. Finalmente, se logra tener objetos dentro de cada grupo con características similares entre ellos, pero disímiles con elementos de otros grupos.

Entre sus principales variantes, se encuentran las siguientes:

- K-NN con rechazo

- K-NN con distancia media

- K-NN con distancia mínima

- K-NN con pesado de vecinos

- K-NN con pesado de variables

```python
import matplotlib.pyplot as plt
from mpl_toolkits.mplot3d import Axes3D
from sklearn.cluster import KMeans
from sklearn import datasets
import numpy as np
import matplotlib
"""

obtenemos los dataset
"""

iris = datasets.load_iris()
X = iris.data
"""

obtenemos un target
que clasificar como hemos visto
la variable objetivo contiene valores
como 0, 1, 2, cada valor representa el
tipo de especie de flor del iris
"""

y = iris.target
"""
```

176

ANÁLISIS DE DATOS CON **PYTHON 3**

MAG. JORGE SANTIAGO NOLASCO VALENZUELA | DR. JAVIER ARTURO GAMBOA CRUZADO | MAG. LUZ ELENA NOLASCO VALENZUELA | MAG. JYMMY STUWART DEXTRE ALARCÓN

```python
En este programa, el número de k clusters
se elegirá como tres y ocho.
Para hacer una comparación
el tercero será el número de clusters 3,
pero con una mala inicialización en el
proceso de clasificación.
El número de inicialización ha cambiado a 1.
El número predeterminado es 10.
Por lo tanto, se reducen los tiempos que el
algoritmo ejecuta con diferentes semillas de centroide.
Esto muestra lo que sucede con el resultado
si todo el sistema tiene una mala inicialización.
"""

estimators = [('k_means_iris_8', KMeans(n_clusters=8)),
              ('k_means_iris_3', KMeans(n_clusters=3)),
              ('k_means_iris_bad_init', KMeans(n_clusters=3, n_init=1,
                                              init='random'))]

"""
A continuación, el programa mostrará
el diagrama estándar de K-means,
agrupación de flores de Iris en la
técnica de aprendizaje
El resultado estándar de la agrupación
se etiqueta con tres especies.
"""

fignum = 1
titles = ['8 clusters', '3 clusters', '3 clusters, bad initialization']
for name, est in estimators:
    fig = plt.figure(fignum, figsize=(4, 3))
    ax = Axes3D(fig, rect=[0, 0, .95, 1], elev=48, azim=134)
    est.fit(X)
    labels = est.labels_

    ax.scatter(X[:, 3], X[:, 0], X[:, 2],
               c=labels.astype(np.float), edgecolor='k')

    ax.w_xaxis.set_ticklabels([])
    ax.w_yaxis.set_ticklabels([])
    ax.w_zaxis.set_ticklabels([])
    ax.set_xlabel('Petal width')
    ax.set_ylabel('Sepal length')
```

```python
    ax.set_zlabel('Petal length')
    ax.set_title(titles[fignum - 1])
    ax.dist = 12
    fignum = fignum + 1

fig = plt.figure(fignum, figsize=(4, 3))
ax = Axes3D(fig, rect=[0, 0, .95, 1], elev=48, azim=134)

for name, label in [('Setosa', 0),
                    ('Versicolour', 1),
                    ('Virginica', 2)]:
    ax.text3D(X[y == label, 3].mean(),
              X[y == label, 0].mean(),
              X[y == label, 2].mean() + 2, name,
              horizontalalignment='center',
              bbox=dict(alpha=.2, edgecolor='w', facecolor='w'))
"""
El siguiente paso es reordenar las
etiquetas con los colores coincidentes
para los resultados del cluster.
Después de eso, todas las figuras
se mostrarán en la pantalla.
"""
y = np.choose(y, [1, 2, 0]).astype(np.float)
ax.scatter(X[:, 3], X[:, 0], X[:, 2], c=y, edgecolor='k')

ax.w_xaxis.set_ticklabels([])
ax.w_yaxis.set_ticklabels([])
ax.w_zaxis.set_ticklabels([])
ax.set_xlabel('Ancho Petal')
ax.set_ylabel('Longitud Sepal')
ax.set_zlabel('Longitud Petal')
ax.set_title('Convergente')
ax.dist = 10
plt.show()
```

ANÁLISIS DE DATOS CON **PYTHON** 3

MAG. JORGE SANTIAGO NOLASCO VALENZUELA | DR. JAVIER ARTURO GAMBOA CRUZADO | MAG. LUZ ELENA NOLASCO VALENZUELA | MAG. JYMMY STUWART DEXTRE ALARCÓN

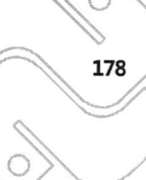

8 clústeres

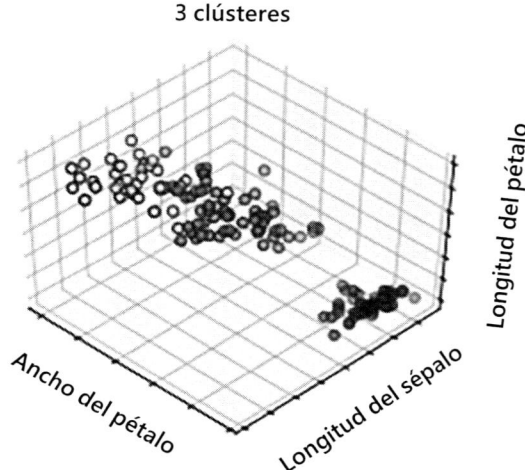

3 clústeres

3 clústeres, mala inicialización

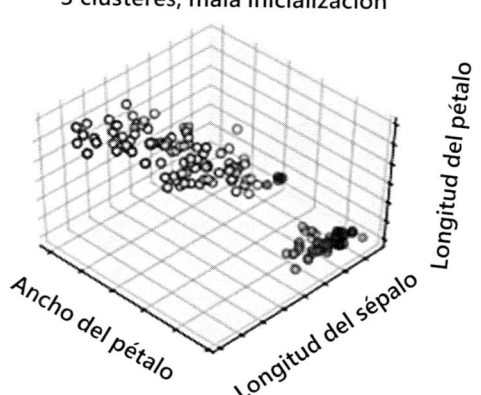

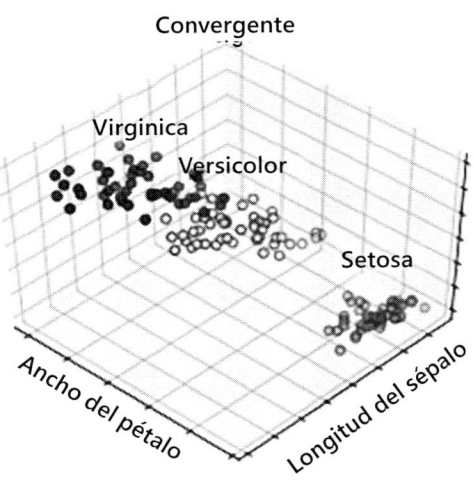

Notebook: Jupyter

Interpretación:

En la primera figura, se encuentra una agrupación del conjunto de datos Iris con ocho grupos. En la segunda figura, se puede observar una agrupación del conjunto de datos Iris con tres grupos.

Como se ve en la primera y segunda figura, el conjunto de datos se separa en ocho grupos a tres. Se muestran en la segunda figura tres grupos con diferentes colores. En la segunda figura, la mayoría de las muestras se mantienen juntas, es realmente difícil distinguirlas muy claramente. Las diferencias entre cada muestra son pequeñas. En este caso, el resultado del clúster no es aceptable. Por otro lado, en la segunda, se puede ver fácilmente que el resultado del clúster es mucho mejor que en la primera figura. Aunque todavía hay algunas partes solapadas entre el verde y el púrpura, es bastante claro ver la diferencia entre estos tres clústeres. Este caso muestra la importancia de elegir el número de clústeres para el algoritmo K-means. A veces, para los conjuntos de datos reales, es difícil saber cuántos conjuntos de datos deben utilizarse. Por lo tanto, es muy difícil elegir el número de clústeres. Un método consiste en utilizar el algoritmo ISODATA a través de la fusión y división de clústeres para obtener un número razonable de k.

La tercera figura muestra el resultado del clúster con tres clústeres, pero una inicialización incorrecta. Podemos ver que algunas de las muestras cambian su clase comparada con la segunda figura. Con un número de inicialización aleatorio, el sistema obtendrá resultados de clúster diferentes. Por lo tanto, un número de inicialización aleatoria es muy importante para un buen resultado de agrupación. Sin embargo, no se sabe cuál podría ser un buen número de inicialización. En este caso, en algunos sistemas de aprendizaje automático, los científicos elegirán algoritmo genético para tener el punto de inicialización.

La cuarta figura ilustra un resultado estándar de la agrupación de K-means de reconocimiento de Iris. El término "convergente" se refiere a la clasificación de los conjuntos de datos de formación en el aprendizaje no supervisado. El número de agrupaciones son tres y con un buen punto de inicialización. Esta es la mejor clasificación de todas las mostradas aquí. El conjunto de datos se ha separado correctamente y cada uno tiene buenas diferencias.

180

ANÁLISIS DE DATOS CON **PYTHON 3**

MAG. JORGE SANTIAGO NOLASCO VALENZUELA | DR. JAVIER ARTURO GAMBOA CRUZADO | MAG. LUZ ELENA NOLASCO VALENZUELA | MAG. JYMMY STUWART DEXTRE ALARCÓN

6.1.9 Aprendizaje por refuerzo

El algoritmo aprende observando el mundo que lo rodea. Su información de entrada es el feedback o la retroalimentación que obtiene del mundo exterior como respuesta a sus acciones. Por lo tanto, el sistema aprende a base de ensayo-error.

6.1.10 Aprendizaje evolutivo

La evolución biológica puede ser vista como un proceso de aprendizaje biológico. Los organismos se adaptan para mejorar sus tasas de supervivencia y la probabilidad de tener ambiente. Se verá cómo se modela esto en un ordenador usando una idea de fitness, que corresponde a una puntuación de lo buena que es la solución actual.

6.2 Deep learning

Son las técnicas de aprendizaje en profundidad que utilizan redes neuronales. Pertenecen a una subárea del machine learning y son las que permiten encontrar modelos basados en patrones no lineales. Deep learning utiliza muchos patrones lineales para modelar realidades complejas; además, ayuda a resolver problemas muy difíciles de datos como imágenes, texto, vídeo y audio.

6.2.1 Historia de deep learning

Línea de tiempo de deep learning

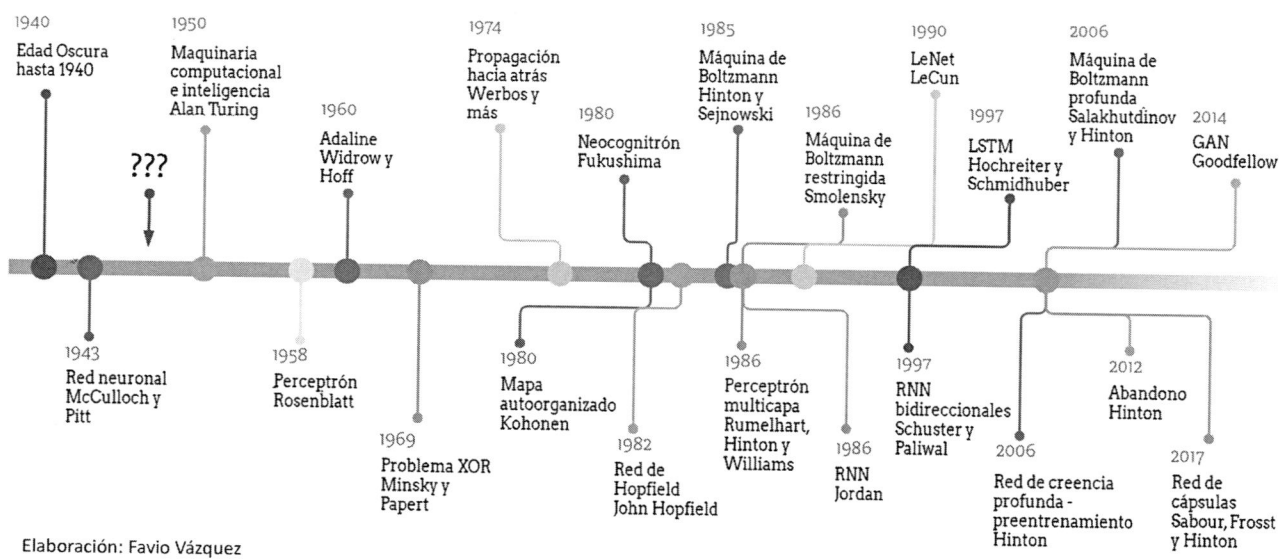

Elaboración: Favio Vázquez

Fuente: http://www.cs.us.es/~fsancho/?p=deep-learning

6.2.2 Redes neuronales artificiales

Para comprender el concepto de redes neuronales artificiales, primero se deben conocer algunos detalles sobre las neuronas biológicas. Antiguamente se pensaba que el sistema nervioso estaba constituido por una retícula o tejido conectado, pero, en 1899, Santiago Ramón y Cajal fue el primero en observar las neuronas a través de un microscopio, por lo que indicó que nuestro sistema nervioso está formado por células llamadas neuronas. Estas son células especializadas en la transmisión de señales que captan de otras.

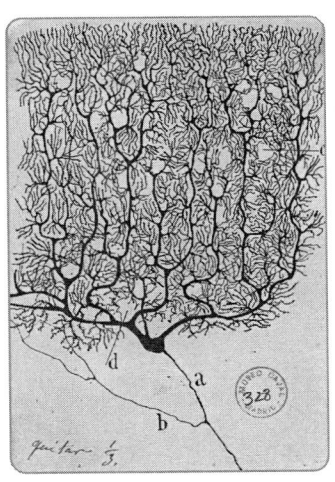

Una neurona de Purkinje
del cerebelo humano

Ahora se puede observar una neurona en cualquier libro de biología. Sus partes son las siguientes:

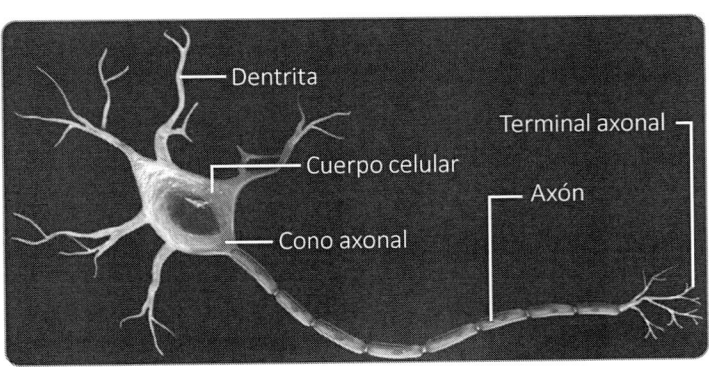

- **Dendritas:** Del griego *dendron*, significa 'árbol'. Las neuronas "conversan" entre sí y las dendritas actúan como importantes receptores de estos mensajes.

- **Axón:** Es un tubo largo y delgado, a menudo recubierto de una vaina de mielina. El axón lleva información desde el cuerpo celular hasta los botones terminales.

- **Cuerpo celular o soma:** Contiene el núcleo y la mayor parte de la maquinaria que mantiene los procesos vitales de la célula. Su forma varía considerablemente en los diferentes tipos de neuronas.

- **Cono axonal:** El punto de inicio del axón se denomina cono axonal porque su diámetro disminuye de manera clara.

- **Terminal axonal:** Las sinapsis generalmente se forman entre las terminales nerviosas (terminales axónicas) de la neurona emisora y el cuerpo celular o las dendritas de la neurona receptora.

Las redes neuronales son un modelo computacional basado en un gran conjunto de unidades neuronales simples (neuronas artificiales), de forma aproximadamente análoga al comportamiento observado en los axones de las neuronas en los cerebros biológicos. Pensemos en muchos procesadores trabajando en forma paralela, integrados en una red de conexiones en un sistema distribuido.

182

ANÁLISIS DE DATOS CON **PYTHON 3**

MAG. JORGE SANTIAGO NOLASCO VALENZUELA | DR. JAVIER ARTURO GAMBOA CRUZADO | MAG. LUZ ELENA NOLASCO VALENZUELA | MAG. JYMMY STUWART DEXTRE ALARCÓN

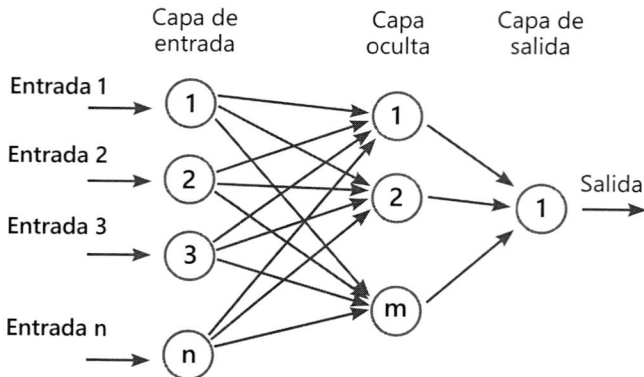

6.2.3 Aplicaciones de redes neuronales

Se enumeran algunas aplicaciones de las redes neuronales:

- Visión: Detección de objetos, segmentación semántica.

- Escucha: Speech-to-text, reproducción de sonido.

- Lenguaje: Traducción automática.

- Juegos: Ajedrez, Go, LoL, SC2.

- Medicina: Algunas de las aplicaciones en medicina (en el diagnóstico médico) son diagnóstico de cardiopatías y detección de tumores.

- Farmacia: Determinan efectos adversos de medicamentos.

- Finanzas y economía: Préstamos, detección de fraudes, estado económico de empresas, control de gastos de energía eléctrica, tipo de cambio y predicción de inventarios.

6.2.4 Perceptrón

A la neurona artificial se la conoce como perceptrón. Es la estructura más básica neuronal; su funcionamiento se sustenta en comparar la salida (y) con la señal deseada. El objetivo de las redes neuronales es aprender a partir de una función objetivo.

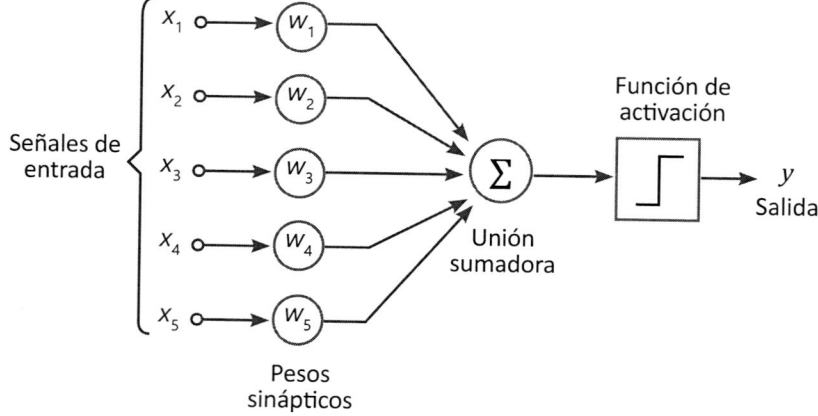

La colaboración CMS, uno de los principales experimentos del Gran Colisionador de Hadrones (LHC) del CERN, ha desarrollado una red neuronal artificial para buscar e identificar nuevas partículas. Las redes neuronales artificiales se inspiran en el funcionamiento cerebral para desarrollos computacionales: descubren y aprenden patrones que se producen en un conjunto de datos. Básicamente, son un conjunto de neuronas artificiales o circuitos electrónicos que están conectados entre sí para transmitirse señales. La información que atraviesa estos circuitos se somete a diversas operaciones para conseguir que un ordenador, por ejemplo, identifique a un gato en una foto. Consigue esta identificación de la misma manera que lo hace el cerebro humano, aunque basándose en una abstracción mucho más sofisticada. Las redes neuronales aprenden y se forman a sí mismas, sin necesidad de la intervención humana, y son óptimas para obtener resultados difíciles de alcanzar con la programación informática convencional. La teoría matemática que sustenta las redes neuronales artificiales ha evolucionado durante varias décadas, pero solo recientemente ha sido posible entrenarlas de manera eficiente. Las redes neuronales artificiales, que se han usado para conducir automóviles, realizar reconocimiento de voz, sugerir artículos de consumo o mejorar efectos visuales en películas, también han tenido efectos en el campo de la física de altas energías. Esta última, que se produce, por ejemplo, en los aceleradores de partículas, persigue una visión completa de las interacciones entre las partículas

elementales y su conexión con el universo temprano. Las redes neuronales artificiales se han utilizado durante décadas en este campo de la física, pero sus recientes avances, como las redes neuronales profundas (DNN), están precipitando nuestra aproximación a los secretos más recónditos del universo. La DNN es una red neuronal artificial con múltiples capas ocultas que  le permiten modelar relaciones complejas no lineales o caóticas, típicas de las interacciones que se producen entre las partículas elementales.

Adaptado de Martínez de la Fe, E. (8 de abril de 2020). *Una red neuronal desentrañará los secretos de la física*. Tendencias21. https://*tendencias21*. levante-emv.com/una-red-neuronal-desentranara-los-secretos-de-la-fisica_ a45827.html

184

ANÁLISIS DE DATOS CON **PYTHON 3**

MAG. JORGE SANTIAGO NOLASCO VALENZUELA | DR. JAVIER ARTURO GAMBOA CRUZADO | MAG. LUZ ELENA NOLASCO VALENZUELA | MAG. JYMMY STUWART DEXTRE ALARCÓN

Yoshua Bengio, Geoffrey Hinton y Yann LeCun, tres de los investigadores conocidos con el epíteto de "padrinos de la inteligencia artificial", han sido galardonados hoy con el premio Turing, considerado de facto como el Nobel de la informática.

Los tres investigadores se repartirán el premio de un millón de dólares, adjudicado por el trabajo que han llevado a cabo en el campo del deep learning desde la década de los 90, en una época en que existían numerosas dudas sobre el futuro de la inteligencia artificial como disciplina académica y fuente de innovaciones comerciales.

Según LeCun, "hubo un periodo oscuro entre mediados de los 90 y principios o mediados de los 2000 en el que resultaba imposible publicar investigaciones sobre redes neuronales, porque la comunidad había perdido interés en ello. De hecho, tenía mala reputación [dedicarse a ello].

[Pero nosotros empezamos a] organizar reuniones, talleres regulares y escuelas de verano para nuestros estudiantes, [lo que] generó una pequeña comunidad que protagonizó un cambio fundamental a partir de 2012-2013".

El punto y aparte llegó cuando un equipo dirigido por Hinton ganó el concurso ImageNet en 2012 gracias a una red neuronal convolucional llamada AlexNet, que logró batir cómodamente a todos sus competidores, expertos en el campo de la visión computacional, con un algoritmo que obtuvo tan solo un 26 % de errores de reconocimiento, un dato un 40 % mejor que su mayor rival.

Adaptado de Merino, M. (27 de marzo de 2019). *El Premio Turing, para tres de los principales responsables del actual auge de la inteligencia artificial.* Xataka. https://www.xataka.com/inteligencia-artificial/premio-turing-para-tres-principales-responsables-actual-auge-inteligencia-artificial

6.2.5 Tipos de arquitecturas de deep learning

- **Redes neuronales artificiales:** Es un conjunto de perceptrones que descubren un conjunto de patrones lineales y que representan un patrón complejo.

- **Redes neuronales convolucionales (CNN):** Se utilizan para encontrar patrones dentro de imágenes (visión artificial: imagen y vídeos), para más detalle:

  - Las CNN se utilizan comúnmente para resolver problemas relacionados con datos espaciales, como imágenes.

  - Una CNN tiene una arquitectura diferente a una RNN. Las CNN son "redes neuronales de retroalimentación" que utilizan filtros y capas de agrupación.

  - En las CNN, el tamaño de la entrada y la salida resultante son fijos. Es decir, una CNN recibe imágenes de tamaño fijo y las envía al nivel apropiado, junto con el nivel de confianza de su predicción.

- Los casos de uso de las CNN incluyen el reconocimiento facial, el análisis médico y la clasificación.

- **Redes neuronales recurrentes (RNN):** Se utilizan para encontrar patrones que evolucionan en el tiempo; para más detalle:

  - Las RNN son más adecuadas para analizar datos secuenciales temporales, como texto o vídeos.

  - Las RNN retroalimentan los resultados a la red (más sobre este punto a continuación).

  - En las RNN, el tamaño de la entrada y la salida resultante pueden variar.

  - Los casos de uso para RNN incluyen traducción de texto, procesamiento de lenguaje natural, análisis de sentimientos y análisis de voz.

¿Qué hace el científico de datos con los patrones?

- **Analítica descriptiva:** Descripción de lo que está pasando.

- **Analítica predictiva:** Lo que pasará en el futuro.

6.2.6 Implementación del primer modelo

Para la implementación del primer modelo, se utilizará la siguiente fuente de datos:

https://www.kaggle.com/mustafaali96/weight-height

Esta fuente de datos posee 10 000 registros y proporciona el sexo, la altura y el peso de la persona. Se tiene que construir y entrenar un modelo en este conjunto de datos para que pueda predecir el peso de una persona, dada su altura.

Para el primer ejemplo, se utilizará la fuente de datos:

Ejemplo1.ipynb

Paso 1:

Importe las librerías que usar.

```
import pandas as pd
import numpy as np
import matplotlib as plt
from sklearn.model_selection import train_test_split
```

ANÁLISIS DE DATOS CON **PYTHON 3**

MAG. JORGE SANTIAGO NOLASCO VALENZUELA | DR. JAVIER ARTURO GAMBOA CRUZADO | MAG. LUZ ELENA NOLASCO VALENZUELA | MAG. JYMMY STUWART DEXTRE ALARCÓN

Paso 2:

Lectura de datos en memoria RAM.

```
df1 = pd.read_csv('weight-height.csv')
```

```
df1 = pd.read_csv('weight-height.csv')
df1
```

	Gender	Height	Weight
0	Male	73.847017	241.893563
1	Male	68.781904	162.310473
2	Male	74.110105	212.740856
3	Male	71.730978	220.042470
4	Male	69.881796	206.349801
...	...	...	...
9995	Female	66.172652	136.777454
9996	Female	67.067155	170.867906
9997	Female	63.867992	128.475319
9998	Female	69.034243	163.852461
9999	Female	61.944246	113.649103

10000 rows × 3 columns

Paso 3:

El método info retorna básicamente el número de registros, los nombres de las columnas y los tipos de columnas.

```
df1.info()
```

```
df1.info()
<class 'pandas.core.frame.DataFrame'>
RangeIndex: 10000 entries, 0 to 9999
Data columns (total 3 columns):
 #   Column  Non-Null Count  Dtype
---  ------  --------------  -----
 0   Gender  10000 non-null  object
 1   Height  10000 non-null  float64
 2   Weight  10000 non-null  float64
dtypes: float64(2), object(1)
memory usage: 234.5+ KB
```

El método de describe muestra información estadística básica sobre los valores numéricos del conjunto de datos como media, desviación estándar, percentil, mínimo y máximo.

```
df1.describe()
```

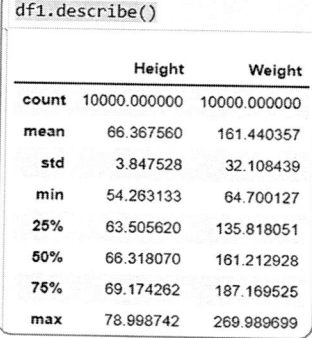

```
df1.describe()
```

	Height	Weight
count	10000.000000	10000.000000
mean	66.367560	161.440357
std	3.847528	32.108439
min	54.263133	64.700127
25%	63.505620	135.818051
50%	66.318070	161.212928
75%	69.174262	187.169525
max	78.998742	269.989699

El método isnull().sum() se usa básicamente para verificar si hay valores nulos en el conjunto de datos. Esto enumerará el número de valores nulos en cada columna.

```
df1.isnull().sum()
```

```
df1.isnull().sum()

Gender    0
Height    0
Weight    0
dtype: int64
```

Paso 4:

Grafique la nube de puntos.

```
df1.plot(kind='scatter',x='Height',y='Weight',title='Tamaño vs Peso',color='blue')
```

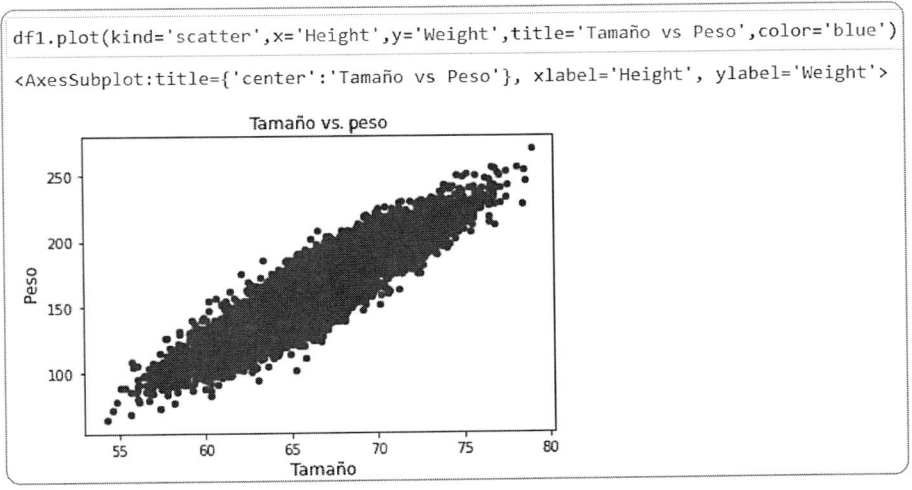

Paso 5:

Encuentre la ecuación lineal que define la recta que pueda representar mejor la realidad.

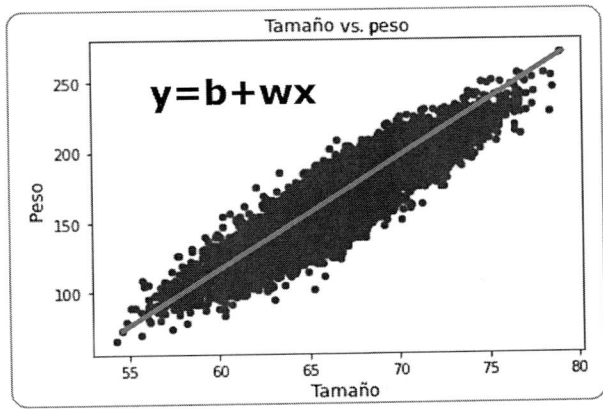

188

ANÁLISIS DE DATOS CON **PYTHON 3**

MAG. JORGE SANTIAGO NOLASCO VALENZUELA | DR. JAVIER ARTURO GAMBOA CRUZADO | MAG. LUZ ELENA NOLASCO VALENZUELA | MAG. JYMMY STUWART DEXTRE ALARCÓN

```
def linea(x,w,b):
    y=b+w*x
    return y
```

Paso 6:

Primeros parámetros. Coloque los valores de la altura dentro de una array y defina un valor fijo de w y b.

```
altura=df1['Height'].values
w=1.5
b=0
```

Paso 7:

Pruebe su primera hipótesis.

```
altura

array([73.84701702, 68.78190405, 74.11010539, ..., 63.86799221,
       69.03424313, 61.94424588])
```

```
y

array([110.77052553, 103.17285607, 111.16515809, ...,  95.80198832,
       103.5513647 ,  92.91636882])
```

Por ejemplo, para un valor de altura de 73.84701702 pulgadas pesa 241.893563 libras.

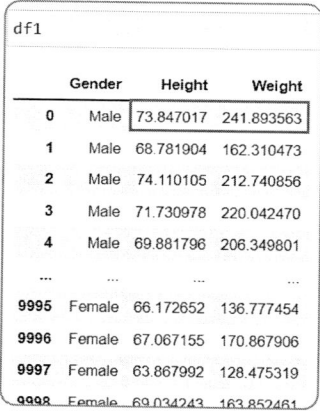

df1	Gender	Height	Weight
0	Male	73.847017	241.893563
1	Male	68.781904	162.310473
2	Male	74.110105	212.740856
3	Male	71.730978	220.042470
4	Male	69.881796	206.349801
...	...	...	...
9995	Female	66.172652	136.777454
9996	Female	67.067155	170.867906
9997	Female	63.867992	128.475319
9998	Female	69.034243	163.852461

Paso 8:

Compruebe si la nueva recta representa la realidad.

```
import matplotlib.pyplot as plt
df1.plot(kind='scatter',x='Height',y='Weight',title='Tamaño vs Peso',color='blue')
plt.plot(altura,y,color='red',linewidth=3)
```

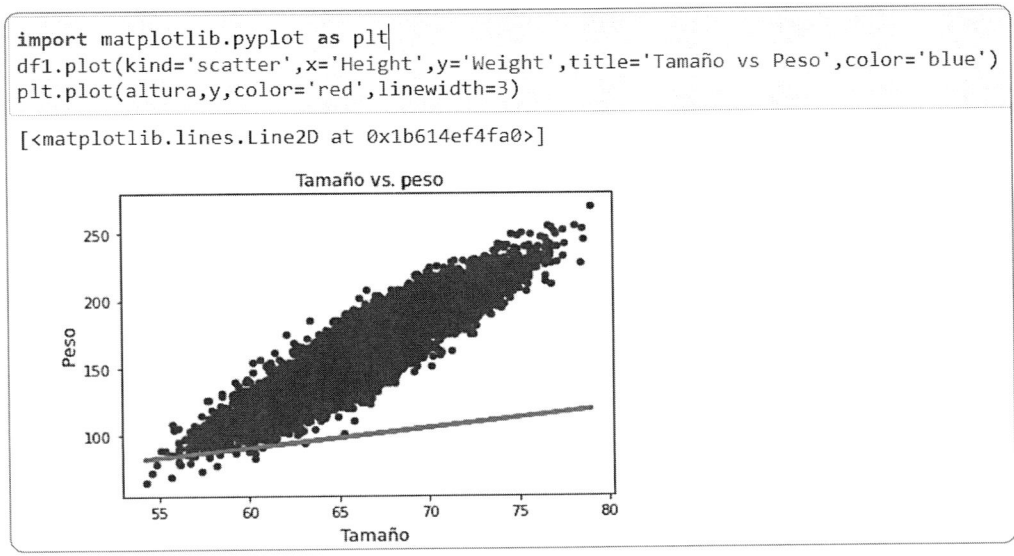

Paso 9:

Calibre otra vez el modelo (segunda prueba). Coloque los valores de la altura dentro de una array y defina un valor fijo de w y b.

```
altura=df1['Height'].values
w=2.7
b=0
```

Paso 10:

Ahora compruebe si la nueva recta representa la realidad.

```
import matplotlib.pyplot as plt
df1.plot(kind='scatter',x='Height',y='Weight',title='Tamaño vs Peso',color='blue')
plt.plot(altura,y,color='red',linewidth=3)
```

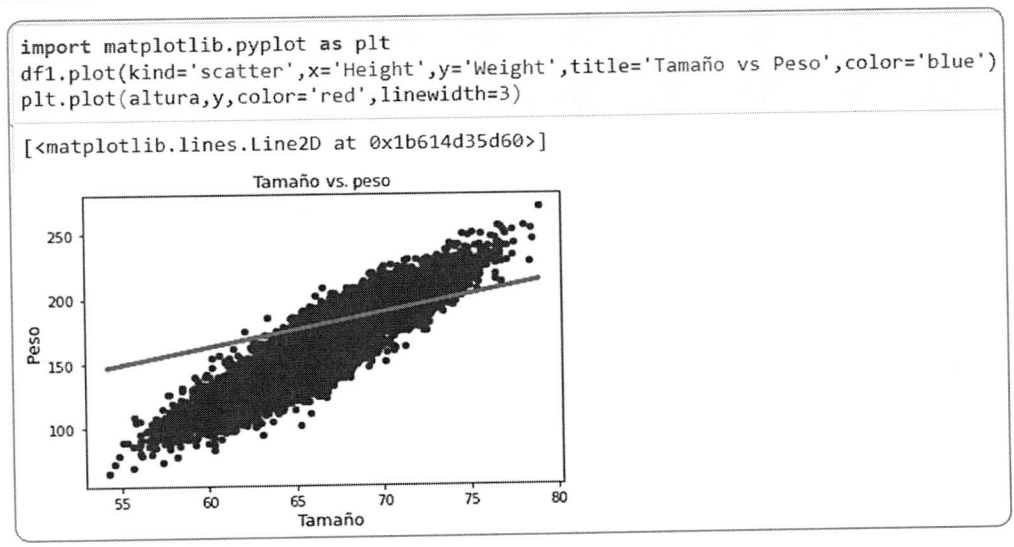

190

ANÁLISIS DE DATOS CON **PYTHON 3**

MAG. JORGE SANTIAGO NOLASCO VALENZUELA | DR. JAVIER ARTURO GAMBOA CRUZADO | MAG. LUZ ELENA NOLASCO VALENZUELA | MAG. JYMMY STUWART DEXTRE ALARCÓN

6.2.7 Implementación del segundo modelo

Para su segundo modelo, siga utilizando la fuente de datos:

https://www.kaggle.com/mustafaali96/weight-height

Ejemplo2.ipynb

Paso 1:

Importe las librerías que usar.

```python
%matplotlib inline
import pandas as pd
import numpy as np
import matplotlib.pyplot as plt
```

```python
from sklearn.model_selection import train_test_split
from keras.models import Sequential
from keras.layers import Dense
from tensorflow.keras.optimizers import Adam, SGD
from sklearn.metrics import r2_score
```

Paso 2:

Lectura de datos en memoria RAM.

```python
df2 = pd.read_csv('weight-height.csv')
```

```python
df2 = pd.read_csv('weight-height.csv')
df2
```

	Gender	Height	Weight
0	Male	73.847017	241.893563
1	Male	68.781904	162.310473
2	Male	74.110105	212.740856
3	Male	71.730978	220.042470
4	Male	69.881796	206.349801
...	...	...	...
9995	Female	66.172652	136.777454
9996	Female	67.067155	170.867906
9997	Female	63.867992	128.475319
9998	Female	69.034243	163.852461
9999	Female	61.944246	113.649103

10000 rows × 3 columns

Paso 3:

El método info retorna básicamente el número de registros, los nombres de las columnas y los tipos de columnas.

```
df1.info()
```

```
df1.info()
<class 'pandas.core.frame.DataFrame'>
RangeIndex: 10000 entries, 0 to 9999
Data columns (total 3 columns):
 #   Column  Non-Null Count  Dtype
---  ------  --------------  -----
 0   Gender  10000 non-null  object
 1   Height  10000 non-null  float64
 2   Weight  10000 non-null  float64
dtypes: float64(2), object(1)
memory usage: 234.5+ KB
```

El método de describe muestra información estadística básica sobre los valores numéricos del conjunto de datos como media, desviación estándar, percentil, mínimo y máximo.

```
df1.describe()
```

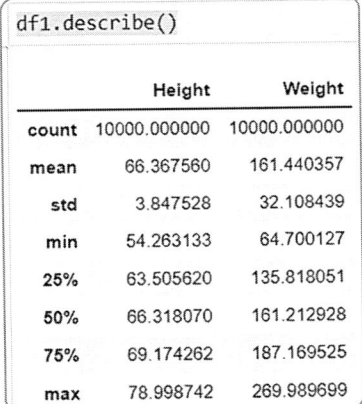

df1.describe()

	Height	Weight
count	10000.000000	10000.000000
mean	66.367560	161.440357
std	3.847528	32.108439
min	54.263133	64.700127
25%	63.505620	135.818051
50%	66.318070	161.212928
75%	69.174262	187.169525
max	78.998742	269.989699

El método isnull().sum() se usa básicamente para verificar si hay valores nulos en el conjunto de datos. Esto enumerará el número de valores nulos en cada columna.

```
df1.isnull().sum()
```

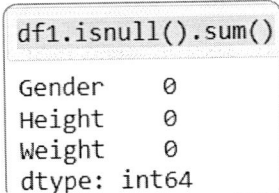

```
df1.isnull().sum()

Gender    0
Height    0
Weight    0
dtype: int64
```

ANÁLISIS DE DATOS CON **PYTHON 3**

MAG. JORGE SANTIAGO NOLASCO VALENZUELA | DR. JAVIER ARTURO GAMBOA CRUZADO | MAG. LUZ ELENA NOLASCO VALENZUELA | MAG. JYMMY STUWART DEXTRE ALARCÓN

Paso 4:

Cree un modelo (construya un modelo de capas tras otro).

```
modelo=Sequential()
```

Paso 5:

Agregue al modelo una capa de procesamiento con un solo perceptrón e indique con un solo feature.

```
modelo.add(Dense(1,input_shape=(1,)))
```

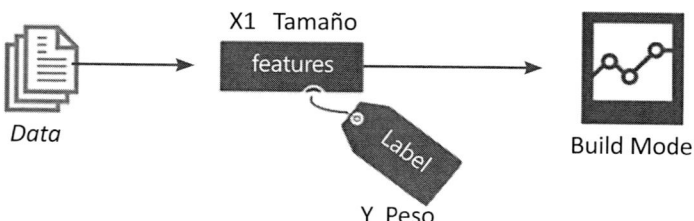

Agregamos al modelo:

Una neurona ← Un feature ←

```
modelo.add(Dense(1,input_shape=(1,)))
```

Paso 6:

Observe la estructura del modelo.

```
modelo.summary()

Model: "sequential_1"
_____
 Layer (type)                Output Shape              Param #
=================================================================
 dense_1 (Dense)             (None, 1)                 2


=================================================================
Total params: 2
Trainable params: 2
Non-trainable params: 0
```

Paso 7:

Ahora compile el modelo, indique el optimizador y la medida del error.

```
modelo.compile(Adam(lr=0.8),'mean_squared_error')
```

Paso 8:

Defina el feature y label.

```
altura=df2['Height'].values
peso=df2['Weight'].values
```

Paso 9:

Pruebe el modelo con 40 interacciones.

```
modelo.fit(altura,peso,epochs=40)
```

```
Epoch 1/40
313/313 [==============================] - 1s 813us/step - loss: 843.5265
Epoch 2/40
313/313 [==============================] - 0s 791us/step - loss: 537.0654
Epoch 3/40
313/313 [==============================] - 0s 784us/step - loss: 515.2775
Epoch 4/40
313/313 [==============================] - 0s 781us/step - loss: 481.3263
Epoch 5/40
313/313 [==============================] - 0s 749us/step - loss: 419.7967
Epoch 6/40
313/313 [==============================] - 0s 808us/step - loss: 378.9871
Epoch 7/40
313/313 [==============================] - 0s 885us/step - loss: 337.2408
Epoch 8/40
313/313 [==============================] - 0s 1ms/step - loss: 313.9571
Epoch 9/40
313/313 [==============================] - 0s 784us/step - loss: 292.7924
Epoch 10/40
313/313 [==============================] - 0s 817us/step - loss: 248.0471
Epoch 11/40
313/313 [==============================] - 0s 952us/step - loss: 239.0977
Epoch 12/40
313/313 [==============================] - 0s 850us/step - loss: 222.3888
Epoch 13/40
313/313 [==============================] - 0s 903us/step - loss: 222.1091
Epoch 14/40
313/313 [==============================] - 0s 1ms/step - loss: 215.3591
Epoch 15/40
313/313 [==============================] - 0s 883us/step - loss: 198.3235
```

194

ANÁLISIS DE DATOS CON **PYTHON 3**

MAG. JORGE SANTIAGO NOLASCO VALENZUELA | DR. JAVIER ARTURO GAMBOA CRUZADO | MAG. LUZ ELENA NOLASCO VALENZUELA | MAG. JYMMY STUWART DEXTRE ALARCÓN

```
Epoch 16/40
313/313 [==============================] - 0s 853us/step - loss: 205.0443
Epoch 17/40
313/313 [==============================] - 0s 869us/step - loss: 210.6951
Epoch 18/40
313/313 [==============================] - 0s 863us/step - loss: 182.0497
Epoch 19/40
313/313 [==============================] - 0s 1ms/step - loss: 189.0648
Epoch 20/40
313/313 [==============================] - 0s 877us/step - loss: 184.7710
Epoch 21/40
313/313 [==============================] - 0s 830us/step - loss: 173.7276
Epoch 22/40
313/313 [==============================] - 0s 975us/step - loss: 176.8873
Epoch 23/40
313/313 [==============================] - 0s 944us/step - loss: 175.1493
Epoch 24/40
313/313 [==============================] - 0s 866us/step - loss: 181.2172
Epoch 25/40
313/313 [==============================] - 0s 1ms/step - loss: 189.8932
Epoch 26/40
313/313 [==============================] - 0s 1ms/step - loss: 186.9314
Epoch 27/40
313/313 [==============================] - 0s 1ms/step - loss: 169.8294
Epoch 28/40
313/313 [==============================] - 0s 1ms/step - loss: 163.6477
Epoch 29/40
313/313 [==============================] - 0s 1ms/step - loss: 188.2077
Epoch 30/40
313/313 [==============================] - 0s 1ms/step - loss: 178.2732
Epoch 31/40
313/313 [==============================] - 0s 941us/step - loss: 180.7969
Epoch 32/40
313/313 [==============================] - 0s 1ms/step - loss: 185.5968
Epoch 33/40
313/313 [==============================] - 0s 910us/step - loss: 173.8807
Epoch 34/40
313/313 [==============================] - 0s 1ms/step - loss: 181.8087
```

```
Epoch  35/40
313/313 [==============================] - 0s 1ms/step - loss: 183.0084
Epoch  36/40
313/313 [==============================] - 0s 1ms/step - loss: 173.0110
Epoch  37/40
313/313 [==============================] - 0s 985us/step - loss: 185.9484
Epoch  38/40
313/313 [==============================] - 0s 1ms/step - loss: 178.2647
Epoch  39/40
313/313 [==============================] - 0s 1ms/step - loss: 169.4857
Epoch  40/40
313/313 [==============================] - 0s 1ms/step - loss: 167.5164
```

Nota Observe la disminución de la medida del error.

Paso 10:

Observe los resultados del modelo mediante una predicción.

```
prediccion=modelo.predict(altura)
prediccion
```

Paso 11:

Compare lo real con la predicción.

```
array([[217.22778 ],
       [178.39502 ],
       [219.24487 ],
       ...,
       [140.7214  ],
       [180.32959 ],
       [125.972534]], dtype=float32)
```

	Gender	Height	Weight
0	Male	73.847017	241.893563
1	Male	68.781904	162.310473
2	Male	74.110105	212.740856
3	Male	71.730978	220.042470
4	Male	69.881796	206.349801

Nota Una persona que mide 73.847017 pulgadas debe pesar 241.893563 libras. Predijo 217.22778 libras.

196

ANÁLISIS DE DATOS CON **PYTHON 3**

MAG. JORGE SANTIAGO NOLASCO VALENZUELA | DR. JAVIER ARTURO GAMBOA CRUZADO | MAG. LUZ ELENA NOLASCO VALENZUELA | MAG. JYMMY STUWART DEXTRE ALARCÓN

Paso 12:

Ahora grafique el resultado.

```
plt.plot(altura,peso,'.')
plt.plot(altura,prediccion,color='red',linewidth=3)
```

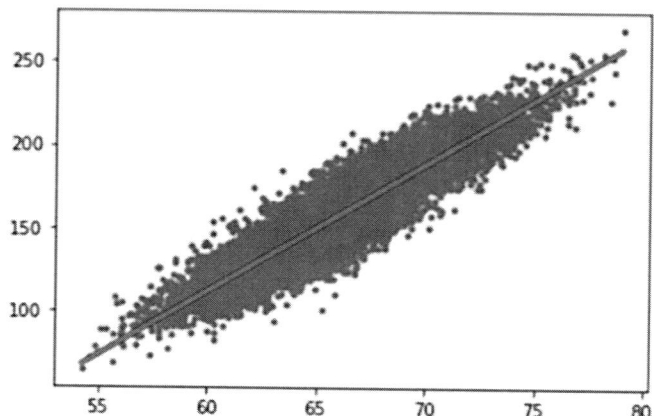

Paso 13:

Calcule el coeficiente de determinación, también llamado puntuación R 2. Se utiliza para evaluar el rendimiento de un modelo de regresión lineal.

```
r2_score(peso,prediccion)
```

```
r2_score(peso,prediccion)
0.8247097125951298
```

6.2.8 Implementación del tercer modelo

Para el tercer modelo, siga utilizando la fuente de datos:

https://www.kaggle.com/mustafaali96/weight-height

Ejemplo3.ipynb

Paso 1:

Importe las librerías que usar.

```
%matplotlib inline
import pandas as pd
import numpy as np
import matplotlib.pyplot as plt
```

```
from sklearn.model_selection import train_test_split
from keras.models import Sequential
from keras.layers import Dense
from tensorflow.keras.optimizers import Adam, SGD
from sklearn.metrics import r2_score
```

Paso 2:

Lectura de datos en memoria RAM.

```
Df3 = pd.read_csv('weight-height.csv')
```

```
df3 = pd.read_csv('weight-height.csv')
df3
```

	Gender	Height	Weight
0	Male	73.847017	241.893563
1	Male	68.781904	162.310473
2	Male	74.110105	212.740856
3	Male	71.730978	220.042470
4	Male	69.881796	206.349801
...	...	...	...
9995	Female	66.172652	136.777454
9996	Female	67.067155	170.867906
9997	Female	63.867992	128.475319
9998	Female	69.034243	163.852461
9999	Female	61.944246	113.649103

10000 rows × 3 columns

Paso 3:

El método info retorna básicamente el número de registros, los nombres de las columnas y los tipos de columnas.

```
df3.info()
```

```
df3.info()

<class 'pandas.core.frame.DataFrame'>
RangeIndex: 10000 entries, 0 to 9999
Data columns (total 3 columns):
 #   Column  Non-Null Count  Dtype
---  ------  --------------  -----
 0   Gender  10000 non-null  object
 1   Height  10000 non-null  float64
 2   Weight  10000 non-null  float64
dtypes: float64(2), object(1)
memory usage: 234.5+ KB
```

198

ANÁLISIS DE DATOS CON **PYTHON 3**

MAG. JORGE SANTIAGO NOLASCO VALENZUELA | DR. JAVIER ARTURO GAMBOA CRUZADO | MAG. LUZ ELENA NOLASCO VALENZUELA | MAG. JYMMY STUWART DEXTRE ALARCÓN

El método de describe muestra información estadística básica sobre los valores numéricos del conjunto de datos, como media, desviación estándar, percentil, mínimo y máximo.

```
df3.describe()
```

df3.describe()

	Height	Weight
count	10000.000000	10000.000000
mean	66.367560	161.440357
std	3.847528	32.108439
min	54.263133	64.700127
25%	63.505620	135.818051
50%	66.318070	161.212928
75%	69.174262	187.169525
max	78.998742	269.989699

El método isnull().sum() se usa básicamente para verificar si hay valores nulos en el conjunto de datos. Esto enumerará el número de valores nulos en cada columna.

```
df3.isnull().sum()
```

```
df3.isnull().sum()

Gender      0
Height      0
Weight      0
dtype: int64
```

Paso 4:

Defina el feature y label.

```
altura=df3['Height'].values

peso=df3['Weight'].values
```

```
altura=df3['Height'].values
peso=df3['Weight'].values
```

Paso 5:

Defina los datos de entrenamiento y verificación para feature y label. Utilice 8000 registros para entrenamiento y 2000 para verificación.

```
altura_entrenamiento,altura_verificacion,peso_entrenamiento,peso_verificacion=train_
test_split(altura,peso,test_size=0.2)
```

Paso 6:

Cree un modelo (construya un modelo de capas uno tras otro).

```
modelo=Sequential()
```

Paso 7:

Agregue al modelo una capa de procesamiento con un solo perceptrón e indique con un solo feature.

```
modelo.add(Dense(1,input_shape=(1,)))
```

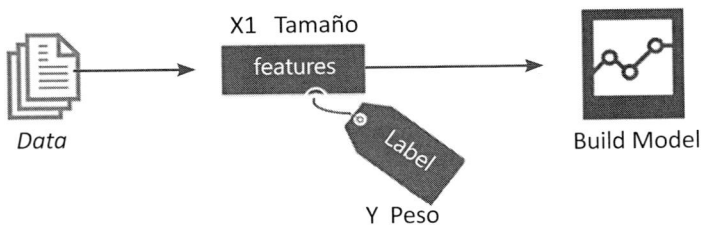

Paso 8:

Compile el modelo; indique el optimizador y la medida del error.

```
modelo.compile(Adam(lr=0.8),'mean_squared_error')
```

Algo de teoría sobre el optimizador Adam (Adaptive moment estimation): El algoritmo Adam combina las bondades de AdaGrad y RMSProp. Se mantiene un factor de entrenamiento por parámetro y, además de calcular RMSProp, cada factor de entrenamiento también se ve afectado por la media del momentum del gradiente.

Como se acaba de comprobar, los algoritmos más recientes como Adam están construidos sobre la base de sus predecesores, por lo tanto, podremos esperar que su rendimiento sea superior.

El optimizador Adam no ayuda a evitar el retroceso a errores mayores.

Paso 9:

Pruebe el modelo con 40 interacciones, solo con la data del entrenamiento.

```
modelo.fit(altura_entrenamiento, peso_entrenamiento, epochs=40
```

```
Epoch 1/40
250/250 [==============================] - 1s 2ms/step - loss: 1712.2957
Epoch 2/40
250/250 [==============================] - 1s 3ms/step - loss: 569.0533
```

200

ANÁLISIS DE DATOS CON **PYTHON 3**

MAG. JORGE SANTIAGO NOLASCO VALENZUELA | DR. JAVIER ARTURO GAMBOA CRUZADO | MAG. LUZ ELENA NOLASCO VALENZUELA | MAG. JYMMY STUWART DEXTRE ALARCÓN

```
Epoch 3/40
250/250 [==============================] - 1s 3ms/step - loss: 548.4662
Epoch 4/40
250/250 [==============================] - 1s 3ms/step - loss: 536.4041
Epoch 5/40
250/250 [==============================] - 1s 3ms/step - loss: 505.0237
Epoch 6/40
250/250 [==============================] - 1s 3ms/step - loss: 476.8528
Epoch 7/40
250/250 [==============================] - 1s 3ms/step - loss: 430.6902
Epoch 8/40
250/250 [==============================] - 1s 3ms/step - loss: 411.4771
Epoch 9/40
250/250 [==============================] - 1s 2ms/step - loss: 380.4732
Epoch 10/40
250/250 [==============================] - 0s 1ms/step - loss: 359.0861
Epoch 11/40
250/250 [==============================] - 0s 1ms/step - loss: 334.8629
Epoch 12/40
250/250 [==============================] - 1s 2ms/step - loss: 302.8322
Epoch 13/40
250/250 [==============================] - 1s 2ms/step - loss: 285.8693
Epoch 14/40
250/250 [==============================] - 1s 3ms/step - loss: 278.2892
Epoch 15/40
250/250 [==============================] - 1s 3ms/step - loss: 255.1988
Epoch 16/40
250/250 [==============================] - 0s 2ms/step - loss: 237.6973
Epoch 17/40
250/250 [==============================] - 1s 2ms/step - loss: 231.0172
Epoch 18/40
250/250 [==============================] - 0s 2ms/step - loss: 217.8927
Epoch 19/40
250/250 [==============================] - 1s 3ms/step - loss: 213.6391
Epoch 20/40
250/250 [==============================] - 1s 3ms/step - loss: 215.4389
Epoch 21/40
250/250 [==============================] - 1s 2ms/step - loss: 190.1638
Epoch 22/40
250/250 [==============================] - 0s 1ms/step - loss: 197.2852
Epoch 23/40
```

```
250/250 [==============================] - 0s 1ms/step - loss: 192.2242
Epoch 24/40
250/250 [==============================] - 0s 1ms/step - loss: 206.4518
Epoch 25/40
250/250 [==============================] - 0s 2ms/step - loss: 183.9415
Epoch 26/40
250/250 [==============================] - 0s 2ms/step - loss: 186.1281
Epoch 27/40
250/250 [==============================] - 1s 3ms/step - loss: 185.9590
Epoch 28/40
250/250 [==============================] - 1s 3ms/step - loss: 176.5172
Epoch 29/40
250/250 [==============================] - 1s 3ms/step - loss: 180.9948
Epoch 30/40
250/250 [==============================] - 1s 3ms/step - loss: 187.0655
Epoch 31/40
250/250 [==============================] - 1s 3ms/step - loss: 173.9723
Epoch 32/40
250/250 [==============================] - 1s 3ms/step - loss: 177.9400
Epoch 33/40
250/250 [==============================] - 1s 3ms/step - loss: 174.6655
Epoch 34/40
250/250 [==============================] - 0s 1ms/step - loss: 179.2534
Epoch 35/40
250/250 [==============================] - 0s 2ms/step - loss: 186.3121
Epoch 36/40
250/250 [==============================] - 1s 3ms/step - loss: 178.9504
Epoch 37/40
250/250 [==============================] - 1s 3ms/step - loss: 190.4954
Epoch 38/40
250/250 [==============================] - 1s 3ms/step - loss: 185.1583
Epoch 39/40
250/250 [==============================] - 1s 3ms/step - loss: 183.0743
Epoch 40/40
250/250 [==============================] - 1s 3ms/step - loss: 177.2293
```

Nota Observe la disminución de la medida del error.

MAG. JORGE SANTIAGO NOLASCO VALENZUELA | DR. JAVIER ARTURO GAMBOA CRUZADO | MAG. LUZ ELENA NOLASCO VALENZUELA | MAG. JYMMY STUWART DEXTRE ALARCÓN

Paso 10:

Ahora observe los resultados del modelo mediante una predicción a través de los entrenamientos de altura.

```
Predicción_peso=modelo.predict(altura_entrenamiento).ravel()

Predicción_peso
```

```
array([181.9123 , 187.50012, 156.8028 , ...,  96.07486, 162.30737,
       145.25806], dtype=float32)
```

Paso 11:

Comparación de los pesos de entrenamiento con los pesos de predicción a través de la función de error cuadrático.

```
from sklearn.metrics import mean_squared_error as mse

mse(peso_entrenamiento,Predicción_peso)
```

```
from sklearn.metrics import mean_squared_error as mse
mse(peso_entrenamiento,Predicción_peso)

158.35020856281315
```

Paso12:

Ahora vea porcentualmente qué parecidos son los pesos de entrenamiento respecto a los pesos de predicción.

```
from sklearn.metrics import r2_score

r2_score(peso_entrenamiento,Predicción_peso)
```

```
from sklearn.metrics import r2_score
r2_score(peso_entrenamiento,Predicción_peso)

0.846039746329434
```

Nota

Del 100 % de patrones, se ha identificado el 84 %. Hay un 16 % que no se ha podido hallar.

Paso 13:

Observe los resultados del modelo mediante una predicción a través de la verificación de altura.

```
Predicción_peso_verificacion=modelo.predict(altura_verificacion).ravel()

Predicción_peso_verificacion
```

```
array([181.9123 , 187.50012, 156.8028 , ...,  96.07486, 162.30737,
       145.25806], dtype=float32)
```

Paso 14:

Comparación de los pesos de entrenamiento con los de predicción a través de la función de error cuadrático.

```
from sklearn.metrics import mean_squared_error as mse

mse(peso_verificacion,Predicción_peso_verificacion)
```

```
from sklearn.metrics import mean_squared_error as mse
mse(peso_verificacion,Predicción_peso_verificacion)

155.08539838188008
```

Paso 15:

Vea porcentualmente qué parecidos son los pesos de verificación respecto a los pesos de predicción.

```
from sklearn.metrics import r2_score

r2_score(peso_verificacion,Predicción_peso_verificacion)
```

```
from sklearn.metrics import r2_score
r2_score(peso_verificacion,Predicción_peso_verificacion)

0.8508344221590567
```

 Nota Del 100 % de patrones, se ha identificado el 85 %. Hay un 15 % que no se ha podido hallar.

En conclusión, se puede desplegar el modelo porque entre entrenamiento y verificación hay una coherencia: 84 % y 85 %.

7 Web scraping

7.1 Web scraping

Es una técnica utilizada mediante herramientas de software para extraer información de sitios web.

beautifulsoup4 y requests

urllib es un paquete que recopila varios módulos para trabajar con URL:

- urllib.request para abrir y leer URL
- urllib.error, que contiene las excepciones planteadas por urllib.request
- urllib.parse para analizar URL
- urllib.robotparser para analizar robots.txtarchivos

7.2 Obteniendo el contenido de una página web

Se procede a explicar cómo scrapear y obtener los datos de las entradas de la siguiente URL:

http://www.inkadroid.com/cms1/

Paso 1:

Instale los siguientes paquetes:

```
$ pip install beautifulsoup4
$ pip install requests
```

Paso 2:

Ahora analice la página para indicar qué porción extraerá. Acceda a la URL http://www.inkadroid.com/cms1/.

Paso 3:

Presione f12-Elements. Se desea extraer la información:

Bienvenido a la Página Oficial de Inkadroid

206

ANÁLISIS DE DATOS CON **PYTHON 3**

MAG. JORGE SANTIAGO NOLASCO VALENZUELA | DR. JAVIER ARTURO GAMBOA CRUZADO | MAG. LUZ ELENA NOLASCO VALENZUELA | MAG. JYMMY STUWART DEXTRE ALARCÓN

El contenido se encuentra en la siguiente etiqueta:

```
<h1 class="page-header text-center"> == $0
    "
                            Bienvenido a la Página Oficial de Inkadroid
                "
</h1>
```

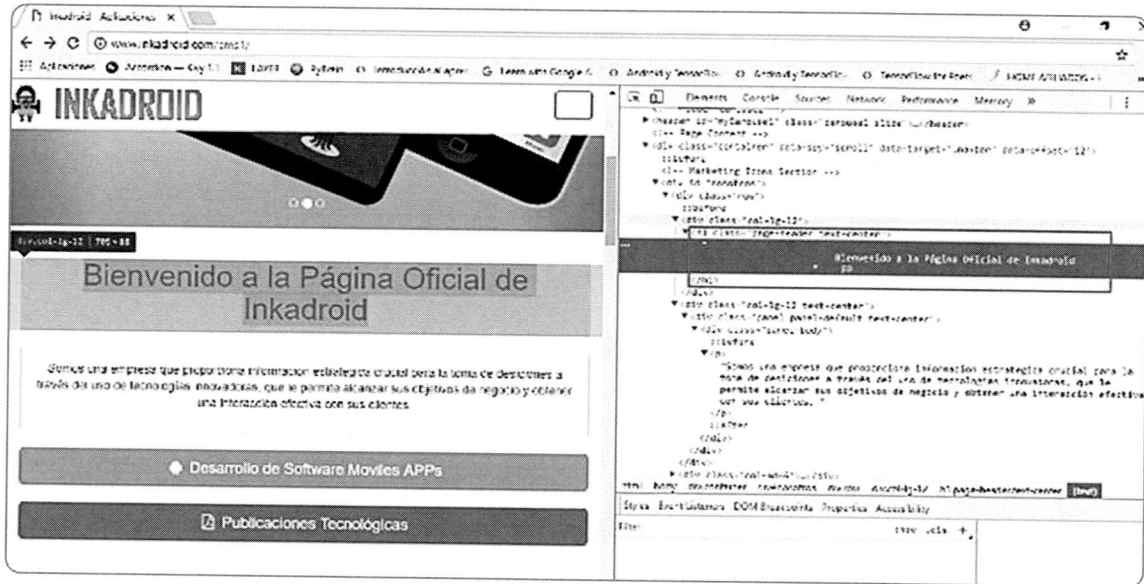

```
    Elements   Console   Sources   Network   Performance   Memory   »        ⊗ 1
    <!-- Header Carousel -->
    ▶<header id="myCarousel" class="carousel slide">…</header>
    <!-- Page Content -->
    ▼<div class="container" data-spy="scroll" data-target=".navbar" data-offset="12">
        ::before
        <!-- Marketing Icons Section -->
      ▼<div id="nosotros">
        ▼<div class="row">
            ::before
        ▼<div class="col-lg-12"> == $0
          ▼<h1 class="page-header text-center">
              "
                            Bienvenido a la Página Oficial de Inkadroid
              "
            </h1>
          </div>
        ▼<div class="col-lg-12 text-center">
          ▶<div class="panel panel-default text-center">…</div>
          </div>
        ▶<div class="col-md-6">…</div>
        ▶<div class="col-md-6">…</div>
          ::after
        </div>
      </div>
      <!-- /.juego -->
```

Escriba el código.

Scraping1.py

```python
#librerías necesarias
from bs4 import BeautifulSoup
import requests
URL = "http://www.inkadroid.com/cms1/"
#realizamos la peticion WEB
req = requests.get(URL)
#obtenemos el Status Code
codigo_estatus = req.status_code
# Comprobamos que la petición nos devuelve un Status Code = 200
if codigo_estatus == 200:
    # el contenido de la pagina web lo almacenamos a un objeto BeautifulSoup()
    html = BeautifulSoup(req.text, "html.parser")
    # Obtenemos el div y lo almacenamos en obtenidos
    obtenidos = html.find_all('div', {'class': 'col-lg-12'})
    # Recorremos obtenidos para extraer los datos
    for obtenido in obtenidos:
        try:
            mostrar=obtenido.find('h1', {'class': 'page-header text-center'}).
getText()
            # Imprimo los datos extraidos
            print("%s" % (mostrar))
        except:
            pass
else:
    #imprimir codigo de error
    print("ERROR",codigo_estatus)
```

208

ANÁLISIS DE DATOS CON **PYTHON 3**

MAG. JORGE SANTIAGO NOLASCO VALENZUELA | DR. JAVIER ARTURO GAMBOA CRUZADO | MAG. LUZ ELENA NOLASCO VALENZUELA | MAG. JYMMY STUWART DEXTRE ALARCÓN

Ejecutándose.

```
1   from bs4 import BeautifulSoup
2   import requests
3   URL = "http://www.inkadroid.com/cms1/"
4   req = requests.get(URL)
5   codigo_estatus = req.status_code
6   if codigo_estatus == 200:
7       html = BeautifulSoup(req.text, "html.parser")
8       entradas = html.find_all('div', {'class': 'col-lg-12'})
9       for entrada in entradas:
10          try:
11              mostrar=entrada.find('h1', {'class': 'page-header text-center'}).getText()
12              print("%s" % (mostrar))
13          except:
14              pass
15      else:
16          print("ERROR",codigo_estatus)
17
```

```
Run:    ejemplo4 ×
►   ↑   C:\Users\nolasco\AppData\Local\Programs\Python\Python36\python.exe C:/Users/nolasco/De
▪   ↓
‖   ⇄               Bienvenido a la PÃ¡gina Oficial de Inkadroid
```

IDE: PyCharm

7.3 Obteniendo una imagen de una web

Ahora analice la página para indicar qué imagen extraerá.

Paso 1:

Acceda a la URL https://elcomercio.pe/opinion/editorial/editorial-pobres-teoria-frente-amplio-gregorio-santos-pobreza-noticia-515833

Paso 2:

Presione f12-Elements para extraer la información:

> Bienvenido a la página oficial de Inkadroid

El contenido se encuentra en la siguiente etiqueta:

```
▼<div class="image">
    ▼<div id="m4450-4449-4451" class="image "> == $0
        <img alt="pobreza urbana" title="pobreza urbana" src="https://
        img.elcomercio.pe/files/article_content_ec_fotos/uploads/2018/04/
        28/5ae52e911390c.jpeg" style="display: inline;">
    </div>
```

Escriba el código.

Scraping2.py

```python
from PIL import Image
from urllib.request import urlretrieve
from bs4 import BeautifulSoup
import requests
URL = "https://elcomercio.pe/opinion/editorial/
editorial-pobres-teoria-frente-amplio-gregorio-santos-pobreza-noticia-515833"
#realizamos la peticion WEB
```

210

ANÁLISIS DE DATOS CON **PYTHON 3**

MAG. JORGE SANTIAGO NOLASCO VALENZUELA | DR. JAVIER ARTURO GAMBOA CRUZADO | MAG. LUZ ELENA NOLASCO VALENZUELA | MAG. JYMMY STUWART DEXTRE ALARCÓN

```python
req = requests.get(URL)
#obtenemos el Status Code
codigo_estatus = req.status_code
# el contenido de la pagina web lo almacenamos a un objeto BeautifulSoup()
html = BeautifulSoup(req.text, "html.parser")
try:
    imageLocation = html.find('div', {'id': 'm4450-4449-4451'}).find('img')['src']
    print(imageLocation)
    #recuperamos la imagen
    urlretrieve (imageLocation, 'logo4.jpg')
    #visualizamos la imagen extraida
    imagen = Image.open("logo4.jpg")
    imagen.show()
except:
    pass
```

Ejecutándose.

IDE: PyCharm

7.4 Obteniendo páginas

Ahora se brindan algunos ejemplos sobre extracción de datos de algunas páginas y se verán algunos tipos de codificación de texto.

Utilice el método urlopen
para abrir la solicitud.

```python
from urllib.request import urlopen
texto = urlopen("http://www.inkadroid.com/cv_jorge_nolasco.txt")
print(texto.read())
```

Imprima el archivo
cv_jorge_nolasco.txt.

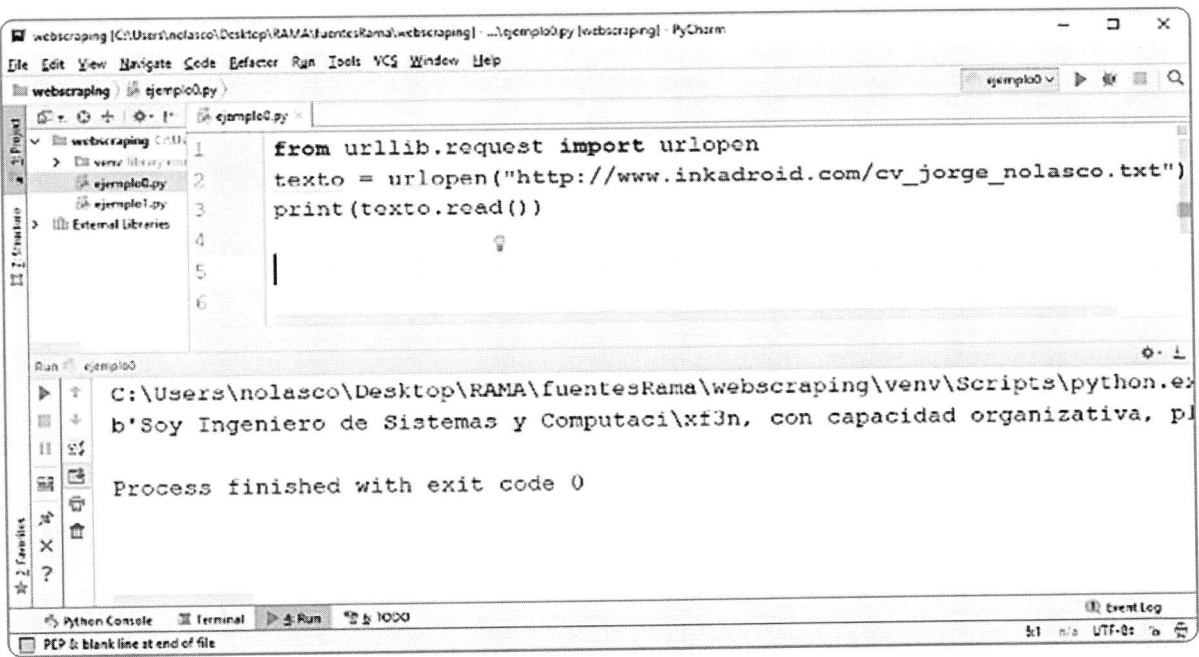

IDE: PyCharm

212

ANÁLISIS DE DATOS CON **PYTHON 3**

MAG. JORGE SANTIAGO NOLASCO VALENZUELA | DR. JAVIER ARTURO GAMBOA CRUZADO | MAG. LUZ ELENA NOLASCO VALENZUELA | MAG. JYMMY STUWART DEXTRE ALARCÓN

7.5 Obteniendo caracteres

Imprima los primeros quinientos caracteres de la siguiente web:

Utilice el método urlopen para abrir la solicitud.

```python
from urllib.request import urlopen

pagina = urlopen('https://www.cisco.com/')
pagina = pagina.read()
print(pagina[:500])
```

Imprima quinientos caracteres.

Lea el contenido de la página hacia la variable página.

IDE: PyCharm

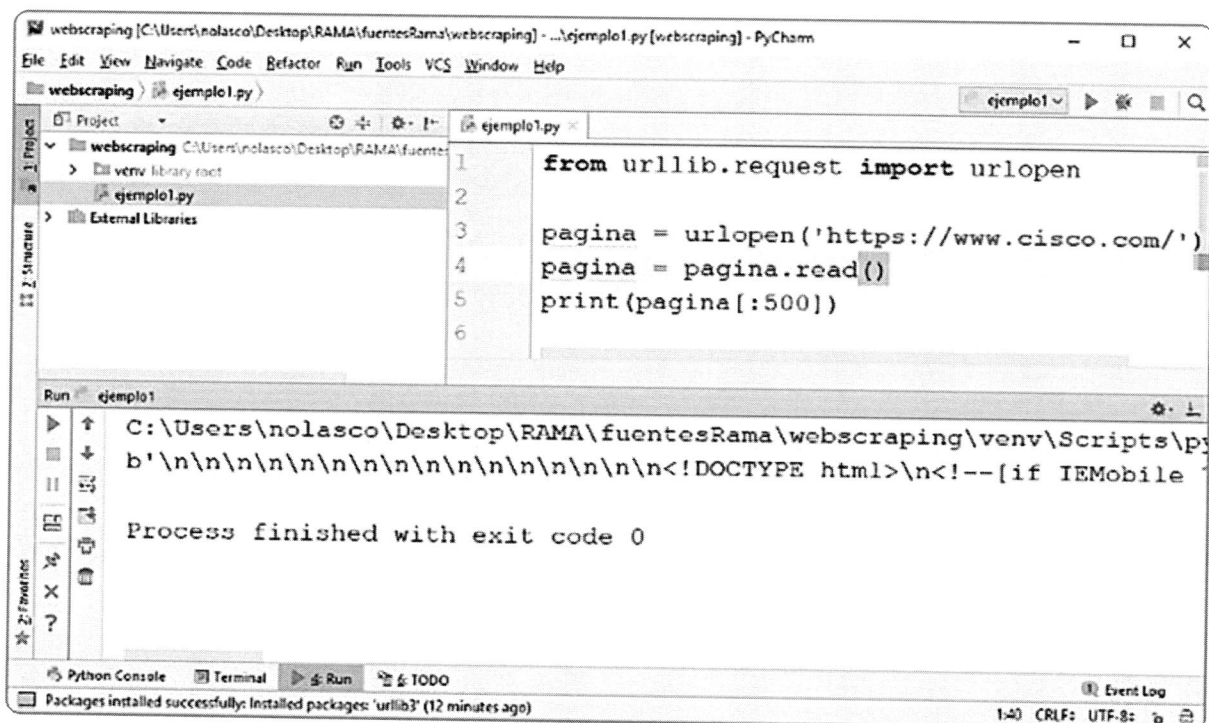

IDE: PyCharm

8 Procesamiento de imágenes

8.1 OpenCV

La visión es uno de los mecanismos sensoriales más importantes de los seres vivos superiores.

La visión artificial tiene por finalidad extraer información del mundo físico a partir de imágenes digitales utilizando un ordenador. Tiene aplicaciones en campos como los siguientes:

Automoción

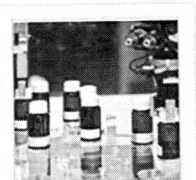

Farmacéutica

Robótica

Prod. de consumo

Alimentación

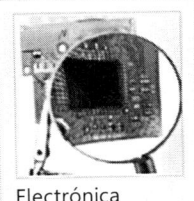

Electrónica

Metal-Decoletaje

Packaging

Solar

Plástico

214

ANÁLISIS DE DATOS CON **PYTHON 3**

MAG. JORGE SANTIAGO NOLASCO VALENZUELA | DR. JAVIER ARTURO GAMBOA CRUZADO | MAG. LUZ ELENA NOLASCO VALENZUELA | MAG. JYMMY STUWART DEXTRE ALARCÓN

8.2 Funciones importantes

8.2.1 imread

Utiliza la función cv2.imread() para leer una imagen. La imagen debe estar en el directorio de trabajo o debe ser señalada por una ruta absoluta. El segundo argumento es un indicador (o bandera) que especifica la forma como se debe leer la imagen.

- **cv2.IMREAD_COLOR**: Carga una imagen de color. Cualquier transparencia de la imagen se ignorará. Es el indicador (o bandera) predeterminado.

- **cv2.IMREAD_GRAYSCALE**: Carga la imagen en modo de escala de grises.

- **cv2.IMREAD_UNCHANGED**: Carga la imagen sin alteraciones, incluido el canal alfa.

8.2.2 imshow

Utiliza la función cv2.imshow() para mostrar una imagen en una ventana. Esta se ajusta automáticamente al tamaño de la imagen.

El primer argumento es un nombre de ventana, que es una cadena (tipo de dato string). El segundo argumento es nuestra imagen. Se pueden crear tantas ventanas como se desee, pero con nombres diferentes de ventana.

```
cv2.imshow('image',img)
cv2.waitKey(0)
cv2.destroyAllWindows()
```

- **cv2.waitKey ()**: Función de enlace con el teclado. Su argumento es tiempo en milisegundos. La función espera durante milisegundos especificados que suceda cualquier evento de teclado. Si presiona cualquier tecla en ese momento, el programa continúa. Si se pasa el valor 0, la espera del evento es indefinida hasta que se presione una tecla. También se puede configurar para detectar pulsaciones de teclas específicas; por ejemplo, si se presiona tecla a tecla, etc., lo cual se verá más adelante.

- **cv2.destroyAllWindows()**: Esta función destruye todas las ventanas que hemos creado. Si desea destruir una ventana específica, utilice la función cv2.destroyWindow (), en la que se pasa el nombre de la ventana a eliminar como argumento.

- **imread**: Utiliza la función cv2.imread() para leer una imagen, la que debe estar en el directorio de trabajo o se ha de señalar con una ruta absoluta. El segundo argumento es un indicador (o bandera) que especifica la forma como se debe leer la imagen.

  - **cv2.IMREAD_COLOR**: Carga una imagen de color. Cualquier transparencia de la imagen se ignorará. Es el indicador (o bandera) predeterminado.

  - **cv2.IMREAD_GRAYSCALE**: Carga la imagen en modo de escala de grises.

  - **cv2.IMREAD_UNCHANGED**: Carga la imagen sin alteraciones, incluido el canal alfa.

- **imwrite:** Utiliza la función cv2.imwrite () para guardar una imagen. El primer argumento es el nombre del archivo y el segundo es la imagen que desea guardar.

```
cv2.imwrite('deepgris.png',img)
```

8.3 Leer imágenes

OpenCV proporciona la función imread() para leer imágenes; puede admitir diferentes formatos de imágenes, como PNG, JPEG y TIFF.

```
import cv2
img=cv2.imread('imagen.jpg')
cv2.imshow('leyendo',img)
cv2.waitKey()
```

Notebook: Jupyter

8.4 Escribir imágenes

OpenCV proporciona la función imwrite () para escribir imágenes; puede admitir diferentes formatos de imágenes, como PNG, JPEG y TIFF.

```
import cv2
img=cv2.imread('imagen.jpg')
cv2.imshow('nueva imagen',img)
cv2.imwrite('output.jpg',img)
cv2.waitKey()
```

216

ANÁLISIS DE DATOS CON **PYTHON 3**

MAG. JORGE SANTIAGO NOLASCO VALENZUELA | DR. JAVIER ARTURO GAMBOA CRUZADO | MAG. LUZ ELENA NOLASCO VALENZUELA | MAG. JYMMY STUWART DEXTRE ALARCÓN

8.5 Cambiando el formato de una imagen

También se puede guardar esta imagen como un archivo y cambiar el formato de imagen original a PNG.

```python
import cv2
img = cv2.imread('imagen.jpg')
cv2.imwrite('nuevo.png', img, [cv2.IMWRITE_PNG_COMPRESSION])
```

El método imwrite () guardará la imagen en escala de grises como un archivo de salida llamado output.png. Esto se hace usando compresión PNG con la ayuda de ImwriteFlag y cv2.IMWRITE_PNG_COMPRESSION. El ImwriteFlag permite que la imagen de salida cambie el formato o, incluso, la calidad de la imagen.

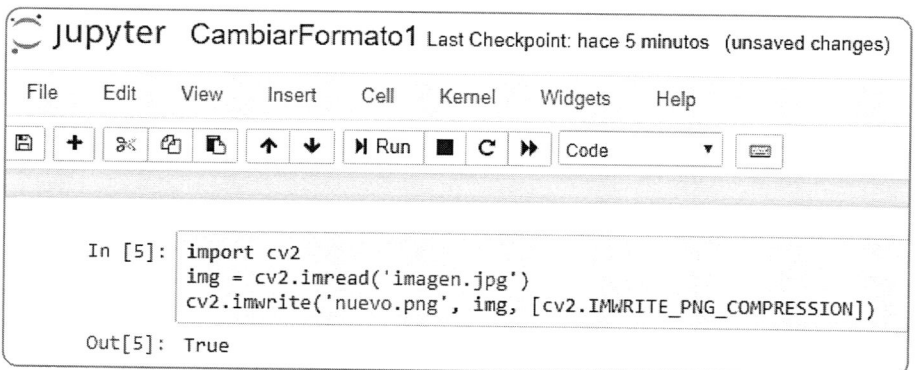

8.6 Modelo de color YUV

YUV es un espacio de color típicamente usado como parte de un sistema de procesamiento de imagen en color. Una imagen o un vídeo en color se codifica en este espacio de color teniendo en cuenta la percepción humana. Ello permite un ancho de banda reducido para los componentes de diferencia de color o crominancia. De esta forma, hace que los errores de transmisión o las imperfecciones de compresión se oculten más eficientemente a la percepción humana que usando una representación RGB directa. Otros espacios de color tienen propiedades similares, y la principal razón para implementar o investigar las propiedades de YUV o de su similar, YUV se encuentra en interactuar con televisión analógica o digital o con equipo fotográfico que sea conforme a ciertos estándares de este espacio.

A continuación se muestran las relaciones entre Y y R, entre G y B, entre U, R y luminancia, y, finalmente, entre V, B y luminancia.

- $Y = 0.299R + 0.587G + 0.114B$

- $U = -0.147R - 0.289G + 0.436B = 0.492(B - Y)$

- $V = 0.615R - 0.515G - 0.100B = 0.877(R - Y)$

Por lo tanto, U a veces se escribe como Cr y V a veces se escribe como Cb, de ahí la notación YCrCb.

| Original | Y | U | V |

8.7 Modelo de color YUV (división de colores)

YUV es un espacio de color típicamente usado como parte de un sistema de procesamiento de imagen en color. Una imagen o vídeo en color se codifica en este espacio de color teniendo en cuenta la percepción humana, lo que permite un ancho; por ejemplo:

```python
import cv2
img = cv2.imread('imagen.jpg', cv2.IMREAD_COLOR)
gris_img = cv2.cvtColor(img, cv2.COLOR_RGB2GRAY)
yuv_img = cv2.cvtColor(img, cv2.COLOR_BGR2YUV)
y,u,v = cv2.split(yuv_img)
cv2.imshow('Imagen en Escala Gris', gris_img)
# Y luminancia Y=0.299Z+0.587G+0.114B
cv2.imshow('Y', y)
# U crominancia U=B-Y
cv2.imshow('U', u)
# V crominancia U=R-Y
cv2.imshow('V', v)
cv2.waitKey()
```

MAG. JORGE SANTIAGO NOLASCO VALENZUELA | DR. JAVIER ARTURO GAMBOA CRUZADO | MAG. LUZ ELENA NOLASCO VALENZUELA | MAG. JYMMY STUWART DEXTRE ALARCÓN

A continuación, se observa una imagen en escala de grises.

Y luminancia $Y = 0.2992 + 0.587G + 0.114B$

U crominancia U = B − Y

V crominancia U = R − Y

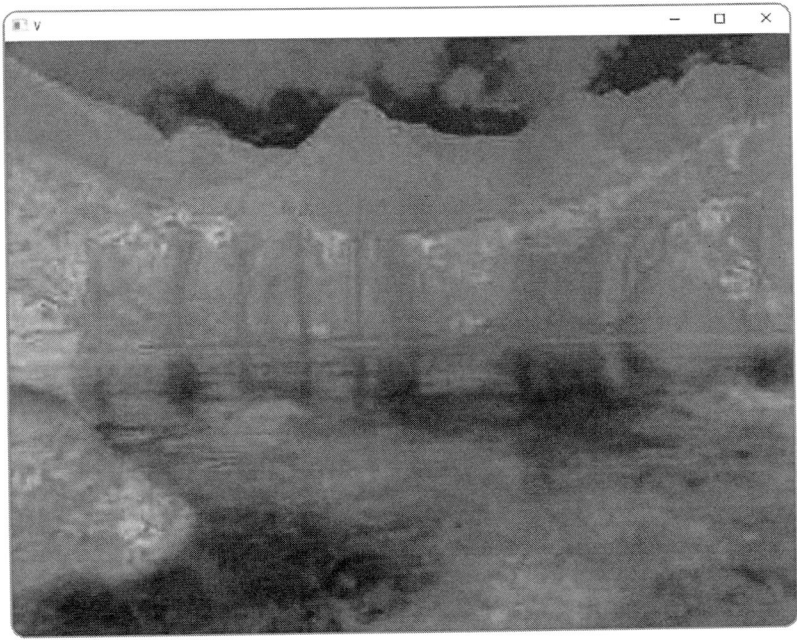

8.8 Traslación de imágenes

Una traslación es el desplazamiento de la posición de un objeto. Si se conoce la magnitud del desplazamiento (t_x,t_y) en las direcciones x e y, respectivamente, se puede escribir la matriz de transformación M:

$$M = \begin{bmatrix} 1 & 0 & t_x \\ 0 & 1 & t_y \end{bmatrix}$$

220

ANÁLISIS DE DATOS CON **PYTHON 3**

MAG. JORGE SANTIAGO NOLASCO VALENZUELA | DR. JAVIER ARTURO GAMBOA CRUZADO | MAG. LUZ ELENA NOLASCO VALENZUELA | MAG. JYMMY STUWART DEXTRE ALARCÓN

A continuación, el siguiente ejemplo:

```python
import cv2
import numpy as np
img = cv2.imread('imagen.jpg')
rows,cols = img.shape[:2]
M = np.float32([[1,0,210],[0,1,20]])
des = cv2.warpAffine(img,M,(cols,rows))
cv2.imshow('Desplazamiento',des)
cv2.waitKey(0)
cv2.destroyAllWindows()
```

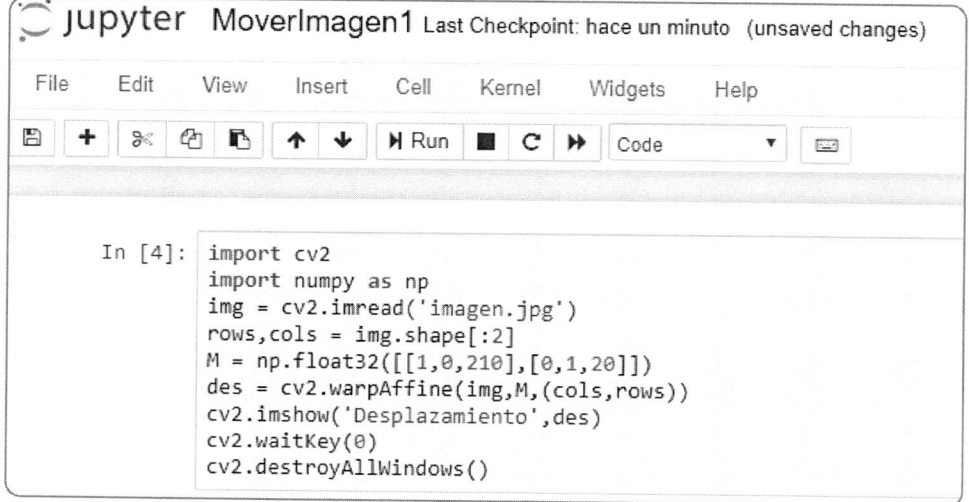

Notebook: Jupyter

8.9 Rotación de imágenes

La rotación de una imagen, en un cierto ángulo θ, se logra aplicando la siguiente matriz de transformación:

$$M = \begin{bmatrix} cos\theta & -sin\theta \\ sin\theta & cos\theta \end{bmatrix}$$

Sin embargo, OpenCV permite además personalizar más la rotación multiplicando por un factor de escala. Por otra parte, también permite cambiar el centro de rotación. La matriz de transformación modificada con estas dos nuevas opciones tiene la siguiente forma:

$$\begin{bmatrix} \alpha & \beta & (1-\alpha)\cdot center.x - \beta \cdot center.y \\ -\beta & \alpha & \beta \cdot center.x + (1-\alpha)\cdot center.y \end{bmatrix}$$

$$\alpha = scale \cdot cos\,\theta,$$
$$\beta = scale \cdot sin\,\theta$$

Para encontrar esta matriz de transformación, OpenCV proporciona la función cv2.getRotationMatrix2D. Compruebe a continuación un ejemplo en el cual se gira la imagen 45 grados respecto al centro sin aplicar ningún factor de escala.

A continuación, se muestra un ejemplo.

```python
import cv2
import numpy as np
img = cv2.imread('imagen.jpg')
rows,cols = img.shape[:2]
M = cv2.getRotationMatrix2D((cols,rows),45,1)
dst = cv2.warpAffine(img,M,(cols,rows))
cv2.imshow('Rotacion', img_rotation)
cv2.waitKey()
```

MAG. JORGE SANTIAGO NOLASCO VALENZUELA | DR. JAVIER ARTURO GAMBOA CRUZADO | MAG. LUZ ELENA NOLASCO VALENZUELA | MAG. JYMMY STUWART DEXTRE ALARCÓN

8.10 Utilizando la cámara

Usando la biblioteca OpenCV, se puede acceder a la cámara web o cualquier otro dispositivo de captura que tenga instalado en su sistema. Cada una de las imágenes capturadas podrá almacenarse para su análisis o procesamiento en tiempo real si así lo desea. Tenemos disponible una clase que servirá para guardar los vídeos previamente capturados y procesados. El formato de almacenamiento depende de las características habilitadas, pero puede ser MP4, AVI, WMV, etc., y otros, si tenemos los códecs.

Camara1.ipynb

```python
import cv2


camara = cv2.VideoCapture(0)
while True:
    ret,frame = camara.read()
    cv2.imshow('webcam', frame)
    if cv2.waitKey(1)&0xFF == ord('q'):
        break


camara.release()
cv2.destroyAllWindows()
```

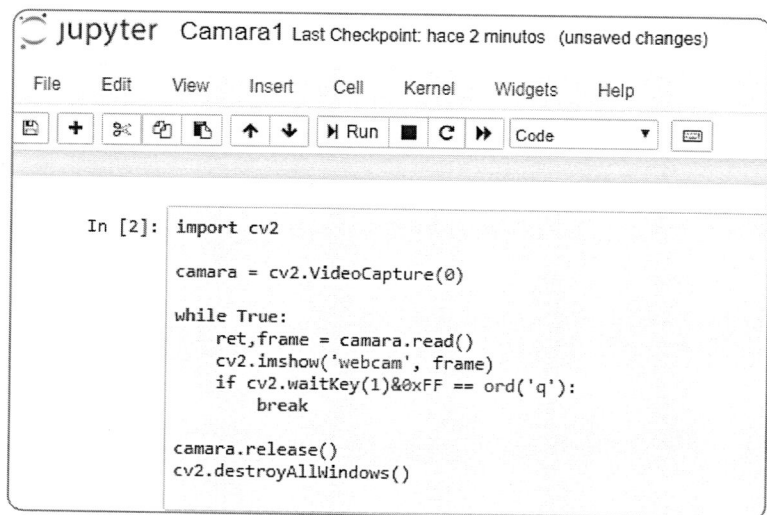

8.11 Histograma de imagen

Puede considerar el histograma como un gráfico o trama que le da una idea general sobre la distribución de intensidad de una imagen. Es un diagrama con valores de píxeles (que van de 0 a 255, pero no siempre) en el eje X y el número correspondiente de píxeles en la imagen en el eje Y.

Para calcular histogramas, OpenCV nos proporciona la función cv2.calcHist() para ese propósito. Esta se define de la siguiente manera:

cv2.calcHist(images, channels, mask, histSize, ranges[, hist[, accumulate]]

Se deben indicar los siguientes parámetros:

- images: La imagen de entrada puede ser a escala de grises o colores.
- channels: Índice de canal para el cual se desea calcular el histograma en una imagen a escala de grises [0]; si la imagen es a colores, se puede indicar [0], [1], [2] para los canales B, G, R, respectivamente.
- mask: Máscara que define la región sobre la que desea calcular el histograma; es opcional.
- histSize: Intensidad máxima para usted [256].
- ranges: Para el rango de valores, se usará [0, 256].

Dibuje la gráfica del histograma empleando la librería matplotlib en gris y color.

MayorIntesidaddecolor1gris.ipynb

```
import cv2
import numpy as np
from matplotlib import pyplot as plt
#cv2.IMREAD_GRAYSCALE: carga la imagen en modo de escala de grises
img = cv2.imread('imagen2.jpg', cv2.IMREAD_GRAYSCALE)
#cv2.imshow() para mostrar una imagen en una ventana
cv2.imshow('imagen2.jpg', img)
"""
cv2.calcHist(images, channels, mask, histSize, ranges[, hist[, accumulate]]
1.- images: imagen de entrada, que puede ser a escala de grises o colores.
```

ANÁLISIS DE DATOS CON **PYTHON 3**

MAG. JORGE SANTIAGO NOLASCO VALENZUELA | DR. JAVIER ARTURO GAMBOA CRUZADO | MAG. LUZ ELENA NOLASCO VALENZUELA | MAG. JYMMY STUWART DEXTRE ALARCÓN

2- channels: índice de canal para el cual deseamos calcular el histograma en una imagen a escala de grises [0].

Si la imagen es a colores, podemos indicar [0], [1], [2] para los canales B, G, R, respectivamente.

3.- mask: máscara que define la región sobre la que deseamos calcular el histograma; es opcional.

4.- histSize: intensidad máxima para nosotros [256]

5.- ranges: para nuestro rango de valores usaremos [0, 256]
"""

```python
hist = cv2.calcHist([img], [0], None, [256], [0, 256])
#color gris
plt.plot(hist, color='gray' )
#etiqueta del eje X
plt.xlabel('intensidad de iluminacion')
#etiqueta del eje X
plt.ylabel('cantidad de pixeles')
#muestra el histograma
plt.show()
#destruye las ventanas
cv2.destroyAllWindows()
```

C jupyter MayorIntesidaddecolor1gris Last Checkpoint: hace 40 minutos (autosaved)

Logout

File　Edit　View　Insert　Cell　Kernel　Widgets　Help

Trusted ｜ Python 3 O

Run ■ C ▶ Code ▼

```python
In [23]: import cv2
import numpy as np
from matplotlib import pyplot as plt
#cv2.IMREAD_GRAYSCALE: carga la imagen en modo de escala de grises
img = cv2.imread('imagen2.jpg', cv2.IMREAD_GRAYSCALE)
#cv2.imshow() para mostrar una imagen en una ventana
cv2.imshow('imagen2.jpg', img)
"""
cv2.calcHist(images, channels, mask, histSize, ranges[, hist[, accumulate]])
1.-images: imagen de entrada, puede ser a escala de grises o colores.
2- channels: índice de canal para el cual deseamos calcular el histograma, en una imagen a escala de grises [0],
si la imagen es a colores podemos indicar [0], [1], [2] para los canales B, G, R respectivamente.
3.-mask: mascara que define la región sobre la que deseamos calcular el histograma, es opcional.
4.-histSize: intensidad máxima, para nosotros [256].
5.-ranges: nuestro rango de valores, usaremos [0, 256]
"""
hist = cv2.calcHist([img], [0], None, [256], [0, 256])
#color gris
plt.plot(hist, color='gray' )
#etiqueta del eje X
plt.xlabel('intensidad de iluminacion')
#etiqueta del eje X
plt.ylabel('cantidad de pixeles')
#muestra el histograma
plt.show()
#destruye las ventanas
cv2.destroyAllWindows()
```

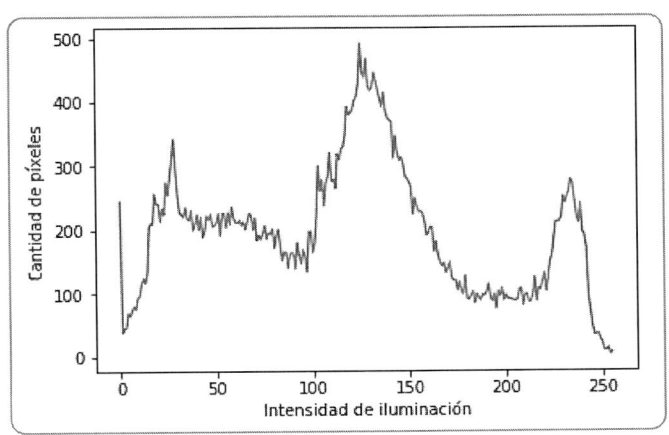

MayorIntensidaddecolor1color.ipynb

```
import cv2
import numpy as np
from matplotlib import pyplot as plt
#cv2.IMREAD_GRAYSCALE: carga la imagen
img = cv2.imread('imagen.jpg')
#cv2.imshow() para mostrar una imagen en una ventana
cv2.imshow('imagen.jpg', img)
#canal: b = azul, g = verde , r = azul
color = ('b','g','r')
#recorrido por cada canal
for i, c in enumerate (color):
    """

    cv2.calcHist(images, channels, mask, histSize, ranges[, hist[, accumulate]]
    1.- images: imagen de entrada puede ser a escala de grises o colores.
    2- channels: índice de canal para el cual deseamos calcular el histograma en
una imagen a escala de grises [0]. Si la imagen es a colores, podemos indicar
[0], [1], [2] para los canales B, G, R, respectivamente.
    3.- mask: máscara que define la región sobre la que deseamos calcular el
histograma; es opcional.
    4.- histSize: intensidad máxima para nosotros [256]
    5.- ranges: para nuestro rango de valores usaremos [0, 256].
    """

    hist = cv2.calcHist([img], [i], None, [256], [0, 256])
    #color = c
    plt.plot(hist, color = c)
    #establece límites x de los ejes actuales
    plt.xlim([0,256])
#muestra el histograma
plt.show()
#destruye las ventanas
cv2.destroyAllWindows()
```

226

ANÁLISIS DE DATOS CON **PYTHON 3**

MAG. JORGE SANTIAGO NOLASCO VALENZUELA | DR. JAVIER ARTURO GAMBOA CRUZADO | MAG. LUZ ELENA NOLASCO VALENZUELA | MAG. JYMMY STUWART DEXTRE ALARCÓN

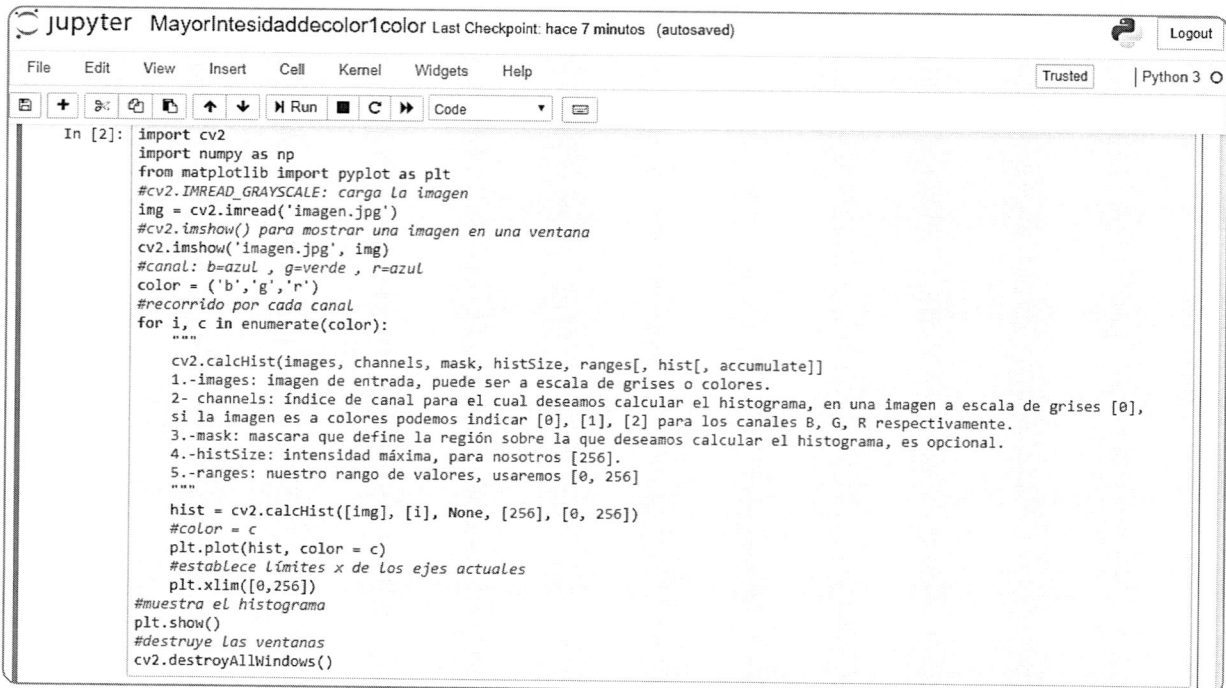

```
In [2]: import cv2
        import numpy as np
        from matplotlib import pyplot as plt
        #cv2.IMREAD_GRAYSCALE: carga la imagen
        img = cv2.imread('imagen.jpg')
        #cv2.imshow() para mostrar una imagen en una ventana
        cv2.imshow('imagen.jpg', img)
        #canal: b=azul , g=verde , r=azul
        color = ('b','g','r')
        #recorrido por cada canal
        for i, c in enumerate(color):
            """
            cv2.calcHist(images, channels, mask, histSize, ranges[, hist[, accumulate]]
            1.-images: imagen de entrada, puede ser a escala de grises o colores.
            2- channels: índice de canal para el cual deseamos calcular el histograma, en una imagen a escala de grises [0],
            si la imagen es a colores podemos indicar [0], [1], [2] para los canales B, G, R respectivamente.
            3.-mask: mascara que define la región sobre la que deseamos calcular el histograma, es opcional.
            4.-histSize: intensidad máxima, para nosotros [256].
            5.-ranges: nuestro rango de valores, usaremos [0, 256]
            """
            hist = cv2.calcHist([img], [i], None, [256], [0, 256])
            #color = c
            plt.plot(hist, color = c)
            #establece límites x de los ejes actuales
            plt.xlim([0,256])
        #muestra el histograma
        plt.show()
        #destruye las ventanas
        cv2.destroyAllWindows()
```

Notebook: Jupyter

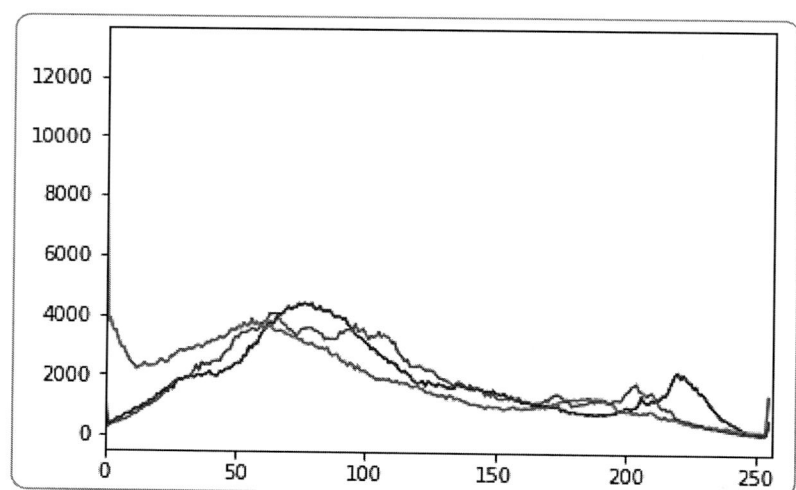

8.12 Ecualización de histogramas

Un histograma es una representación gráfica de la distribución de los niveles de grises en una imagen. Utilizando el método de ecualización de histogramas, podemos obtener una distribución uniforme de los distintos niveles de intensidad. Esta técnica se utiliza para mejorar el contraste de una imagen.

Para aplicar la ecualización de histograma, OpenCV nos provee la siguiente función:

cv2.equalizeHist(src)

ecualizacion1.ipynb

```python
import cv2
import numpy as np
from matplotlib import pyplot as plt
img = cv2.imread('imagen2.jpg',0)
img = cv2.equalizeHist(img)
cv2.imshow('Histogramas', img)
cv2.waitKey()
hist,bins = np.histogram(img.flatten(),256,[0,256])
cdf = hist.cumsum()
cdf_normalized = cdf * hist.max()/ cdf.max()
plt.plot(cdf_normalized, color = 'b')
plt.hist(img.flatten(),256,[0,256], color = 'r')
plt.xlim([0,256])
plt.legend(('cdf','histogram'), loc = 'upper left')
plt.show()
```

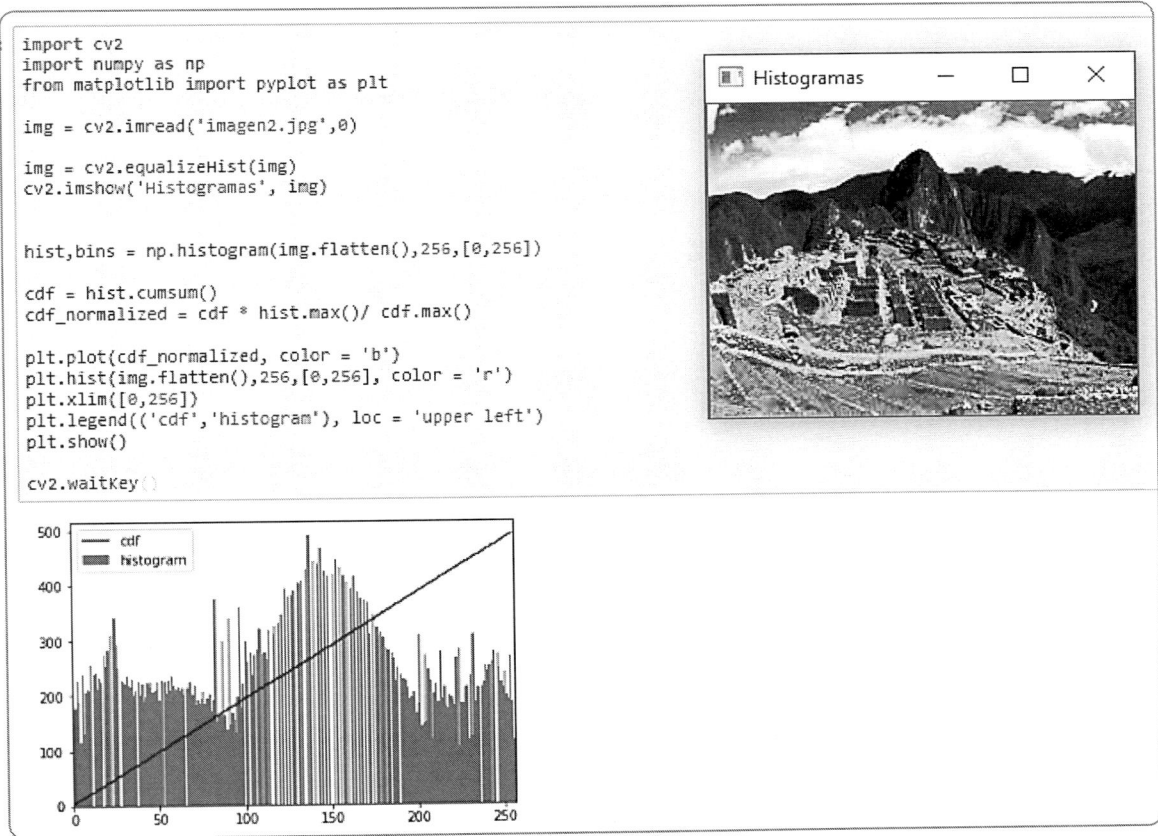

Notebook: Jupyter

228

ANÁLISIS DE DATOS CON **PYTHON 3**

MAG. JORGE SANTIAGO NOLASCO VALENZUELA | DR. JAVIER ARTURO GAMBOA CRUZADO | MAG. LUZ ELENA NOLASCO VALENZUELA | MAG. JYMMY STUWART DEXTRE ALARCÓN

8.13 Convolución de imágenes

Un filtro de imagen es un procedimiento que se aplica a una imagen para resaltar o mejorar algunas características; para lograr esto, se modifica la matriz que compone la imagen aplicándole un determinado procedimiento. En este tutorial, se estudiará el procedimiento llamado convolución de matrices.

OpenCV cuenta con gran variedad de funciones que aplican los distintos filtros más comunes.

A continuación, se presenta algunos ejemplos.

```python
import cv2
import numpy as np

img = cv2.imread('imagen2.jpg')
rows, cols = img.shape[:2]

kernel_identity = np.array([[0,0,0], [0,1,0], [0,0,0]])
kernel_3x3 = np.ones((3,3), np.float32) / 9.0
kernel_5x5 = np.ones((5,5), np.float32) / 25.0

cv2.imshow('Original', img)

output = cv2.filter2D(img, -1, kernel_identity)
cv2.imshow('Filtro de Identidad', output)

output = cv2.filter2D(img, -1, kernel_3x3)
cv2.imshow('Filtro de 3x3 ', output)

output = cv2.filter2D(img, -1, kernel_5x5)
cv2.imshow('Filtro de 5x5', output)
cv2.waitKey(0)
```

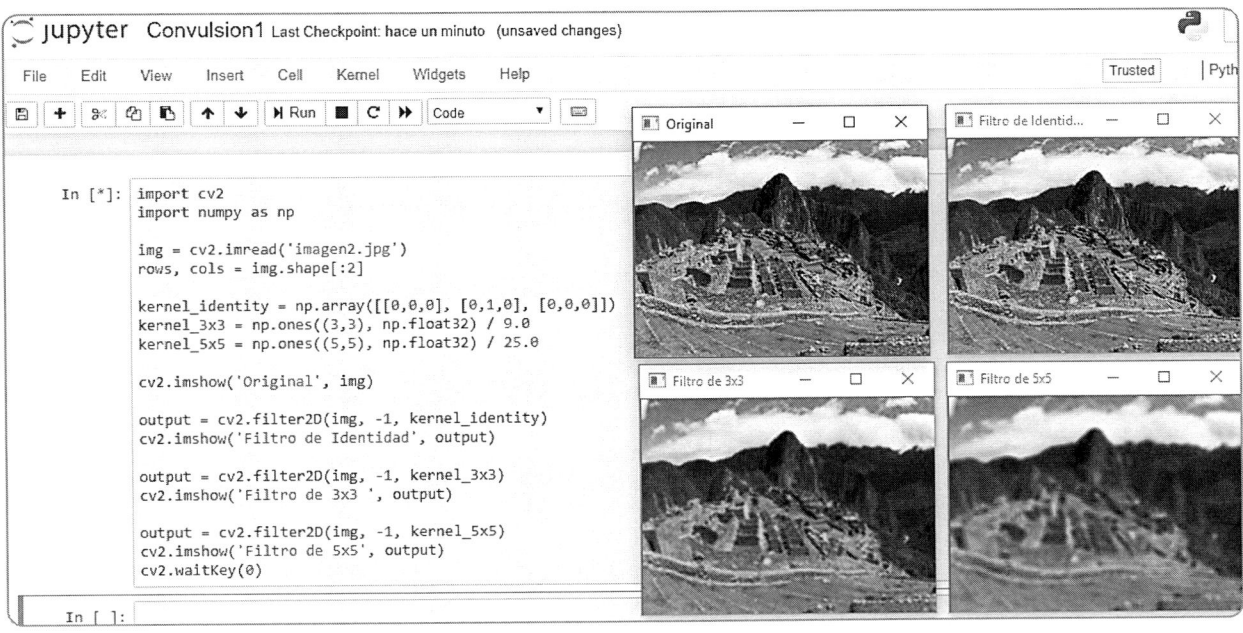

Notebook: Jupyter

8.14 Detección de rostros usando Haar Cascades

La detección de objetos usando clasificadores en cascada basados en características de Haar es un método efectivo para detectar objetos propuesto por Paul Viola y Michael Jones en su documento "Detección rápida de objetos usando una cascada potenciada de características simples" en el 2001. Es un enfoque de aprendizaje automático en el que la función de cascada está entrenada a partir de muchas imágenes positivas y negativas. Luego se usa para detectar objetos en otras imágenes.

Aquí trabajaremos con detección de rostros. Inicialmente, el algoritmo necesita muchas imágenes positivas (de caras) e imágenes negativas (sin caras) para entrenar al clasificador. Entonces se necesita extraer características de él. Para esto, se utilizan las características de Haar que se muestran en la imagen a continuación. Son como el kernel convolucional. Cada característica es un valor único que se obtiene al restar la suma de píxeles en el rectángulo blanco de la suma de píxeles en el rectángulo negro.

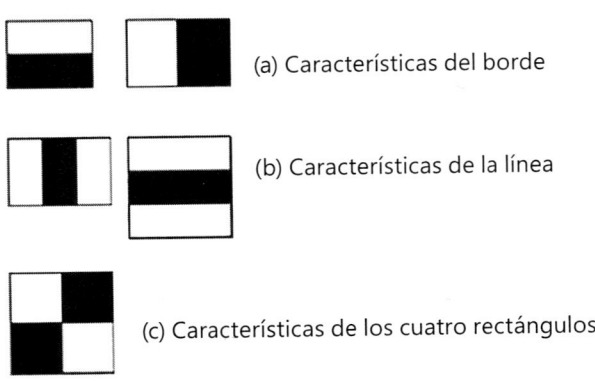

(a) Características del borde

(b) Características de la línea

(c) Características de los cuatro rectángulos

Ahora todos los tamaños y las ubicaciones posibles de cada kernel se usan para calcular muchas características. (Imagínese cuánto cálculo necesita; incluso una ventana de 24 × 24 da como resultado más de 160 000 características). Para cada cálculo de características, necesita encontrar la suma de píxeles en rectángulos blancos y negros. Para resolver esto, introdujeron las imágenes integrales. Simplifica el cálculo de la suma de píxeles —cuán grande puede ser el número de píxeles— a una operación que involucra solo cuatro. Esto hace que las cosas sean más rápidas.

Pero, entre todas estas características que se calculan, la mayoría de ellas son irrelevantes. Por ejemplo, considere la imagen que a continuación se presenta.

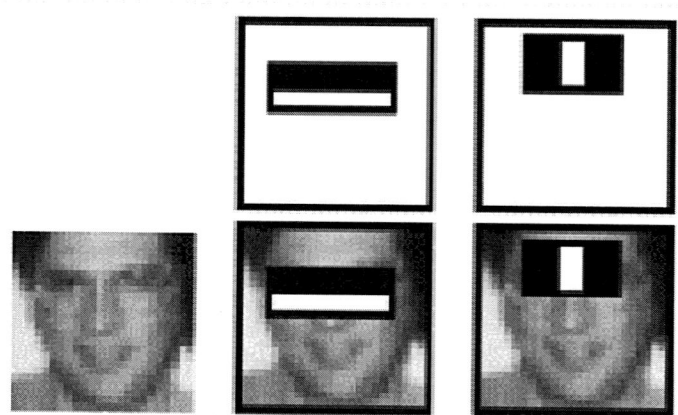

La fila superior muestra dos buenas características. La primera seleccionada parece enfocarse en la propiedad de que la región de los ojos a menudo es más oscura que la de la nariz y las mejillas. La segunda se basa en la propiedad de que los ojos son más oscuros que el puente de la nariz. Pero las mismas ventanas que se aplican en las mejillas o en cualquier otro lugar son irrelevantes. Entonces ¿cómo se seleccionan las mejores características de 160 000+? Lo consigue AdaBoost.

Para esto, se aplican todas las características en las imágenes de entrenamiento. Para cada una, encuentra el mejor umbral que clasificará las caras en positivas y negativas. Pero, obviamente, habrá errores o clasificaciones erróneas. Se seleccionan las características con una tasa de error mínima, lo que significa que son las que mejor clasifican la cara y las imágenes que no son caras. El proceso no es tan simple como esto. Cada imagen recibe el mismo peso al principio. Después de cada clasificación, se aumentan los pesos de las imágenes mal clasificadas. Luego se repite el mismo procedimiento. Se calculan nuevas tasas de error. También se generan nuevos pesos. El proceso continúa hasta que se alcanza la precisión requerida o la tasa de error, o se encuentra el número requerido de características.

El clasificador final es una suma ponderada de estos clasificadores débiles. Se llama débil porque solo no puede clasificar la imagen, pero junto con otros forma un clasificador fuerte. Incluso doscientas características detectan con un 95 % de precisión. Su configuración final tenía alrededor de 6000 características. Imagine una reducción de 160 000+ características a 6000. Eso es una gran ganancia.

Entonces ahora tome una imagen y cada ventana de 24 × 24. Aplíquele 6000 funciones. Verifique si es cara o no. ¿No es un poco ineficiente y consume mucho tiempo? Sí lo es. Los autores tienen una buena solución para eso.

En una imagen, la mayor parte de la región es sin cara. Entonces es una mejor idea tener un método simple para verificar si una ventana no es una región de la cara. Si no es así, deséchela en una sola toma. No la procese de nuevo en lugar de enfocarse en la región donde puede haber una cara. De esta forma, se puede encontrar más tiempo para verificar una posible región de la cara.

Para esto introdujeron el concepto de "cascada de clasificadores". En lugar de aplicar todas las características de 6000 en una ventana, agrupe las funciones en diferentes etapas de clasificadores y aplíquelas una a una. Normalmente, las primeras etapas contendrán una cantidad de funciones muy inferior. Si una ventana falla en la primera etapa, deséchela. No considere las características restantes en ella. Si pasa, aplique la segunda etapa de características y continúe el proceso. La ventana que pasa todas las etapas es una región de la cara.

El detector de autores tenía más de 6000 características con 38 etapas con 1, 10, 25 y 50 en las primeras cinco etapas. En realidad, se obtienen dos características en la imagen de arriba como las dos mejores de AdaBoost. Según los autores, en promedio se evalúan 10 características de más de 6000+ por subventana.

Así que esta es una explicación intuitiva simple de cómo funciona la detección de rostros Viola-Jones. Lea el documento para obtener más detalles o consulte las referencias en la sección Recursos adicionales.

8.15 Detección de Haar-Cascade en OpenCV

OpenCV viene con un entrenador y un detector. Si quiere entrenar a su propio clasificador para cualquier objeto, como autos, aviones, etc., puede usar OpenCV para crear uno. Sus detalles completos se dan en capacitación de clasificador en cascada.

Aquí se tratará con la detección. OpenCV ya contiene muchos clasificadores preentrenados para la cara, los ojos, la sonrisa, etc. Esos archivos XML se almacenan en opencv/data/haarcascades/carpeta. Cree un detector de rostros y ojos con OpenCV.

Primero cargue los clasificadores XML requeridos y luego la imagen de entrada (o vídeo) en el modo de escala de grises.

```python
import numpy as np
import cv2

face_cascade = cv2.CascadeClassifier('haarcascade_frontalface_default.xml')
eye_cascade = cv2.CascadeClassifier('haarcascade_eye.xml')

img = cv2.imread('sachin.jpg')
gray = cv2.cvtColor(img, cv2.COLOR_BGR2GRAY)
```

Ahora encuentre las caras en la imagen. En este caso, devuelve las posiciones de las caras detectadas como Rect (x, y, w, h). Una vez que tenga estos lugares, puede crear un ROI para la cara y aplicar la detección de ojos en este ROI, ya que los ojos siempre están en la cara.

232

ANÁLISIS DE DATOS CON **PYTHON 3**

MAG. JORGE SANTIAGO NOLASCO VALENZUELA | DR. JAVIER ARTURO GAMBOA CRUZADO | MAG. LUZ ELENA NOLASCO VALENZUELA | MAG. JYMMY STUWART DEXTRE ALARCÓN

```python
faces = face_cascade.detectMultiScale(gray, 1.3, 5)
for (x,y,w,h) in faces:
    img = cv2.rectangle(img,(x,y),(x+w,y+h),(255,0,0),2)
    roi_gray = gray[y:y+h, x:x+w]
    roi_color = img[y:y+h, x:x+w]
    eyes = eye_cascade.detectMultiScale(roi_gray)
    for (ex,ey,ew,eh) in eyes:
        cv2.rectangle(roi_color,(ex,ey),(ex+ew,ey+eh),(0,255,0),2)

cv2.imshow('img',img)
cv2.waitKey(0)
cv2.destroyAllWindows()
```

Ahora ejecute el código anterior.

Deteccion1.ipynb

```python
import numpy as np
import cv2

#cargamos los clasificadores requeridos
face_cascade = cv2.CascadeClassifier('haarcascade_frontalface_alt.xml')
#utilizamos la camara 1
cap = cv2.VideoCapture(0)
while(True):
    #lee el objeto de la camara
    ret, img = cap.read()
    #convertimos la imagen a blanco y negro
    gray = cv2.cvtColor(img, cv2.COLOR_BGR2GRAY)
    #buscamos las coordenadas de los rostros
    faces = face_cascade.detectMultiScale(gray, 1.3, 5)
    #Dibujamos un rectángulo en las coordenadas de cada rostro
    for (x,y,w,h) in faces:
        cv2.rectangle(img,(x,y),(x+w,y+h),(125,255,0),2)
    #Mostramos la imagen
    cv2.imshow('img',img)
    #con la tecla 'q' salimos del programa
    if cv2.waitKey(1) & 0xFF == ord('q'):
        break
```

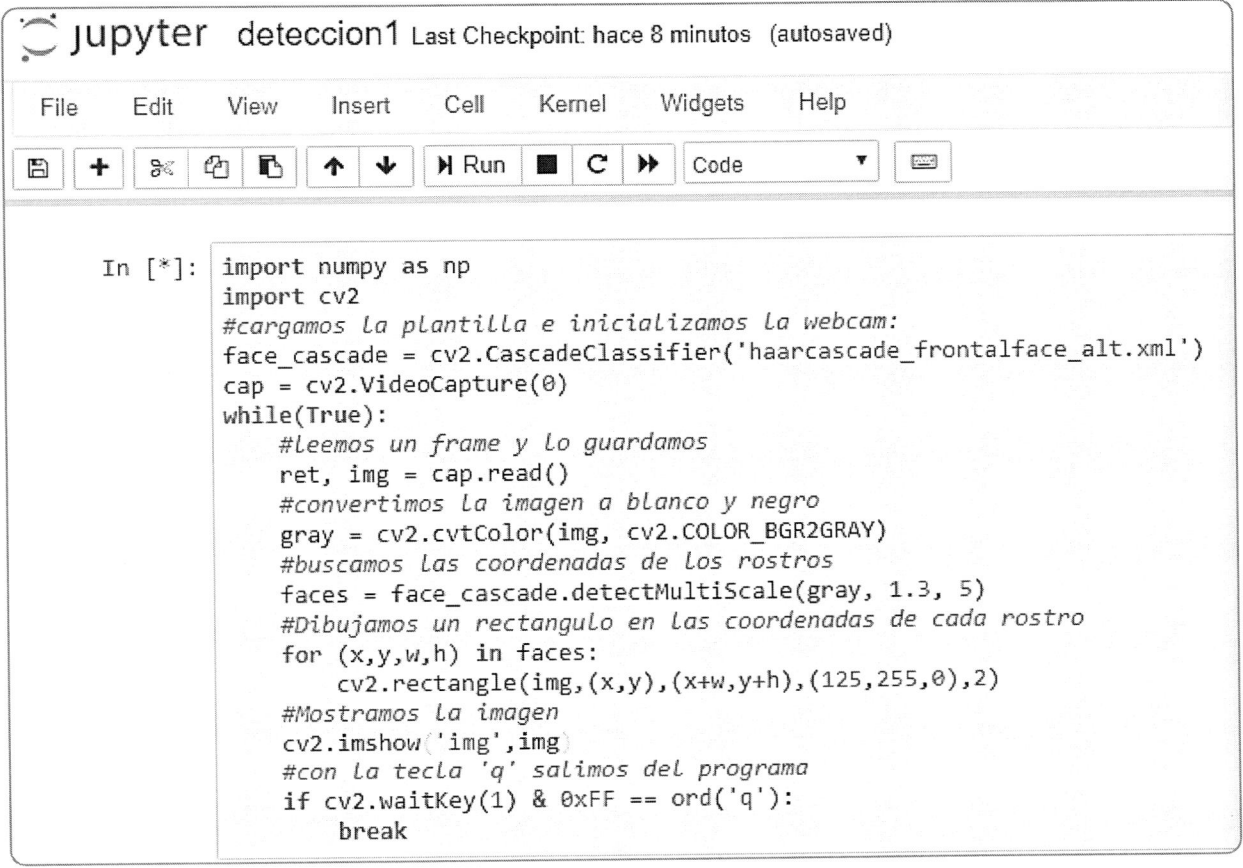

```
In [*]:  import numpy as np
         import cv2
         #cargamos la plantilla e inicializamos la webcam:
         face_cascade = cv2.CascadeClassifier('haarcascade_frontalface_alt.xml')
         cap = cv2.VideoCapture(0)
         while(True):
             #leemos un frame y lo guardamos
             ret, img = cap.read()
             #convertimos la imagen a blanco y negro
             gray = cv2.cvtColor(img, cv2.COLOR_BGR2GRAY)
             #buscamos las coordenadas de los rostros
             faces = face_cascade.detectMultiScale(gray, 1.3, 5)
             #Dibujamos un rectangulo en las coordenadas de cada rostro
             for (x,y,w,h) in faces:
                 cv2.rectangle(img,(x,y),(x+w,y+h),(125,255,0),2)
             #Mostramos la imagen
             cv2.imshow('img',img)
             #con la tecla 'q' salimos del programa
             if cv2.waitKey(1) & 0xFF == ord('q'):
                 break
```

Notebook: Jupyter

9 Criptografía

9.1 Criptografía

La criptografía es la ciencia que permite crear mensajes que solo el emisor y el receptor podrían entender (códigos secretos). Los sistemas secretos de codificación se llaman cifrados.

9.2 Cronología de la criptología

3600 a. C.- Los sumerios desarrollan la escritura cuneiforme y los egipcios, la jeroglífica.

1900 a. C.- Grabado de piedra en la tumba de Menet Khufu, con modificaciones en la escritura jeroglífica.

1600 a. C.- Los fenicios inventan el alfabeto.

500 a. C.- El atbash comienza a utilizarse.

500 a. C.- En Alejandría se propone usar antorchas para enviar mensajes, lo que es conocido como Fryctoria.

480 a. C.- En la batalla de Salamina, la victoria griega se da gracias al aviso de Demarato, quien empleó la esteganografía.

430 a. C.- Heródoto deja constancia del uso de la criptografía en varias de sus historias.

400 a. C.- Eneas el Táctico escribe su tratado militar en el que dedica un capítulo completo a la criptografía.

MAG. JORGE SANTIAGO NOLASCO VALENZUELA | DR. JAVIER ARTURO GAMBOA CRUZADO | MAG. LUZ ELENA NOLASCO VALENZUELA | MAG. JYMMY STUWART DEXTRE ALARCÓN

400 a. C.- Los espartanos usan la escítala para comunicarse con seguridad.

120 a. C.- Polibio crea su cuadrado, su matriz de cinco filas y cinco columnas donde a cada letra le corresponde una celda.

100 a. C.- Suetonio escribe *Vida de los doce Césares*, obra en la que se describen algunas técnicas criptográficas, como el cifrado de Julio César.

300.- Se escribe el *Kamasutra*, que incluye la escritura secreta como una de las artes a conocer por las mujeres.

801.- Nace Al-Kindi, pionero en el análisis de frecuencias.

999.- Accede al papado Silvestre II, que utilizó las tironianas en varios escritos, incluidas dos de sus bulas.

1379.- Gabriel de Lavinde crea los nomenclátores para el Papa.

1401.- Nace el uso de los homófonos en los cifrados.

1450.- Se escribe el manuscrito *Voynich*, que utiliza algún código aún por descifrar, si bien se sigue trabajando sobre él.

1466.- Leon Battista Alberti, creador del disco que lleva su nombre, inicia la idea de las cifras polialfabéticas.

1474.- Cicco Simonetta publica sus 12 puntos sobre el criptoanálisis.

1500.- Se publica la obra de Tritemio, en la que aparecen las tablas que llevan su nombre.

1518.- Se imprime el libro *Poligrafía*, escrito por Tritemio, siendo el primer libro impreso dedicado a la criptografía.

1540.- Nace Philips van Marnix, criptógrafo holandés.

1553.- Bellaso publica varios retos criptográficos, algunos de los cuales aún están por resolver. Describe también una cifra similar a la cifra Vigenère.

1585.- Vigenère publica su tratado, en el que describe el método ideado por Bellaso y que se considerará como una cifra indescifrable durante mucho tiempo.

1586.- Tiene lugar la conjura de Babington, que acabó con la condena a muerte de María Estuardo.

1588.- Se publica el libro de cifras de Vigenère.

1626.- Durante el asedio de Realmont, Antoine Rossignol comienza su carrera como criptógrafo.

1671.- Leibniz inventa una máquina calculadora.

1711.- Se crea la Oficina del Gabinete Secreto en Viena.

1753.- Comienza a diseñarse y desarrollarse el telégrafo.

1790.- Thomas Jefferson diseña su rueda para cifrar mensajes.

1791.- Nace Charles Babbage, que rompería la cifra Vigenère y pondría algunos pilares para el avance de la computación y el cálculo automático.

1792.- Claude Chappe presenta el telégrafo óptico, idea similar a la de Agustín de Betancourt, contemporáneo.

1811.- Durante la guerra de independencia española, George Scovell rompe la Gran Cifra de París.

1837.- Samuel Morse crea el código que lleva su nombre.

1843.- Se publica *El escarabajo de oro*, de Edgar Allan Poe.

1844.- Se envía el primer mensaje telegrafiado.

1854.- Babbage rompe los cifrados polialfabéticos y la cifra Vigenère.

1854.- Se crea el cifrado de Playfair.

1863.- Friedrich Kasiski publica la ruptura de los cifrados polialfabéticos, sin conocer los trabajos de Babbage.

1883.- Auguste Kerckhoffs escribe *La criptografía militar* y publica el principio que lleva su nombre.

1885.- Se descubren los papeles de Beale, una serie de documentos cifrados que podrían ocultar un tesoro y que siguen sin descifrarse.

1890.- Étienne Bazeries rompe la cifra de los Rossignol, usada por los reyes franceses dos siglos antes. Además, crea un dispositivo similar a la rueda de Jefferson.

1894.- Guillermo Marconi patenta el invento de la radio.

1903.- Se publica *La aventura de los monigotes*, escrita por Arthur Conan Doyle.

1904.- En la guerra ruso-japonesa se emplea por primera vez el análisis de tráfico de señales.

1914.- Los rusos hunden el SMS Magdeburg y capturan importantes libros de códigos.

1914.- Gracias a la interceptación de los mensajes rusos, los alemanes vencen en la batalla de Tannenberg.

1915.- William Friedman, uno de los más importantes criptógrafos estadounidenses, avanza en la aplicación de la estadística al criptoanálisis.

1916.- Los franceses comienzan a utilizar los códigos de trinchera.

1916.- Alemania crea su oficina de criptografía, el Abhorchdienst.

1917.- El telegrama Zimmermann es enviado, capturado y descifrado, lo que ocasionó la entrada de Estados Unidos en la Primera Guerra Mundial.

1918.- Aparece la idea de la cifra irrompible, basada en una clave de longitud infinita.

1918.- Se inventa la máquina Enigma.

238

ANÁLISIS DE DATOS CON **PYTHON 3**

MAG. JORGE SANTIAGO NOLASCO VALENZUELA | DR. JAVIER ARTURO GAMBOA CRUZADO | MAG. LUZ ELENA NOLASCO VALENZUELA | MAG. JYMMY STUWART DEXTRE ALARCÓN

1918.- Los indios choctaw sirven en el ejército utilizando su idioma, desconocido para el resto, para asegurar las comunicaciones.

1918.- El cifrado ADFGVX es introducido por Alemania.

1919.- La Alemania de Weimar utiliza la clave de un solo uso para algunas de sus comunicaciones.

1919.- Se patenta la máquina de rotores.

1919.- Gilbert Vernam patenta el cifrado que lleva su nombre.

1921.- Tiene lugar la Conferencia Naval de Washington, donde se aprovecha la ruptura de los códigos japoneses.

1925.- Hans-Thilo Schmidt comienza a entregar información a Francia.

1928.- Los alemanes comienzan a usar Enigma.

1929.- Se cancela el Black Chamber estadounidense.

1931.- Se publica el libro de Herbert Yardley, en el que describe el Black Chamber de Estados Unidos y cómo habían espiado las comunicaciones de otros países.

1932.- Los criptógrafos polacos comienzan a romper los cifrados de Enigma.

1935.- Los criptógrafos alemanes rompen el código administrativo naval británico.

1936.- El código rojo japonés es roto por los estadounidenses.

1938.- Se introducen dos nuevos rotores en la máquina Enigma.

1938.- Los criptógrafos alemanes rompen el código de la marina británica.

1939.- Los japoneses comienzan a usar el código JN-25.

1939 (feb).- El código púrpura sustituye al código rojo.

1939 (jul).- Polonia comparte su conocimiento de Enigma con Francia y el Reino Unido.

1940 (feb).- Se recuperan dos rotores de Enigma del submarino U-33 por parte de los aliados.

1940 (mar).- La "bombe" británica comienza a operar.

1940 (may).- El tráfico de la Luftwaffe es descifrado de manera continua.

1940 (sep).- Comienza a romperse el código púrpura y el JN-25.

1940 (dic).- Entra en uso el código JN-25B japonés.

1940 (dic).- Se rompe el código principal de la Abwehr.

1941 (feb).- Se rompen los códigos de la Luftwaffe en África.

1941 (mar).- Se descifran los mensajes de la Enigma naval de febrero gracias a documentos capturados.

1941 (may).- Se captura el submarino U-110.

1941 (jun-jul).- Alemania comienza a leer el nuevo código naval británico, utilizado por los aliados para comunicarse con los convoyes atlánticos.

1941 (sep).- Winston Churchill visita Bletchley Park.

1942 (ene).- El tráfico del agregado militar de Estados Unidos en El Cairo comienza a ser leído por los alemanes.

1942 (feb).- Se modifica la Enigma naval (Shark para los británicos) para los submarinos en el Atlántico, con un cuarto rotor.

1942 (mar).- Se lee de forma regular el código JN-25B.

1942 (oct).- Comienza la colaboración de Estados Unidos y los británicos contra Enigma.

1942 (oct).- El U-559 es capturado.

1942 (dic).- Se rompe la Enigma naval gracias a las comunicaciones meteorológicas.

1943 (abr).- El avión de Yamamoto es derribado.

1943 (jun).- Los aliados cambian sus códigos y los alemanes no pueden conocer el contenido de sus comunicaciones en el Atlántico.

1944 (feb).- La Colossus I es entregada y se encargan cincuenta "bombes" adicionales.

1944 (nov).- El proyecto Venona comienza a tomar forma.

1946.- El proyecto Venona rompe los cifrados soviéticos.

1949.- Claude Shannon publica un artículo que da soporte matemático a una cifra indescifrable.

1951.- Se crea la NSA.

1968.- Se desclasifica la información sobre la participación de los navajos en la Segunda Guerra Mundial.

1968.- Se publica la idea de la computación cuántica por parte de Stephen Wiesner.

1969.- El conocido como "Asesino del Zodiaco" envía mensajes cifrados a varios periódicos.

1973.- Clifford Cocks, dentro del GCHQ, descubre una función que permite la criptografía asimétrica.

1976.- Se acepta el cifrado DES como un estándar.

1976.- Se publica el esquema de cifrado de clave pública de Diffie, Hellman y Merkle.

1977.- Se publica el sistema RSA.

Adaptado de Timetoast. (s. f.). *Historia de la criptografía.* https://www.timetoast.com/timelines/historia-de-la-criptografia-95f32ee7-fd0e-4975-8113-20fda4bbdb81

240

ANÁLISIS DE DATOS CON **PYTHON 3**

MAG. JORGE SANTIAGO NOLASCO VALENZUELA | DR. JAVIER ARTURO GAMBOA CRUZADO | MAG. LUZ ELENA NOLASCO VALENZUELA | MAG. JYMMY STUWART DEXTRE ALARCÓN

9.3 Cifrado Julio César

En criptografía el cifrado César, también conocido como cifrado por desplazamiento, código de César o desplazamiento de César, es una de las técnicas de cifrado más simples y más usadas. Es un tipo de cifrado por sustitución en el que una letra en el texto original es reemplazada por otra que se encuentra en un número fijo de posiciones más adelante en el alfabeto. Por ejemplo, con un desplazamiento de 3, la A sería sustituida por la D (situada 3 lugares a la derecha de la A), la B sería reemplazada por la E, etc. Este método debe su nombre a Julio César, que lo usaba para comunicarse con sus generales.

El cifrado César, muchas veces, puede formar parte de sistemas más complejos de codificación, como el cifrado Vigenère, e incluso tiene aplicación en el sistema ROT13. Como todos los cifrados de sustitución alfabética simple, el cifrado César se descifra con facilidad y en la práctica no ofrece mucha seguridad en la comunicación.

Este sencillo ejemplo demuestra el cifrado de Julio César.

Julio Cesar.ipynb

```python
letras="ABCDEFGHIJKLMNOPQRSTUVWXYZ"
def cifrar(msg,key):
    mensaje=msg
    key=key
    cifrado = ""
    for caracter in mensaje:
        if caracter.upper() in letras:
            num = letras.find(caracter.upper())
            num = num + key

            if num >= len(letras):
                num -= len(letras)
            elif num < 0:
                num += len(letras)

            cifrado += letras[num]
        else:
            cifrado += caracter
    return cifrado

msg=input("Ingrese Mensaje a Cifrar:")
key=int(input("Ingrese Key:"))
print(cifrar(msg,key))
```

```
Ingrese Mensaje a Cifrar:jorge nolasco valenzuela
Ingrese Key:4
NSVKI RSPEWGS ZEPIRDYIPE
```

9.4 Algoritmos disponibles

Python contiene un módulo incorporado llamado hashlib. Este módulo puede definir una API, que puede realizar un hash criptográfico unidireccional. A continuación, se presenta un listado de algunos algoritmos.

- blake2b
- blake2s
- md4
- md5
- md5-sha1
- mdc2
- ripemd160
- sha1
- sha224
- sha256
- sha384
- sha3_224
- sha3_256
- sha3_384
- sha3_512
- sha512
- sha512_224
- sha512_256
- shake_128
- shake_256
- sm3
- whirlpool

242

ANÁLISIS DE DATOS CON **PYTHON 3**

MAG. JORGE SANTIAGO NOLASCO VALENZUELA | DR. JAVIER ARTURO GAMBOA CRUZADO | MAG. LUZ ELENA NOLASCO VALENZUELA | MAG. JYMMY STUWART DEXTRE ALARCÓN

Se listan los algoritmos garantizados y disponibles en el intérprete actual.

Algoritmos.Ipynb

```
#programa : Algoritmos.Ipynb
#autor : jorge nolasco valenzuela
#fecha : 23-12-2021
"""
descripcion : este programa muestra
los algortimos criptográficos disponibles
"""
import hashlib
#algoritmos hash garantizados en todas las plataformas
print('Garantizados:\n{}\n'.format(', '.join(sorted(hashlib.algorithms_guaranteed))))

#algoritmos hash que están disponibles en el intérprete de Python en ejecución
print('Disponible en el Interprete:\n{}'.format(', '.join(sorted(hashlib.algorithms_available))))
```

```
Garantizados:
blake2b, blake2s, md5, sha1, sha224, sha256, sha384, sha3_224, sha3_256, sha3_384, sha3_512, sha512, shake_128, shake_256

Disponible en el Interprete:
blake2b, blake2s, md4, md5, md5-sha1, mdc2, ripemd160, sha1, sha224, sha256, sha384, sha3_224, sha3_256, sha3_384, sha3_512, sh
a512, sha512_224, sha512_256, shake_128, shake_256, sm3, whirlpool
```

9.4.1 MD5

Este sencillo ejemplo demuestra lo fácil que es acceder y utilizar la biblioteca estándar de Python, y cómo se ejecuta el mismo código en diferentes plataformas y genera el valor de hash MD5.

MD5.Ipynb

```
#programa : MD5.Ipynb
#autor : jorge nolasco valenzuela
#fecha : 23-12-2021
"""
descripcion : este programa muestra
el uso de import hashlib - Algoritmo MD5
"""
import hashlib
#ingresamos la cadena
cadena=input("Ingrese Cadena a Codificar :")
# Crear un objeto llamado hash1 que es del tipo MD5
hash1=hashlib.md5()
# Utilizar el método update para generar el MD5 de la cadena
hash1.update(cadena.encode("UTF-8"))
# Obtener los valores hexadecimales generados del MD5 ,Mediante la utilización del método hex-digest
hex1=hash1.hexdigest()
# muestra el resultado
print("MD5: " + hex1.upper())
```

```
Ingrese Cadena a Codificar :Jorge Nolasco Valenzuela
MD5: 5D323D65F31F3F40E34300795DA6FBFA
```

9.4.2 SHA1

Este sencillo ejemplo demuestra lo fácil que es acceder y utilizar la biblioteca estándar de Python, y cómo se ejecuta el mismo código en diferentes plataformas y genera el valor de hash SHA1.

SHA1.Ipynb

```
#programa : SHA1.Ipynb
#autor : jorge nolasco valenzuela
#fecha : 23-12-2021
"""
descripcion : este programa muestra
el uso de import hashlib - Algoritmo SHA1
"""
import hashlib
#ingresamos la cadena
cadena=input("Ingrese Cadena a Codificar :")
# Crear un objeto llamado hash1 que es del tipo SHA1
hash1=hashlib.sha1()
# Utilizar el método update para generar el SHA1 de la cadena
hash1.update(cadena.encode("UTF-8"))
# Obtener los valores hexadecimales generados del SHA1 ,Mediante la utilización del método hex-digest
hex1=hash1.hexdigest()
# muestra el resultado
print("SHA1: " + hex1.upper())


Ingrese Cadena a Codificar :Jorge Nolasco Valenzuela
SHA1: E3A4D5EB4AB18DEF4E31FECCFC466A10C4054AEB
```

9.4.3 SHA512

Este sencillo ejemplo demuestra lo fácil que es acceder y utilizar la biblioteca estándar de Python, y cómo se ejecuta el mismo código en diferentes plataformas y genera el valor de hash SHA512.

SHA512.Ipynb

```
#programa : SHA512.Ipynb
#autor : jorge nolasco valenzuela
#fecha : 23-12-2021
"""
descripcion : este programa muestra
el uso de import hashlib - Algoritmo SHA512
"""
import hashlib
#ingresamos la cadena
cadena=input("Ingrese Cadena a Codificar :")
# Crear un objeto llamado hash1 que es del tipo SHA512
hash1=hashlib.sha512()
# Utilizar el método update para generar el SHA512 de la cadena
hash1.update(cadena.encode("UTF-8"))
# Obtener los valores hexadecimales generados del SHA512 ,Mediante la utilización del método hex-digest
hex1=hash1.hexdigest()
# muestra el resultado
print("SHA512: " + hex1.upper())


Ingrese Cadena a Codificar :Jorge Nolasco Valenzuela
SHA512: 5B2091E7F21A965518025F9E543CA67DB5C8B4C57F9DB99E312D2A021D225841C22C2D3B07E2D560762B43E86CC6383AF578EEB3C85AB11439450A8
D9C467F83
```

244

ANÁLISIS DE DATOS CON **PYTHON 3**

MAG. JORGE SANTIAGO NOLASCO VALENZUELA | DR. JAVIER ARTURO GAMBOA CRUZADO | MAG. LUZ ELENA NOLASCO VALENZUELA | MAG. JYMMY STUWART DEXTRE ALARCÓN

9.4.4 Diferentes algoritmos

Este sencillo ejemplo demuestra el uso de diferentes algoritmos.

diferentes.py

```python
#programa : diferentes.Ipynb
#autor : jorge nolasco valenzuela
#fecha : 23-12-2021
"""
descripcion : este programa muestra
el uso de diferentes algoritmos hash
"""
import hashlib
import os
def tamano(the_path):
    path_size = 0
    for path, dirs, files in os.walk(the_path):
        for fil in files:
            filename = os.path.join(path, fil)
            path_size += os.path.getsize(filename)

    listado=os.listdir("imagenes")
    size=path_size/1024
    return listado,path_size
def md5(ruta):
    listado2=os.listdir(ruta)
    for fichero in listado2:
        fp = open(ruta+"/"+fichero, "rb")
        buffer = fp.read()
        # md5
        hashObj = hashlib.md5()
        hashObj.update(buffer)
        lastHash = hashObj.hexdigest().upper()
        md5 = lastHash
        fp.close()
        return fichero,buffer,lastHash
def sha1(ruta):
    listado2=os.listdir(ruta)
    for fichero in listado2:
        fp = open(ruta+"/"+fichero, "rb")
        buffer = fp.read()
```

```python
        # sha1
        hashObj = hashlib.sha1()
        hashObj.update(buffer)
        lastHash = hashObj.hexdigest().upper()
        sha1 = lastHash
        fp.close()
        return fichero,buffer,lastHash


def sha224(ruta):
    listado2=os.listdir(ruta)
    for fichero in listado2:
        fp = open(ruta+"/"+fichero, "rb")
        buffer = fp.read()
        # sha224
        hashObj = hashlib.sha224()
        hashObj.update(buffer)
        lastHash = hashObj.hexdigest().upper()
        sha224 = lastHash
        fp.close()
        return fichero,buffer,lastHash
def sha256(ruta):
    listado2=os.listdir(ruta)
    for fichero in listado2:
        fp = open(ruta+"/"+fichero, "rb")
        buffer = fp.read()
        # sha256
        hashObj = hashlib.sha256()
        hashObj.update(buffer)
        lastHash = hashObj.hexdigest().upper()
        sha256 = lastHash
        fp.close()
        return fichero,buffer,lastHash
def sha384(ruta):
    listado2=os.listdir(ruta)
    for fichero in listado2:
        fp = open(ruta+"/"+fichero, "rb")
        buffer = fp.read()
        # sha384
        hashObj = hashlib.sha384()
        hashObj.update(buffer)
```

246

ANÁLISIS DE DATOS CON **PYTHON 3**

MAG. JORGE SANTIAGO NOLASCO VALENZUELA | DR. JAVIER ARTURO GAMBOA CRUZADO | MAG. LUZ ELENA NOLASCO VALENZUELA | MAG. JYMMY STUWART DEXTRE ALARCÓN

```python
            lastHash = hashObj.hexdigest().upper()
            sha384 = lastHash
            fp.close()
            return fichero,buffer,lastHash
def sha512(ruta):
    listado2=os.listdir(ruta)
    for fichero in listado2:
        fp = open(ruta+"/"+fichero, "rb")
        buffer = fp.read()
        # sha512
        hashObj = hashlib.sha512()
        hashObj.update(buffer)
        lastHash = hashObj.hexdigest().upper()
        sha512 = lastHash
        fp.close()
        return fichero,buffer,lastHash
while True:
    print("MENU:")
    print("1: TAMAÑO FICHERO")
    print("2: MD5")
    print("3: SHA1")
    print("4: SHA224")
    print("5: SHA256")
    print("6: SHA384")
    print("7: SHA512")
    print("8: SALIR")
    opc=int(input("SELECCIONE OPCION :"))
    if opc==1:
        listado1,size1=tamano("imagenes")
        print("=" * 40)
        print("Listado de Ficheros:",listado1)
        print("Tamaño:{0:8.0f} kb".format(size1/ 1024))
        print("=" * 40)
    elif opc==2:
        print("=" * 40)
        fichero, buffer, lastHash= md5("imagenes")
        print("FICHERO :"+fichero)
        print("MD5 :"+lastHash)
        print("=" * 40)
    elif opc==3:
```

```
            print("=" * 40)
            fichero, buffer, lastHash = sha1("imagenes")
            print("FICHERO :" + fichero)
            print("SHA1 :" + lastHash)
            print("=" * 40)
    elif opc == 4:
            print("=" * 40)
            fichero, buffer, lastHash = sha224("imagenes")
            print("FICHERO :" + fichero)
            print("SHA224 :" + lastHash)
            print("=" * 40)
    elif opc == 5:
            print("=" * 40)
            fichero, buffer, lastHash = sha256("imagenes")
            print("FICHERO :" + fichero)
            print("SHA256 :" + lastHash)
            print("=" * 40)
    elif opc == 6:
            print("=" * 40)
            fichero, buffer, lastHash = sha384("imagenes")
            print("FICHERO :" + fichero)
            print("SHA384 :" + lastHash)
            print("=" * 40)

    elif opc == 7:
            print("=" * 40)
            fichero, buffer, lastHash = sha512("imagenes")
            print("FICHERO :" + fichero)
            print("SHA512 :" + lastHash)
            print("=" * 40)


    else:
            break

MENÚ:
1: TAMAÑO FICHERO
2: MD5
3: SHA1
4: SHA224
5: SHA256
```

248

ANÁLISIS DE DATOS CON **PYTHON 3**

MAG. JORGE SANTIAGO NOLASCO VALENZUELA | DR. JAVIER ARTURO GAMBOA CRUZADO | MAG. LUZ ELENA NOLASCO VALENZUELA | MAG. JYMMY STUWART DEXTRE ALARCÓN

```
6: SHA384
7: SHA512
8: SALIR
SELECCIONE OPCIÓN :1
=======================================
Listado de ficheros: ['imagen1.png']
Tamaño:      668 kb
=======================================
MENÚ:
1: TAMAÑO FICHERO
2: MD5
3: SHA1
4: SHA224
5: SHA256
6: SHA384
7: SHA512
8: SALIR
SELECCIONE OPCIÓN :2
=======================================
FICHERO :imagen1.png
MD5 :3F9AF6B0FD1AEC2C9DE13B75C05DB081
=======================================
MENÚ:
1: TAMAÑO FICHERO
2: MD5
3: SHA1
4: SHA224
5: SHA256
6: SHA384
7: SHA512
8: SALIR
SELECCIONE OPCIÓN :3
=======================================
FICHERO :imagen1.png
SHA1 :4AFF2032827EB0C5CCC09A7DE004E8A479CDB577
=======================================
MENÚ:
1: TAMAÑO FICHERO
2: MD5
3: SHA1
```

```
4: SHA224
5: SHA256
6: SHA384
7: SHA512
8: SALIR
SELECCIONE OPCIÓN :4
======================================
FICHERO :imagen1.png
SHA224 :562A2774E086553771FA6733E7768488807FCB89751DD03B559E8031
======================================
MENÚ:
1: TAMAÑO FICHERO
2: MD5
3: SHA1
4: SHA224
5: SHA256
6: SHA384
7: SHA512
8: SALIR
SELECCIONE OPCIÓN :5
======================================
FICHERO :imagen1.png
SHA256 :21DCC9E790E67BD56A1D5131B29043DB5FE9C42117AEF278645547D6D1FD71A1
======================================
MENÚ:
1: TAMAÑO FICHERO
2: MD5
3: SHA1
4: SHA224
5: SHA256
6: SHA384
7: SHA512
8: SALIR
SELECCIONE OPCIÓN :6
======================================
FICHERO :imagen1.png
SHA384
:F8F2F1BA3C57E2CE5F2D0B33EC763B56BC627BA35FB89DFB1B4C1DB1B5D0BD91F0F0D37A333441B9F
  E15D9315CE29FCA
======================================
```

250

ANÁLISIS DE DATOS CON **PYTHON 3**

MAG. JORGE SANTIAGO NOLASCO VALENZUELA | DR. JAVIER ARTURO GAMBOA CRUZADO | MAG. LUZ ELENA NOLASCO VALENZUELA | MAG. JYMMY STUWART DEXTRE ALARCÓN

```
MENÚ:
1: TAMAÑO FICHERO
2: MD5
3: SHA1
4: SHA224
5: SHA256
6: SHA384
7: SHA512
8: SALIR
SELECCIONE OPCIÓN :7
========================================
FICHERO :imagen1.png
SHA512
:95807B97B4540B32F6E2E7370E2BDBCB3983067FD665D539E6DBFEC93504A228F4F9C53C694A872C1B
  5633908F7C5BF48E9D6A5FE90D7EA9128B3597B2CA2043
========================================
MENÚ:
1: TAMAÑO FICHERO
2: MD5
3: SHA1
4: SHA224
5: SHA256
6: SHA384
7: SHA512
8: SALIR
```

9.5 Cifrado homomórfico

El cifrado homomórfico es una técnica que permite realizar operaciones sobre los datos cifrados y obtener resultados, también cifrados, equivalentes a las operaciones hechas directamente sobre los datos fuentes. Aunque a primera vista puede parecer mágico, lo cierto es que a nuestro alrededor abundan algoritmos criptográficos de uso cotidiano que soportan parcialmente el cifrado homomórfico.

Si se parte del esquema tradicional descrito, lo ideal para minimizar los riesgos sería que el encargado no tuviera la posibilidad de descifrar la información y que todo su tratamiento pudiera llevarse a cabo sobre los datos cifrados por el responsable. De esta forma, se evitaría que un encargado desleal o un tercero suyo pudiera acceder a ellos y usarlos para finalidades diferentes. Una forma de conseguir esta protección es mediante el cifrado homomórfico.

En la siguiente figura se muestra uno de los posibles casos de uso de esta técnica.

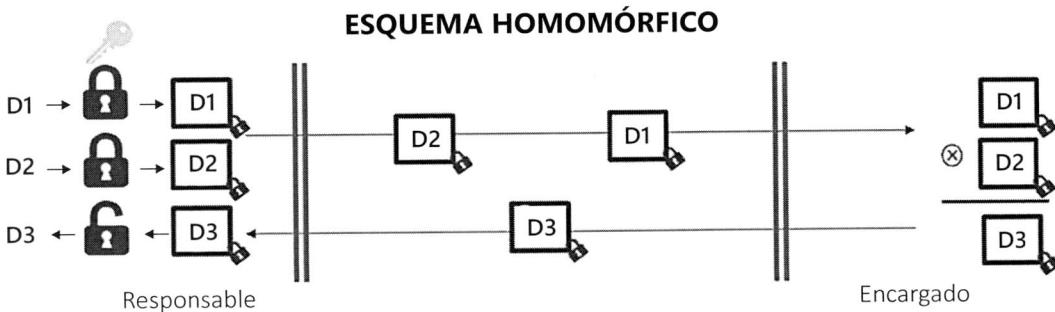

ESQUEMA HOMOMÓRFICO

Responsable   Encargado

9.5.1 Lista archivos

El método listdir () devuelve una lista que contiene los nombres de los archivos en el directorio actual.

Listado.py

```
#programa : Listado.py
#autor : jorge nolasco valenzuela
#fecha : 23-12-2021
"""
descripcion : este programa muestra
el uso de la funcion listdir
"""
import os
mycwd = os.getcwd()
directorios = os.listdir(mycwd)
print(directorios)

['.idea', 'algoritmos.py', 'Listado.py', 'MD5.py', 'SHA1.py', 'SHA512.py']
```

252

ANÁLISIS DE DATOS CON **PYTHON 3**

MAG. JORGE SANTIAGO NOLASCO VALENZUELA | DR. JAVIER ARTURO GAMBOA CRUZADO | MAG. LUZ ELENA NOLASCO VALENZUELA | MAG. JYMMY STUWART DEXTRE ALARCÓN

9.5.2 Plataforma (platform)

Algunas veces es necesario saber qué tipo de sistema ejecuta un programa, para lo cual se utiliza el módulo plataforma.

Plataforma.py

```
#programa : Plataforma.py
#autor : jorge nolasco valenzuela
#fecha : 23-12-2021
"""
descripcion : este programa muestra
el uso del modulo plataform
"""
import sys
import platform
print("Platform: "+sys.platform)
print("Machine: "+platform.machine())
print("Version: "+platform.version())



Platform: win32
Machine: AMD64
Versión: 6.3.9600
```

9.5.3 Socket

Los sockets son un canal de comunicación de datos bidireccional dentro de un proceso. Entre procesos en la misma máquina o entre procesos en diferentes máquinas puede usar protocolos como TCP/IP o UDP.

Los tipos de socket son los siguientes:

- **SOCK_STREAM:** Brinda una comunicación fiable de dos direcciones en un flujo de datos (protocolo: TCP).

- **SOCK_DGRAM:** Da una conexión no fiable (protocolo: UDP).

- **SOCK_RAW:** Sirve para acceder a los campos e interfaces internos de la red.

- **SOCK_RDM:** Garantiza la llegada de paquetes, pero no el orden de llegada.

- **SOCK_SEQPACKET:** Datagramas fiables y secundarios, de longitud fija, basados en la conexión.

- **SOCK_PACKET:** Coloca el socket en modo promiscuo, en el que se reciben todos los paquetes de la red.

Ahora se listan los métodos más importantes:

- **socket.socket**: Crea un canal bidireccional con el que generalmente se establece una conexión de red.
- **socket.bind**: Define un puerto y un nombre para un socket.
- **socket.listen**: Convierte el socket en un socket en escucha.
- **socket.accept**: Espera que llegue una conexión. Al llegar la descripción, devuelve un socket nuevo para esa conexión específica.
- **socket.connect**: Conecta un socket con otro que lo esté esperando en un puerto y dirección específica.
- **socket.send**: Es el método por el que se envían los mensajes.
- **socket.recv**: Es el método por el que se reciben los mensajes.
- **socket.close**: Cierra el socket.

A continuación, un ejemplo de socket.

Servidor-Clientes

SocketServidor.py

```
#programa : SocketServidor.py
#autor : jorge nolasco valenzuela
#fecha : 23-12-2021
"""
descripcion : este programa muestra
el uso de socket
Servidor
"""
#libreria para trabajar socket
import socket
import sys

#crear socket
s1=socket.socket()
#hostname para recibir conexiones externas
HOSTNAME=""
#puerto de escucha de nuestro servidor
PORT=8765

try:
    """
    el método bind
```

254

ANÁLISIS DE DATOS CON **PYTHON 3**

MAG. JORGE SANTIAGO NOLASCO VALENZUELA | DR. JAVIER ARTURO GAMBOA CRUZADO | MAG. LUZ ELENA NOLASCO VALENZUELA | MAG. JYMMY STUWART DEXTRE ALARCÓN

```python
            conecta el socket en una tupla que especifique
            una dirección y puerto
            """
            s1.bind((HOSTNAME,PORT))
except socket.error as message:
        print("bind fallo")
        sys.exit()
#comenzamos la escucha
s1.listen()
print("escuchando socket en puerto :",PORT)

while True:
        #a la espera de una conexion
        connection,address = s1.accept()
        print("conexion con :",address[0],address[1])
        connection.send("HOLA DESDE EL SERVIDOR")
        #cerrar el socket
        connection.close()
```

SocketCliente.py

```python
#programa : SocketCliente.py
#autor : jorge nolasco valenzuela
#fecha : 23-12-2021
"""
descripcion : este programa muestra
el uso de socket
Clientes
"""
#libreria para trabajar socket
import socket
import sys


#crear socket
s1=socket.socket()
#obtenemos el nombre de host
HOST=socket.gethostname()
#el puerto a utilizar
PORT=8765
#Conecta el socket del cliente con el servidor en un puerto
s1.connect((HOST,PORT))
```

```
#recibiendo mensajes
print(s1.recv(1024))
#cerrar el socket
s1.close()
```

9.5.4 Obtener la dirección IP

Python ha ganado mucha fuerza en el desarrollo de programas para la red, ya que, gracias al manejo de sockets, puede utilizar la red de esa estructura, que puede ser local o a través de Internet. A continuación, se muestran algunos ejemplos.

Socket1.py

```
#programa : Socket1.py
#autor : jorge nolasco valenzuela
#fecha : 23-12-2021
"""
descripcion : este programa muestra
el uso de socket
"""
import socket
#obtener el nombre del equipo
nombre_equipo = socket.gethostname()
#obtener la direccion de IP del equipo
direccion_equipo = socket.gethostbyname(nombre_equipo)
print("el nombre del equipo es:",nombre_equipo)
print("La IP es:",direccion_equipo)
el nombre del equipo es jnolasco
La IP es 192.168.56.1
```

9.5.5 Listar direcciones IP

Socket2.py

```
#programa : Socket2.py
#autor : jorge nolasco valenzuela
#fecha : 23-12-2021
"""
descripcion : este programa muestra
el uso de socket
"""
# Especificamos la IP de la Red
ipBase='192.168.0.'
```

256

ANÁLISIS DE DATOS CON **PYTHON 3**

MAG. JORGE SANTIAGO NOLASCO VALENZUELA | DR. JAVIER ARTURO GAMBOA CRUZADO | MAG. LUZ ELENA NOLASCO VALENZUELA | MAG. JYMMY STUWART DEXTRE ALARCÓN

```python
# lista de  IPs
ipList=[]
# IPs de 1-255
for ip in range(0,256):
    ipList.append(ipBase+str(ip))
    print(ipList.pop())
```

```
192.168.0.0
192.168.0.1
192.168.0.2
192.168.0.3
192.168.0.4
192.168.0.5
………………..
192.168.0.248
192.168.0.249
192.168.0.250
192.168.0.251
192.168.0.252
192.168.0.253
192.168.0.254
192.168.0.255
```

A continuación, se realiza un ping a un host específico.

ping1.py

```python
#programa : Ping1.py
#autor : jorge nolasco valenzuela
#fecha : 23-12-2021
"""
descripcion : este programa muestra
el uso de ping
"""
import os
respuesta = os.popen('ping -n 1 192.168.1.1')
for line in respuesta.readlines():
    print(line)
```

```
Estadísticas de ping para 192.168.1.1:
Paquetes: enviados = 1, recibidos = 1, perdidos = 0
    (0% perdidos)

Tiempos aproximados de ida y vuelta en milisegundos:
    mínimo = 1ms, máximo = 1ms, media = 1ms
```

Se muestran las direcciones IP activas.

Scaneo1.py

```python
#programa : Scaneo1.py
#autor : jorge nolasco valenzuela
#fecha : 23-12-2021
"""
descripcion : este programa muestra
el uso de ping
"""
import os
from datetime import datetime
red = input("IP de la Red :")
red1= red.split(".")
net2 = red1[0]+"."+red1[1]+"."+red1[2]+"."
st1 = int(input("Primer Numero de la Red :"))
en1 = int(input("Ultimo Numero de la Red :"))
en1=en1+1
ping1 = "ping -n 1 "
inicio= datetime.now()
print("Scaneo....")
for ip in range(st1,en1):
    addr = net2+str(ip)
    comm = ping1+addr
    response = os.popen(comm)
    for line in response.readlines():
        if(line.count("TTL")):
            break
    if (line.count("TTL")):
        print(addr, " :Activos")
fin= datetime.now()
total =fin-inicio
print("Finalizacion del Scaneo en  " , total)
```

```
IP de la red :192.168.1.0
Primer número de la red :2
Último número de la red :50
Scaneo....
192.168.1.33   :Activos
192.168.1.34   :Activos
192.168.1.40   :Activos
192.168.1.42   :Activos
192.168.1.45   :Activos
Finalización de escaneo en    0:01:14.004394
```

258

ANÁLISIS DE DATOS CON **PYTHON 3**

MAG. JORGE SANTIAGO NOLASCO VALENZUELA | DR. JAVIER ARTURO GAMBOA CRUZADO | MAG. LUZ ELENA NOLASCO VALENZUELA | MAG. JYMMY STUWART DEXTRE ALARCÓN

9.5.6 Búsqueda e indexación

```
Archivo.txt
Adan
Agustin
Alberto
Alejandro
Alfonso
Alfredo
Andres
Antonio
Armando
Arturo
Benito
Benjamin
Bernardo
Carlos
Cesar
Claudio
Clemente
Cristian
Cristobal
Daniel
David
Diego
Eduardo
Emilio
Enrique
Ernesto
Esteban
Federico
Felipe
Fernando
Francisco
Gabriel
Gerardo
German
Gilberto
Gonzalo
Gregorio
Guillermo
Gustavo
```

Hernan
Homero
Horacio
Hugo

Primero se empieza creando un programa que busque una palabra en un archivo específico.

Busqueda1.py

```
#programa : Busqueda1.py
#autor : jorge nolasco valenzuela
#fecha : 23-12-2021
"""
descripcion : este programa muestra
la busqueda de Nombres en un Archivo
"""
import sys
#creamos un conjunto vacio llamado Nombres
Nombres=set()
try:
    #Abrir el archivo : archivo.txt
    Fichero=open('archivo.txt')
    #adicionar linea a linea el contenido del archivo al conjunto Nombres
    for line in Fichero:
        Nombres.add(line.strip())
except:
    print("Error Fichero")
    sys.exit()
#ingresar Nombre a Buscar
palabra=input("Ingrese Nombre a Buscar:")
#Buscar Nombre
if (palabra in Nombres):
    print("Nombre Encontrado")
else:
    print("Nombre Encontrado")
```
```
Ingrese nombre a buscar: Luis
Nombre encontrado
```

ANÁLISIS DE DATOS CON **PYTHON 3**

MAG. JORGE SANTIAGO NOLASCO VALENZUELA | DR. JAVIER ARTURO GAMBOA CRUZADO | MAG. LUZ ELENA NOLASCO VALENZUELA | MAG. JYMMY STUWART DEXTRE ALARCÓN

Ahora un ejemplo de lectura de un archivo binario.

Busqueda2.py

```python
#programa : Busqueda2.py
#autor : jorge nolasco valenzuela
#fecha : 23-12-2021
"""
descripcion : este programa muestra
la lectura de archivos binarios
"""
import sys
#creamos un conjunto vacio llamado Nombres
Nombres=set()
try:
    #Abrir el archivo : archivo.bin
    Fichero=open('archivo.bin','rb')
    #cargar el archivo binario en un    bytearray
    binario=bytearray(Fichero.read())
except:
    print("Error Fichero")
    sys.exit()
print("Archivo:",binario)
```

```
Archivo: bytearray(b'Ad\xe1n\r\nAgust\xedn\r\nAlberto \r\nAlejandro\r\nAlfonso\r\
nAlfredo\r\nAndr\xe9s\r\nAntonio \r\nArmando\r\nArturo \r\nBenito\r\nBenjam\
xedn\r\nBernardo\r\nCarlos \r\nC\xe9sar\r\nClaudio\r\nClemente \r\nCristian\r\
nCristobal\r\nDaniel \r\nDavid\r\nDiego\r\nEduardo \r\nEmilio\r\nEnrique \r\
nErnesto\r\nEsteban\r\nFederico\r\nFelipe\r\nFernando \r\nFrancisco \r\nGabriel
\r\nGerardo \r\nGerm\xe1n\r\nGilberto\r\nGonzalo\r\nGregorio\r\nGuillermo \r\
nGustavo\r\nHern\xe1n\r\nHomero\r\nHoracio\r\nHugo\r\nIgnacio\r\nJacobo\r\nJaime\r\
nJavier\r\nJer\xf3nimo\r\nJes\xfas\r\nJoaqu\xedn\r\nJorge\r\nJorge Luis\r\nJos\xe9
\r\nJos\xe9 Eduardo\r\nJos\xe9 Emilio\r\nJos\xe9 Luis\r\nJos\xe9 Mar\xeda\r\nJuan
\r\nJuan Carlos\r\nJulio\r\nJulio C\xe9sar\r\nLorenzo\r\nLucas\r\nLuis \r\nLuis
Miguel\r\nManuel \r\nMarco Antonio\r\nMarcos\r\nMariano\r\nMario\r\nMart\xedn\r\
nMateo\r\nMiguel\r\nMiguel \xc1ngel\r\nNicol\xe1s (Nico)\r\nOctavio\r\n\xd3scar\r\
nPablo\r\nPatricio\r\nPedro\r\nRafael (Rafa)\r\nRamiro\r\nRam\xf3n\r\nRa\xfal\r\
nRicardo \r\nRoberto \r\nRodrigo \r\nRub\xe9n\r\nSalvador\r\nSamuel\r\nSancho\r\
nSantiago \r\nSergio\r\nTeodoro\r\nTimoteo \r\nTom\xe1s \r\nVicente\r\nV\xedctor\r\
nAdela\r\nAdriana\r\nAlejandra\r\nAlicia\r\nAmalia\r\nAna\r\nAna Luisa\r\nAna Mar\
xeda\r\nAndrea\r\nAnita\r\n\xc1ngela\r\nAntonia (Toni)\r\nBarbara\r\nBeatriz\r\
nBerta\r\nBlanca\r\nCaridad\r\nCarla\r\nCarlota\r\nCarmen\r\nCarolina (Caro)\r\
nCatalina (Cata)\r\nCecilia (Ceci)\r\nClara\r\nClaudia\r\nConcepci\xf3n\r\n(Concha,
Conchita)\r\nCristina (Cris, Tina)\r\nDaniela\r\nD\xe9bora\r\nDiana\r\nDolores
(Lola)\r\nDorotea (Dora)\r\nElena\r\nElisa\r\nEloisa\r\nElsa\r\nElvira\r\nEmilia
(Emi)\r\nEsperanza\r\nEstela\r\nEster\r\nEva\r\nFlorencia\r\nFrancisca (Paca,\r\
nPaquita)\r\nGabriela (Gabi)\r\nGloria\r\nGraciela (Chela)\r\nGuadalupe (Lupe)\r\
nGuillermina\r\nIn\xe9s\r\nIrene\r\nIsabel (Chabela,\r\nChavela, Isa)\r\nIsabela\r\
```

```
nJosefina (Pepita)\r\nJuana\r\nJulia\r\nLaura\r\nLeonor\r\nLeticia (Leti)\r\
nLilia\r\nLorena\r\nLourdes\r\nLucia\r\nLuisa\r\nLuz\r\nMagdalena\r\nManuela\r\
nMarcela (Chela)\r\nMargarita (Rita)\r\nMar\xeda\r\nMar\xeda del Carmen\r\nMar\
xeda Cristina\r\nMar\xeda Elena\r\nMar\xeda Eugenia\r\nMar\xeda Jos\xe9 (Marij\
xf3)\r\nMar\xeda Luisa\r\nMar\xeda Soledad\r\nMar\xeda Teresa (Maite,\r\nMarite)\r\
nMariana\r\nMaricarmen\r\nMarilu\r\nMarisol\r\nMarta\r\nMercedes (Meche)\r\
nMicaela\r\nM\xf3nica (Moni)\r\nNatalia (Nati)\r\nNorma\r\nOlivia\r\nPatricia
(Pati)\r\nPilar (Pili)\r\nRamona\r\nRaquel\r\nRebeca\r\nReina\r\nRocio\r\nRosa
(Rosi, Rosita)\r\nRosalia\r\nRosario\r\nSara (Saruca)\r\nSilvia\r\nSofia\r\nSoledad
(Sole)\r\nSonia\r\nSusana (Susa,\r\nSusanita)\r\nTeresa (Tere)\r\nVer\xf3nica
(Vero)\r\nVictoria (Vicki)\r\nVirginia\r\nYolanda (Yoli)')
```

9.5.7 Recolección de información

9.5.7.1 Analizando dominios (módulo whois)

Módulo de Python para recuperar información de dominios. La información que suministra whois de un dominio proporciona diversos detalles, como registrador, propietario, fecha de registro, fecha de caducidad, etc.

Si se desea instalar el módulo específico, usar:

```
pip install python-whois
```

A continuación, un ejemplo para obtener información de un dominio específico.

whois1.py

```
#programa : whois1.py
#autor : jorge nolasco valenzuela
#fecha : 23-12-2021
"""
descripcion : este programa muestra
el uso de whois para analizar dominios
"""
import whois
#analizaremos el dominio gloria
dominio = whois.whois('www.gloria.com.pe')
print(dominio)
{
  "domain_name": "gloria.com.pe",
  "registrar": "NIC .PE",
  "whois_server": "NIC .PE",
  "referral_url": null,
  "updated_date": null,
  "creation_date": null,
```

262

ANÁLISIS DE DATOS CON **PYTHON 3**

MAG. JORGE SANTIAGO NOLASCO VALENZUELA | DR. JAVIER ARTURO GAMBOA CRUZADO | MAG. LUZ ELENA NOLASCO VALENZUELA | MAG. JYMMY STUWART DEXTRE ALARCÓN

```
  "expiration_date": null,
  "name_servers": [
    "ns1.grupogloria.com",
    "ns2.grupogloria.com"
  ],
  "status": "ok",
  "emails": "gtalavera@gloria.com.pe",
  "dnssec": "unsigned",
  "name": "gloria s.a.",
  "org": null,
  "address": null,
  "city": null,
  "state": null,
  "zipcode": null,
  "country": null
}
```

9.5.7.2 Analizando dominios (módulo DNS)

Dnspython es un conjunto de herramientas de DNS para Python. Soporta casi todos los tipos de registros. Se puede utilizar para consultas, transferencias de zona y actualizaciones dinámicas. Soporta mensajes TSIG autenticados, y EDNS0.Dnspython proporciona acceso de alto y bajo nivel al DNS. Las clases de alto nivel consultan datos de un nombre, tipo y clase, y devuelven un conjunto de respuestas. Las clases de bajo nivel permiten la manipulación directa de zonas DNS, mensajes, nombres y registros.

A continuación, un ejemplo para obtener información de un dominio específico.

dns1.py

```
#programa : dns1.py
#autor : jorge nolasco valenzuela
#fecha : 23-12-2021
"""
descripcion : este programa muestra
el uso de dns para analizar dominios
"""
import dns.query
qname = dns.name.from_text('facebook.com')
consulta = dns.message.make_query(qname, dns.rdatatype.NS)
print("="*30)
print("Resultado de la Consulta:")
print(consulta)
print("="*30)
```

```
==============================
Resultado de la consulta:
id 13208
opcode QUERY
rcode NOERROR
flags RD
;QUESTION
facebook.com. IN NS
;ANSWER
;AUTHORITY
;ADDITIONAL
==============================
```

9.5.7.3 Geolocalización (Geocoder)

Módulo de geolocalización escrita en Python. Aquí se presenta un ejemplo típico para recuperar latitud y longitud de Google usando Python.

geocoder1.py

```python
#programa : geocoder1.py
#autor : jorge nolasco valenzuela
#fecha : 23-12-2021
"""
descripcion : este programa muestra
el uso de requests
para geolocalizacion
"""
import requests
url = 'https://maps.googleapis.com/maps/api/geocode/json'
parametros = {'sensor': 'false', 'address': 'Mountain View, CA'}
r = requests.get(url, params=parametros)
resultado = r.json()['results']
location = resultado[0]['geometry']['location']
location['lat'], location['lng']
print("="*45)
print(location)
print("="*45)
=============================================
{'lat': 37.3860517, 'lng': -122.0838511}
=============================================
```

264

ANÁLISIS DE DATOS CON **PYTHON 3**

MAG. JORGE SANTIAGO NOLASCO VALENZUELA | DR. JAVIER ARTURO GAMBOA CRUZADO | MAG. LUZ ELENA NOLASCO VALENZUELA | MAG. JYMMY STUWART DEXTRE ALARCÓN

Después, para realizar múltiples procesos, se tienen que emplear hilos y hacer varias tareas a la vez. A la librería usada se le denomina thread, que se emplea para procesos pesados que pueden interrumpir el flujo de la aplicación.

Hilos1.py

```
#programa : Hilos1.py
#autor : Jorge Nolasco valenzuela
#fecha : 23-12-2021
"""
descripcion : este programa muestra
el uso de hilos
"""
import _thread
import time
def miHilo(mensaje):
    input(mensaje)
    print("presionaste enter")
_thread.start_new_thread(miHilo,("presione enter",))
print("El input ya no interrumpe la ejecucion")
time.sleep(10)
```
```
El input ya no interrumpe la ejecución
presione enter
```

10 Deep web y redes Tor

10.1 Redes Tor

La red Tor es un grupo de servidores operados por voluntarios que permite a las personas mejorar su privacidad y seguridad en Internet. Los usuarios de Tor emplean esta red conectándose a través de una serie de túneles virtuales en lugar de establecer una conexión directa, lo que permite que las organizaciones y las personas compartan información a través de redes públicas sin comprometer su privacidad. En la misma línea, Tor es una herramienta efectiva para eludir la censura, lo que permite a los usuarios llegar a destinos  o contenido bloqueados. Tor también se puede utilizar como un bloque de construcción para desarrolladores de software para crear nuevas herramientas de comunicación con características de privacidad incorporadas.

Las personas usan Tor para evitar que los sitios web sigan su rastro y el de sus familiares, o para conectarse a sitios de noticias, servicios de mensajería instantánea o similares cuando sus proveedores locales de Internet los bloquean. Los servicios de cebolla de Tor permiten a los usuarios publicar sitios web y otros servicios sin necesidad de revelar la ubicación del sitio. Las personas también utilizan Tor para la comunicación socialmente sensible: salas de chat y foros web para sobrevivientes de violación y abuso, o personas con enfermedades.

Los periodistas usan Tor para comunicarse de forma más segura con denunciantes y disidentes. Las organizaciones no gubernamentales (ONG) utilizan Tor para permitir que sus trabajadores se conecten al sitio web de su hogar mientras están en un país extranjero, sin notificar a todos los que están cerca que están trabajando con esa organización.

Grupos como Indymedia recomiendan Tor para salvaguardar la privacidad y seguridad en línea de sus miembros. Grupos activistas como Electronic Frontier Foundation (EFF) recomiendan Tor como un mecanismo para mantener las libertades civiles en línea. Las corporaciones usan Tor como una forma segura de realizar análisis competitivos y proteger los patrones de adquisición delicados de

266

ANÁLISIS DE DATOS CON **PYTHON 3**

MAG. JORGE SANTIAGO NOLASCO VALENZUELA | DR. JAVIER ARTURO GAMBOA CRUZADO | MAG. LUZ ELENA NOLASCO VALENZUELA | MAG. JYMMY STUWART DEXTRE ALARCÓN

los espías. También lo usan para reemplazar VPN tradicionales, que revelan la cantidad exacta y el momento de la comunicación. ¿En qué lugares tienen empleados trabajando hasta tarde? ¿En qué ubicaciones los empleados consultan sitios web de búsqueda de empleo? ¿Qué divisiones de investigación se están comunicando con los abogados de patentes de la compañía?

Una rama de la Marina de los EE. UU. utiliza Tor para la recopilación de inteligencia de código abierto, y uno de sus equipos la usó mientras se encontraba en el Medio Oriente recientemente. Las fuerzas del orden público la utilizan para visitar o vigilar sitios web sin dejar direcciones IP del gobierno en sus registros web, y para la seguridad durante las operaciones.

La variedad de personas que usan Tor es en realidad parte de lo que lo hace tan seguro. Tor oculta al usuario entre los demás, por lo que cuanto más poblada y diversa sea la base de usuarios de Tor, más se protegerá el anonimato.

10.2 Utilidad de las redes Tor

Tor protege contra una forma común de vigilancia de Internet conocida como "análisis de tráfico", que puede usarse para inferir quién está hablando con quién a través de una red pública. Conocer la fuente y el destino de su tráfico de Internet le permite a otros rastrear su comportamiento e intereses. Esto puede afectar su chequera si, por ejemplo, un sitio de comercio electrónico usa discriminación de precios en función de su país o institución de origen. Incluso puede amenazar su trabajo y su seguridad física al revelar quién es y dónde se encuentra. Por ejemplo, si viaja al extranjero y se conecta a los ordenadores de su empleador para verificar o enviar correos, puede revelar inadvertidamente su origen nacional y afiliación profesional a cualquier persona que observe la red, incluso si la conexión está encriptada.

¿Cómo funciona el análisis de tráfico? Los paquetes de datos de Internet tienen dos partes: una carga útil de datos y un encabezado utilizado para el enrutamiento. La carga de datos es lo que se envía, ya sea un mensaje de correo electrónico, una página web o un archivo de audio. Incluso si cifra la carga de datos de sus comunicaciones, el análisis de tráfico aún revela mucho sobre lo que está haciendo y, posiblemente, sobre lo que está diciendo. Esto se debe a que se centra en el encabezado, que revela la fuente, el destino, el tamaño, el tiempo, etc.

Un problema básico para la privacidad es que el destinatario de sus comunicaciones puede ver que lo envió al mirar los encabezados. También lo pueden hacer los intermediarios autorizados, como los proveedores de servicios de Internet y, en ocasiones, intermediarios no autorizados. Una forma muy simple de análisis de tráfico puede implicar sentarse en algún lugar entre el remitente y el destinatario en la red, mirando los encabezados.

Pero también hay tipos más potentes de análisis de tráfico. Algunos atacantes espían en varias partes de Internet y usan sofisticadas técnicas estadísticas para rastrear los patrones de comunicación de muchas organizaciones e individuos diferentes. El cifrado no ayuda contra estos atacantes, ya que solo oculta el contenido del tráfico de Internet, no los encabezados.

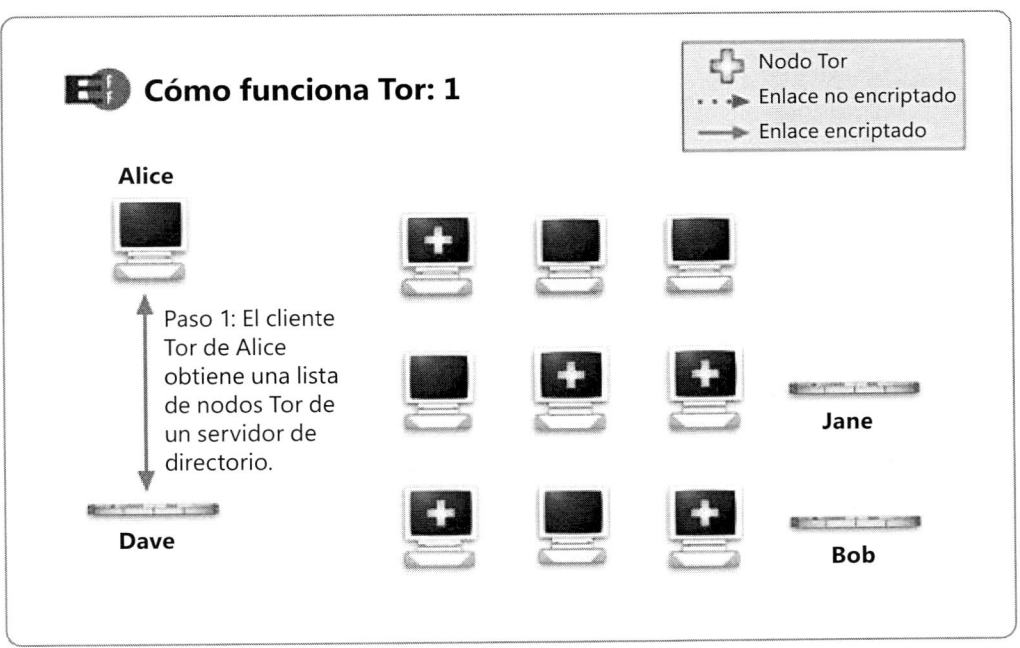

Fuente: securitydiaries.com

Tor ayuda a reducir los riesgos de un análisis de tráfico simple y sofisticado al distribuir sus transacciones en varios lugares de Internet, por lo que ningún punto puede vincularlo con su destino. La idea es similar a usar una ruta complicada y difícil de seguir para desviar a alguien que lo está siguiendo y luego borrar periódicamente sus huellas. En lugar de tomar una ruta directa de origen a destino, los paquetes de datos en la red Tor toman un camino aleatorio a través de varios relevos que cubren sus pistas para que ningún observador en un solo punto pueda decir de dónde provienen los datos o hacia dónde se dirigen.

Para crear una vía de red privada con Tor, el software o cliente del usuario construye incrementalmente un circuito de conexiones encriptadas a través de relés en la red. El circuito se extiende de un salto a la vez, y cada relevador a lo largo del camino solo sabe qué relevador le dio datos y a qué retransmisión le está brindando datos. Ningún relevador individual conoce el camino completo que ha tomado un paquete de datos. El cliente negocia un conjunto separado de claves de cifrado para cada salto a lo largo del circuito para garantizar que no pueda rastrear estas conexiones a medida que pasan.

268

ANÁLISIS DE DATOS CON **PYTHON 3**

MAG. JORGE SANTIAGO NOLASCO VALENZUELA | DR. JAVIER ARTURO GAMBOA CRUZADO | MAG. LUZ ELENA NOLASCO VALENZUELA | MAG. JYMMY STUWART DEXTRE ALARCÓN

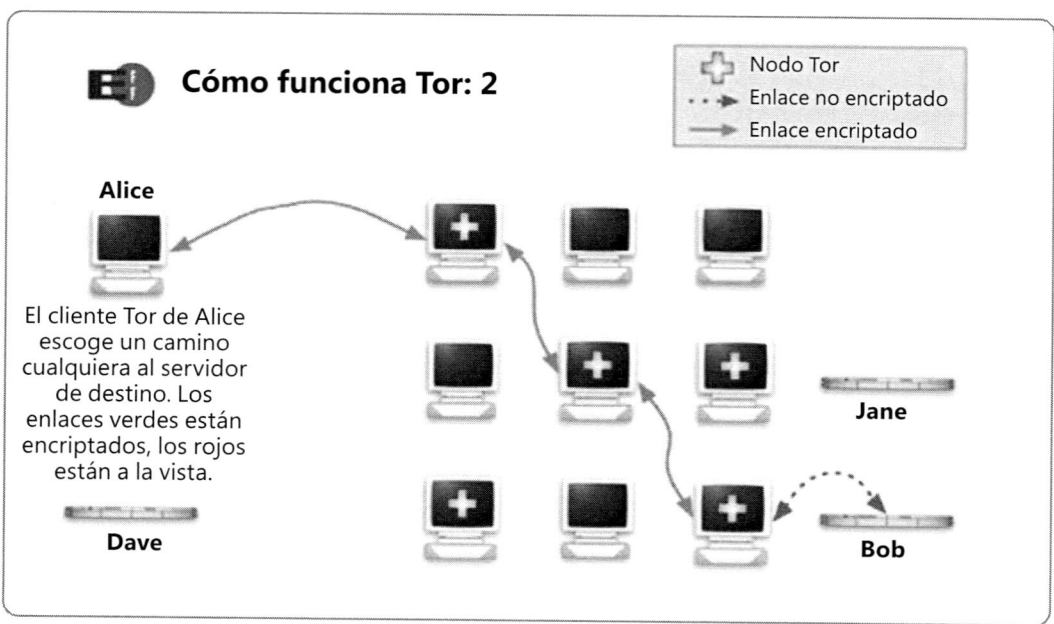

Fuente: securitydiaries.com

Una vez que se ha establecido un circuito, se pueden intercambiar muchos tipos de datos y se pueden implementar diferentes tipos de aplicaciones de software a través de la red Tor. Debido a que cada repetidor no ve más de un salto en el circuito, ni un espía ni un retransmisor comprometido pueden usar el análisis de tráfico para vincular el origen y el destino de la conexión. Tor solo funciona para flujos TCP y puede ser utilizado por cualquier aplicación con soporte SOCKS. Para mayor eficiencia, el software Tor usa el mismo circuito para conexiones que ocurren dentro de los mismos diez minutos más o menos. Las solicitudes posteriores reciben un nuevo circuito para evitar que las personas relacionen sus acciones anteriores con las nuevas.

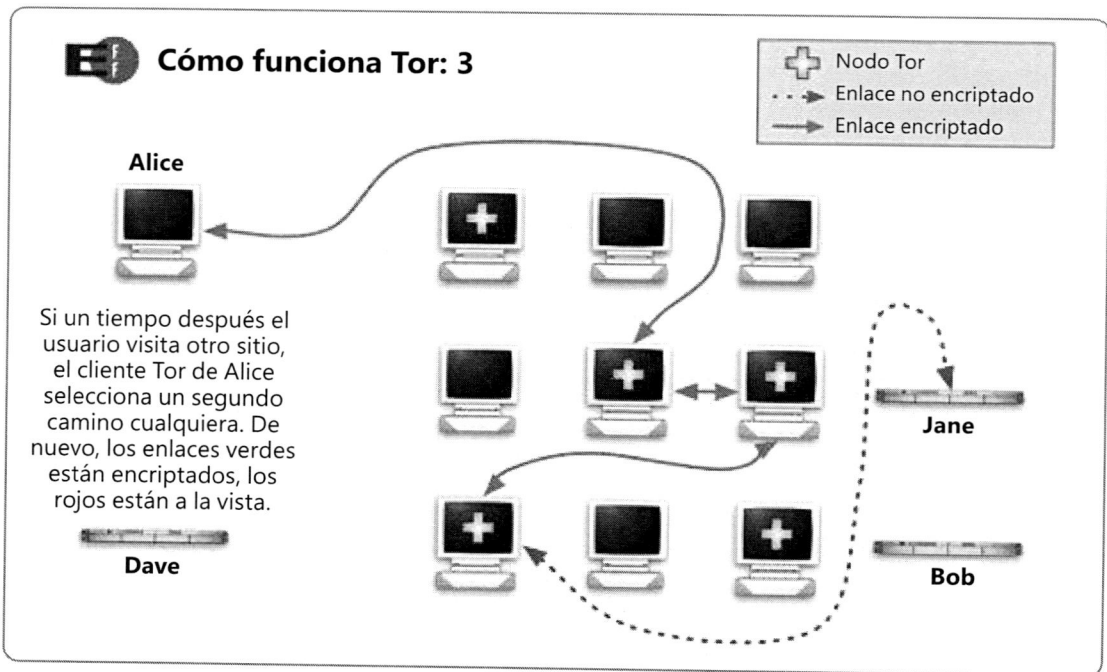

Fuente: securitydiaries.com

10.3 Deep Web

La Deep Web es un espacio virtual en el que se encuentran contenidos no indexados en los buscadores, como Google y Yahoo. Esto se debe a que no cumplen con las reglas de Internet.

En el siguiente gráfico, se explica más detalles acerca de ella:

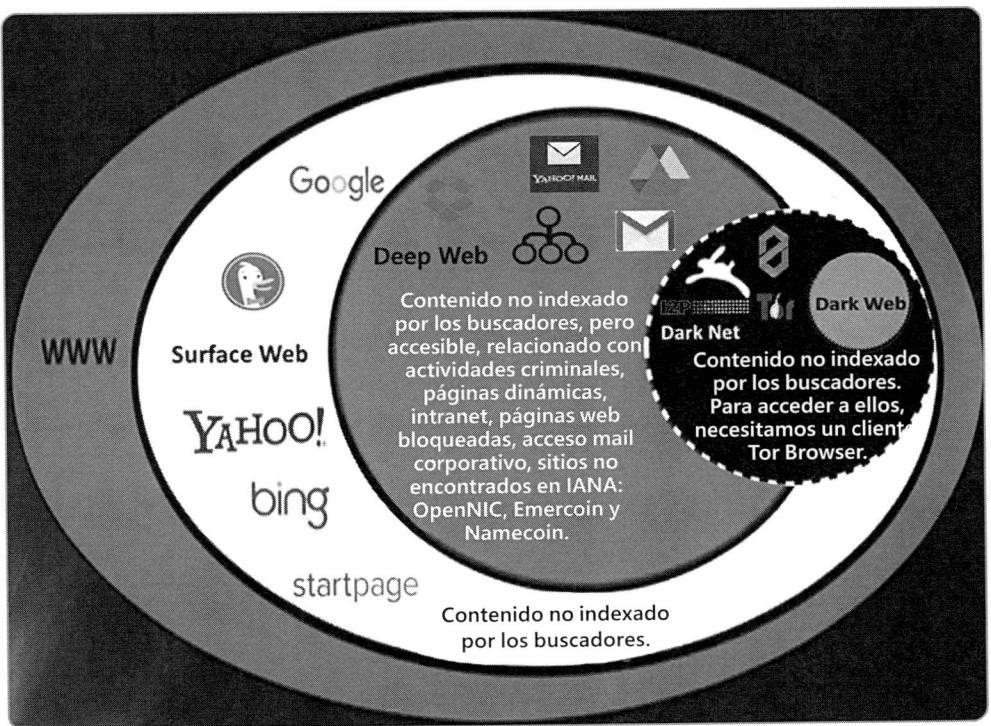

Los siguientes gráficos muestran el tamaño de la web tradicional y de la Deep Web.

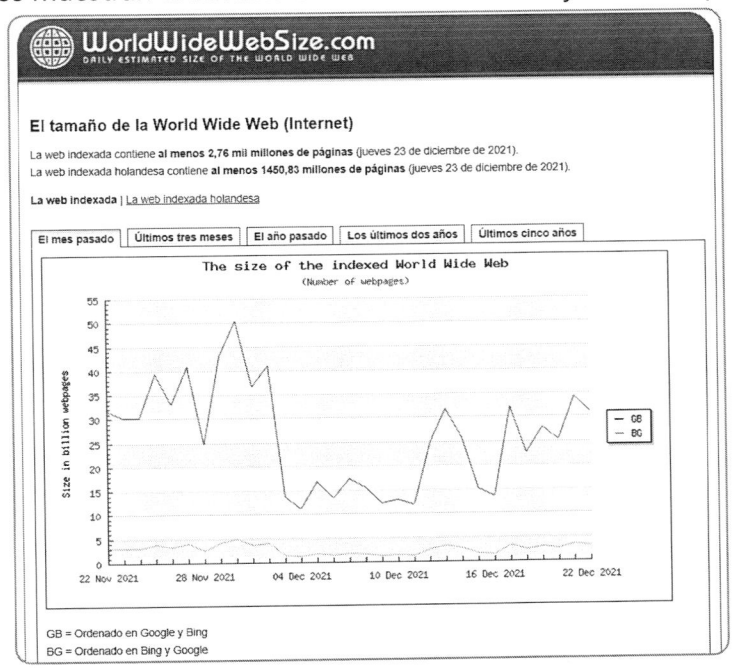

Fuente: https://www.worldwidewebsize.com/

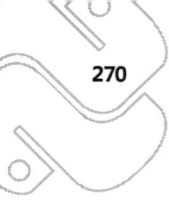

270

ANÁLISIS DE DATOS CON **PYTHON 3**

MAG. JORGE SANTIAGO NOLASCO VALENZUELA | DR. JAVIER ARTURO GAMBOA CRUZADO | MAG. LUZ ELENA NOLASCO VALENZUELA | MAG. JYMMY STUWART DEXTRE ALARCÓN

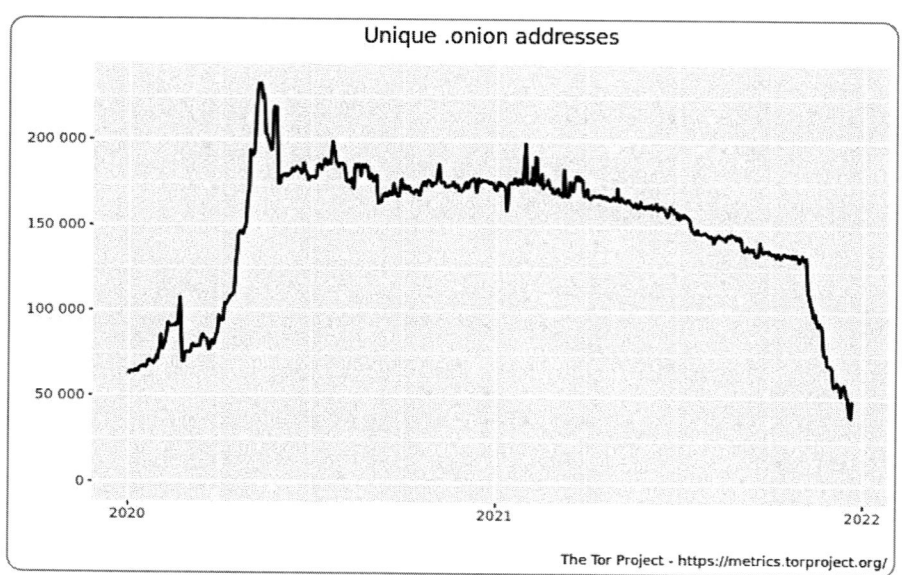

Fuente: https://metrics.torproject.org/hidserv-dir-onions-seen.html?start=2020-01-01&end=2021-12-23

10.4 Mantenerse anónimo

Tor no puede resolver todos los problemas de anonimato. Se enfoca solo en proteger el transporte de datos. Debe utilizar el software de soporte específico del protocolo si no desea que los sitios que visita vean su información de identificación. Por ejemplo, puede usar el navegador Tor mientras navega por la web para retener información sobre la configuración de su ordenador.

Además, para proteger su anonimato, sea inteligente. No proporcione su nombre u otra información reveladora en formularios web. Tenga en cuenta que, como todas las redes anónimas que son lo suficientemente rápidas para la navegación web, Tor no brinda protección contra los ataques de temporización de extremo a extremo: si su atacante puede ver el tráfico que sale de su ordenador y también el tráfico que llega a su destino elegido, puede usar el análisis estadístico para descubrir que son parte del mismo circuito.

10.5 El futuro de Tor

Proporcionar una red de anonimato utilizable en Internet hoy es un desafío continuo. Se desea un software que satisfaga las necesidades de los usuarios y también mantener la red en funcionamiento de forma que maneje la mayor cantidad de usuarios posible. La seguridad y la usabilidad no tienen que estar en desacuerdo: a medida que la usabilidad de Tor aumenta, atraerá a más usuarios, lo que incrementará las posibles fuentes y destinos de cada comunicación; esto mejora la seguridad para todos.

Las tendencias actuales en leyes, políticas y tecnología amenazan el anonimato como nunca antes, lo que socava nuestra capacidad de hablar y leer libremente en línea. Estas tendencias también perjudican la seguridad nacional y la infraestructura crítica, lo que produce que la comunicación entre individuos, organizaciones, corporaciones y gobiernos sea más vulnerable al análisis. Cada nuevo usuario y retransmisión proporciona diversidad adicional, y esto mejora la capacidad de Tor de poner el control de su seguridad y privacidad nuevamente en sus manos.

10.6 Tor Browser

10.6.1 Instalación

Paso 1:

Abra el navegador Tor desde Firefox, Chrome o Edge. Puede descargarlo de la siguiente URL: **https:// www.torproject.org/download/download-easy.html.en.**

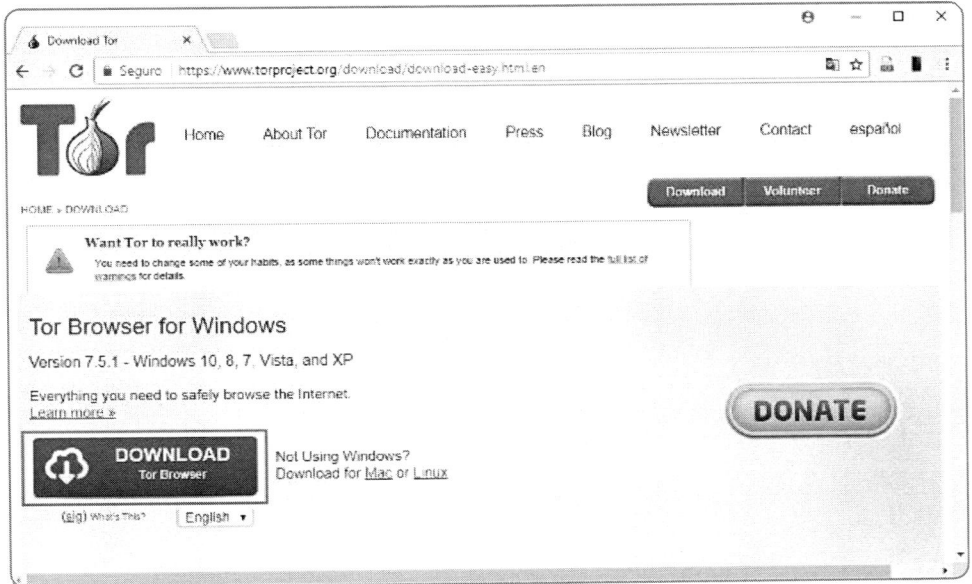

Paso 2:

Al finalizar la descarga, inicie la instalación con un doble clic.

torbrowser-instal l-7.5.1_es-ES.exe

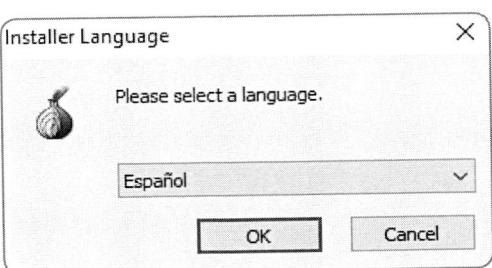

272

ANÁLISIS DE DATOS CON **PYTHON 3**

MAG. JORGE SANTIAGO NOLASCO VALENZUELA I DR. JAVIER ARTURO GAMBOA CRUZADO I MAG. LUZ ELENA NOLASCO VALENZUELA I MAG. JYMMY STUWART DEXTRE ALARCÓN

Paso 3:

En la próxima ventana, se sugiere elegir una carpeta para configurar el paquete del navegador Tor. Por predeterminado, se indica un escritorio. Es posible cambiar el lugar de configuración.

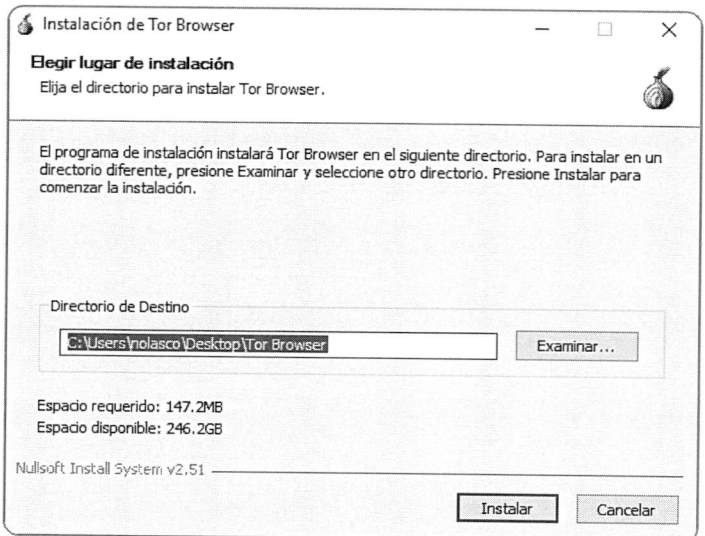

Paso 4:

El proceso de instalación se completa cuando ve una ventana que indica que lo ha finalizado. Si hace clic en el botón Terminar, el navegador Tor y los accesos directos se iniciarán de inmediato.

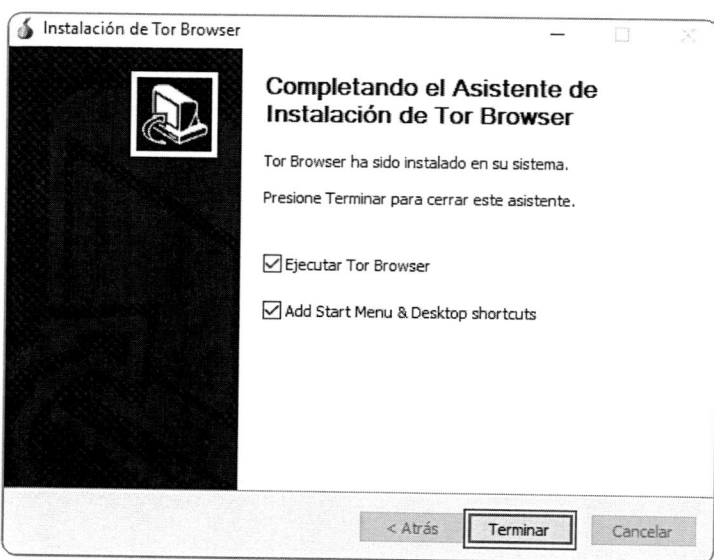

10.6.2 Uso

Paso 1:

La primera vez que el navegador Tor arranque en su ordenador, aparecerá una ventana que le permitirá modificar algunos ajustes si es necesario. Comenzará conectándose a la red Tor haciendo un clic en el botón Connect.

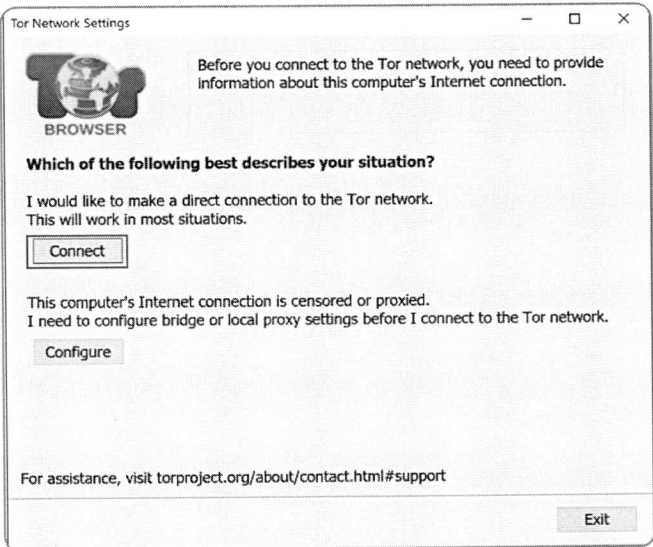

Paso 2:

Después de eso, aparecerá una nueva ventana con campo verde:

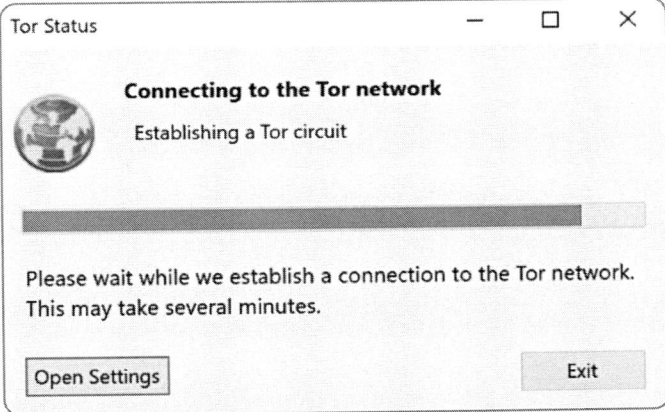

274

ANÁLISIS DE DATOS CON **PYTHON 3**

MAG. JORGE SANTIAGO NOLASCO VALENZUELA | DR. JAVIER ARTURO GAMBOA CRUZADO | MAG. LUZ ELENA NOLASCO VALENZUELA | MAG. JYMMY STUWART DEXTRE ALARCÓN

Paso 3:

La primera vez que el navegador Tor inicie, podría demorar algo, pero tenga paciencia.

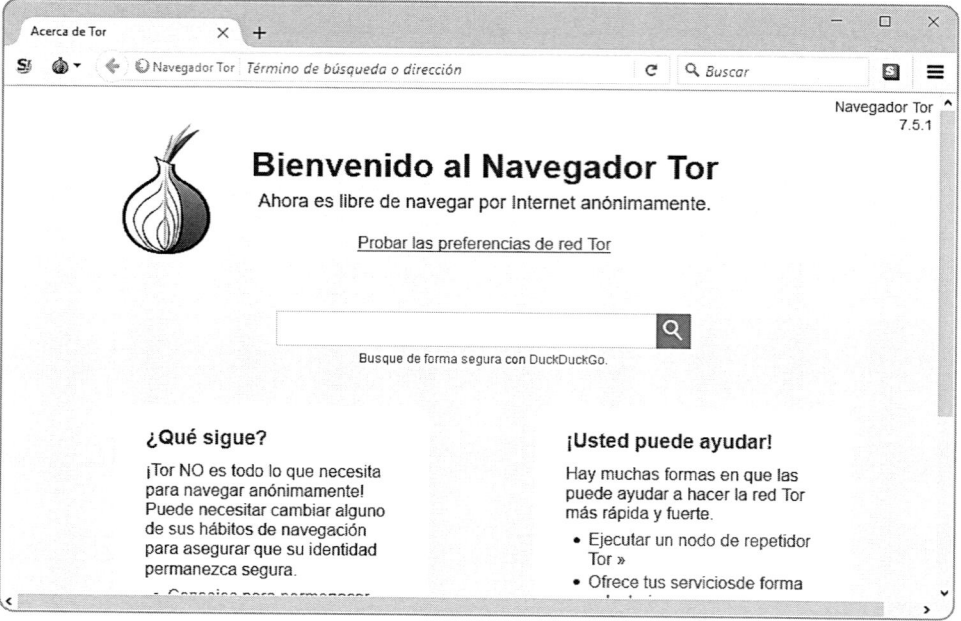

Paso 4:

Haga clic en el logo de la cebolla Tor en la parte superior izquierda del navegador, luego en Configuración de seguridad...

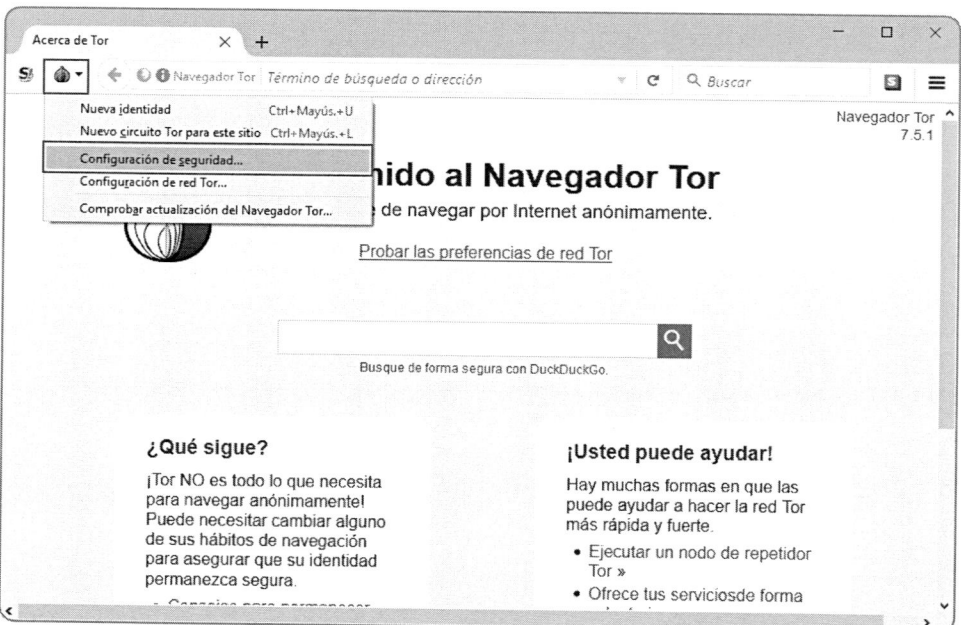

Algunas opciones de un navegador web normal pueden hacerle vulnerable a un ataque intruso del tipo "ataque por intermediario". Otras características han tenido errores de software o bugs en ellas que han revelado la identidad de los usuarios. Deslizar los niveles de seguridad al más alto desactiva estas características. Esto lo hará más seguro frente a los atacantes que pueden interferir con su conexión de Internet o aprovechar nuevos errores en estas características. Desafortunadamente, al desactivarlas puede hacer que algunos sitios web no se desplieguen por completo. El nivel bajo por defecto está bien para una protección diaria, pero lo puede elevar si está preocupado por atacantes sofisticados, o si no le molesta que algunos sitios web no se desplieguen correctamente.

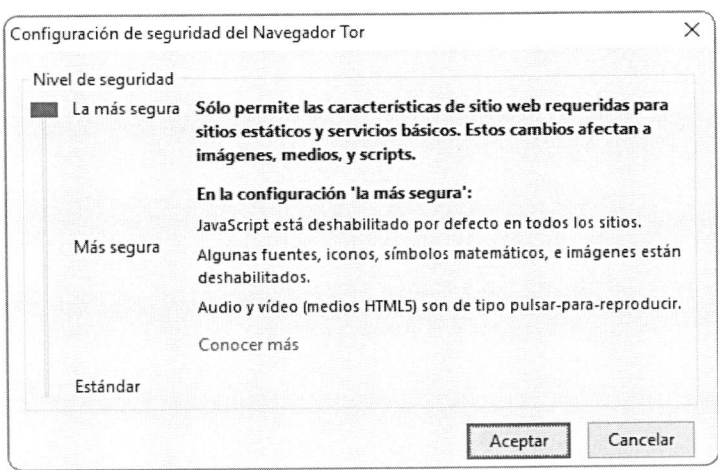

10.6.3 Recomendaciones de uso de la red Tor

10.6.3.1 Utilice el navegador Tor

Tor no protege todo el tráfico de Internet de su ordenador cuando lo ejecuta. Tor solo protege sus aplicaciones que están configuradas correctamente para enviar su tráfico de Internet a través del mismo. Para evitar problemas con la configuración Tor, le recomendamos utilizar el navegador. Está preconfigurado para proteger su privacidad y anonimato en la web siempre que esté navegando con Tor Browser. Es probable que no sea seguro usar casi cualquier otra configuración de navegador web con Tor.

10.6.3.2 No intercambie archivos torrent con Tor

Se ha observado que las aplicaciones de intercambio de archivos torrent ignoran las configuraciones proxy y hacen conexiones directas aun cuando se les dice que usen Tor. Incluso si su aplicación de torrents se conecta solo a través de Tor, a menudo enviará su dirección IP real en la solicitud GET del rastreador, porque así es como funcionan los torrents. No solo desanonimiza el tráfico de torrents y el simultáneo Tor de su red de esta manera, sino que también ralentiza toda la red Tor para los demás.

10.6.3.3 No habilite ni instale complementos del navegador

El navegador Tor bloqueará los complementos del navegador como Flash, RealPlayer, Quicktime y otros: pueden manipularse para revelar su dirección IP. Del mismo modo, no se recomienda instalar complementos, incluyendo los adicionales, en el navegador Tor, ya que lo pueden omitir o dañar su anonimato y privacidad.

276

ANÁLISIS DE DATOS CON **PYTHON 3**

MAG. JORGE SANTIAGO NOLASCO VALENZUELA | DR. JAVIER ARTURO GAMBOA CRUZADO | MAG. LUZ ELENA NOLASCO VALENZUELA | MAG. JYMMY STUWART DEXTRE ALARCÓN

10.6.3.4 Use HTTPS

Tor encriptará su tráfico hacia y dentro de la red Tor, pero la encriptación de su tráfico al sitio web de destino final depende de este último. Para ayudar a garantizar el cifrado privado de los sitios web, Tor Browser incluye HTTPS Everywhere para forzar el uso del cifrado HTTPS con los principales sitios web que lo admiten. Sin embargo, debe seguir mirando la barra de URL del navegador para asegurarse de que los sitios web que proporcionan información confidencial muestren un botón de barra de URL azul o verde. Incluya https: // en la URL y muestre el nombre esperado adecuado para el sitio web. También vea la página interactiva de EFF que explica cómo se relacionan Tor y HTTPS.

10.6.3.5 No abra documentos descargados a través de Tor mientras está en línea

El navegador Tor le advertirá antes de abrir automáticamente los documentos manejados por aplicaciones externas. No ignore esta advertencia. Debe tener mucho cuidado al descargar documentos a través de Tor (especialmente archivos DOC y PDF, a menos que use el visor de PDF integrado en el navegador Tor), ya que estos pueden contener recursos de Internet que la aplicación que los abre descargará fuera de Tor. Esto revelará su dirección IP. Si debe trabajar con archivos DOC y/o PDF, se recomienda utilizar un ordenador desconectado, descargar la VirtualBox gratuita y usarla con una imagen de máquina virtual con redes deshabilitadas o utilizar Tails. Sin embargo, bajo ninguna circunstancia es seguro usar BitTorrent y Tor juntos.

10.6.3.6 Use puentes

Tor intenta evitar que los atacantes aprendan a qué sitios web de destino se conecta. Sin embargo, de forma predeterminada, no impide que alguien que vea su tráfico de Internet descubra que está usando Tor. Si esto es importante para usted, puede reducir este riesgo configurando Tor para usar un relé puente Tor en lugar de conectarse directamente a la red Tor pública. En última instancia, la mejor protección es un enfoque social: cuantos más usuarios de Tor estén cerca de usted y más diversos sean sus intereses, menos peligroso será que usted sea uno de ellos.

10.6.4 Comprobación de la privacidad

Para comprobar su privacidad, escriba la siguiente URL:

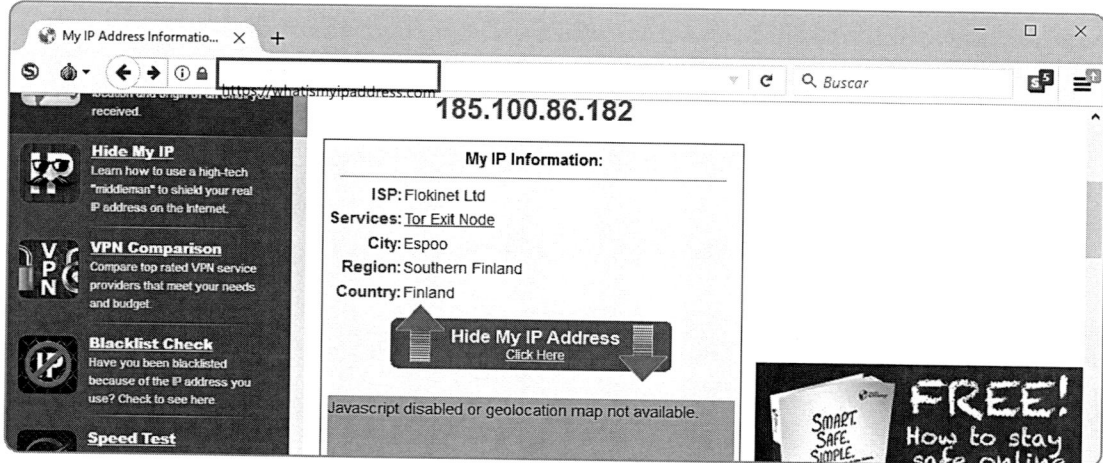

Otra manera es acceder a la siguiente URL:

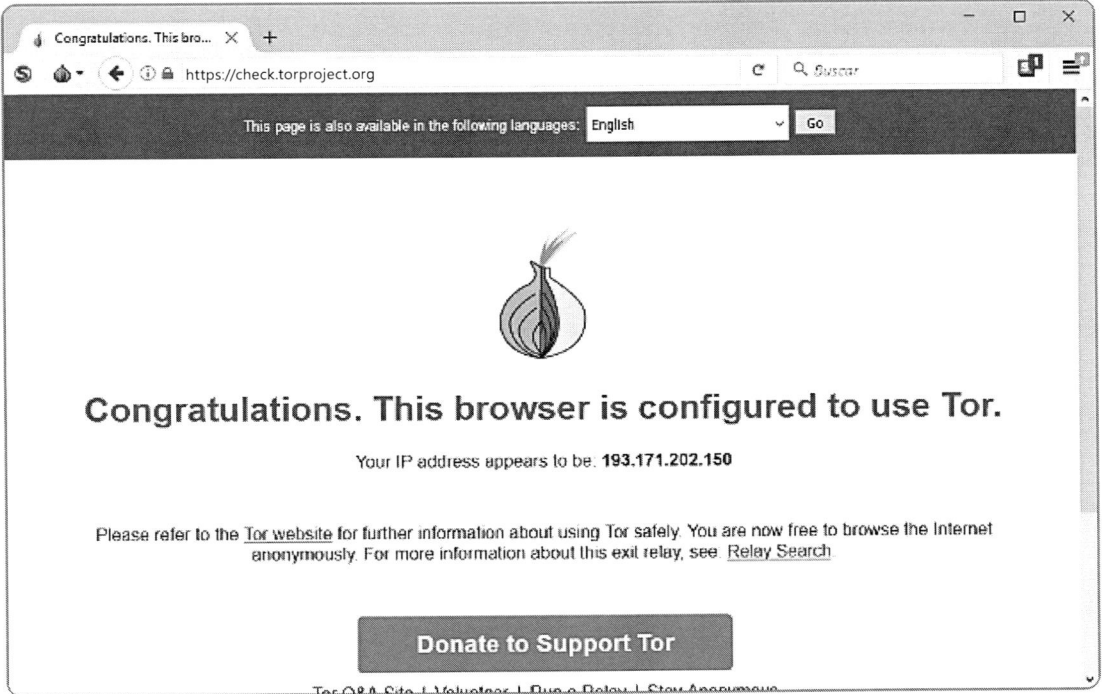

10.7 Control de una instancia local Tor

Antes de iniciar una instancia local de Tor (cliente), es necesario verificar el valor de la propiedad ControlPorf, ya que dicho valor indica el puerto utilizado para que rutinas externas puedan controlar la instancia local de Tor.

```python
from stem.control import Controller
import getpass
#solicita una contraseña
clave=getpass.getpass('Controller password pass:')
#Ahora habilita ControlPort for Tor para escuchar los comandos.
controller=Controller.from_port(port=9151)
#autentificacion en una instancia de TOR
controller.authenticate(clave)
print(controller.get_info("address")) #consulta claves disponibles
```

10.8 Información de repetidores disponibles

Stem puede ser útil para controlar una instancia de Tor desde una rutina de código externa, pero también cuenta con algunas utilidades que le permiten a un atacante consultar los descriptores. Dichos documentos contienen mucha información sobre los repetidores que conforman la red de Tor y esta información puede ser utilizada para realizar ataques dirigidos contra cualquier repetidor en la red. La información que puede ser recuperada de los descriptores emitidos contiene datos

278

ANÁLISIS DE DATOS CON **PYTHON 3**

MAG. JORGE SANTIAGO NOLASCO VALENZUELA | DR. JAVIER ARTURO GAMBOA CRUZADO | MAG. LUZ ELENA NOLASCO VALENZUELA | MAG. JYMMY STUWART DEXTRE ALARCÓN

sobre la versión del sistema operativo del repetidor, ancho de banda aportado, nickname, fingerprint, dirección IP, entre otros datos que pueden resultar bastante informativos y reveladores para un atacante.

Uno de los mecanismos más sencillos para obtener los últimos descriptores generados es utilizando la clase stem.descriptor.remote.DescriptionDownloader.

```python
from stem.descriptor.remote import DescriptorDownloader

descarga = DescriptorDownloader()
for descriptor in descarga.get_consensus().run():
    if descriptor. exit_policy. is_exiting_allowed () :
        print(descriptor)
```

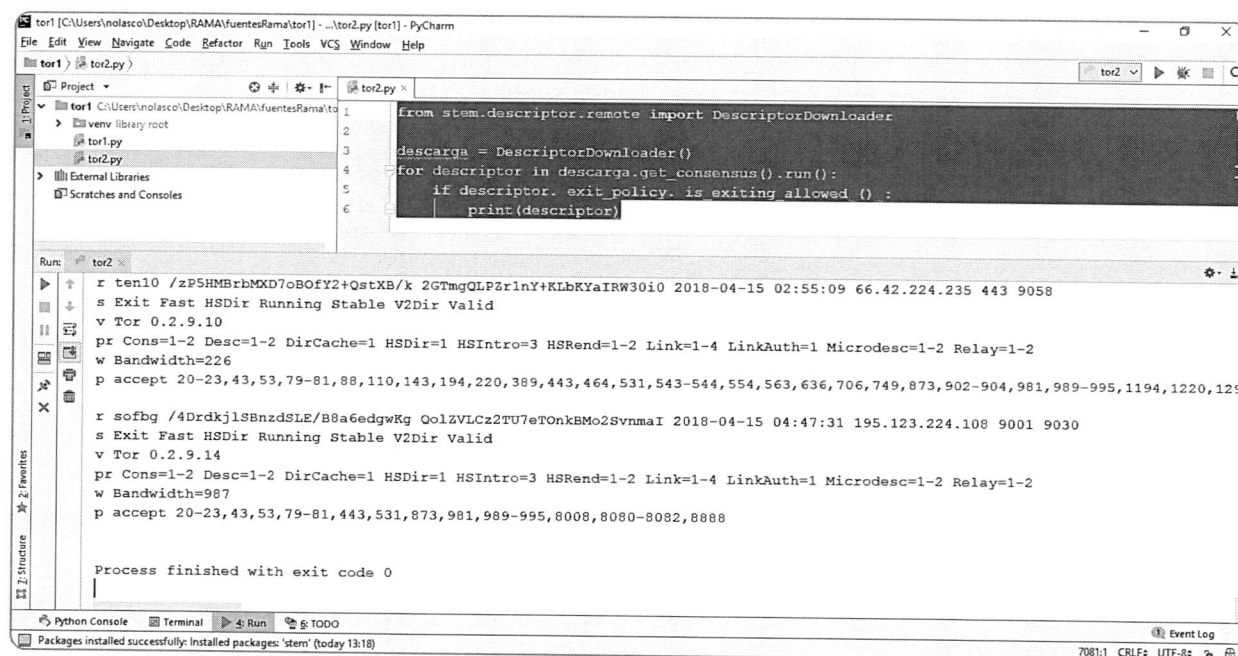

IDE: PyCharm

10.9 Información de autoridades de directorio

Cuando una aplicación necesita conectarse a la red Tor, primero busca un retransmisor de salida con las políticas adecuadas a la conexión que desea realizar. Esto lo hace mediante las autoridades de directorio, que guardan esta y otra información referida a los retransmisores.

```python
from stem.descriptor import DocumentHandler
from stem.descriptor.remote import DescriptorDownloader


downloader = DescriptorDownloader()


print("Consenso firmado por...\n")


consulta = downloader.get_consensus(document_handler = DocumentHandler.
BARE_DOCUMENT)


for authority in consulta.run()[0].directory_authorities:
    print(authority.nickname, authority.v3ident)
```

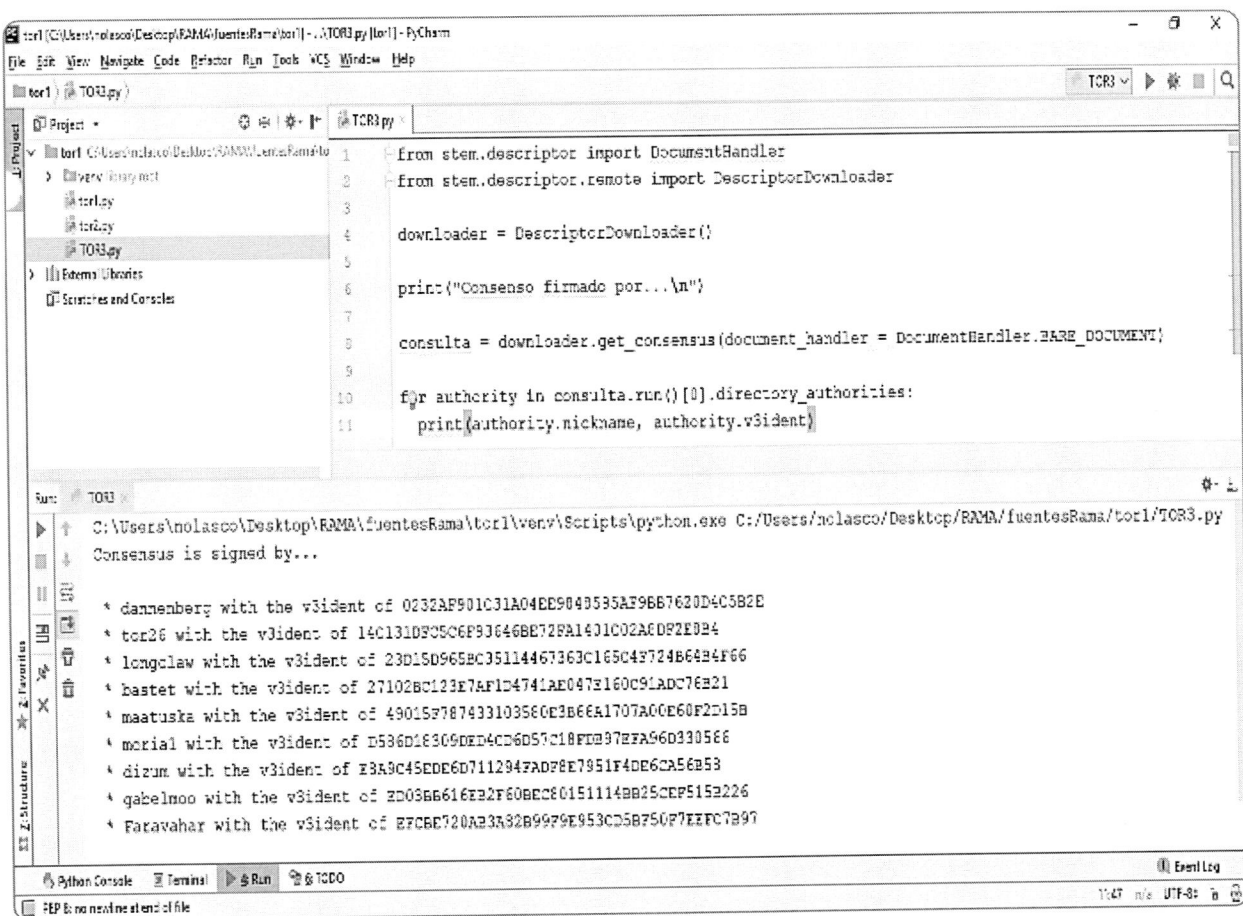

IDE: PyCharm

11 Tails

11.1 Tails

Tails es una distribución GNU/Linux basada en la rama de Debian. La particularidad de esta distribución es que está diseñada para forzar la totalidad de conexiones salientes a través de la red Tor. De esta forma, se garantiza la privacidad y anonimato en la red.

Como se podrá ver más adelante y como experimentará en Tails, es una distribución pensada para ser arrancada en un Live DVD o en un Live USB. Esta característica es importante, ya que proporciona una serie de ventajas muy interesantes.

11.2 Requerimientos

Requisitos de hardware:

- Una memoria USB de 8 GB como mínimo o un DVD grabable. Todos los datos en este dispositivo USB o DVD se perderán al instalar Tails.
- La posibilidad de comenzar desde una memoria USB o un lector de DVD.
- Un procesador compatible con x86-64 de 64 bits. Compatible con PC IBM, pero no con PowerPC ni ARM. Los ordenadores Mac son compatibles con PC de IBM desde 2006.
- Tails no funciona en la mayoría de las tabletas y teléfonos.
- 2 GB de RAM para trabajar sin problemas. Tails puede funcionar con menos de 2 GB de RAM, pero puede comportarse de manera extraña o bloquearse.

11.3 Aplicación de anonimato

Tails usa Tor porque es la mejor red de anonimato disponible, porque desea otorgar una buena seguridad por defecto para sus usuarios. Es por eso que es una suposición fundamental de Tails forzar todo el tráfico saliente a redes de anonimato como Tor. Con los años, Tor se ha convertido en una gran red con mucha capacidad y una buena velocidad.

Las redes privadas virtuales (VPN) podrían ser más rápidas en Tor, pero no son redes de anonimato, porque los administradores de la VPN pueden saber desde dónde se conecta y romper su anonimato. Tor proporciona el anonimato al hacer imposible que un solo punto de la red sepa tanto el origen como el destino de una conexión.

282

ANÁLISIS DE DATOS CON **PYTHON 3**

MAG. JORGE SANTIAGO NOLASCO VALENZUELA | DR. JAVIER ARTURO GAMBOA CRUZADO | MAG. LUZ ELENA NOLASCO VALENZUELA | MAG. JYMMY STUWART DEXTRE ALARCÓN

Al usar una VPN, un atacante también puede romper su anonimato al monitorear las conexiones entrantes y salientes de los pocos servidores de la VPN. Por otro lado, la red Tor está formada por más de 6000, operados en todo el mundo por voluntarios.

11.4 Usuario base

Tor es la red de anonimato con la mayor base de usuarios. Más de 2 000 000 de usuarios se conectaron a Tor diariamente en 2019. Ser adoptado por una audiencia tan grande demuestra su madurez, estabilidad y facilidad de uso.

Tor está siendo utilizado por igual por periodistas, agentes de la ley, gobiernos, activistas de derechos humanos, líderes empresariales, militares, víctimas de abuso y ciudadanos promedio preocupados por la privacidad en línea. Esta diversidad en realidad proporciona un anonimato más fuerte para todos, ya que hace que sea más difícil identificar o apuntar a un perfil específico del usuario Tor. El anonimato ama la compañía.

11.5 Méritos técnicos y reconocimiento

Tor se ha asociado con instituciones de investigación líderes y ha sido sometido a una intensa investigación académica. Es la red de anonimato que se beneficia de la mayor auditoría y revisión por pares. Tor ha recibido premios de instituciones como Electronic Frontier Foundation y Free Software Foundation, por nombrar algunos. Un extracto de una evaluación de alto secreto realizada por la NSA caracterizó a Tor como el rey del anonimato de Internet de alta latencia y baja seguridad sin contendientes por el trono en espera.

11.6 Relación entre Tor y Tails

El software Tor está hecho por The Tor Project. La red Tor está dirigida por una comunidad mundial de voluntarios. Tails es un proyecto separado realizado por un grupo diferente de personas.

Tails es un sistema operativo completo que utiliza Tor como su aplicación de red predeterminada. El Proyecto Tor recomienda el uso de Tails para los casos de uso que no están cubiertos por sus propios proyectos (por ejemplo, el navegador Tor).

Pero muchas personas usan Tor fuera de Tails, y muchas personas usan Tails para hacer otras cosas que no sean acceder a Internet a través de Tor, por ejemplo, para trabajar sin conexión en documentos confidenciales.

11.7 Confiabilidad de Tails

La confianza es un tema muy importante y esa es la esencia de por qué la seguridad es difícil en todos los campos, incluidos los ordenadores y la comunicación por Internet. ¿Confía en Tails y sus desarrolladores? ¿Cree que se han plantado puertas traseras en Tails para que se pueda tomar el control de su ordenador o que Tails genera claves de cifrado comprometidas para permitir que el gobierno lo espíe?

No importa cuál sea su opinión sobre este asunto, debe preguntarse cómo llegó a su conclusión. Tanto la confianza como la desconfianza deben establecerse con base en hechos, no en instintos, sospechas paranoicas, rumores infundados o nuestra palabra. Por supuesto, afirmamos ser honestos, pero las garantías escritas no valen nada. Para tomar una decisión informada, debe mirar la imagen más amplia de qué está compuesto Tails, sus afiliaciones y, posiblemente, cómo otros confían en este.

11.8 Software libre y escrutinio público

El software libre, como Tails, permite a sus usuarios verificar exactamente en qué consiste la distribución del software y cómo funciona, ya que el código fuente debe estar disponible para todos los que lo reciben. Por lo tanto, una auditoría exhaustiva del código puede revelar si hay algún código malicioso presente, como una puerta trasera. Además, con el código fuente es posible construir el software y luego comparar el resultado con cualquier versión que ya esté construida y distribuida, como las imágenes de Tails que puede descargar. De esa manera, se puede determinar si la versión distribuida realmente se creó con el código fuente o si se han realizado cambios maliciosos.

Por supuesto, la mayoría de las personas no tienen el conocimiento, las habilidades o el tiempo necesarios para hacerlo, pero, debido al escrutinio público, cualquiera puede tener un cierto grado de confianza implícita en el software libre, al menos si es lo suficientemente popular como para que otros desarrolladores analicen código fuente y hacer lo que se describió en el párrafo anterior. Después de todo, existe una fuerte tradición dentro de la comunidad de software libre para informar públicamente sobre los problemas graves que se encuentran dentro del software.

11.9 Confiando en Debian GNU/Linux

La gran mayoría de todo el software enviado en Tails proviene de la distribución Debian GNU/Linux. Debian es posiblemente la distribución de Linux cuyos paquetes de software están bajo el escrutinio público más profundo. Debian no solo es una de las distribuciones de Linux más grandes, sino que también es una de las más populares para hacer derivados. Ubuntu Linux, por ejemplo, es un derivado de Debian, y lo mismo ocurre de manera transitiva para todos sus derivados, como Linux Mint. Por lo tanto, hay innumerables personas que utilizan los paquetes de software de Debian, e innumerables desarrolladores inspeccionan su integridad. Se han descubierto problemas de seguridad muy graves (como la infame vulnerabilidad de Debian SSH PRNG), pero nunca se han encontrado puertas traseras u otros tipos de agujeros de seguridad colocados intencionalmente.

11.10 Confiando en Tor

El anonimato de Tails se basa en Tor, desarrollado por The Tor Project. El desarrollo de Tor está bajo mucho escrutinio público, tanto académicamente (investigación sobre ataques y defensas en el enrutamiento de cebolla) como en cuanto a ingeniería (el código de Tor ha pasado por varias auditorías externas y muchos desarrolladores independientes han leído las fuentes por otras razones). Una vez más, se han informado problemas de seguridad, pero nada malicioso como una puerta trasera. Además, el modelo de confianza distribuida de Tor hace que sea difícil para una sola entidad capturar el tráfico de un individuo e identificarlo efectivamente.

284

ANÁLISIS DE DATOS CON **PYTHON 3**

MAG. JORGE SANTIAGO NOLASCO VALENZUELA | DR. JAVIER ARTURO GAMBOA CRUZADO | MAG. LUZ ELENA NOLASCO VALENZUELA | MAG. JYMMY STUWART DEXTRE ALARCÓN

11.11 Confiando en Tails

Se podría decir que Tails es la unión de Debian y Tor. Lo que se hace, esencialmente, es pegarlo todo junto. Por lo tanto, si confía en Debian y The Tor Project, lo que queda para establecer la confianza para Tails es confiar en el "pegamento". Como se ha mencionado, Tails es software libre, por lo que su código fuente está completamente abierto para inspección. Consiste principalmente en una especificación para la cual instalar los paquetes de software de Debian y cómo deben configurarse. Dado que el código fuente de Tails es comparativamente pequeño y carece de complejidades, es bastante bueno en comparación con muchos otros proyectos de naturaleza similar. Por cierto, el documento de especificaciones y diseño es un buen punto de partida para comprender cómo funciona Tails.

Con todo esto a la luz (que idealmente también debería intentar verificar), debería poder tomar una decisión informada sobre si debe confiar o no en este software.

11.12 Instalación de Tails

Paso 1:

Utilice VirtualBox. Cree una nueva máquina virtual.

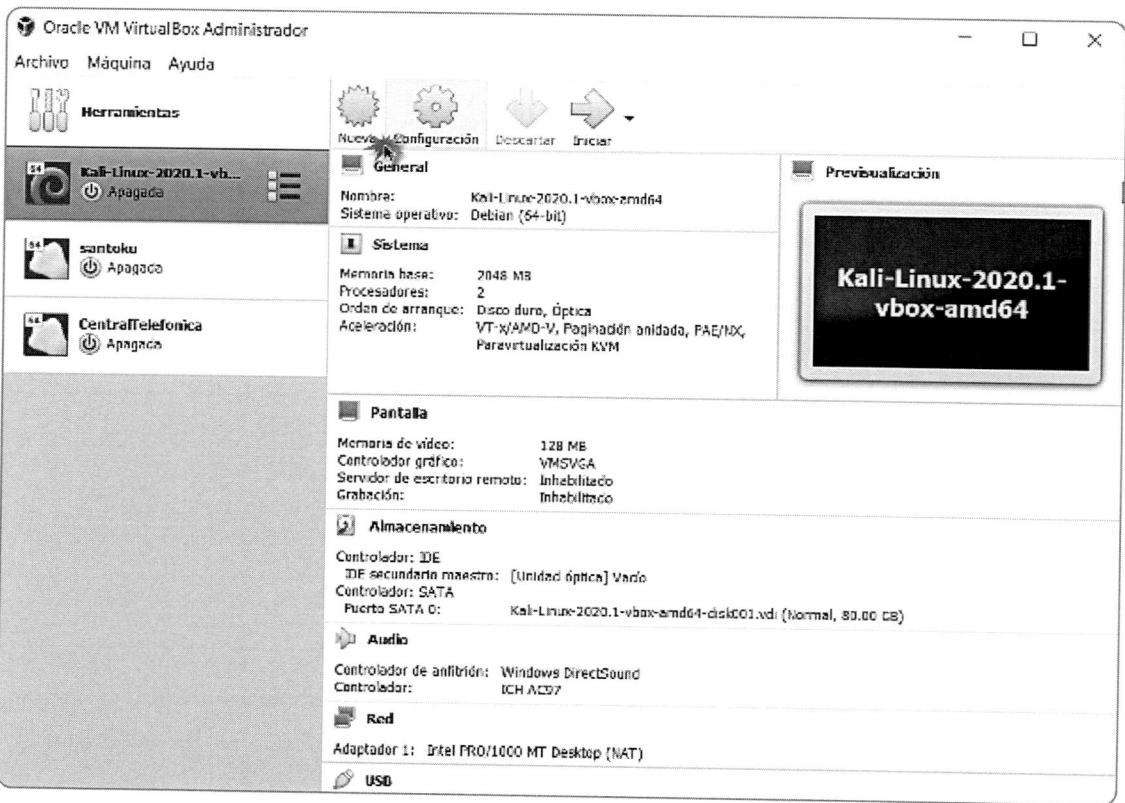

Paso 2:

Especifique el nombre de la máquina virtual.

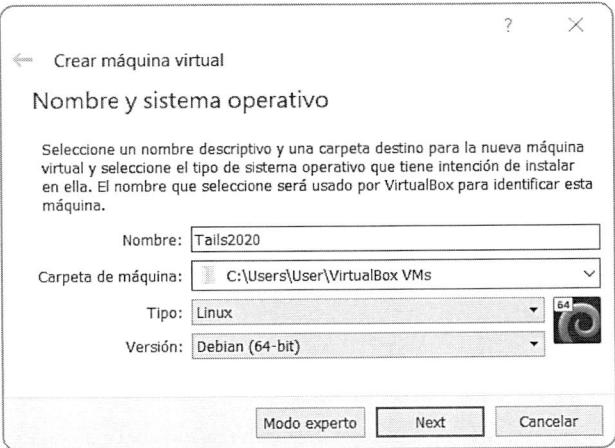

Paso 3:

Especifique la cantidad de memoria.

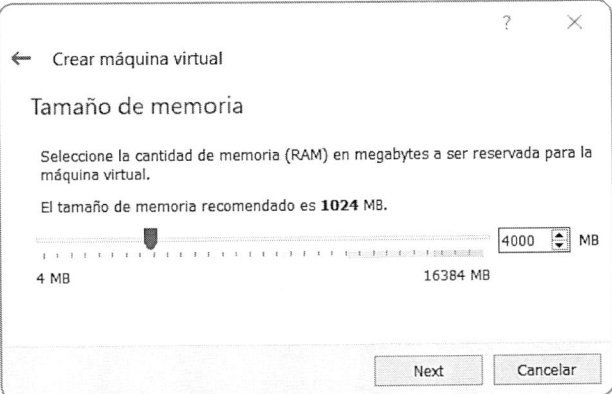

Paso 4:

Cree la máquina virtual.

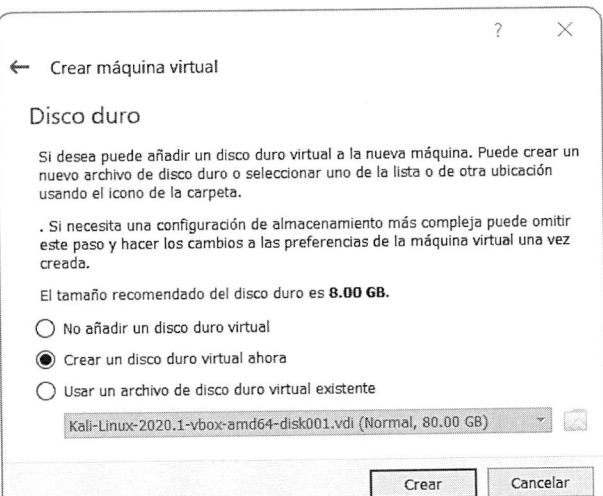

286

ANÁLISIS DE DATOS CON **PYTHON 3**

MAG. JORGE SANTIAGO NOLASCO VALENZUELA | DR. JAVIER ARTURO GAMBOA CRUZADO | MAG. LUZ ELENA NOLASCO VALENZUELA | MAG. JYMMY STUWART DEXTRE ALARCÓN

Paso 5:

Seleccione el tipo VDI.

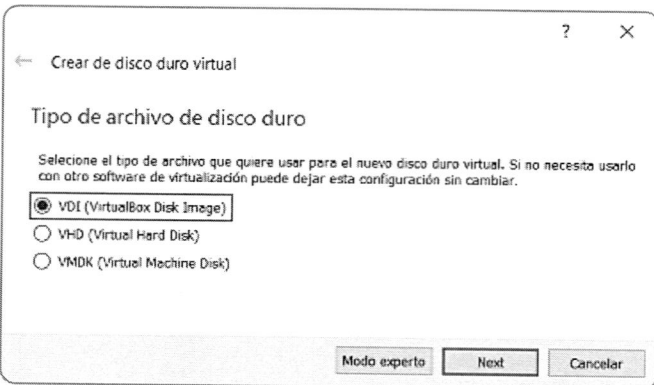

Paso 6:

Especifique el tamaño.

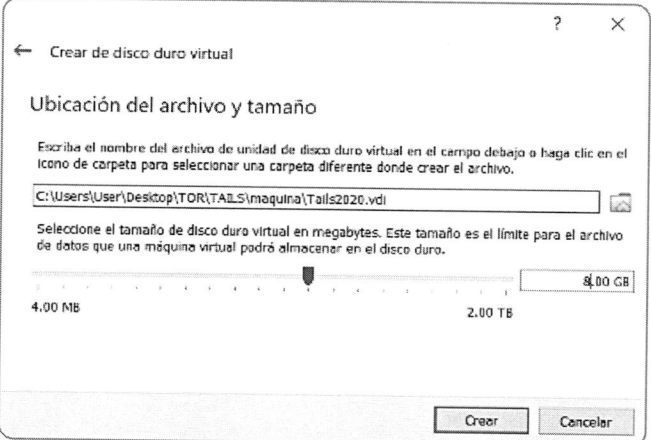

Paso 7:

Espere un momento.

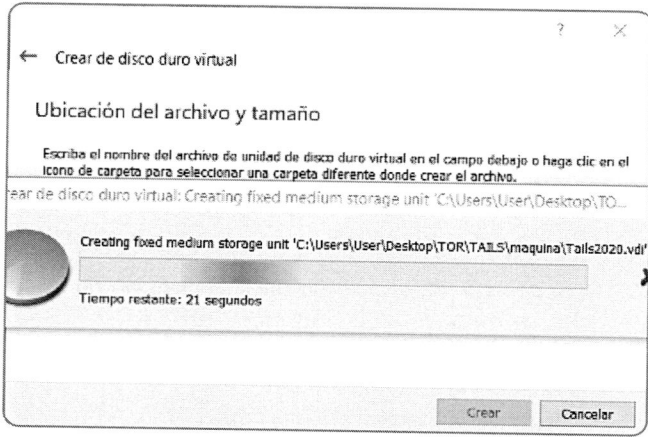

Paso 8:

Inicie Tails.

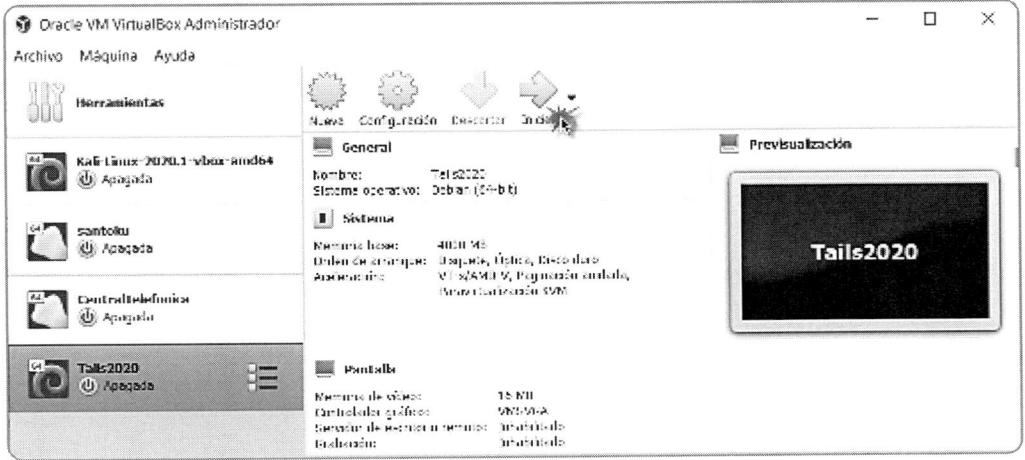

Paso 9:

Especifique el disco de inicio.

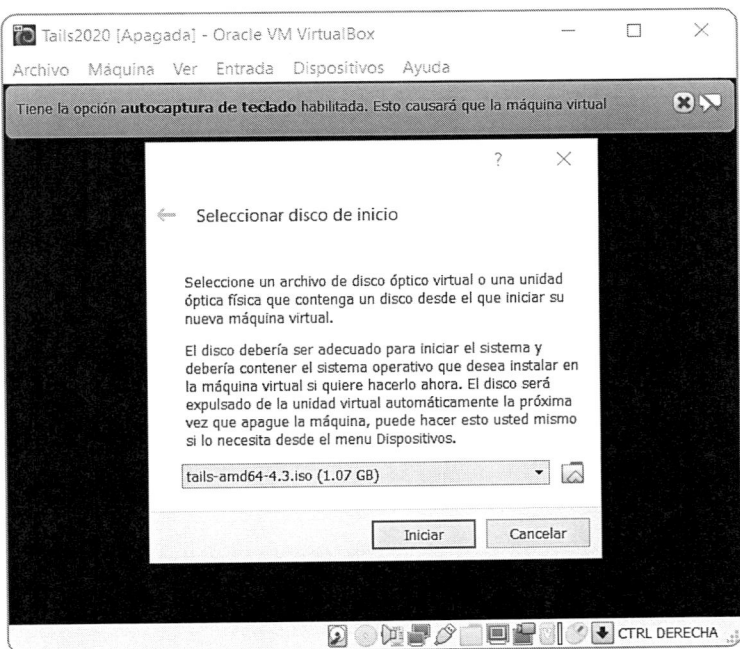

Paso 10:

Seleccione Tails.

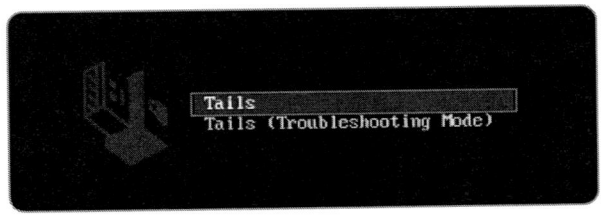

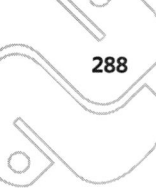

ANÁLISIS DE DATOS CON **PYTHON 3**

MAG. JORGE SANTIAGO NOLASCO VALENZUELA | DR. JAVIER ARTURO GAMBOA CRUZADO | MAG. LUZ ELENA NOLASCO VALENZUELA | MAG. JYMMY STUWART DEXTRE ALARCÓN

Paso 11:

Espere.

Paso 12:

Seleccione el idioma.

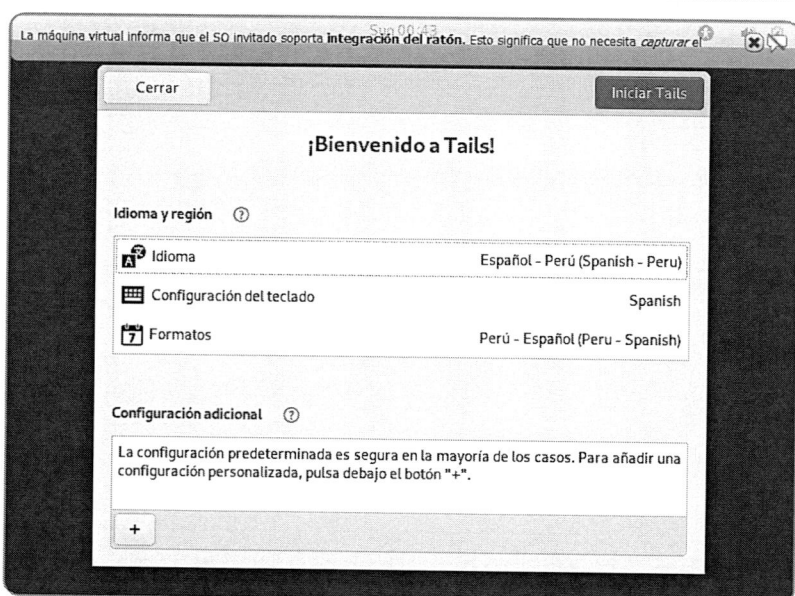

Paso 13:

Haga clic en +. Coloque una clave en el administrador.

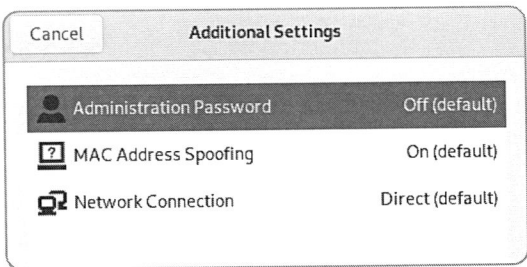

Paso 14:

Coloque spoofing de la dirección MAC.

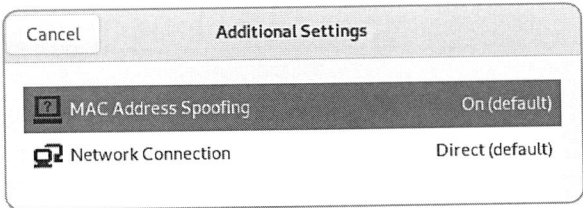

11.13 ¿Qué es el spoofing de direcciones MAC?

Tails puede cambiar temporalmente la dirección MAC de sus interfaces de red a valores aleatorios durante el tiempo de una sesión de trabajo. Esto es lo que se llama "MAC address spoofing". La suplantación de direcciones MAC en Tails esconde el número de serie de la interfaz de red y, hasta cierto punto, quién es dentro de la red local.

El spoofing de la dirección MAC está habilitado de forma predeterminada en Tails porque generalmente es beneficioso. Sin embargo, en algunas situaciones también podría dar lugar a problemas de conectividad o hacer que su actividad en la red parezca sospechosa. Esta documentación explica si se debe utilizar la suplantación MAC o no, dependiendo de su situación.

El spoofing de dirección MAC está habilitado de forma predeterminada para todas las interfaces de red. Esto es generalmente beneficioso, incluso si no desea ocultar su ubicación geográfica. Aquí hay un par de ejemplos:

- Usando su propio ordenador en una red pública sin autenticación, por ejemplo, un servicio de WiFi gratuito en un restaurante donde no se tiene que registrar con su identidad. En este caso, el spoofing de la dirección MAC oculta el hecho de que su ordenador está conectado a esta red.

290

ANÁLISIS DE DATOS CON **PYTHON 3**

MAG. JORGE SANTIAGO NOLASCO VALENZUELA | DR. JAVIER ARTURO GAMBOA CRUZADO | MAG. LUZ ELENA NOLASCO VALENZUELA | MAG. JYMMY STUWART DEXTRE ALARCÓN

- Usando su propio ordenador en una red que utiliza con frecuencia, por ejemplo, en la casa de un amigo, en el trabajo, en la universidad, etc. Ya tiene una relación con este lugar, pero el spoofing de direcciones MAC oculta el hecho de que su ordenador está conectado a esta red en un momento determinado. También oculta el hecho de que usted está usando Tails en esta red.

Paso 1:

Se conecta con la red Tor por defecto.

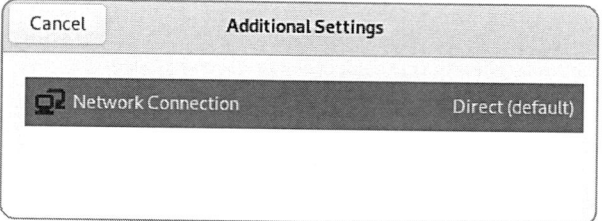
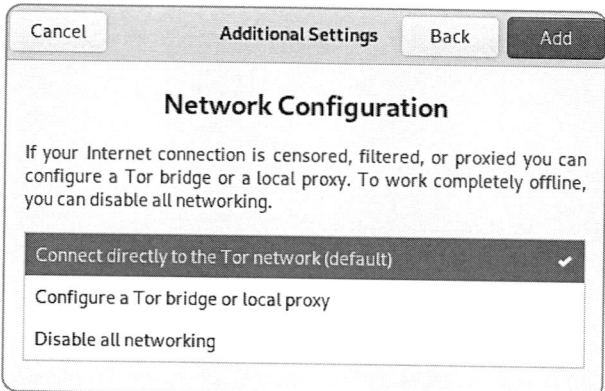

Paso 2:

Ahora inicie Tails.

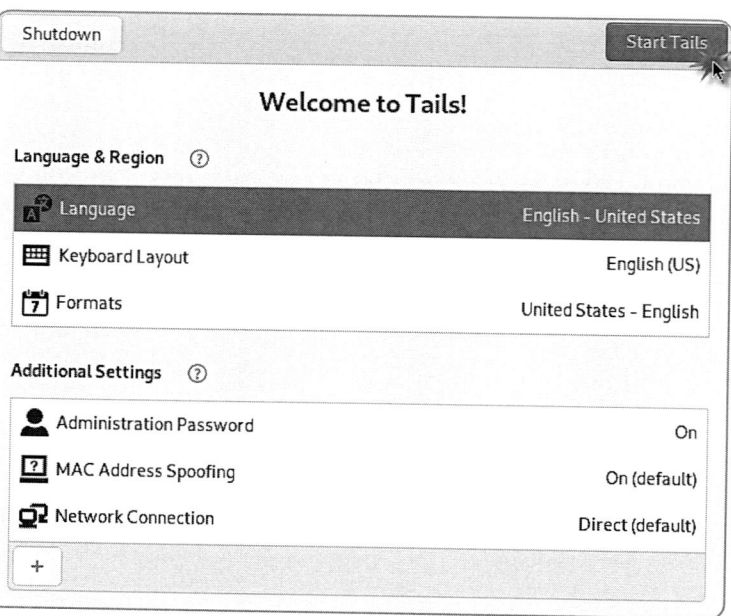

Paso 3:

Obtiene lo siguiente.

11.14 Circuitos Onion

Se trata del canal de comunicación bidireccional que permite a un cliente utilizar Tor como solución inproxy o outproxy. Un circuito se compone por tres repetidores que actúan simplemente como servidores proxy para el envío de los paquetes entre el cliente y un destino determinado. El cliente es el responsable de construir sus propios circuitos y debe seleccionar los tres repetidores necesarios; por otro lado, el cliente debe solicitar la clave pública de cada uno de dichos repetidores con el fin de cifrar los paquetes de datos con cada una de las claves públicas. De esta forma, se crean paquetes de datos con múltiples capas de cifrado.

Cuando un cliente desea construir un circuito utilizando la información que ha podido obtener del fichero de consenso descargado desde las autoridades de directorio o una de las caché de directorio, selecciona de forma aleatoria tres repetidores, de los cuales dos serán internos y uno externo.

El repetidor externo será conocido de ahora en adelante como el nodo de salida del circuito. Uno de los repetidores internos actuará como nodo de entrada del circuito, mientras que el otro actuará como nodo intermedio. Una vez seleccionados dichos repetidores, el cliente solicita a cada uno el envío de su correspondiente clave pública, la cual será utilizada para cifrar los paquetes de datos que serán enviados por medio del circuito.

Después de obtener dichas claves, el cliente procede a cifrar cada uno de los paquetes de datos que desea enviar al destino en el siguiente orden: en primer lugar, el paquete de datos es cifrado con la clave pública del repetidor de salida y el resultado es el mismo paquete de datos, pero con una capa de cifrado. A continuación, el cliente utiliza la clave pública del repetidor intermedio para añadir una capa de cifrado adicional al paquete de datos y, finalmente, usa la clave pública del repetidor de entrada para añadir la última capa de cifrado sobre el paquete de datos.

El cliente envía el paquete de datos cifrado al primer salto del circuito, es decir, al nodo de entrada. Cuando este recibe un paquete de datos del cliente, dicho repetidor utiliza su clave privada para remover la capa de cifrado superior del paquete. El resultado de dicha operación es el mismo paquete, pero con dos capas de cifrado que únicamente se pueden descifrar con las claves privadas de los repetidores intermedios y salida. Después de que el repetidor de entrada remueve la capa de cifrado correspondiente a su nodo, accede a la información del siguiente salto del circuito, es decir, la

292

ANÁLISIS DE DATOS CON **PYTHON 3**

MAG. JORGE SANTIAGO NOLASCO VALENZUELA | DR. JAVIER ARTURO GAMBOA CRUZADO | MAG. LUZ ELENA NOLASCO VALENZUELA | MAG. JYMMY STUWART DEXTRE ALARCÓN

dirección IP y puerto del repetidor intermedio. A continuación, le envía el paquete de datos que, hasta este punto, únicamente contiene las capas de cifrado correspondientes al nodo intermedio y salida.

Posteriormente, se aplica exactamente el mismo procedimiento en el repetidor intermedio, es decir, utiliza su clave privada para remover una de las capas de cifrado del paquete y el resultado es el paquete de datos con una última capa de cifrado, la cual podrá ser removida por el repetidor de salida. En este punto, el repetidor intermedio obtiene la información necesaria para enviar el paquete de datos al siguiente salto del circuito, es decir, al repetidor de salida.

Finalmente, cuando el repetidor de salida recibe el paquete por parte del repetidor intermedio, aplica su clave privada para remover la última capa de cifrado, dando como resultado el paquete original que el cliente desea enviar al destino. En este punto, tal como se ha comentado en párrafos anteriores, el repetidor de salida tiene acceso a la información que el cliente desea enviar al destino en texto plano, lo cual ha dado lugar a varios ataques contra el anonimato de los usuarios de Tor utilizando repetidores de salida maliciosos.

Una buena solución para evitar este tipo de problemas consiste en aplicar una capa de cifrado adicional utilizando cifrado punto a punto (end-to-end) sobre el paquete de datos y no depender únicamente del protocolo de Tor para la protección de la información. De esta forma, los repetidores de salida maliciosos pierden efectividad y la mayoría de los ataques que pueden realizar ya no logran el efecto esperado. Una buena forma de aplicar una capa de cifrado adicional a los paquetes de datos que se envían por medio de un circuito de Tor consiste en crear un túnel SSH cuyo punto final es evidentemente el destino. De este modo, los repetidores de salida maliciosos que intercepten los paquetes de datos hacia el destino en cuestión no tendrán la posibilidad de acceder a los paquetes Onion Circuits. Muestra información sobre los circuitos actuales y las conexiones de Tor.

Para abrir Onion Circuits, haga clic en el icono de estado de Tor y elija Open Onion Circuits.

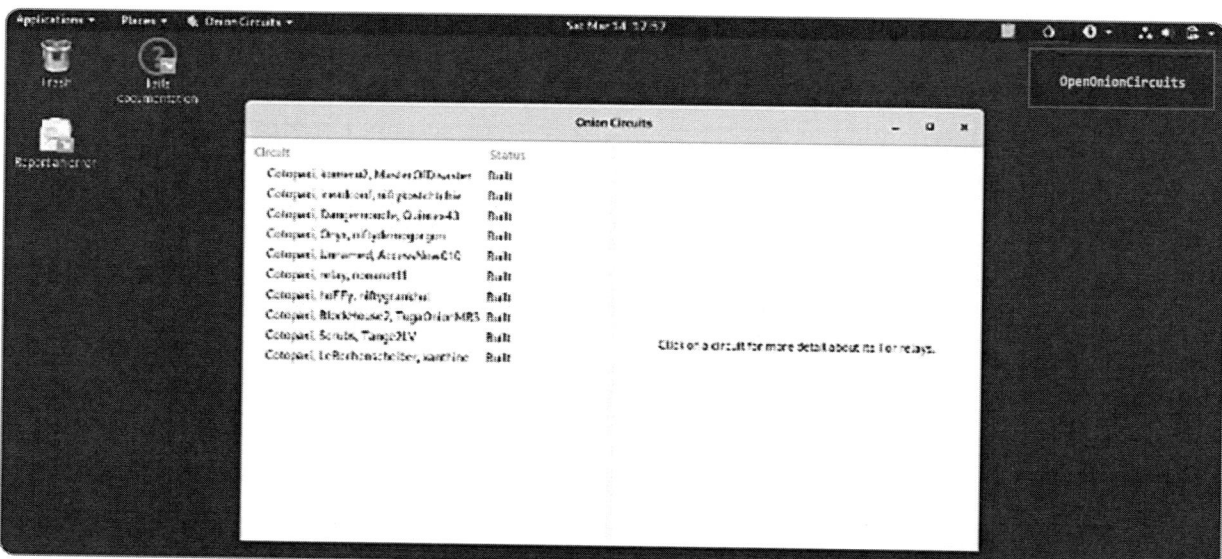

Los circuitos establecidos por Tor aparecen listados en el panel de la izquierda. Un circuito de Tor está compuesto por tres repetidores:

- El primer repetidor o entry guard. Si ha configurado un puente de Tor, su puente será el primer repetidor.

- El segundo repetidor o middle node (nodo del medio).

- El nodo de salida.

Cuando se conecta a un servidor de destino, por ejemplo, al visitar una web, la conexión aparece en la lista bajo el circuito que está utilizando.

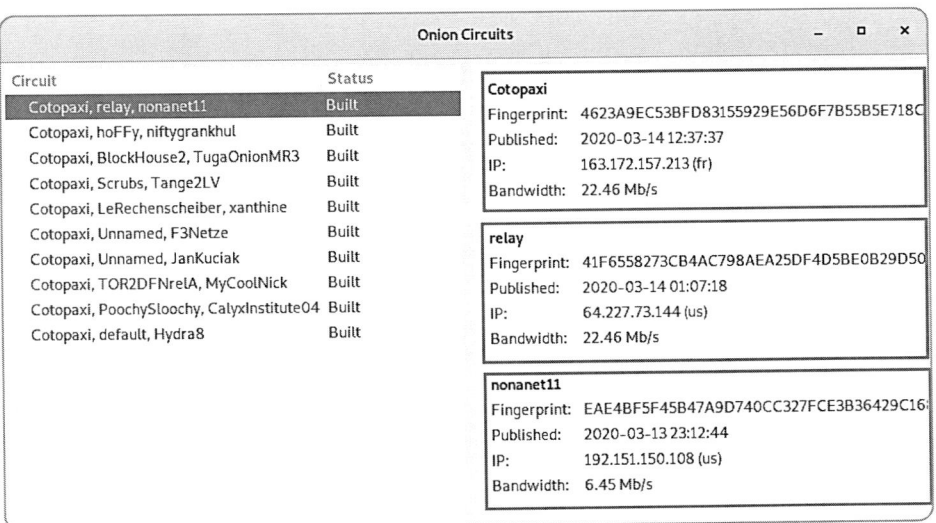

11.15 Listado de códigos de países

A continuación, se observa una web donde se pueden obtener los códigos de países.

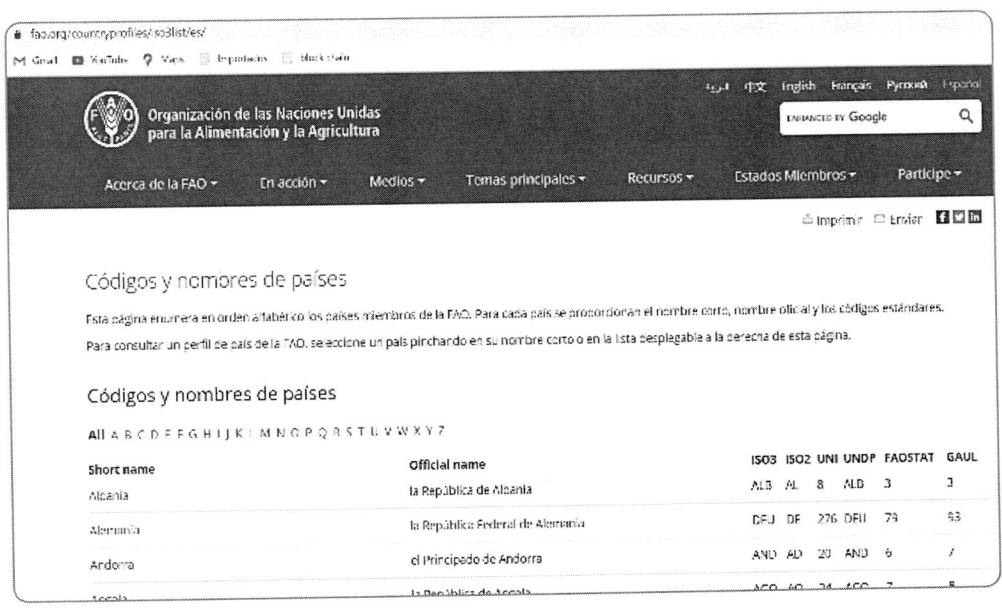

Fuente: https://www.fao.org/countryprofiles/iso3list/es/

294 | ANÁLISIS DE DATOS CON **PYTHON 3**

MAG. JORGE SANTIAGO NOLASCO VALENZUELA | DR. JAVIER ARTURO GAMBOA CRUZADO | MAG. LUZ ELENA NOLASCO VALENZUELA | MAG. JYMMY STUWART DEXTRE ALARCÓN

11.16 Observando los Onion Circuits

Seleccione el candado en la barra de direcciones para ver el circuito Tor que está siendo utilizado para conectarse al sitio web en la pestaña actual. Son tres repetidores, sus respectivos países y direcciones IP. El último repetidor del circuito, que está justo antes del sitio web de destino, es el repetidor de salida. El país en el que está puede influir en cómo se comporta el sitio web.

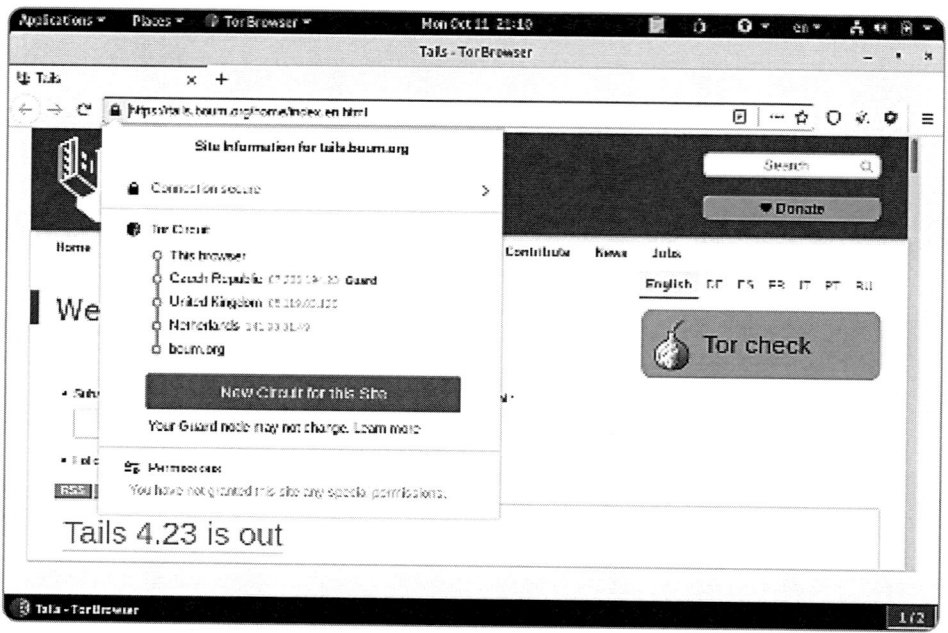

Paso 1:

Verifique el anonimato.

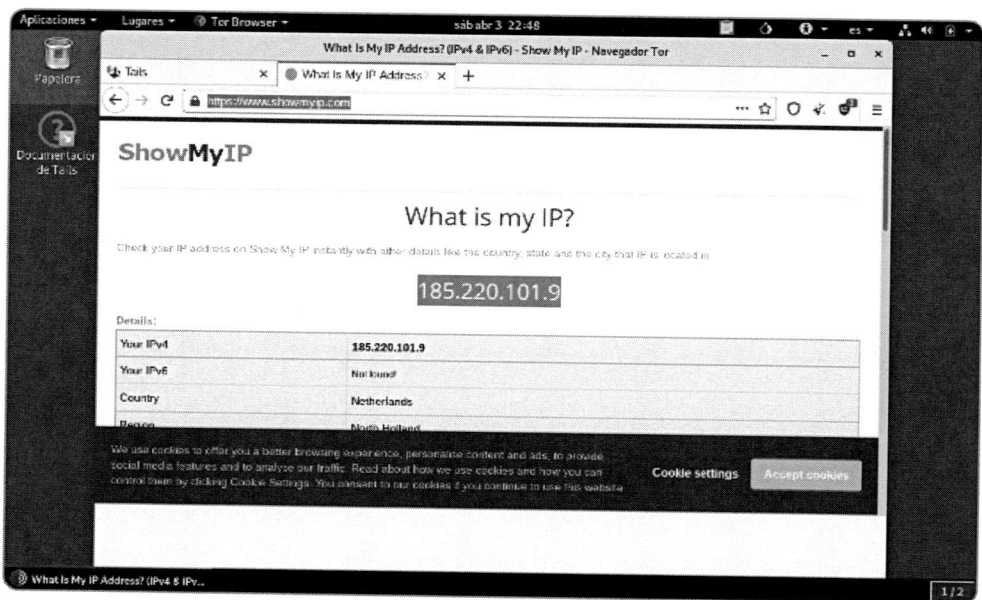

Paso 2:

Genere una nueva identidad.

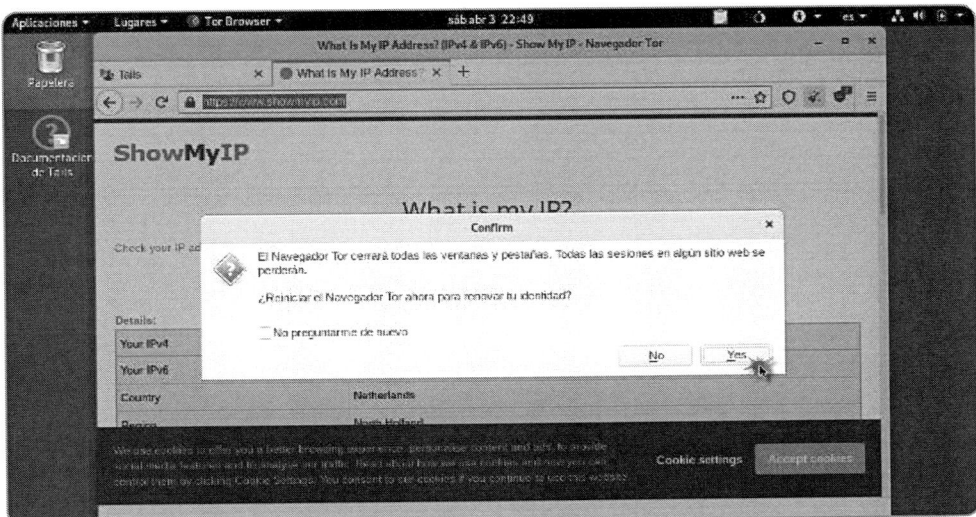

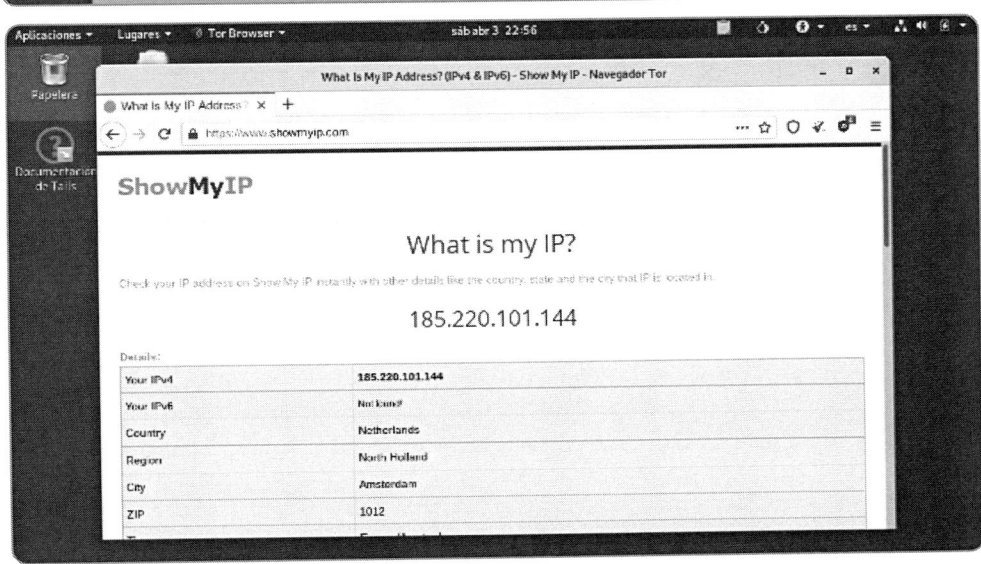

296

ANÁLISIS DE DATOS CON **PYTHON 3**

MAG. JORGE SANTIAGO NOLASCO VALENZUELA | DR. JAVIER ARTURO GAMBOA CRUZADO | MAG. LUZ ELENA NOLASCO VALENZUELA | MAG. JYMMY STUWART DEXTRE ALARCÓN

Si selecciona un circuito, aparecerán detalles técnicos sobre los repetidores en el panel de la derecha.

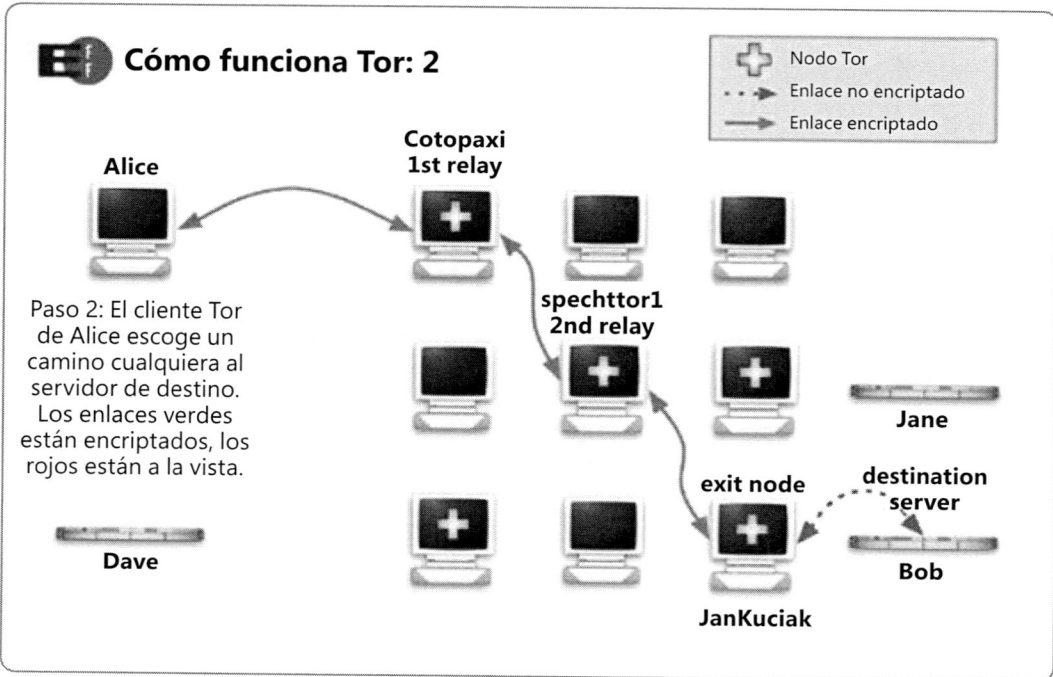

Paso 3:

Verifique si está anonimizado.

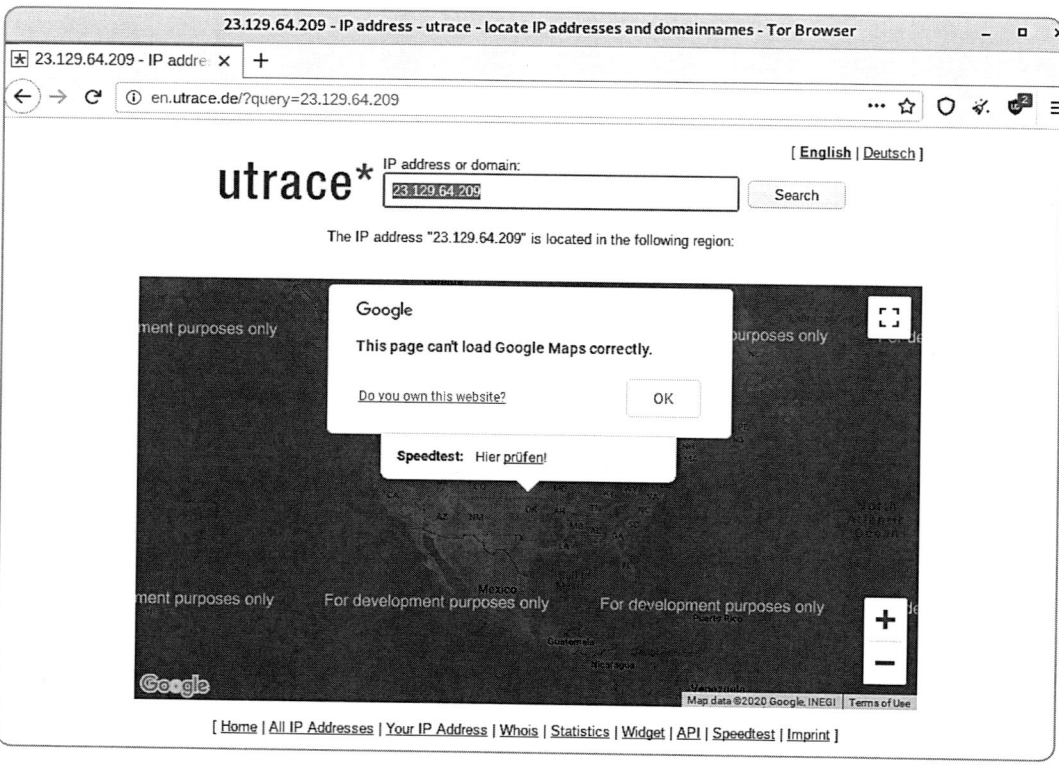

11.17 Anonimización en el mundo

En el siguiente gráfico, se muestra un mapa de uso de Tor en el mundo.

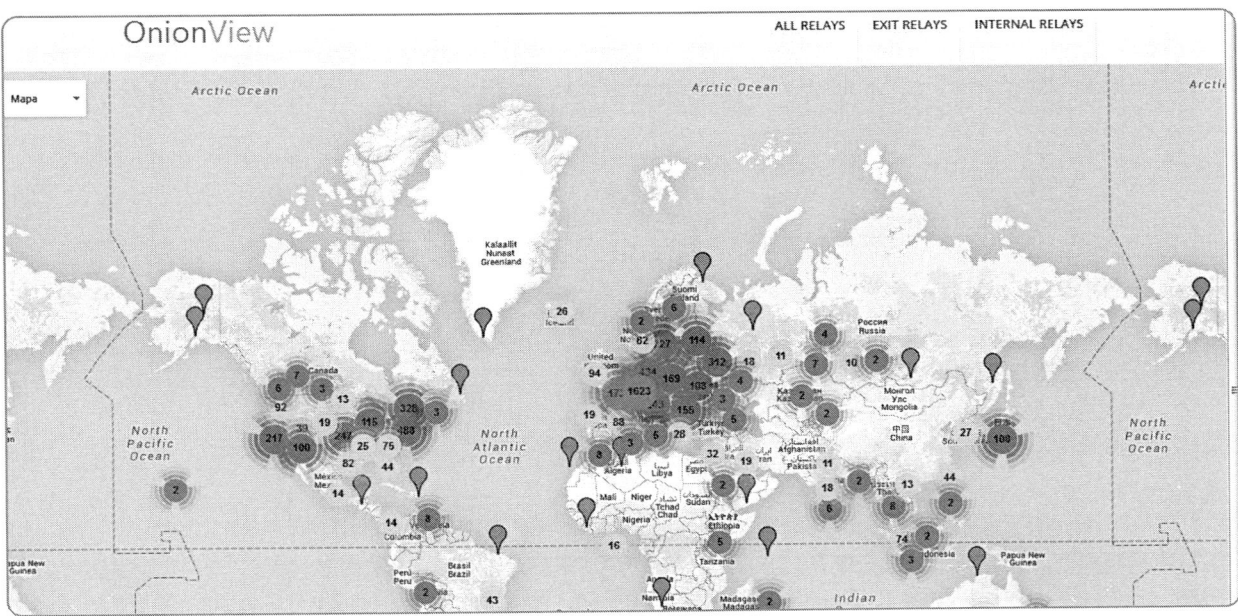

Fuente: https://estacioninformatica.blogspot.com/2015/10/visualiza-el-numero-de-nodos-tor-en-el.html

11.18 Posibilidad de romper TOR

El FBI identificó y eliminó un servicio de alojamiento de pornografía infantil utilizando un exploit de Firefox. El FBI simplemente infectó los servidores de Freedom Hosting que, a su vez, infectaron los navegadores Tor de los visitantes de los sitios web criminales. El exploit (error de Firefox CVE-2013-1690 en versión 17 ESR) capturó la verdadera dirección IP, la dirección MAC y el nombre de host de Windows del exploit de Tor. Esta información fue enviada al FBI hasta que se descubrió el exploit y parcheado de los usuarios de Linux Tor y aquellos que habían usado versiones actualizadas de Tor aparentemente no afectadas (el exploit del FBI Tor).

11.19 Mejores buscadores en Tor

Para acceder a los mejores buscadores de la Deep Web, no necesita una instalación extra de ningún tipo de archivo, sino que encontrará resultados que no aparecen indexados en motores de búsqueda, pero que están accesibles para todos los usuarios.

11.19.1 DuckDuckGo

El motor de búsqueda predeterminado que incluye Tor Browser es DuckDuckGo y es uno de los mejores buscadores para la Deep Web, aunque también le permite acceder a la Dark Web. Tiene muchas ventajas y destaca por su privacidad: no cuenta con identificadores, no asocia búsquedas a los usuarios y no sabrá nada de usted. Además, es prácticamente idéntico a Google, así que será una de las formas más sencillas para que encuentre lo que busca si es principiante.

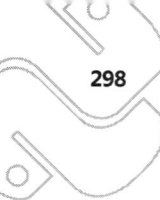

298

ANÁLISIS DE DATOS CON **PYTHON 3**

MAG. JORGE SANTIAGO NOLASCO VALENZUELA | DR. JAVIER ARTURO GAMBOA CRUZADO | MAG. LUZ ELENA NOLASCO VALENZUELA | MAG. JYMMY STUWART DEXTRE ALARCÓN

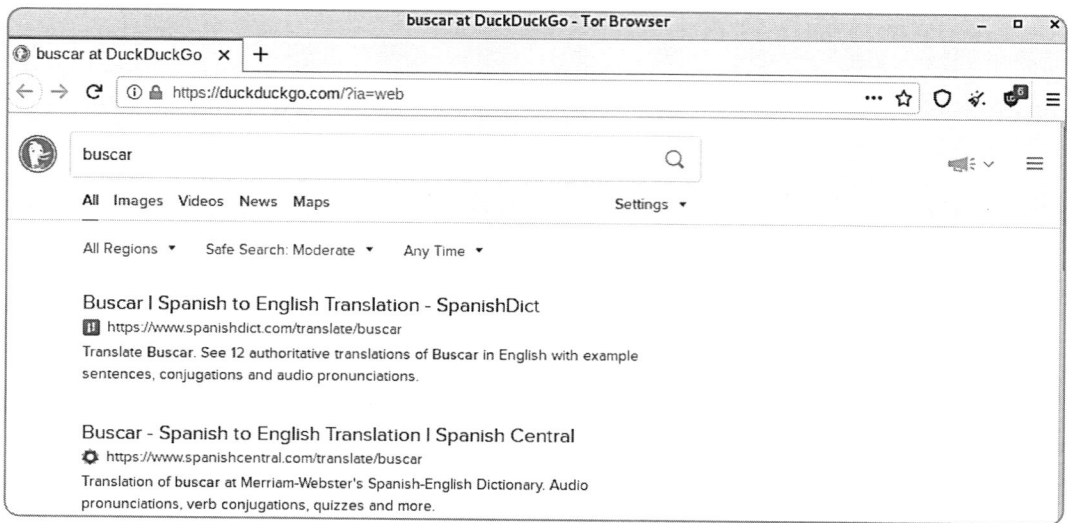

11.19.2 Wayback Machine

Para entrar en Wayback Machine no es necesario hacerlo desde Tor Browser, pero es uno de los buscadores más interesantes y le permite encontrar páginas en su aspecto antiguo de hace años o meses, en el día que desee. Encontrará capturas de pantalla de ese sitio en un momento exacto de la historia. Tiene una amplia colección de capturas con información que está disponible en la Deep Web y que no hallará en navegadores convencionales como Google.

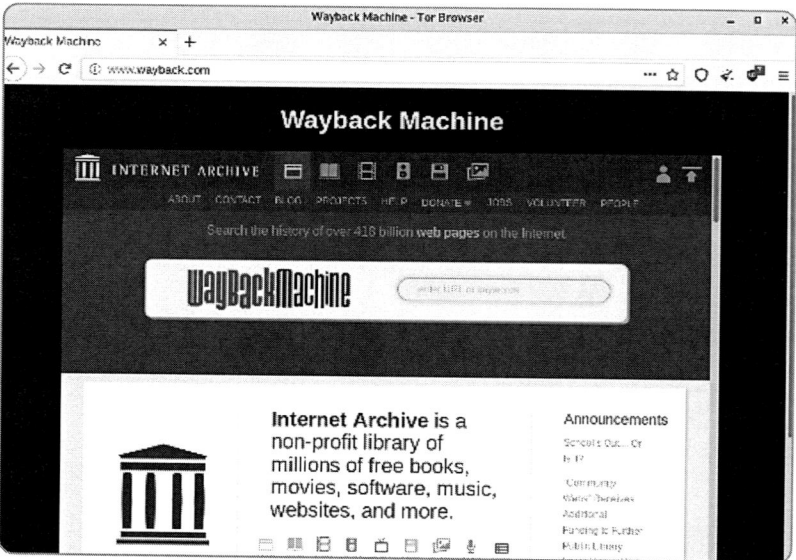

11.19.3 SurfWax

Este buscador es algo diferente a los demás, ya que proporciona un método distinto de búsqueda. Se empieza escribiendo un nombre, una palabra clave o un tema y dará sugerencias de búsqueda. Es muy útil para buscar información muy actual.

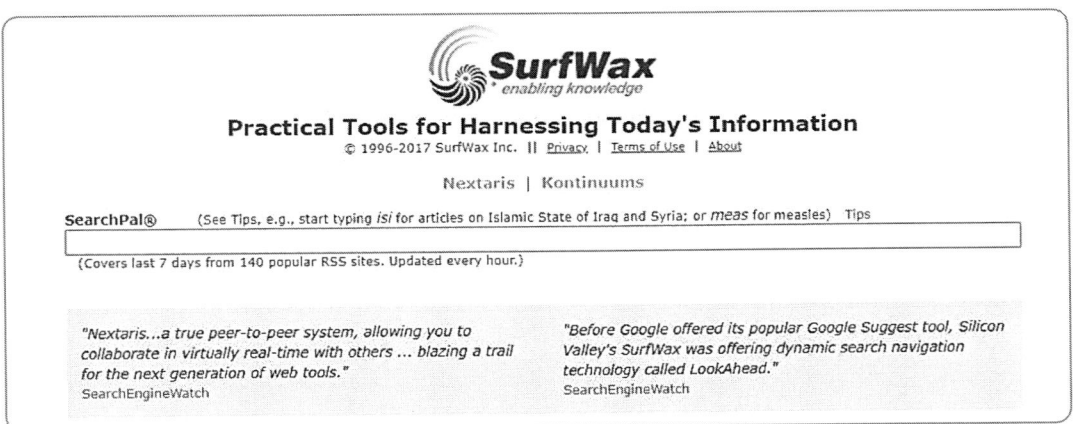

11.19.4 Torch

Torch es uno de los mejores buscadores de la Deep Web y uno de los más longevos y populares, que lleva funcionando desde hace más de veinte años. Su interfaz es muy similar a Google, pero su funcionamiento es bastante más complejo. Eso sí, si lo usa durante un tiempo, verá que es una de las mejores opciones para encontrar cualquier cosa que necesite. Asegura que tiene más de un millón de páginas indexadas en la base de datos y su único inconveniente es que encontrará anuncios.

11.20 Tráfico de la red Tor

En la siguiente imagen, se puede observar el tráfico de la red Tor en diversos países.

Fuente: https://torflow.uncharted.software/

300

ANÁLISIS DE DATOS CON **PYTHON 3**

MAG. JORGE SANTIAGO NOLASCO VALENZUELA | DR. JAVIER ARTURO GAMBOA CRUZADO | MAG. LUZ ELENA NOLASCO VALENZUELA | MAG. JYMMY STUWART DEXTRE ALARCÓN

11.21 Electrum Bitcoin Wallet

Electrum es una de las carteras más conocidas en el mundo bitcoin. Es una non custodial wallet, es decir, que usted es el que dispone de las semillas de su cartera y no depende de ninguna entidad para gestionar sus fondos.

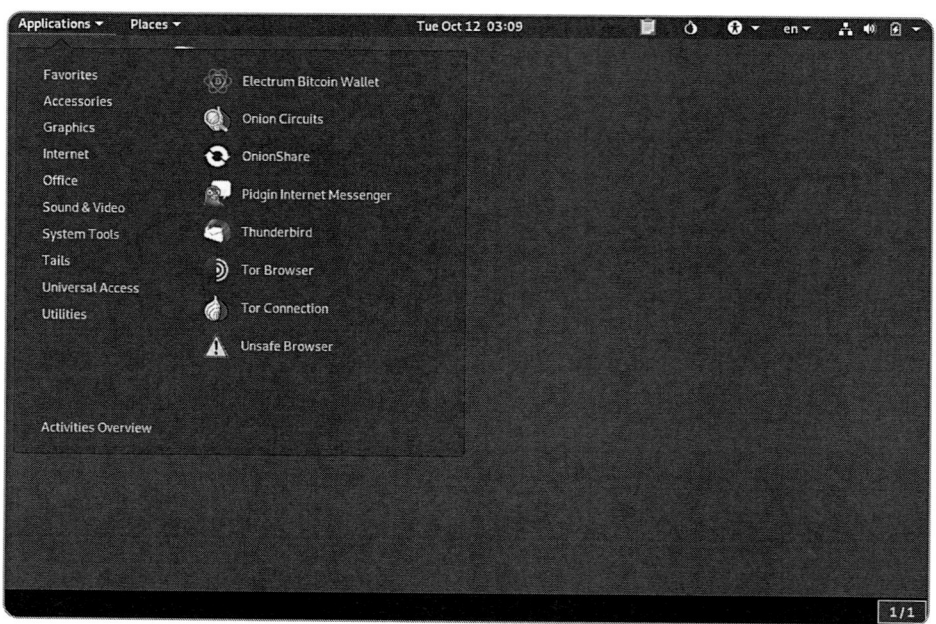

Para generar una cartera semilla, realice lo siguiente:

Paso 1:

Asigne un nombre para su cartera y haga clic en Next.

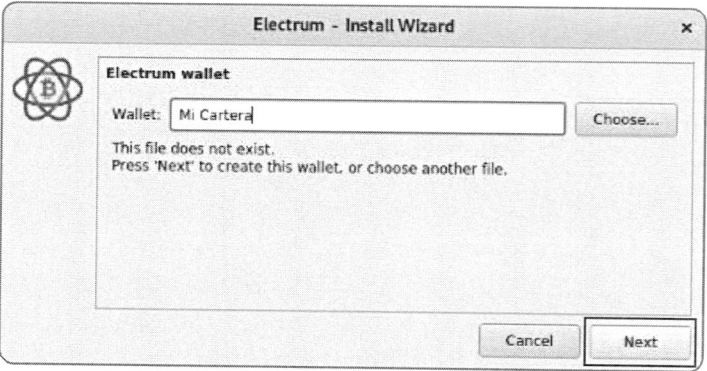

Paso 2:

Seleccione la opción Next.

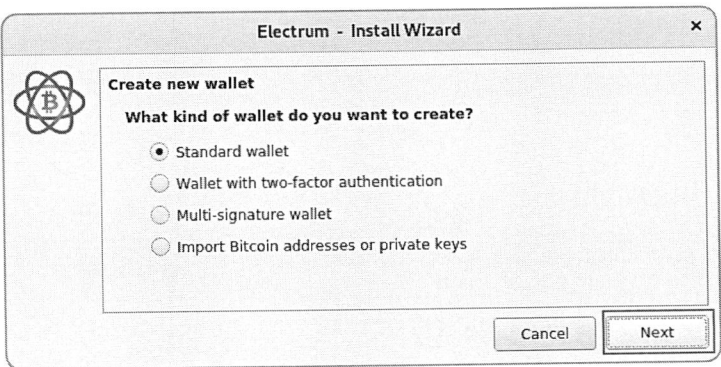

Paso 3:

Cree una nueva semilla. Haga clic en Next.

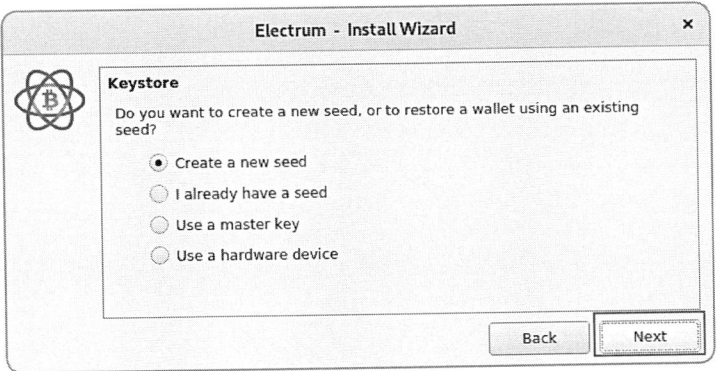

Paso 4:

Elija el tipo de semilla:

- Legacy addresses, empiezan por 1. Ejemplo: "174jbh...".

- Segwit nativo (Bech32 addresses), empiezan por bc1. Ejemplo: "bc134bgC...".

Se recomienda las segwit nativas, ya que las comisiones son más bajas. Elija Segwit y haga clic en Next.

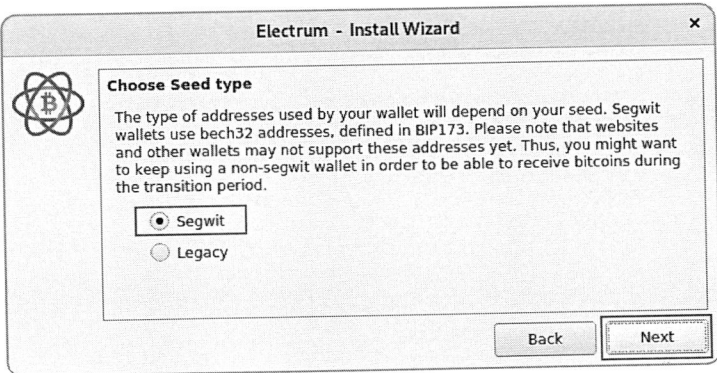

302

ANÁLISIS DE DATOS CON **PYTHON 3**

MAG. JORGE SANTIAGO NOLASCO VALENZUELA | DR. JAVIER ARTURO GAMBOA CRUZADO | MAG. LUZ ELENA NOLASCO VALENZUELA | MAG. JYMMY STUWART DEXTRE ALARCÓN

Debe copiar las 12 palabras en alguna anotación: "Por favor, guarda estas 12 palabras en papel (el orden es importante). Esta semilla permitirá recuperar los fondos en caso de que haya un fallo en tu ordenador".

Tenga en cuenta lo siguiente:

- Nunca comparta ni revele su semilla.

- No la escriba en una web.

- No la almacene digitalmente.

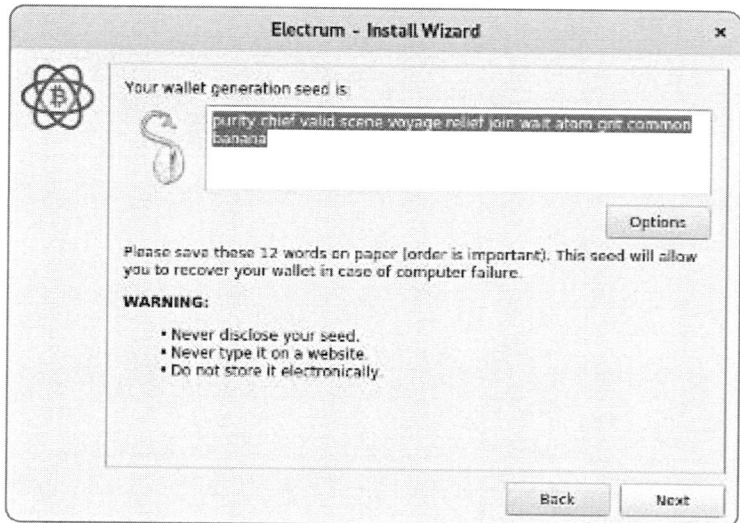

Paso 5:

Confirme la semilla.

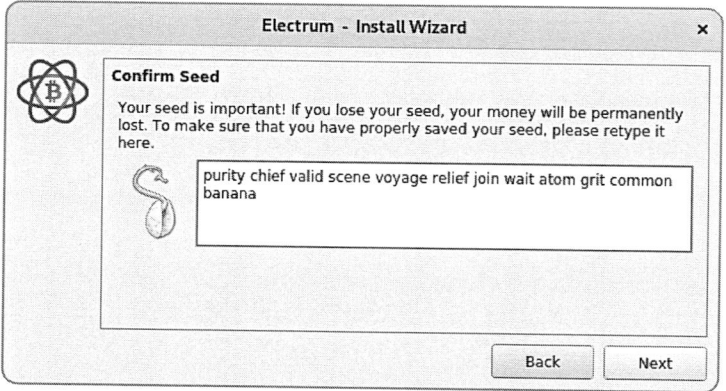

Paso 6:

Elija credenciales fuertes para encriptar su cartera. Haga clic en Next.

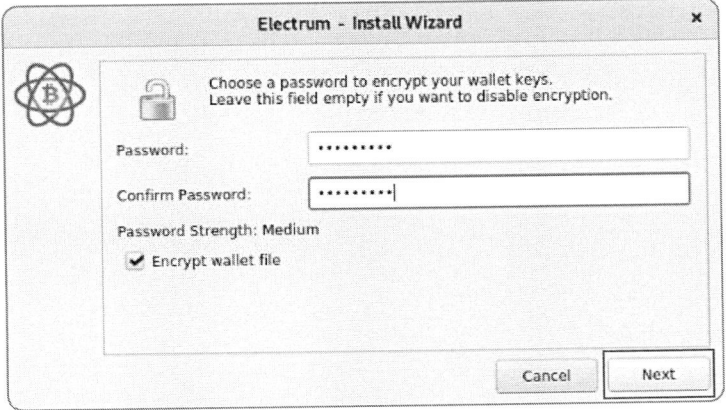

Paso 7:

Una vez configurada, se abrirá la cartera. Ciérrela y abra Electrum otra vez.

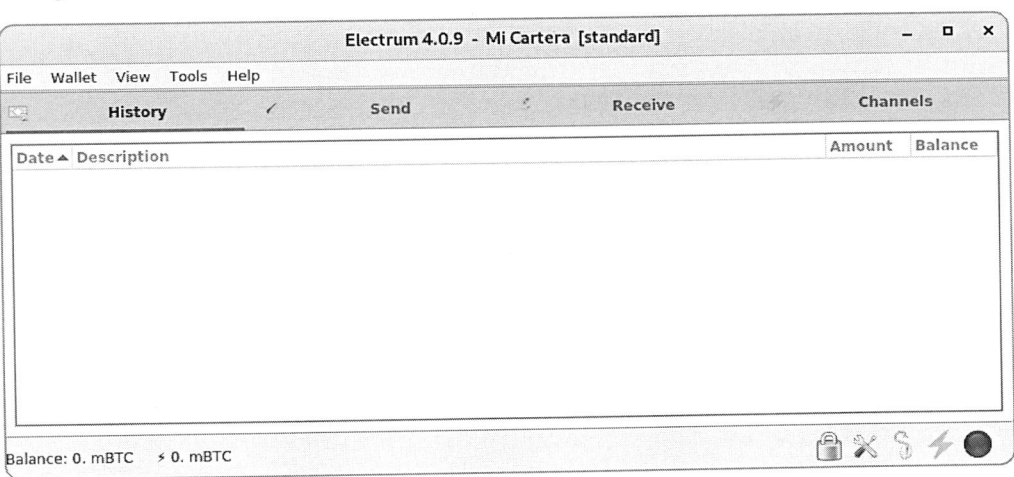

12 Blockchain

12.1 Blockchain

Una cadena de bloques o cadena articulada, conocida en inglés como blockchain, es una estructura de datos en la que la información contenida se agrupa en conjuntos (bloques) a los que se le añade metainformación relativa a otro bloque de la cadena anterior en una línea temporal, de manera que gracias a técnicas criptográficas la información contenida en un bloque solo puede ser repudiada o editada al modificar todos los bloques posteriores. Esta propiedad permite su aplicación en entorno distribuido de manera que la estructura de datos blockchain puede ejercer de base de datos pública no relacional que contenga un histórico irrefutable de información. En la práctica ha permitido, gracias a la criptografía asimétrica y funciones de resumen o hash, la implementación de un registro contable (ledger) distribuido que permite soportar y garantizar la seguridad de dinero digital. Siguiendo un protocolo apropiado para todas las operaciones efectuadas sobre la blockchain, es posible alcanzar un consenso sobre la integridad de sus datos por parte de todos los participantes de la red sin necesidad de recurrir a una entidad de confianza que centralice la información. Por ello, se considera una tecnología en la que la "verdad" (estado confiable del sistema) es construida, alcanzada y fortalecida por los propios miembros, incluso en un entorno en el que exista una minoría de nodos en la red con comportamiento malicioso (nodos Sybil) dado que, en teoría, para comprometer los datos, un atacante requeriría de una mayor potencia de cómputo y presencia en la red que el resultante de la suma de todos los restantes nodos combinados. Por las razones anteriores, la tecnología blockchain es especialmente adecuada para escenarios en los que se requiera almacenar de forma creciente datos ordenados en el tiempo, sin posibilidad de modificación ni revisión y cuya confianza pretenda ser distribuida en lugar de residir en una entidad certificadora. Este enfoque tiene diferentes aspectos:

- **Almacenamiento de datos:** Se logra mediante la replicación de la información de la cadena de bloques.
- **Transmisión de datos:** Se logra mediante redes de pares.
- **Confirmación de datos:** Se logra mediante un proceso de consenso entre los nodos participantes.

El tipo de algoritmo más utilizado es el de prueba de trabajo, en el que hay un proceso abierto competitivo y transparente de validación de las nuevas entradas, llamado minería.

306

ANÁLISIS DE DATOS CON **PYTHON 3**

MAG. JORGE SANTIAGO NOLASCO VALENZUELA | DR. JAVIER ARTURO GAMBOA CRUZADO | MAG. LUZ ELENA NOLASCO VALENZUELA | MAG. JYMMY STUWART DEXTRE ALARCÓN

El concepto de cadena de bloque fue aplicado por primera vez en 2009 como parte de bitcoin. Los datos almacenados en la cadena de bloques normalmente suelen ser transacciones (por ejemplo, financieras), por eso es frecuente llamar así a los datos. Sin embargo, no es necesario que lo sean. Realmente se podría considerar que lo que se registra son cambios atómicos del estado del sistema. Por ejemplo, una cadena de bloques puede ser usada para estampillar documentos y asegurarlos frente a alteraciones.

12.2 Evolución de blockchain

La cadena de bloques ha evolucionado desde 1991. Surgió con el trabajo de Stuart Haber y W. Scott Stornetta, el primero en una cadena de bloques segura criptográficamente donde nadie manipuló el sello de tiempo del documento. Luego, en 1992, el sistema se actualizó con el enfoque de árbol de Merkle, que optimizó y combinó todas las tareas en una sola. En 2008, la cadena de bloques ganó relevancia gracias a un grupo de personas cuyo seudónimo es Satoshi Nakamoto, el cerebro acreditado detrás de la tecnología de contabilidad digital. Los nuevos conceptos y enfoques evolucionaron hacia el mecanismo de cadena de bloques para la transformación hacia la utilización de datos digitales en 2009. Al principio, se desarrolló para respaldar a bitcoin. Los datos descentralizados que utilizan una base de datos descentralizada son los componentes centrales de blockchain. La necesidad de bitcoin aumentó drásticamente, por lo que la cadena de bloques hizo cambios inmediatos en Internet.

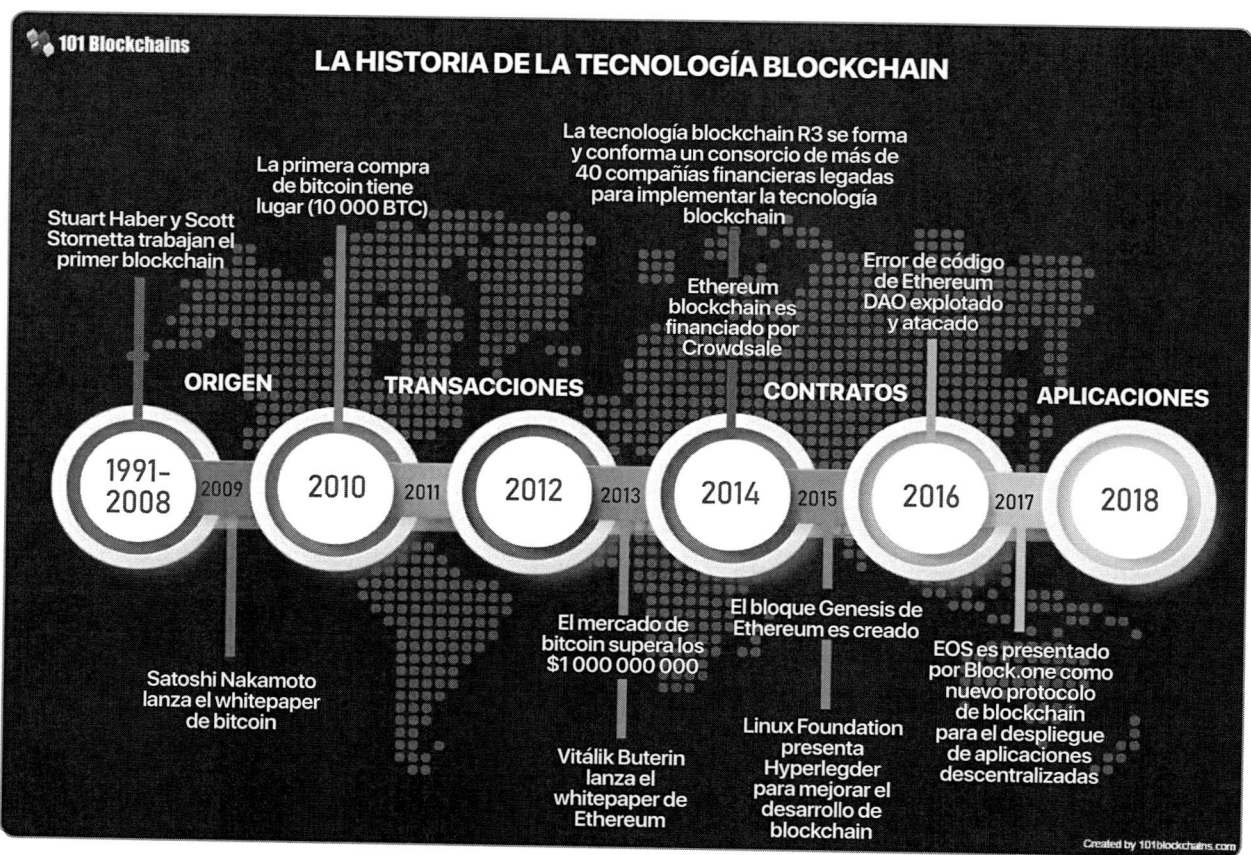

Fuente: http://101blockchains.com

La naturaleza descentralizada del mecanismo de la cadena de bloques puede hacer que cualquier lenguaje sea legible por ordenador en lugar de un tercero, lo que generará contratos inteligentes. Los proyectos de ethereum son útiles en sistemas de gestión de transacciones eficientes. La seguridad de la transacción a través de la metodología blockchain produce diferentes sistemas de transacciones digitales como bitcoin, criptomonedas, ethereum y rizo de monedas ligeras que pueden manejar grandes cantidades de transacciones por segundo.

En los años 2013-2015, el sistema se desarrolló para ethereum con la versión blockchain 2.0. Prevé el registro de libros y contratos. Esto puede desarrollar la aplicación descentralizada de manera eficiente. En 2018 evolucionó una nueva versión: blockchain 3.0. Es compatible con las capacidades de aprovechamiento de blockchain. La nueva aplicación blockchain se llama NEO, que es una plataforma de código abierto desarrollada por primera vez en China. Para futuras actualizaciones con Internet de las cosas, se desarrolló IOTA. Es compatible con el ecosistema de Internet de las cosas para transacciones digitales.

12.3 Arquitectura de blockchain

La arquitectura de blockchain está basada en el libro mayor distribuido de igual a igual para la gestión de transacciones de forma segura. Cada libro mayor es un bloque que está interconectado con otros de la estructura. Las bases de datos se comparten entre sí de forma distribuida. Hay un servidor de tiempo para controlar las bases de datos y cada bloque está asociado con una referencia al anterior. Esta referencia también se gestiona mediante un mecanismo de hash para la seguridad.

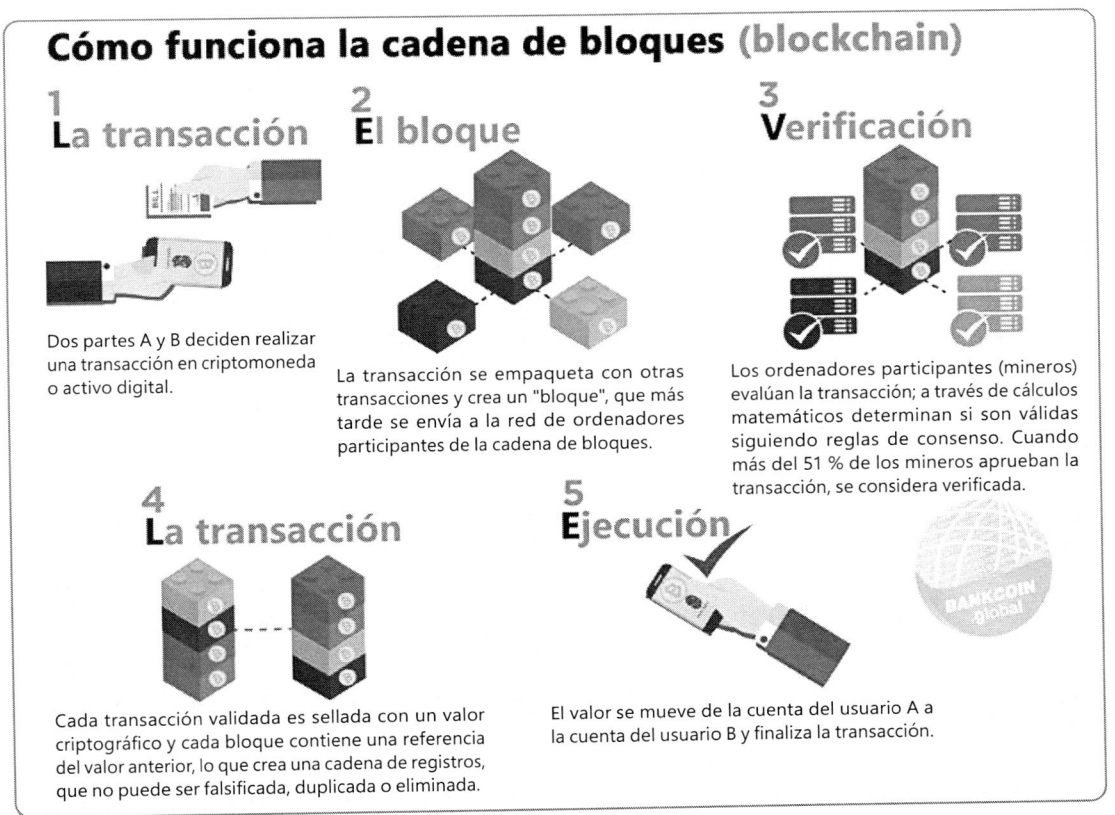

Cómo funciona la cadena de bloques (blockchain)

1 La transacción
Dos partes A y B deciden realizar una transacción en criptomoneda o activo digital.

2 El bloque
La transacción se empaqueta con otras transacciones y crea un "bloque", que más tarde se envía a la red de ordenadores participantes de la cadena de bloques.

3 Verificación
Los ordenadores participantes (mineros) evalúan la transacción; a través de cálculos matemáticos determinan si son válidas siguiendo reglas de consenso. Cuando más del 51 % de los mineros aprueban la transacción, se considera verificada.

4 La transacción
Cada transacción validada es sellada con un valor criptográfico y cada bloque contiene una referencia del valor anterior, lo que crea una cadena de registros, que no puede ser falsificada, duplicada o eliminada.

5 Ejecución
El valor se mueve de la cuenta del usuario A a la cuenta del usuario B y finaliza la transacción.

Fuente: bankcoin.global

308

ANÁLISIS DE DATOS CON **PYTHON 3**

MAG. JORGE SANTIAGO NOLASCO VALENZUELA | DR. JAVIER ARTURO GAMBOA CRUZADO | MAG. LUZ ELENA NOLASCO VALENZUELA | MAG. JYMMY STUWART DEXTRE ALARCÓN

12.4 Características de blockchain

- **Replicación P2P (peer-to-peer):** Estas redes son un conjunto de ordenadores conectados entre sí llamados nodos, en los que se permite el intercambio directo de información, sin necesidad de que pase antes por un servidor central.

- **Descentralización:** Al contrario que los bancos o entes gubernamentales (sistemas centralizados), la blockchain funciona a través de un sistema descentralizado.

- **Irreversibilidad e inmutabilidad:** Una vez que se ha grabado un dato o se ha realizado una transacción en la cadena de bloques, es imposible de eliminar.

- **Criptografía y seguridad:** La red puede verificar que una transacción fue enviada por la persona que posee la clave privada sin que esta revele su identidad.

- **Carácter público:** La cadena de bloques hace que las transacciones y las validaciones de bloques puedan ser vistas por todos y cada uno de los participantes de la red.

- **Privacidad y transparencia:** La cadena de bloques proporciona verificabilidad pública de su estado general sin filtrar información sobre el estado de cada participante individual.

- **Integridad:** En la cadena de bloques, para poder "hacer trampas" al resto de la red, se necesitaría que las aceptase.

- **Cronología:** La blockchain es el proceso de mantener un registro seguro del tiempo de creación y modificación de un documento.

- **Rapidez:** La blockchain hace posible que las transacciones se realicen de forma más rápida que a través de una entidad central como los bancos.

12.5 Tipos de blockchain

Existen cuatro tipos principales de cadenas de bloques:

- Blockchain pública
- Blockchain privada
- Consorcio o blockchain federada
- Blockchain as a Service (BaaS)

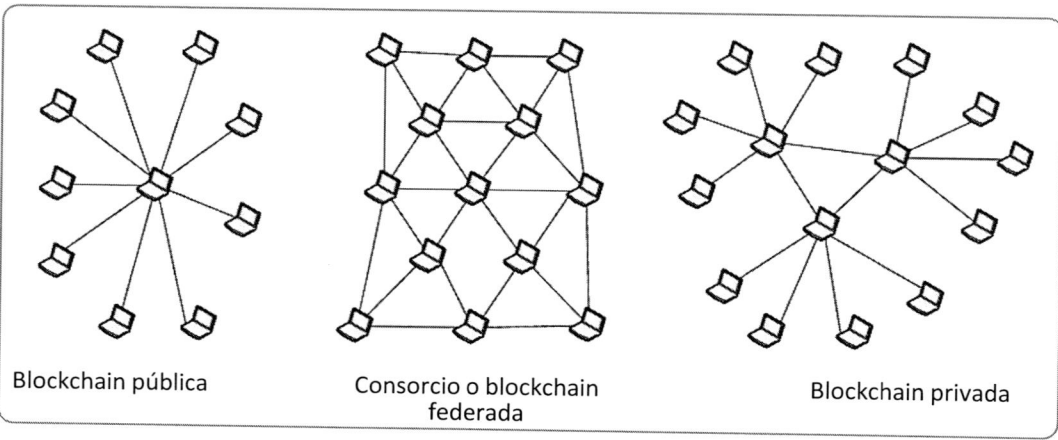

Blockchain pública   Consorcio o blockchain federada   Blockchain privada

 **Nota** El consorcio o la cadena de bloques federada es un híbrido de la cadena de bloques pública y privada. Está parcialmente descentralizado. El proceso de consenso está controlado por un conjunto de nodos preseleccionados, por ejemplo, instituciones financieras.

12.5.1 Blockchain pública

Es una cadena de bloques para y del público. No hay nadie a cargo y cualquiera puede participar en los procesos como leer, escribir y auditar la cadena de bloques. Son abiertas y transparentes, lo que significa que cualquiera puede revisar cualquier cosa en cualquier instancia de una cadena de bloques pública. A continuación, se muestran algunos ejemplos de mecanismos de consenso descentralizados:

- Proof of Work (PoW) - Prueba de trabajo
- Proof of Stake (PoS) - Prueba de participación

Hay tres aspectos que se deben tener en cuenta y que hacen que una cadena de bloques pública sea realmente pública. Son los siguientes:

- El código para operar una cadena de bloques pública está disponible abiertamente para que cualquiera pueda descargar el código y comenzar a ejecutar un nodo público en su dispositivo local, validando transacciones en la red y participando en el proceso de consenso. Esto le da a cualquier persona el derecho de participar en el proceso que determina qué bloques se agregan a la cadena y cuál es la forma y el tamaño actuales de la cadena de bloques.

- Cualquiera puede formar parte de las transacciones en la red. Las transacciones deben pasar siempre que sean válidas.

- Cualquiera puede acceder y leer transacciones utilizando un explorador de bloques. Son transparentes pero anónimas.

12.5.2 Blockchain privada

Una cadena de bloques privada es un activo privado de un individuo o una organización. A diferencia de una cadena de bloques pública, una cadena de bloques privada tiene un encargado que monitorea tareas importantes como leer y escribir o a quién dar acceso selectivamente a la lectura o viceversa. Una cadena de bloques privada también se conoce como cadena de bloques autorizada, ya que tiene restricciones sobre quién puede acceder a ella y también quién puede participar en la transacción y la validación. Solo las entidades elegidas previamente tienen permisos para acceder a la cadena de bloques. ¿Cómo se eligen estas entidades? Lo realiza la autoridad respectiva y los desarrolladores de la cadena le otorgan permiso mientras se construye la aplicación blockchain. Se logra un consenso importante por capricho del responsable central que puede ceder derechos mineros a cualquiera o no cederlos en absoluto. Suponga que es necesario otorgar permisos a nuevos usuarios o revocar permisos de un usuario existente, entonces el administrador de la red puede encargarse de ello.

310

ANÁLISIS DE DATOS CON **PYTHON 3**

MAG. JORGE SANTIAGO NOLASCO VALENZUELA | DR. JAVIER ARTURO GAMBOA CRUZADO | MAG. LUZ ELENA NOLASCO VALENZUELA | MAG. JYMMY STUWART DEXTRE ALARCÓN

Las cadenas de bloques privadas se utilizan principalmente en la gestión y auditoría de bases de datos, entre otros campos. Sus usos son internos a una sola empresa, por lo que las compañías no querrán que los datos sean accesibles al público. Utilizan la tecnología blockchain mediante la creación de grupos y participantes que pueden verificar las transacciones internamente.

Sin embargo, las cadenas de bloques privadas pueden escalar y cumplir mejor con las regulaciones de seguridad y privacidad de los datos gubernamentales. Una cadena de bloques privada corre el riesgo de sufrir violaciones de seguridad al igual que en un sistema centralizado. Por lo tanto, tienen ciertas ventajas y otras desventajas de seguridad, como una moneda tiene dos caras. Blockchain aún se encuentra en las etapas emergentes, por lo que es una conjetura cómo evolucionará y será adoptada esta tecnología innovadora. Algunos ejemplos de blockchains privadas incluyen a Monax y MultiChain.

Las ventajas importantes de las cadenas de bloques privadas son los costos de transacción mínimos y las redundancias de datos, así como un manejo de datos más fácil y funcionalidades de cumplimiento más automatizadas. Eso es lo que las vuelve a centralizar, donde se ejercen varios derechos y se confieren a una parte central de confianza; sin embargo, están aseguradas criptográficamente desde el punto de vista de la empresa y es más rentable para ellos. Sin embargo, aún es discutible si una cosa tan privada puede llamarse blockchain porque fundamentalmente frustra todo el propósito que bitcoin presentó.

12.5.3 Consorcio o blockchain federada

Una cadena de bloques de consorcio es como un híbrido de cadenas de bloques públicas y privadas. En este tipo de cadena de bloques, algunos nodos controlan el proceso de consenso y se puede permitir que otros participen en las transacciones. En otras palabras, este tipo de cadena de bloques se puede usar cuando las organizaciones están listas para compartir la cadena de bloques, pero restringen el acceso a los datos y los mantienen seguros del acceso público. Es decir, posee las características de una cadena de bloques pública a medida que se comparte la cadena de bloques por diferentes nodos, y además se comporta como una blockchain privada al restringir el acceso a la blockchain desde los diferentes nodos. Por lo tanto, es en parte pública y en parte privada.

Una cadena de bloques de consorcio consta de dos tipos de usuarios:

- Los usuarios que tienen control sobre la cadena de bloques y deciden quién debe tener permiso para acceder a ella.

- Los usuarios que pueden acceder a la blockchain.

Aquí, en lugar de una sola autoridad a cargo, tiene más de una. Básicamente, tiene un grupo de empresas o personas representativas que se reúnen y toman decisiones en beneficio de toda la red. Dichos grupos también se denominan consorcios o federación, de ahí el nombre de consorcio o cadena de bloques federada.

Por ejemplo, supongamos que tiene un consorcio de los 20 institutos financieros más importantes del mundo; ha decidido en el código que solo si una transacción, un bloque o decisión son votados o verificados por más de 15 institutos, entonces debe agregarse a la cadena de bloques. Por lo tanto, es una forma de lograr las cosas mucho más rápida, y también tiene más de un punto de fallas que de alguna manera protege todo el ecosistema contra un solo punto de falla.

12.5.4 Blockchain as a Service (BaaS)

Blockchain as a Service (BaaS) es la creación y gestión de redes basadas en la nube por parte de terceros para empresas en el negocio de la creación de aplicaciones blockchain. Estos servicios de terceros son un desarrollo relativamente nuevo en el creciente campo de la tecnología blockchain. La aplicación de esta tecnología ha ido mucho más allá de su uso más conocido en transacciones de criptomonedas y se ha ampliado para abordar transacciones seguras de todo tipo. Como resultado, existe una demanda de servicios de alojamiento.

Algunos de los grandes tecnológicos ofrecen servicios de blockchain en la nube. Algunos ejemplos son IBM, especializada en Hyperledger Fabric; Amazon, que colabora con Digital Currency Group; o Microsoft, que ofrece servicios de R3, Hyperledger Fabric o Quorum, entre otros. Estos no solo consisten en almacenamiento de información, en este caso de blockchain, sino que también ofrecen un aumento en la seguridad.

12.6 Componentes de blockchain

- **Nodo:** Usuario u ordenador dentro de la arquitectura de la cadena de bloques (cada uno tiene una copia independiente de todo el libro mayor de la cadena de bloques).

- **Transacción:** Bloque de construcción más pequeño de un sistema de cadena de bloques (registros, información, etc.) que sirve como propósito de esta última.

- **Bloque:** Estructura de datos utilizada para mantener un conjunto de transacciones atributo a todos los nodos de la red.

- **Cadena:** Secuencia de bloques en un orden específico.

- **Mineros:** Nodos específicos que realizan el proceso de verificación de bloques antes de agregar algo a la estructura de la cadena de bloques.

- **Consenso (protocolo de consenso):** Conjunto de reglas y acuerdos para llevar operaciones de blockchain.

12.7 Aplicaciones de blockchain

Existe una diversidad de aplicaciones de blockchain, aquí se detallan algunas:

12.7.1 Seguridad de la información

Se da en temas como la integridad de los datos y las identidades digitales hasta hacer que los dispositivos de Internet de las cosas sean más seguros con el fin de prevenir ataques DDoS. Ayuda a cumplir los atributos de confidencialidad, integridad y disponibilidad. Bill Buchanan indica que "el blockchain conecta los vacíos que nos quedan con nuestra pobre implementación de seguridad y falta de confiabilidad" y "con los métodos de blockchain, podemos verificar y firmar nuestras transacciones correctamente".

312

ANÁLISIS DE DATOS CON **PYTHON 3**

MAG. JORGE SANTIAGO NOLASCO VALENZUELA | DR. JAVIER ARTURO GAMBOA CRUZADO | MAG. LUZ ELENA NOLASCO VALENZUELA | MAG. JYMMY STUWART DEXTRE ALARCÓN

12.7.2 Prueba concluyente de autoría o conocimiento (texto, audio o vídeo)

Los creadores de contenidos digitales pueden proteger y demostrar que lo son, a pesar de las posibles transformaciones y réplicas de los archivos. Esto se logra mediante un registro universal de los activos digitales, donde se gobernaría el uso y las licencias de los contenidos, así como la trazabilidad en función de su distribución y consumo. Un modelo transparente en cuanto a las reglas de uso de los activos digitales y los derechos de propiedad intelectual.

12.7.3 Fin de los notarios

Blockchain es un sistema que permite garantizar con plena seguridad jurídica la existencia de un documento y la firma de este, así como la fecha, hora y modificación de los archivos. Los nuevos servicios de certificación y registro basados en el protocolo blockchain, como Stampery, pueden sustituir por completo al notario anglosajón, pero solo en parte al notario latino-germano.

12.7.4 Títulos y certificados

- Impide la falsificación.
- Evita el fraude interno futuro.
- Simplifica/agiliza la verificación.

12.7.5 Firma digital e identidad

- Firma digital potenciada (smart signing, imposibilidad de reemplazo de firmas).
- Integración con documentos de identidad digitales.
- Distintas plataformas pueden compartir identidad sin un repositorio propio de datos y de identificador único.

12.7.6 Transparencia gubernamental

- Gobierno abierto: mayor control ciudadano y transparencia en cualquier otra documentación que así lo requiera.
- Rendición de cuentas: trazabilidad en partidas presupuestarias.
- Plataforma de voto electrónico.

12.7.7 Mercado de capitales

- Settlement inmediato.
- Registro consolidado.
- Auditoría consolidada.
- Reducción de riesgo.
- Eficiencia.

12.7.8 Compras y licitaciones

- Confianza sobre plataforma web matemática.

- Mayor transparencia (registro público y auditable).

- Menor posibilidad de fraude o corrupción.

12.7.9 Trámite y sellado digital

- Hoy el ciudadano no tiene prueba de lo que realiza en un portal de gobierno.

- Un número de trámite, o un documento PDF fácilmente editable, no le permite demostrar de manera fehaciente que realizó una gestión ante un organismo público (el trámite digital se puede perder/"traspapelar" o adulterar sin que el ciudadano tenga prueba inequívoca de ello).

12.8 Tecnología del Libro Mayor

Blockchain opera como un libro contable distribuido, público, abierto y compartido. Es una base de datos de transacciones accesible a todos los participantes por medio de Internet, con base en la Tecnología de Libro Mayor Distribuido (TLD) sin control centralizado. Cada parte es titular de una copia idéntica del registro, que se actualiza automáticamente tan pronto como se hacen agregados.

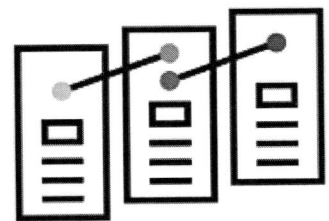

12.9 Criptomonedas

El término "criptomoneda" es la abreviatura de "moneda criptográfica". Se refiere a un nuevo tipo de dinero digital. Bitcoin fue la primera criptomoneda del mundo. Hoy en día, hay más de 1500 criptomonedas, incluidas algunas conocidas, como ethereum. Son similares a las monedas normales. Se pueden usar como medio de intercambio o depósito de valor. Puede comprar productos y servicios o almacenar su riqueza en criptomonedas.

314

ANÁLISIS DE DATOS CON **PYTHON 3**

MAG. JORGE SANTIAGO NOLASCO VALENZUELA | DR. JAVIER ARTURO GAMBOA CRUZADO | MAG. LUZ ELENA NOLASCO VALENZUELA | MAG. JYMMY STUWART DEXTRE ALARCÓN

12.9.1 Historia

En el siguiente gráfico, se puede apreciar la historia del bitcoin.

Fuente: ticsyformación.com

12.9.2 Características del valor de las criptomonedas

El valor se basa en lo siguiente:

12.9.2.1 Descentralización

Las monedas tradicionales, como el dólar estadounidense, están controladas por instituciones como el Sistema de la Reserva Federal de EE. UU. Otros países tienen sus propios bancos centrales, como el Banco de Canadá o el Banco de Inglaterra. Estas instituciones permiten a los gobiernos y bancos controlar el suministro de divisas. Pueden "imprimir" unidades de esta moneda siempre que lo deseen.

Cuando un gobierno imprime dinero, se denomina moneda fiduciaria. "Fiat" simplemente significa "por decreto". Una hoja de papel solo tiene valor "por decreto" cuando el gobierno de los Estados Unidos pone su sello y la llama factura de 100 USD, por ejemplo.

Las criptomonedas funcionan de manera diferente. No están controladas por nadie, ni por una persona específica, ni por un gobierno o banco. Las criptomonedas como bitcoin están "descentralizadas" porque el control se extiende a toda la red de usuarios de bitcoins.

12.9.2.2 Suministro fijo

Las criptomonedas también funcionan de manera diferente porque su suministro está limitado. Solo puede haber 21 000 000 de bitcoins en existencia, por ejemplo. Mientras tanto, las monedas fiduciarias tradicionales como el USD no tienen un suministro fijo: el gobierno puede imprimir más dólares estadounidenses cuando lo desee. Es por eso que existe la inflación. La cantidad total de billetes en USD en circulación aumenta cada año, lo que significa que el valor de cada factura en USD en circulación está disminuyendo gradualmente. Bitcoin y otras criptomonedas tienen un suministro fijo que conduce a la deflación en lugar de la inflación, razón por la cual el valor de bitcoin ha aumentado constantemente con el tiempo.

12.9.2.3 Transferibilidad

La otra característica única de las criptomonedas es su transferibilidad. Se pueden transferir fácilmente a cualquier parte del mundo sin la necesidad de depender de un tercero, como un banco. Puede enviar bitcoins a cualquier parte del mundo sin necesidad de verificar su identidad o adjuntar información personal a una transacción.

La mayoría de las criptomonedas también tienen tarifas comparativamente bajas. Así, puede costar 50 USD la transferencia de 200 USD con Western Union, por ejemplo, pero solo 0.05 USD para transferir 2 000 000 USD en bitcoin. Este es un gran beneficio para cualquier persona en el mundo, ya sea un millonario que busca transferir dinero de forma segura y económica o ya sea un trabajador migrante que envía dinero a amigos y familiares en el extranjero.

Las transferencias de criptomonedas tienen otra ventaja: son irreversibles y seguras, lo que significa que los comerciantes no tienen que preocuparse por el coste del fraude o los contracargos.

12.9.2.4 Bitcoin, un gran negocio

Bitcoin se introdujo en línea en octubre de 2008. En enero de 2009, Bitcoin Blockchain había lanzado su primer bitcoin. Entonces comenzó la era de las criptomonedas.

Bitcoin fue el primero en introducir el concepto de un libro distribuido, algo que conocemos como blockchain. Hoy en día, bitcoin sigue siendo la criptomoneda más grande y popular por capitalización bursátil. De hecho, el bitcoin no ha sido destronado una vez desde 2009, a pesar de desafíos como bitcoin cash (BCH), ethereum (ETH) y litecoin (LTC), que se acercan en varios momentos de la historia.

Bitcoin creció en popularidad por todos los motivos enumerados anteriormente: es fácil de transferir. Es descentralizado y resistente a la censura. Y se puede acceder al mismo sin la necesidad de bancos tradicionales.

316

ANÁLISIS DE DATOS CON **PYTHON 3**

MAG. JORGE SANTIAGO NOLASCO VALENZUELA | DR. JAVIER ARTURO GAMBOA CRUZADO | MAG. LUZ ELENA NOLASCO VALENZUELA | MAG. JYMMY STUWART DEXTRE ALARCÓN

En términos de criptomonedas, sin embargo, bitcoin no es la mejor del mundo de hoy. No es la más rápida. De hecho, una transacción de bitcoin tarda aproximadamente 10 minutos en completarse, en comparación con los milisegundos de otras criptomonedas. Bitcoin también está plagada de tarifas relativamente altas: las transacciones pueden costar varios dólares en comparación con fracciones de un centavo en otras cadenas de bloques.

Bitcoin claramente tiene inconvenientes, sin embargo, sigue siendo popular debido a su ventaja de primer jugador, ya que fue la primera criptomoneda que surgió en la escena.

12.9.3 Satoshi Nakamoto, creador de bitcoin

Bitcoin, como un buen superhéroe, tiene una historia de origen intrigante. Es posible que haya oído hablar de Satoshi Nakamoto. Creó bitcoin.

No es un programador de ordenadores japonés, sino una persona o grupo anónimo responsable de la creación y el desarrollo inicial de bitcoin. Nakamoto publicó por primera vez el documento de investigación de bitcoin en línea el 31 de octubre de 2008. El documento fue titulado "Bitcoin: un sistema de efectivo electrónico punto a punto".

Nakamoto continuó desarrollando bitcoin hasta mediados de 2010. Se comunicó activamente con otros desarrolladores de bitcoins mientras contribuía con su código fuente. Entonces, desapareció de repente. Entregó el control del repositorio de código fuente de bitcoin a otro desarrollador principal llamado Gavin Andresen. También transfirió varios dominios a diversos miembros prominentes de la comunidad bitcoin. Desde entonces, nunca se supo de Satoshi Nakamoto.

La principal innovación en la invención de bitcoins fue el desarrollo de un sistema de computación distribuida conocido como el "algoritmo de prueba de trabajo", que realiza la validación de transacciones globales cada 10 minutos. Permite a la red validar y llegar a un acuerdo de consenso sobre el estado de cada transacción.

Bitcoin fue la primera moneda digital descentralizada que usó la tecnología blockchain y, después de su comprobado historial de éxito y practicidad, ha ganado aceptación tanto entre comerciantes como entre los consumidores.

12.9.4 El crecimiento de bitcoin

La red bitcoin se lanzó en enero de 2009. En los primeros días, se podía "minar" bitcoins con cualquier ordenador ordinario. También se podía comprar bitcoins por una fracción de centavo. El valor de la moneda creció a lo largo de los años. Eventualmente, las personas reconocieron el valor de una moneda global descentralizada. Los minoristas comenzaron a aceptar esta moneda y los desarrolladores de software comenzaron a crear herramientas de bitcoins. Su valor y usabilidad continuaron creciendo.

El día en que bitcoin alcanzó la paridad con el USD fue un gran negocio. Los usuarios celebraban como si acabaran de ganar la lotería. Finalmente, un bitcoin valía 1 USD. Bitcoin alcanzó la paridad con el USD en febrero de 2011.

Unos pocos años después, bitcoin alcanzó un máximo histórico de 1400 USD. Luego, volvió a caer a 300 USD o 400 USD. En 2017, alcanzó un nuevo récord histórico de 20 000 USD antes de volver a los 10 000 USD.

La moneda digital aún no ha llegado a la adopción masiva. Es seguro decir que solo estamos arañando la superficie del potencial de bitcoins y criptomonedas.

Con el valor transaccional de las criptomonedas subiendo todos los días, un límite de mercado prefijado y el suministro de criptomonedas disminuyendo con el tiempo, el valor de bitcoin debería continuar en una tendencia ascendente, a diferencia de la moneda fiduciaria que generalmente disminuye y pierde valor con el tiempo.

12.10 Construcción de una cadena de bloques

Es importante saber cómo funciona la cadena de bloqueo hashing. La tecnología blockchain es uno de los descubrimientos más innovadores y definidores de la época del siglo pasado. Al ver la influencia que ha tenido en los últimos años y el impacto que tendrá en el futuro, seguramente no es una exageración mencionarlo para entender cómo funcionan varias criptomonedas como ethereum y bitcoin.

En términos simples, hashing significa tomar una cadena de entrada de cualquier longitud y producir una salida de una longitud fija. En el contexto de las criptomonedas como bitcoin, las transacciones se toman como entrada y se ejecutan a través de un algoritmo hash (bitcoin usa SHA-256) que da una salida de una longitud fija.

Para comprender cómo funciona el proceso de hash, usará el SHA-256 (Secure Hashing Algorithm 256) porque es el mismo algoritmo utilizado por bitcoin. Para este ejemplo, use la distribución Anaconda Python 3. Como la mayoría de las cosas en Python, crear un hash es tan simple como importar una biblioteca que alguien ya ha creado. En este caso, esa biblioteca es hashlib. Entonces, el primer paso es importarla.

```
importar hashlib
```

Permítase un momento para aprender la sintaxis requerida para crear un hash criptográfico con hashlib:

```
hashlib.sha256(string.encode()).hexdigest()
```

Entonces, en el siguiente ejemplo, puede observar que se asignó la variable nombre y la cadena "jorge". Luego pase el nombre a la función hash. El resultado se puede ver a continuación.

```
import hashlib
nombre="jorge"
print(hashlib.sha256(nombre.encode()).hexdigest())
ee5cd7d5d96c8874117891b2c92a036f96918e66c102bc698ae77542c186f981
```

318

ANÁLISIS DE DATOS CON **PYTHON 3**

MAG. JORGE SANTIAGO NOLASCO VALENZUELA | DR. JAVIER ARTURO GAMBOA CRUZADO | MAG. LUZ ELENA NOLASCO VALENZUELA | MAG. JYMMY STUWART DEXTRE ALARCÓN

A continuación, coloque el código en una función.

```python
import hashlib
def hash(cadena):
    print(hashlib.sha256(cadena.encode()).hexdigest())


if __name__ == '__main__':
    hash("Jorge")


6411c2711069573d0fc030e80b91f72b40c95cd9fc8c247c177dbfaa63daf1cd
```

Ahora, observe el código para la creación de bloques:

```python
import hashlib
import time
class Bloque:
    def __init__(self):
        self.nombre_bloque = ""
        self.id = 0
        self.hora = time.strftime("%H:%M:%S")
        self.datos = ""
        self.hash_anterior=0
        self.siguiente=""
        self.hash = ""
    def hash_bloque(self):
        sha=(str(self.id) + str(self.hora) + str(self.datos) + str(self.
hash_anterior))
        return (hashlib.sha256(sha.encode()).hexdigest())
class Intercambio:
    bloque = Bloque()
    hora = time.strftime("%H:%M:%S")
    data=input("Ingrese Datos :")
    bloque.nombre_bloque ="Inkadroid"
    bloque.id =bloque.id+1
    bloque.hora = hora
    bloque.datos = data
    bloque.hash_anterior = bloque.hash_anterior
    bloque.siguiente = bloque.hash_bloque()
    bloque.hash = bloque.siguiente
    print("Bloque :",bloque.nombre_bloque)
    print("Id Bloque :",bloque.id)
```

```
    print("Transaccion :",bloque.hora)
    print("Data :",bloque.datos)
    print("hash anterior :",bloque.hash_anterior)
    print("bloque.siguiente",bloque.siguiente)
    print("hash",bloque.hash)


if __name__ == '__main__':
    intercambio = Intercambio()


Ingrese Datos :autor jorge nolasco valenzuela
Bloque : Inkadroid
Id Bloque : 1
Transaccion : 11:02:07
Data : autor jorge nolasco valenzuela
hash anterior : 0
bloque.siguiente
48341b1b7ab70eb2be27436ae0356ff61b0b95f502cd1e3376b8e415aeed395d
hash 48341b1b7ab70eb2be27436ae0356ff61b0b95f502cd1e3376b8e415aeed395d
```

Observe el vídeo relativo al tema. Se encuentra en la carpeta Código del libro *Análisis de datos*.

12.11 Futuro de blockchain

Según estudios de Accenture, blockchain ha comenzado una etapa de crecimiento que culminará en 2025, año en el que esta tecnología estará plenamente integrada en los mercados financieros. Acorde con su estudio, blockchain ya ha superado la fase de exploración y se encuentra en un periodo de early-adoption: solo actores con grandes posibilidades están implantando las cadenas de bloques en algunas áreas de su interés. Este periodo, que también se desarrolló durante 2017, será en el que lleguen las primeras regulaciones sobre blockchain.

La siguiente fase se ha abierto en 2018 y podría prolongarse hasta 2024, según los cálculos de la consultora estadounidense. Durante esta, los bancos que implementen la blockchain en la actualidad comenzarán a ver resultados. Accenture también estima para entonces el nacimiento de nuevos servicios basados en las cadenas de bloques, tecnología en la que encuentra numerosos beneficios (rapidez, transparencia o limitación de riesgos), pero también algún peligro (privacidad, seguridad, escalabilidad, implementación y gobernanza).

Anexo

Python es un lenguaje de programación de alto nivel orientado a objetos y es una gran herramienta para aprender a programar. Python viene instalado de forma predeterminada en los sistemas operativos Mac y Linux, pero deberá instalarlo si es usuario de Windows. Si utiliza un ordenador con un sistema operativo Mac o Linux, puede instalar la versión más reciente para asegurarse de tener las últimas actualizaciones.

1 Instalación de Python en Windows

Paso 1:

Introduzca la siguiente URL para descargar Python: **https://www.python.org/downloads/**.

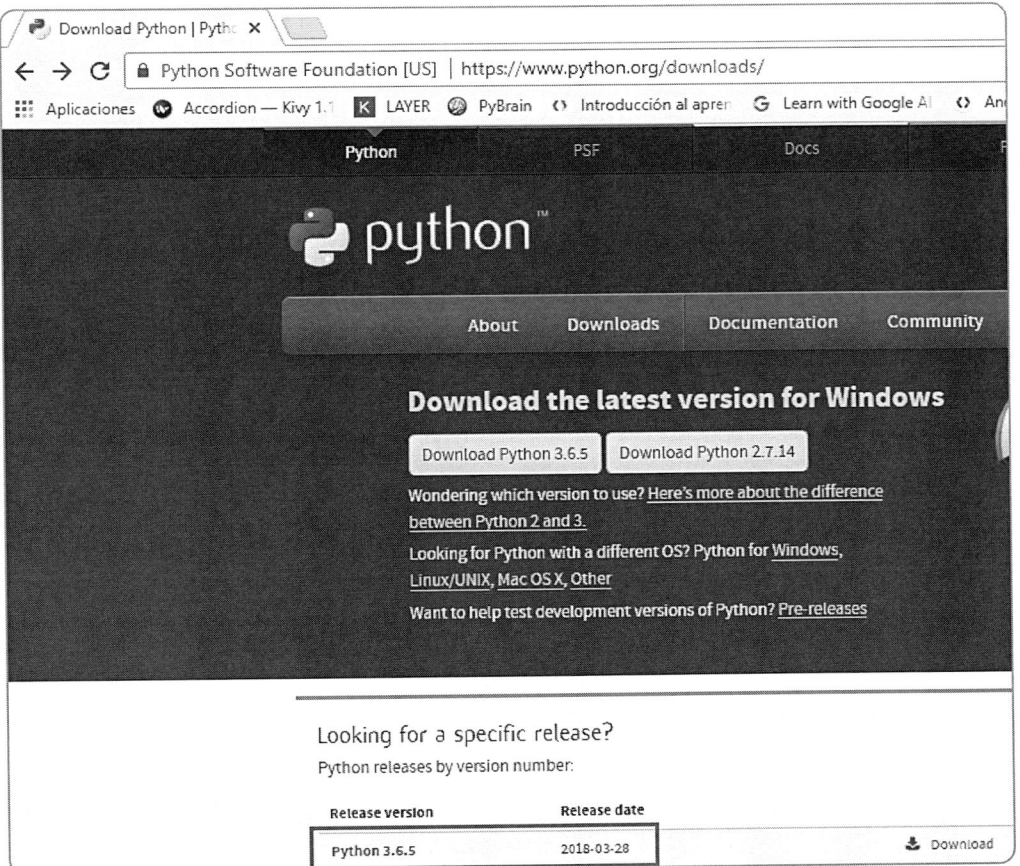

322

ANÁLISIS DE DATOS CON **PYTHON 3**

MAG. JORGE SANTIAGO NOLASCO VALENZUELA | DR. JAVIER ARTURO GAMBOA CRUZADO | MAG. LUZ ELENA NOLASCO VALENZUELA | MAG. JYMMY STUWART DEXTRE ALARCÓN

Paso 2:

Seleccione su versión según su sistema operativo.

Files

Version	Operating System	Description
Gzipped source tarball	Source release	
XZ compressed source tarball	Source release	
macOS 64-bit/32-bit installer	Mac OS X	for Mac OS X 10.6 and later
macOS 64-bit installer	Mac OS X	for OS X 10.9 and later
Windows help file	Windows	
Windows x86-64 embeddable zip file	Windows	for AMD64/EM64T/x64
Windows x86-64 executable installer	Windows	for AMD64/EM64T/x64
Windows x86-64 web-based installer	Windows	for AMD64/EM64T/x64
Windows x86 embeddable zip file	Windows	
Windows x86 executable installer	Windows	
Windows x86 web-based installer	Windows	

Paso 3:

Ejecute el instalador descargado.

python-3.6.5.exe

Paso 4:

A continuación, se iniciará el proceso de instalación.

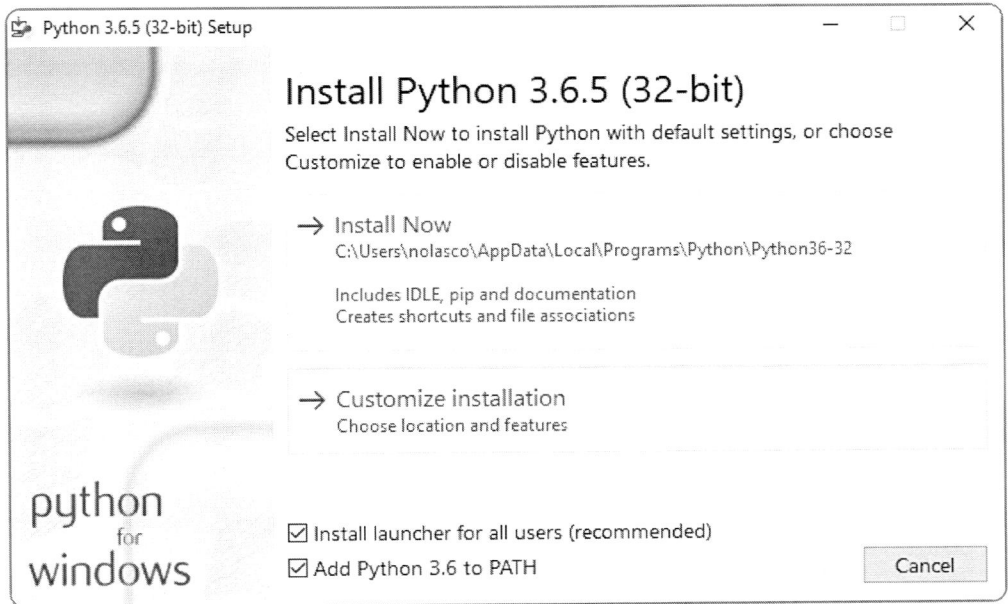

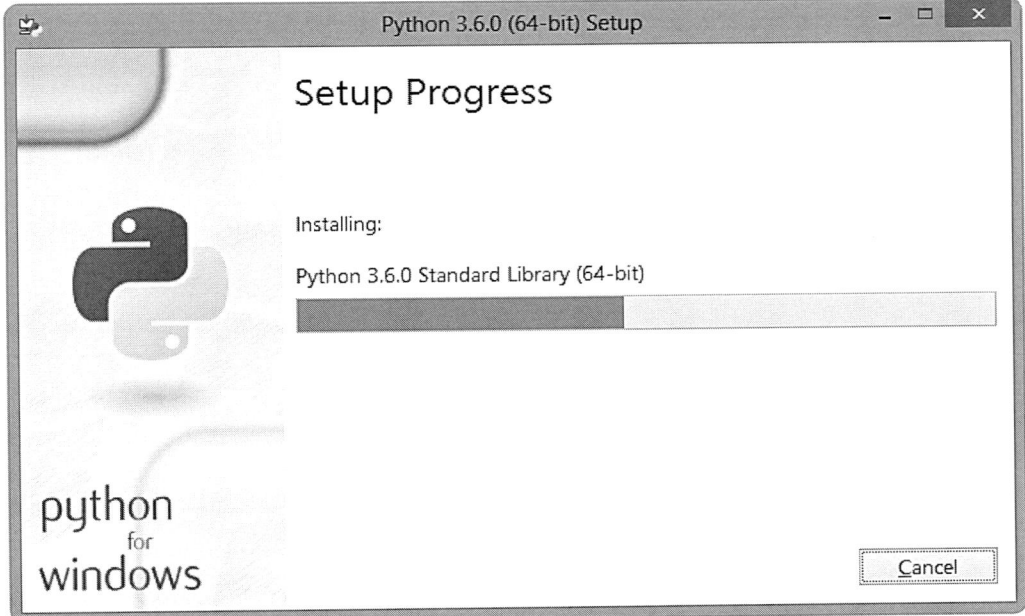

324

ANÁLISIS DE DATOS CON **PYTHON 3**

MAG. JORGE SANTIAGO NOLASCO VALENZUELA I DR. JAVIER ARTURO GAMBOA CRUZADO I MAG. LUZ ELENA NOLASCO VALENZUELA I MAG. JYMMY STUWART DEXTRE ALARCÓN

Paso 5:

Una vez completada la instalación, se mostrará la pantalla final.

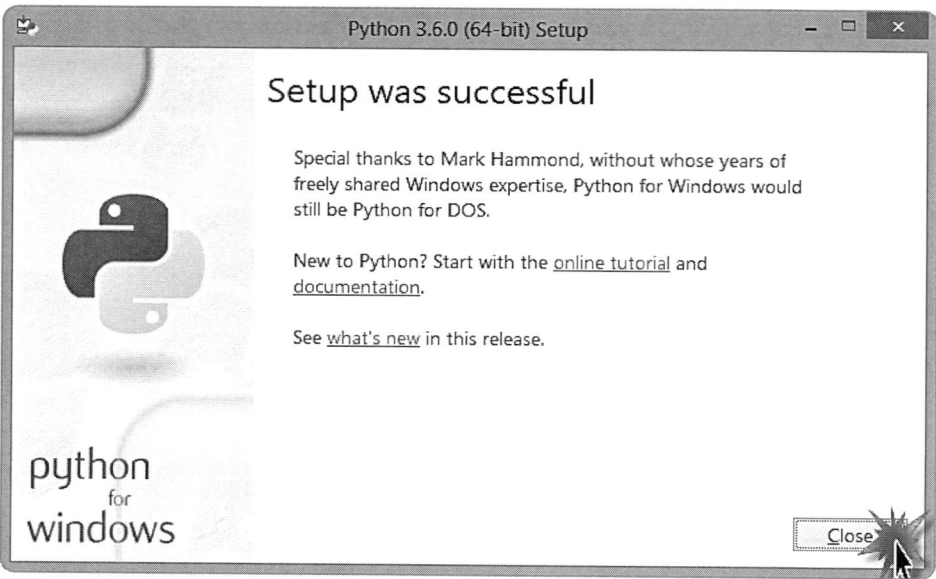

Paso 6:

En un terminal ya abierto, ejecute el comando Python (si aparece un símbolo > ya se puede comenzar a codificar en Python).

```
C:\Windows\system32\cmd.exe - python
Microsoft Windows [Versión 6.3.9600]
(c) 2013 Microsoft Corporation. Todos los derechos reservados.

C:\Users\JorgeSantiago>python
Python 3.6.0 |Anaconda custom (64-bit)| (default, Dec 23 2016, 11:57:41) [MSC v.
1900 64 bit (AMD64)] on win32
Type "help", "copyright", "credits" or "license" for more information.
>>>
```

Paso 7:

Ahora ya puede realizar pruebas.

```
C:\Windows\system32\cmd.exe - python
Microsoft Windows [Versión 6.3.9600]
(c) 2013 Microsoft Corporation. Todos los derechos reser

C:\Users\JorgeSantiago>python
Python 3.6.0 |Anaconda custom (64-bit)| (default, Dec 23
1900 64 bit (AMD64)] on win32
Type "help", "copyright", "credits" or "license" for mor
>>> print("hola mundo")
hola mundo
>>>
```

2 Entornos de trabajo

2.1 Anaconda

Anaconda Individual Edition es la plataforma de distribución de Python más popular del mundo con más de 25 000 000 de usuarios en todo el mundo. Puede confiar en el compromiso a

largo plazo de respaldar el ecosistema de código abierto de Anaconda, la plataforma elegida para la ciencia de datos de Python: https://www.anaconda.com/products/individual.

2.2 Jupyter

Jupyter es adecuado para el análisis de datos. Introduzca la siguiente URL para descargarlo: https://jupyter.org./.

Referencias bibliográficas

Grandes proyectos hechos con Python (s. f.). Recuperado de https://www.escuelapython. com/grandes-proyectos-hechos-python/

Heath, N. (6 de agosto de 2019). Python se está comiendo el mundo: cómo el proyecto paralelo de un desarrollador se convirtió en el lenguaje de programación más popular del planeta. Recuperado de https://www.techrepublic.com/article/ python-is-eating-the-world-how-one-developers-side-project-became-the-hottest-programming-language-on-the-planet/?fbclid=IwAR04iHFkk51TXWGRXUPd_d_eLI8LIUt7ZjhOlKNDBCECzS2vEAdNjiEyejo

Índice TIOBE para agosto de 2020 (s. f.). Recuperado de https://www.tiobe.com/tiobe-index/

PCAP Certified Associate in Python Programming certification (s. f.). Recuperado de https://pythoninstitute.org/certification/pcap-certification-associate/

PYPL Popularidad del lenguaje de programación (s. f.). Recuperado de https://pypl.github. io/PYPL.html

Referencias electrónicas

Django [Página web]

Disponible en https://www.djangoproject.com/

[Consulta: 6 de abril de 2021]

IronPython [Página web]

Disponible en https://ironpython.net/

[Consulta: 7 de abril de 2021]

Python [Página web]

Disponible en https://www.python.org/

[Consulta: 8 de abril de 2021]